O HOMEM QUE COMEU DE TUDO

JEFFREY STEINGARTEN

O homem que comeu de tudo
Feitos gastronômicos

Tradução
Henrique W. Leão

8ª reimpressão

COMPANHIA DE MESA

Copyright © 1997 by Jeffrey Steingarten
Esta tradução foi publicada mediante acordo com Alfred A. Knopf, Inc.

Grafia atualizada segundo o Acordo Ortográfico da Língua Portuguesa de 1990,
que entrou em vigor no Brasil em 2009.

Título original
The Man Who Ate Everything

Capa
Elisa von Randow

Foto da Capa
Gonzalo Azumendi / Getty Images

Índice remissivo
Caren Inoue

Preparação
Maria Norma Marinheiro
Mario Vilela

Revisão
Carmen S. da Costa
Ana Maria Barbosa

Atualização ortográfica
Thaís Totino Richter

Dados Internacionais de Catalogação na Publicação (CIP)
(Câmara Brasileira do Livro, SP, Brasil)

Steingarten, Jeffrey
   O homem que comeu de tudo : feitos gastronômicos /
Jeffrey Steingarten ; tradução Henrique W. Leão. — São Paulo :
Companhia de Mesa, 2016.

   Título original: The Man Who Ate Everything.
   ISBN 978-85-92754-02-0

   1. Gastronomia — Humor 2. Comida — Humor I. Título.

00-2864   CDD-641.0130207

Índice para catálogo sistemático:
1. Gastronomia   641.0130207

[2016]
Todos os direitos desta edição reservados à
EDITORA SCHWARCZ S.A.
Rua Bandeira Paulista, 702, cj. 32
04532-002 — São Paulo — SP
Telefone: (11) 3707-3500
Fax: (11) 3707-3501
www.companhiadasletras.com.br
www.blogdacompanhia.com.br
instagram.com / companhiademesa

Para Caron, Anna e Michael

Sumário

INTRODUÇÃO — O HOMEM QUE COMEU DE TUDO 9

PRIMEIRA PARTE — NADA ALÉM DA VERDADE 21

O pão primevo 23

Permanecer vivo 36

Por que os franceses não morrem como moscas? 52

Purê total 58

Água 66

Estar madura é tudo 75

Esqui e frutos do mar 91

Pesquisas com o ketchup 94

SEGUNDA PARTE — SIRVA-SE 109

Le régime Montignac 111

Truques de garçom 127

Vegetarianas 134

Alta saciedade 143

O doce aroma do sexo 154

Cinco dias na linha 166

TERCEIRA PARTE — MISTURAS 173

Salada, a assassina silenciosa 175

Diga sim ao álcool.. 184

Sal.. 193

Dor sem ganho 202

Doces assassinos.. 216

Uma gordura sem consequência 221

QUARTA PARTE — UMA JORNADA DE MIL REFEIÇÕES.................... 231

Chucrute de verdade 233

Ave Cesare! 245

Onde está o Wagyu? 263

A cozinha de Kyoto... 269

Seres da lagoa azul 281

Alecrim e feijão lunar.. 296

Porco inteiro 300

Ingredientes à procura de uma cozinha................. 316

Da África do Norte.. 326

Variações em torno de um tema 341

A Mãe de Todos os Sorvetes.................................. 351

Hauts bistrots... 369

QUINTA PARTE — A PROVA DO PUDIM.................................... 381

O *fruitcake* da família Smith 383

Fritas.. 389

Peixe sem fogo 404

Da embalagem 415

Quebra-galhos... 428

A grande ave 438

Tortas do paraíso 452

Licenças.. 477

Índice remissivo 479

Introdução

O homem que comeu de tudo

"Meu primeiro impulso foi agredir o cozinheiro", escreveu Edmondo de Amicis, um viajante que, no século XIX, visitou o Marrocos. "Num instante, entendi perfeitamente como uma raça que se alimentava daquela maneira tinha de acreditar em outro Deus e ter uma visão da vida humana essencialmente diferente da nossa. [...] Havia gosto de sabão, cera, pomada de cabelo, unguentos, tinturas, cosméticos; em resumo, de tudo o que é mais inadequado para entrar na boca humana."

Era justamente assim que eu me sentia em relação a toda uma vasta gama de comidas, em particular sobremesas de restaurantes indianos, até 1989, ano em que eu, então advogado, fui nomeado crítico gastronômico da revista *Vogue*. Ao contemplar as assustadoras responsabilidades de meu novo posto, fiquei prostrado. Porque, da mesma forma que todas as pessoas que conhecia, eu sofria de um conjunto poderoso, arbitrário e debilitante de atrações e aversões alimentares. Temia que não conseguisse ser mais objetivo que um crítico de arte que detestasse o amarelo ou sofresse de daltonismo. Na ocasião, eu tinha amizade com uma respeitada e poderosa editora de livros de receitas; ela tanto se enjoara do sabor do coentro que levava consigo um par de pinças para, em restaurantes mexicanos e indianos, separar meticulosamente até o último pedacinho desse condimento antes de dar a primeira garfada. Imaginem-se as dúzias de Julias

Childs e Marys Fishers potenciais cujos livros de culinária ela irritadamente rejeitou e cujas carreiras ela sufocou na infância! Jurei não seguir-lhe os passos.

De repente, sentimentos acirrados para com a comida, fossem fobias, fossem manias, pareceram-me a mais séria de todas as limitações pessoais. Naquele mesmo dia, esbocei um Programa de Seis Passos para liberar meu paladar e minha alma. Assegurei a mim mesmo que nenhum cheiro ou gosto é repulsivo de nascença e que aquilo que foi aprendido pode ser esquecido.

O PASSO UM foi organizar uma lista com comentários.

Minhas fobias alimentares:

1. *Comidas que não tocaria nem se estivesse faminto numa ilha deserta.*

Nenhuma, exceto, talvez, insetos. Muitas culturas consideram os insetos extremamente nutritivos e adoram sua textura crocante. Os astecas pré-hispânicos assavam vermes de diversas maneiras diferentes e faziam caviar amassando ovos de mosquitos. Isso prova que nenhuma programação humana inata me impediria de comê-los também. Objetivamente, devo parecer tão tolo quanto aqueles bosquímanos do deserto do Kalahari que enfrentam a fome de tempos em tempos porque se recusam a comer três quartos das 223 espécie animais que existem em volta deles. Lidarei com essa fobia depois de terminar com as fáceis.

2. *Comidas que não tocaria nem se estivesse faminto numa ilha deserta, até que absolutamente todas as demais opções tivessem se esgotado.*

Kimchi, a conserva nacional coreana. Repolho, gengibre, alho e pimenta vermelha — adoro tudo isso, mas não quando é fermentado em conjunto durante muitos meses para se transformar em kimchi. Quase 41 milhões de sul-coreanos comem kimchi três vezes ao dia. Quando alguém vai fotografá-los, dizem "Kimchi!" em vez de "Giz!". Eu digo: "Fiquem vocês com o kimchi".

Qualquer coisa em que se inclua endro. O que poderia ser mais anódino que o endro?

Peixe-espada. Esse é um dos pratos prediletos da turma que se alimenta de acordo com um propósito específico qualquer; gostam disso grelhado até ficar

INTRODUÇÃO

com a consistência de sapatos de pregos e acreditam que lhes faça bem. Um amigo meu come peixe-espada cinco vezes por semana e nega ter qualquer tipo de fobia alimentar. Quem está enganando quem? Retornar obsessivamente a algumas comidas é idêntico a ter fobia de todo o resto. Isso talvez explique a Moda da Comida Confortável. Mas a meta das artes, culinárias ou de outro tipo qualquer, não é aumentar nosso conforto. Essa é a meta das espreguiçadeiras.

Em minha fase da pralina, que durou três anos, eu pedia qualquer sobremesa do cardápio que contivesse avelãs caramelizadas e deixava o resto de lado. Fiquei tão obsessivo que quase perdi a moda da *crème brûlée* que, na época, varria o país. Depois que minha fase da pralina amainou, cai numa fixação em *crème brûlée*, da qual só consegui me desvencilhar, à força, seis meses depois.

Anchovas. Conheci minha primeira anchova em 1962, numa pizza. Depois disso, passaram-se sete anos até que eu reunisse a coragem de chegar perto de outra. Sou conhecido por atravessar a rua sempre que vejo uma anchova vindo em minha direção. Por que alguém decidiria conscientemente comer uma minúscula tira marrom de couro salgada e empapada de óleo?

Banha. A menção dessa palavra faz minha garganta se fechar e gotas de suor surgirem em minha testa.

Sobremesas em restaurantes indianos. O gosto e a textura de cremes faciais pertencem à penteadeira, não ao prato. Ver acima.

Também: missô, moca, chutney, ouriços-do-mar crus e falafel (aquelas pequenas bolas de grão-de-bico duras, secas e fritas que, inexplicavelmente, são apreciadas nos países do Oriente Médio).

3. *Pratos que seria capaz de comer se estivesse passando fome numa ilha deserta, mas só se a geladeira tivesse apenas chutney, ouriços-do-mar e falafel.*

Cozinha grega. Sempre considerei "culinária grega" uma contradição. Países são como pessoas. Alguns são bons na cozinha, ao passo que outros têm talento para a música, o beisebol ou a fabricação de chips. Os gregos são de fato bons em filosofia pré-socrática e estátuas brancas. No entanto, desde o século v a.C., quando Siracusa, na Sicília, era a capital mundial da gastronomia, eles não têm se notabilizado como bons cozinheiros. Típicos da culinária grega moderna são o queijo feta e o vinho retsina. Qualquer país que conserve o queijo nacional em salmoura e adultere o vinho nacional com resina de pinheiro deveria mandar buscar o jantar no restaurante chinês e economizar suas energias para outras coisas. Os ingleses viajam à Grécia só pela comida, o que, para mim, já diz muito. Você provavelmente pensará duas vezes antes de comprar um televisor argelino ou russo. Pensei dez anos antes de pedir minha última refeição grega.

Mariscos. Sinto moderado horror do que se esconde na escuridão molhada por entre as conchas de todos os bivalves, mas os mariscos são os únicos de que não gosto. Será devido a sua consistência (semelhante à da borracha) ou a seu repugnante sabor subterrâneo? Ou será que o horror vai mais fundo do que tenho consciência?

Comida azul (exceto ameixas e framboesas). É possível que seja uma aversão racional, porque tenho bastante certeza de que Deus tinha a intenção de reservar a cor azul principalmente para comida estragada.

Também: cranberry, rins, quiabo, sorgo, sorvete de café, feijões requentados e muitas formas de iogurte.

Isso precisa parar por aqui.

O PASSO DOIS foi submergir na literatura científica sobre as escolhas humanas de comida.

Tanto pela constituição quanto pelo destino, os seres humanos são onívoros. Nossos dentes e nosso sistema digestivo servem para tudo e estão prontos para qualquer coisa. Nossos genes não ditam quais comidas devemos julgar gostosas ou repulsivas. Entramos no mundo com um pendor pelos doces (os recém-nascidos são capazes de distinguir até mesmo entre glicose, frutose, lactose e sacarose) e uma fraca aversão pelo amargor; em quatro meses, desenvolvemos pendor pelo sal. Algumas pessoas nascem particularmente sensíveis a um gosto ou odor; outras têm dificuldade para digerir açúcar de leite ou glúten de trigo. Uma minúscula parcela dos adultos, entre 1% e 2%, tem alergias alimentares verdadeiras (e de fato perigosas). Todas as culturas humanas consideram pelo, papel e cabelo impróprios como alimento.

E isso mais ou menos cobre o assunto. Todo o resto é *aprendido*. Recém-nascidos não se sentem repelidos nem sequer pela visão e cheiro de carne putrefata recoberta de vermes.

INTRODUÇÃO

A beleza de ser onívoro é que podemos tirar nutrição de uma infinita variedade de floras e faunas e facilmente conseguimos nos adaptar a um mundo variável — quebras de safra, secas, migrações de rebanhos, fechamento de restaurantes e coisas assim. Os leões e tigres passariam fome num bufê de saladas, assim como as vacas numa churrascaria, mas nós não. Diferentemente das vacas, que permanecem bem nutridas comendo só grama, os seres humanos *precisam* de grande diversidade de alimentos para continuar saudáveis.

Lá pelos doze anos, todos passamos a sofrer de uma coleção fortuita de aversões alimentares que variam da repulsa à indiferença. O mais difícil de ser onívoro é que vivemos em perigo de nos envenenar. Os bagres possuem papilas gustativas nos bigodes, mas não temos essa sorte. Em vez disso, nascemos com uma cautelosa ambivalência diante de comidas novas, um equilíbrio precário entre neofilia e neofobia. Basta uma dor de barriga ou ataque de enjoo depois do jantar para surgir uma aversão poderosa — mesmo quando o causador do problema não foi o prato que comemos e mesmo quando sabemos disso. Uma urticária ou erupções cutâneas podem, racionalmente, nos levar a evitar o alimento que as causou, mas só o enjoo e uma barriga perturbada resultam numa sensação de desagrado que é irracional, duradoura, vitalícia. Fora isso, os psicólogos sabem muito pouco sobre a origem dos vigorosos gostos e aversões que as crianças carregam consigo até a idade adulta — digamos que estejam todos reunidos sob o rótulo "fobias alimentares".

Ao impedirmos nosso próprio acesso às generosidades da natureza, tornamo-nos onívoros fracassados. Com isso, desmerecemos o time dos onívoros. No Gênesis, logo após o dilúvio de Noé, Deus afirma que devemos comer tudo o que está sob o sol. Aqueles que desconsideram tais instruções não são melhores que os pagãos.

Quanto mais refleti sobre as fobias alimentares, mais me convenci de que as pessoas que costumam evitar comidas comprovadamente deliciosas são pelo menos tão perturbadas quanto as que evitam o sexo ou não têm prazer nenhum com ele. A única diferença é que essas últimas provavelmente procurarão auxílio psiquiátrico, ao passo que os fóbicos alimentares racionalizam seu problema apelando para heranças genéticas, alergias, vegetarianismo, questões de gosto, nutrição, segurança alimentar, obesidade ou uma natureza sensível. A varieda-

O HOMEM QUE COMEU DE TUDO

de de neuroses antialimentares encheria vários volumes, mas o leite é um bom lugar para começar.

De um dia para o outro, todo mundo se tornou intolerante à lactose. Esse é o medo alimentar chique do momento. Mas a verdade é que pouquíssimos de nós somos afligidos tão seriamente a ponto de não poder tomar um copo de leite por dia sem sofrer efeitos deletérios. Conheço várias pessoas que deixaram de comer queijo para evitar a lactose. No entanto, queijos fermentados não contêm lactose! A lactose é o açúcar presente no leite; 98% dela é drenada quando se filtra o coalho (o queijo é feito com o que resta dessa coagem), e os 2% restantes são rapidamente consumidos pelas bactérias produtoras de ácido láctico no ato da fermentação.

Mais três exemplos: as pessoas retiram o sal da dieta (e o sabor da comida) para evitar a pressão alta e incontáveis moléstias imaginadas. Entretanto, a porcentagem da população que é sensível ao sal não passa de 8%. Apenas a gordura *saturada*, proveniente sobretudo de animais, pode causar doenças cardíacas ou câncer, mas a Nabisco, e quem mais escreve sobre nutrição, enriquece pelo cultivo do medo de comer qualquer tipo de gordura. Nunca, jamais, comprovou-se que o açúcar branco causa a síndrome de hiperatividade — e não foi por falta de tentativas. Na famosa pesquisa de New Haven, era a presença dos pais, e não a do açúcar branco, o que causava o problema; a maioria das crianças se tranquilizava quando os pais deixavam o recinto.*

Não consigo entender por quê, mas a atmosfera norte-americana de hoje recompensa esse tipo de autoengano. O medo e a suspeita quanto a comidas se tornaram norma. Jantares entre amigos quase desapareceram e, com eles, a sensação de festividade e compartilhamento, de comunidade e sacramento. As pessoas deveriam ficar profundamente envergonhadas das fobias alimentares irracionais que as impedem de compartilhar a comida. Em vez disso, tornaram-se orgulhosas e isoladas, arrogantes e agressivamente mal informadas.

Mas não eu.

---

* Para conhecer os detalhes, certifique-se de ler os capítulos "Sal", "Dor sem ganho" e "Doces assassinos", todos na Terceira Parte. (N. A.)

INTRODUÇÃO

★ ★ ★

O PASSO TRÊS foi escolher minha arma. Existem cinco maneiras de extinguir fobias alimentares. Qual funcionaria melhor comigo?

Cirurgia cerebral. Lesões bilaterais praticadas na região basolateral da amígdala parecem funcionar com ratos e, creio, macacos — eliminando velhas aversões, prevenindo a formação de novas e aumentando a aceitação de novos alimentos pelos animais. Mas a bibliografia especializada não informa se a operação diminui a habilidade de tais bichos para, digamos, acompanhar uma receita. Se essas cobaias pudessem falar, continuariam capazes de entender a tal receita? Algum voluntário?

Regime de fome. Como Aristóteles afirmou e a ciência moderna confirmou, o gosto de qualquer comida melhora quanto mais fome se tem. Mas, como confessei recentemente a meu médico, o qual me avisou que determinada pílula só devia ser tomada de estômago vazio, a última vez que meu estômago esteve vazio foi em 1978. Em minha ficha, ele rabiscou "hiperfagia", o nome que os médicos conferem às pessoas que dão espetáculo na mesa. Ele faz jogging.

Bombons. Por que não me recompensar com um pequeno e delicioso chocolate toda vez que termino uma anchova, um prato de kimchi ou uma cumbuca de sopa de missô? As mães têm usado recompensas desde a invenção do espinafre. É possível que o expediente de dar às crianças mais tempo para brincar a cada vez que elas terminam com a verdura funcione por algum tempo. Mas oferecer-lhes uma barra de chocolate em troca de comer mais espinafre tem efeitos refratários: o espinafre fica cada vez mais repelente, e o chocolate, mais atraente.

Dependência de drogas. Animais de laboratório cheios de não me toques adquirem mais gosto por alimentos novos após uma dose de clordiazepóxido. Segundo um antigo manual de referência médica, isso nada mais é que Librium, aquele tranquilizante que já foi popular. O rótulo adverte de enjoos e depressão e recomenda não operar maquinaria pesada. Eu disse não às drogas.

Exposição pura e simples. Os cientistas nos dizem que as aversões desaparecem quando, a intervalos moderados, ingerimos doses moderadas dos alimentos odiados, em especial se a comida nos é complexa e nova. (Não tente isso com alergias, mas também não trapaceie: poucas pessoas têm alergias alimentares genuínas.) A exposição trabalha para superar nossa neofobia inata, o temor do onívoro em relação a comidas novas, que compensa o desejo biológico de explorá-las. Você sabia que bebês amamentados no peito terão menos dificuldade com comidas novas do que crianças alimentadas na mamadeira? A variedade de sabores que chegam ao leite do peito a partir da dieta da mãe prepara a criança para as surpresas culinárias que a esperam na vida. A maioria dos pais desiste de dar novas comidas aos bebês depois de duas ou três tentativas, e reclamam com o pediatra; essa é, talvez, a causa mais comum de as pessoas terem pruridos alimentares — ou seja, de serem onívoros *manqués. A maioria dos bebês aceita quase qualquer coisa após oito ou dez tentativas.*

Claramente, a exposição pura e simples era a única esperança para mim.

O PASSO QUATRO foi fazer oito ou dez reservas em restaurantes coreanos, comprar oito ou dez anchovas, procurar no guia Zagat oito ou dez restaurantes com nomes como Pártenon ou Olímpia (que, acredito, sejam exigidos por lei para restaurantes gregos) e ferver uma panela de água para preparar oito ou dez grãos-de-bico. Assim, meu plano era simples: todo dia, durante os seis meses seguintes, eu comeria ao menos uma comida que detestava.

Aqui estão alguns dos resultados:

Kimchi. Depois de provar repetidamente dez das sessenta variedades de kimchi, a conserva nacional coreana, ela também se tornou minha conserva nacional.

Anchovas. Comecei a me relacionar com as anchovas alguns meses atrás, no Norte da Itália, onde todos os dias pedi *bagna cauda* — molho feito de alho, manteiga, azeite e anchovas picadas, um antepasto do Piemonte servido pelando sobre pimentões vermelhos e amarelos. Minha fobia desapareceu quando percebi que as anchovas que vivem nas pizzarias norte-americanas não têm nenhuma relação com as tenras anchovas da Espanha e Itália, curadas em sal marinho seco e um pouco de pimenta. Logo me tornei capaz de distinguir entre uma boa *bagna cauda* e uma excepcional *bagna cauda.* Em minha próxima viagem à Itália, procurarei pelas anchovas frescas do Adriático grelhadas na brasa, aquelas de que sempre ouvimos falar.

INTRODUÇÃO

Mariscos. Meu primeiro assalto aos mariscos foi numa lanchonete chamada Lunch, perto do extremo de Long Island, onde consumi uma porção de *fried bellies* e uma de *fried strips*. Minha aversão aumentou abruptamente.

Oito mariscos e algumas semanas depois foi a vez de feijões brancos ao molho de mariscos brancos num excelente restaurante de cozinha meridional italiana no quarteirão de minha casa. Tal qual eu passaria a fazer com frequência no futuro, mesmo à custa de minha popularidade, insisti com meus acompanhantes para que se desfizessem de suas fobias alimentares pedindo ao menos um prato que imaginavam detestar. Se eles topassem minha experiência, eu concordaria em não pedir *nada* de que gostasse.

Todos concordaram, menos uma pessoa, uma bailarina esbelta e adorável que protestou que seu corpo lhe dizia exatamente o que comer, e que eu seria a última pessoa no universo habilitada a interferir naquelas mensagens sagradas. Respondi que, tratando-se de onívoros, a sabedoria inata do corpo é total ficção. Logo tive a prova certa de que minha amiga era uma fóbica enrustida quando ela gastou cinco minutos separando meticulosamente seu antepasto em dois montinhos. Uma pilha, composta de pimentas grelhadas, erva-doce e berinjela, permaneceu imóvel no prato até que seu mortificado marido e eu terminamos com aquilo. Ela ficou tão desorientada com a comida, ou com meu conselho impiedoso, que comeu um bom punhado de arranjo floral enquanto esperávamos por nossos casacos.

Quanto a mim, a noite foi um sucesso. O molho de mariscos brancos era leve, com ervas, limão e sal, de modo que minha fobia a mariscos foi banida num piscar de olhos. Hoje em dia, há por aí muito macarrão banal com molho de mariscos. Se você tem fobia a mariscos, aqui estão duas soluções infalíveis: peça entre oito e dez pizzas de mariscos brancos no Frank Pepe de New Haven, Connecticut, talvez a melhor pizza dos EUA e, certamente, a melhor coisa de qualquer tipo que existe em New Haven, Connecticut. Ou tente a receita maravilhosa de *linguini* com mariscos e *gremolata* do *Chez Panisse Pasta, Pizza & Calzone Cookbook* (Random House) uma vez por semana durante oito semanas consecutivas. Garante-se que isso opera milagres.

Cozinha grega. Minha mulher, que se considera carente de comida grega, ficou em estado de euforia quando a convidei para irmos ao restaurante grego de nosso bairro, amplamente resenhado como o melhor da cidade. Enquanto andávamos pela rua, ela me abraçou apertado, como as mulheres dos comerciais de TV que acabam de ser presenteadas com um diamante somente "por você ser quem é", e embarcou numa declamação do único clássico grego que ela conhece, algo sobre a ira de Aquiles. Meu ânimo se iluminou quando vi que a carta de vinhos era conspurcada por um único retsina: todos os demais vinhos eram feitos na Ática, na Macedônia ou em Samos, com uvas nativas da própria Grécia, mas fermentados à maneira francesa ou californiana. A temida sopa de ovo e limão não foi vista em parte alguma, e o queijo feta foi essencialmente mantido no armário.

Pedimos uma multidão de antepastos e três pratos principais. Só o pegajoso calamar, uma folha dura de parreira que se hospedou entre meus dentes e o exagerado sabor de defumado da berinjela assada ameaçaram despertar minha fobia adormecida. O resto, na maioria das vezes simplesmente grelhado com limão e azeite, estava delicioso, e foi com redobrado prazer que me lancei naquilo que ainda parece uma jornada infindável rumo à aceitação do quiabo.

Mais tarde, naquela noite, minha adorável mulher foi mantida acordada por um estômago inquieto, e eu fui mantido acordado por minha mulher. Ela jurou nunca mais comer comida grega.

Banha. O magnífico *The Cooking of South-West France* (Dial Press), de Paula Wolfert, me levou a adorar a banha com sua receita de *confit de porc* — grossos pedaços de 250 g de lombo de porco temperados com tomilho, alho, cravo e pimenta, cozidos durante 3 horas em 2 litros de banha em fogo baixíssimo e depois amaciados por até 4 meses em cápsulas de banha endurecida. Quando o lombo é devolvido à vida e dourado de leve em sua própria gordura, o resultado é absolutamente delicioso, saboroso e aromático. Eu nunca fizera esse prato porque, seguindo o conselho de Paula Wolfert, sempre evitei usar banha industrializada, aqueles pedaços de meio quilo de gordura ligeiramente rançosa e repleta de conservantes que residem na geladeira do açougueiro.

Então, numa tarde nevada, encontrei-me sozinho numa cozinha com 2 quilo de lombo de porco, igual quantidade de pura e branca gordura de porco e algumas horas livres. Seguindo as instruções simples de Paula para fazer banha, piquei a gordura, coloquei-a numa panela funda com um pouco de água, alguns cravos e cascas de canela, enfiei a panela num forno aquecido a 100°C e acordei 3 horas mais tarde. Depois de coar as partes sólidas e as especiarias, fiquei com um

INTRODUÇÃO

elixir aromático, translúcido e dourado, que perfumou minha cozinha da mesma forma que, daqui por diante, perfumará minha vida.

Sobremesas em restaurantes indianos. Oito jantares indianos me ensinaram que nem toda sobremesa indiana tem textura e gosto de creme facial. Longe disso. Algumas têm textura e gosto de bolas de tênis. Essas atendem pelo nome *gulab jamun*, algo que o cardápio descrevia como "massa leve feita com leite seco e mel". O *rasmalai* tem a textura de goma de mascar velha de um dia e se recusa a ceder à ação dos dentes. Do lado mais animador, várias vezes consegui terminar meu *kulfi*, o sorvete indiano tradicional, e adoraria revisitar a *halva* de cenoura, toda caramelizada e picante. Mas creio que já viajei por essa estrada até onde a justiça exige.

O PASSO CINCO é o exame final e a cerimônia de graduação.

Em exatos seis meses, consegui me purgar de quase todas as minhas repulsões e preferências, tornando-me um onívoro mais perfeito. Isso ficou claro um dia em Paris, França — cidade para a qual meus árduos deveres profissionais frequentemente me levam. Estava experimentando um agradável restaurante novo e, quando o garçom trouxe o cardápio, vi-me num estado que jamais experimentara — algo como o Zen, se quiserem. Tudo no cardápio, todos os antepastos, quentes e frios, todas as saladas, todos os peixes e aves e pedaços de carne, era muitíssimo atraente, mas nenhum mais que os outros. Eu não tinha absolutamente nenhum modo de escolher. Embora desvanecido com a perspectiva de comer, vi-me impossibilitado de pedir o jantar. Lembrei-me da parábola religiosa medieval a respeito do asno que estava equidistante entre dois fardos de feno e, por não terem os animais livre-arbítrio, morreu de fome. Um homem, supostamente, não morreria.

A Igreja Católica estava totalmente errada. Eu teria ficado com fome se quem me acompanhava não houvesse salvado o dia, pedindo por nós dois. Creio que comi uma salada feita de pequenas fatias de *foie gras*, uma *sole meunière* perfeita e *sweetbreads* [o timo de animais jovens, como o vitelo e o cordeiro]. Tudo estava delicioso.

O PASSO SEIS foi reaprender a humildade. O fato de você ter se tornado um onívoro perfeito não o autoriza a ostentá-lo. Inebriado com minha própria realização, comecei a me portar mal, sobretudo em jantares. Quando sentava ao lado de um conviva especialmente enjoado, costumava me divertir indo direto à jugular. Muitas vezes, começava de modo maroto, fitando durante tempo ligeiramente prolongado a comida que sobrava em seu prato, e depois perguntava se ele gostaria de tomar meu garfo emprestado. Às vezes, lançava-me numa agressão direta, perguntando havia quanto tempo ele tinha horror a pão. E, às vezes, eu o enganava, dando início a uma conversa abstrata sobre alergias. Aí, recostava-me na cadeira e, complacente, ouvia sua confusão de desculpas e explicações: conselho de um personal trainer, intolerância ao glúten, uma fé patética em Dean Ornish [ver capítulo "Dor sem ganho"], a aguda — até dolorosa — sensibilidade das papilas gustativas, insinuações de maus-tratos durante a infância. E aí eu lhe contava a verdade.

Acredito que a compaixão e a generosidade chegam ao ápice quando praticamos esse tipo de amor severo em vizinhos de jantar que são menos onívoros que nós. Mas o onívoro perfeito sempre tem de lembrar que, para permanecer onívoro, é absolutamente necessário ser convidado de novo.

maio de 1989,
agosto de 1996

PRIMEIRA PARTE

NADA ALÉM DA VERDADE

O pão primevo

Por que gastais dinheiro naquilo que não é pão? […]
Comei o que é bom e vos deleitareis com a gordura.

Isaías 55, 2

O mundo se divide em dois campos: aqueles que conseguem viver felizes apenas com pão e aqueles que também precisam de legume, carne e laticínio. Isaías e eu nos enquadramos na primeira categoria. O pão é o único alimento que conheço que, por si só, satisfaz completamente. Conforta o corpo, agrada aos sentidos, satisfaz a alma e estimula a mente. Um pouco de manteiga também ajuda.

Isaías era um profeta de primeira classe, mas como dietista faltava-lhe formação. Um bom pão não deleita a alma com gordura. Não contém quase nenhuma gordura ou açúcar, mas traz muitas proteínas e carboidratos complexos, porque é feito de três ingredientes elementares: farinha, água e sal. Se você quer saber por que omiti o fermento, já descobriu o propósito de minha história.

Todos os anos, eu passava por intensa febre de assar, mas agora tais episódios parecem apenas um prelúdio, um período de treino e prática para que me lançasse este ano ao cume: *le pain au levain naturel*, o pão fermentado natural. Escorreguei para um idioma estrangeiro porque esse pão é comumente associado ao padeiro parisiense Lionel Poilâne e seu antigo forno a lenha, situado na rue du Cherche-Midi, 8, a panificadora mais famosa do mundo. Quando o processo de assar vai bem, o pão de Poilâne define o bom pão: uma crosta espessa, estalante; um miolo mastigável, úmido, arejado; os sabores antigos e terrosos do trigo tostado e da fermentação aguda; e uma gama de sabores mais fugazes — nozes assadas, caramelo, peras secas, campos verdejantes — que não emanam nem da farinha, nem da água, nem do sal, mas de alguma fonte mais misteriosa. Esse é o verdadeiro pão do campo, escreve Poilâne, o pão eterno. Esse é o pão que sou capaz de comer sempre e que como com frequência. Esse é o pão que estou comendo agorinha mesmo, enquanto tento digitar com a outra mão.

O *pain au levain* foi o primeiro pão fermentado, descoberto provavelmente há 6 mil anos, no Egito. Em seu definitivo *La boulangerie moderne*, o professor Raymond Calvel situa tal inovação "chez les Hébreux au temps de Moïse", isto é, quando *les Hébreux* se encontravam escravizados por *les Égyptiens*. Eu adoraria acreditar nessa história, mas a considero inverossímil. Minha própria aventura com o *pain au levain* começou muito mais recentemente.

Sábado, 7 de outubro de 1989. Coletei uma pilha de um metro de altura de livros e artigos, populares e científicos, em inglês, francês e traduções do alemão, inclusive trinta receitas para criar um fermento ou, como os franceses o chamam, *le chef*. Trata-se de um pedaço de massa na qual levedura natural e bactérias de ácido láctico vivem alegremente em simbiose, gerando os gases, os álcoois e os ácidos que conferem a esse pão seu gosto complexo e sua textura atraente.

A levedura industrializada é desenvolvida para produzir nuvens de gás carbônico e, assim, um crescimento veloz da massa, à custa de combinações aromáticas. Nosso primeiro *pain au levain* pode consumir seis dias para fazer, do começo ao fim. Depois, cada nova leva de pães é fermentada com um pedaço da massa separada da fornada anterior. Comparado ao pão que usa levedura industrializada, o *pain au levain* é imprevisível, lento e sujeito a variações do clima, da farinha, da temperatura e das estações do ano. "Brincar com levedura natural é como brincar com dinamite", advertiu-me o gerente técnico de uma gigantesca empresa norte-americana de moagem de trigo.

No livro *Chez Panisse Cooking* (Random House), inclui-se uma receita lúcida e detalhada, contribuição de Steve Sullivan, dono da Acme Bread Company de

Berkeley, Califórnia, e padeiro estupendo; ele emprega uvas viníferas orgânicas para ativar o fermento. Estou com sorte: a colheita da uva está em pleno curso no estado de Nova York. À Giusto's Specialty Foods, de San Francisco, que fornece farinha para a Acme, encomendo várias farinhas excelentes; quando elas chegam, dou a volta no quarteirão até o Greenmarket da Union Square, compro diversos cachos de uvas Concord livres de inseticidas, embrulho-os num saco de algodão, aproximo o saco de uma massa de farinha e água, espremo as uvas para romper as cascas, coloco a tigela perto da chama piloto do fogão e saio em viagem para o fim de semana.

Dois dias depois. Que bagunça! Minha mistura de farinha e uvas transbordou, chiando e fervendo por sobre o fogão e penetrando naqueles buraquinhos dos queimadores por onde as chamas costumavam emergir. Começo tudo de novo. Há algo aterrorizante na vida violenta que se esconde numa tigela de ar inocente com farinha e uvas, e fico acordado durante a noite imaginando de onde essa vida vem. Será que já mencionei minha profunda convicção de que, se a Terra for invadida por alienígenas, eles chegarão na forma de seres microscópicos? Dependendo de em quem você acredite, a levedura natural e as bactérias em meu fogão se originaram das uvas, da farinha de trigo orgânica sobre a qual eu coloquei as uvas ou do ar ao redor de mim, onde são onipresentes micróbios de todas as raças. Meu computador coletou 236 resumos de artigos científicos sobre o pão fermentado naturalmente, mas nenhum oferece uma resposta definitiva — em culturas de massa de pão, já se detectaram nada menos que 59 espécies diferentes de levedura natural e 238 de bactéria. A verdade é vital para mim. Com leveduras naturais que vivem nas espigas de trigo, eu criaria pão de Montana e Idaho, porque é nesses lugares que a Giusto diz que se cultiva seu trigo. Se vêm das uvas, seria pão do estado de Nova York. Mas minha meta é assar pão de *Manhattan*, com uma colônia de bactérias e leveduras selvagens capazes de crescer e florescer unicamente aqui. Recorri à *Vogue* para o capital necessário para submeter todos os meus pães e fermentos a mapeamento de DNA e cromatografia gasosa. Até o momento em que escrevo, não recebi nenhuma resposta. Talvez amanhã.

Sábado, 14 de outubro. Fiz alguns pães com meu fermento de uva — os primeiros tinham cor púrpura pálido, e todos eram densos e azedos —, mas terei de abandonar o projeto em alguns dias, quando partirei de Nova York para comer em Paris, profissionalmente, durante três semanas. Além disso, alimento suspeitas extremas em relação a leveduras que se mantêm em uvas. Elas gostam mais do vinho que do trigo. Estou procurando leveduras que gostem de pão tanto quanto eu.

Segunda-feira, 2 de abril de 1990. A edição de agosto de 1989 da *Simple Cooking*, a indispensável newsletter de John Thorne, fornece instruções para fazer *pain au levain* com base nos métodos que o próprio Poilâne emprega. Mas esperarei até conseguir colocar as mãos no manual de Poilâne, *Faire son pain*, e lê-lo eu mesmo. Minha amiga Miriam promete encontrar um exemplar para mim em Paris.

Enquanto isso, recorro a *The Laurel's Kitchen Bread Book* (Random House) e sua receita para *desem* (a palavra flamenga correspondente a *levain*), meticulosamente concebida para desenvolver exclusivamente aquelas leveduras que vivem em trigo integral de solo pedregoso. Deve-se usar farinha orgânica recentemente moída, de modo que os micróbios ainda estejam vivos e bem de saúde; tudo deve ser mantido abaixo de 16°C até o crescimento final, para desencorajar o desenvolvimento das bactérias geradoras de ácidos que prosperam em temperaturas mais altas; e tudo deve ser lacrado, para evitar a colonização por leveduras aéreas. Telefono à Giusto e peço que me enviem um saco de farinha de trigo integral por mala expressa, tão logo seja moída. Então dou a volta pela casa, testando a temperatura. Escritores que escrevem sobre pão e moram no interior costumam afirmar que os degraus de madeira rangente que descem ao porão constituem o lugar perfeito para esse crescimento da massa. Não sabem eles que a maioria das pessoas mora em apartamentos? Por fim, crio uma zona de temperatura a 13°C, empilhando um caldeirão sobre uma caixa de papelão na extremidade de minha escrivaninha, com o ar-condicionado regulado no turbofreeze. Agora só preciso da farinha.

11 de abril. Meu trigo integral recém-moído atapetou o piso do caminhão da UPS; o saco se abriu ao meio em algum ponto na viagem desde a Califórnia. O sujeito da UPS desliza e escorrega de um lado para o outro no baú do caminhão. Telefono à Giusto pedindo outro saco.

O PÃO PRIMEVO

Fim de abril. A farinha chegou. É uma primavera agradável, mas, quando em meu escritório, uso um capote de inverno, para que meu *desem* do *Laurel's Kitchen* se sinta confortável. Minha mulher começa a espirrar.

Começo de maio. Ambos pegamos resfriados graves, acompanhados de febre. O fermento *desem* cheira maravilhosamente, um odor de frutas frescas diferente de tudo o que fiz antes, e o pão é áspero e tem gosto de trigo, cheio de aromas complexos. Mas, como todos os pães de grão integral, o gosto forte de farinha não refinada obscurece os sabores mais delicados que procuro. Há muito tempo concluí que o único pão digno de seu nome é feito com boa farinha branca; podem-se adicionar pequenas quantidades de cevada, trigo integral ou centeio, para incrementar o sabor e a cor. John Thorne escreve que "pães de cereal integral [...], não importa se feitos de trigo, centeio, aveia ou qualquer outro grão, retêm algo da teimosa relutância da semente em ser digerida. Permanecem num estado semelhante a uma sopa de aveia arejada, que enche, mas que, em última instância, não satisfaz". Se Isaías estivesse vivo, tenho certeza de que concordaria.

Sexta-feira, 1ª de junho, fim da manhã. O *Faire son pain* chegou de Paris. Passo um: criar uma baciada de vida. As instruções de Poilâne mandam preparar um pequeno pedaço de massa com ¹/₉ da farinha e da água totais que se pretende usar e deixá-lo coberto durante 2 ou 3 dias, enquanto as bactérias e a levedura natural despertam e se multiplicam para formar uma cultura ativa. Esse será o *chef*.

Os padeiros pesam tudo, pois a farinha pode ficar menos ou mais comprimida numa xícara; as massas também podem estar apertadas ou arejadas; o peso é o que importa. Tiro a poeira de minha balança eletrônica de cozinha e a regulo para gramas. Poilâne diz que todos os ingredientes, em todas as fases, devem estar entre 22 e 24°C — uma temperatura ambiente agradável, moderada. Agora posso desligar o ar-condicionado.

Peso 42 g de água e 67 g de farinha branca não alvejada, cerca de meia xícara, coloco isso numa tigela grande e misturo com os dedos da mão direita até a massa se juntar numa bola. Poilâne manda manter a mão esquerda limpa, para manejar uma faca afiada e raspar a massa que gruda na mão direita — o que parece bobo até que se tenta fazer isso de qualquer outra maneira. Um escritor que, evidentemente, não leu Poilâne recomenda embrulhar as torneiras com sacos plásticos, para evitar que fiquem cimentadas pela massa que se transfere das mãos. O melhor é sempre manter uma das mãos limpa.

Por 2 minutos, amasso o *chef* com mais farinha em minha bancada de madeira, coloco a massa numa tigela rústica de cerâmica ocre, cubro a tigela com uma toalha de cozinha limpa e molhada, prendo a toalha com um elástico e vou cuidar da vida. Essa indiferença dura aproximadamente 5 minutos, após os quais regresso à cozinha para espiar por debaixo da toalha e ver se alguma coisa está acontecendo. Vinte espiadas e vários elásticos partidos depois, transfiro o *chef* para uma tigela de vidro transparente. Seu aspecto não é o de um utensílio de alguma fazenda francesa, mas facilita a observação obsessiva.

Lavo minha tigela rústica em água quente e aprendo uma lição duradoura: utensílios recobertos com farinha ou massa podem ser lavados facilmente em água *fria*; a água quente faz o amido e o glúten grudarem em tudo, inclusive em si próprios. Se a massa endureceu, *mergulhe* os utensílios em água fria. Se você deixá-los de molho por bastante tempo, será possível que sua mulher se aborreça e os lave ela própria. Faça isso com frequência demasiada e acabará pagando um preço.

Na área em que as paredes da tigela encontram a base, a fôrma age como uma lente de aumento. Durante o resto do dia, a intervalos de 3 minutos, procuro pelo aparecimento de bolhas minúsculas no *chef*.

DUAS ESTRELAS PARA O PÃO

Não é possível entender uma refeição sem pão, escreveu um sábio francês cujo nome me escapa. Qualquer resenha de restaurante que não avalia a qualidade do pão é ou incompleta, ou completamente inválida; não consigo decidir qual dos dois. Um pão fantástico é capaz de compensar um restaurante feio, com serviço grosseiro, sobremesas recém-descongeladas e café frio.

Sábado, 2 de junho, imediatamente após despertar. Em exatas 24 horas, a toalha de cozinha secou e endureceu, a massa escureceu e ficou recoberta por uma crosta, e duas manchas de mofo azul-pálido apareceram sobre ela. Essa não era a forma de vida que eu tinha em mente.

Faço o café da manhã e começo tudo de novo. Dessa vez, uso água mineral. A água de torneira de Nova York está entre as mais deliciosas do país, mas água clorada de todo tipo pode inibir o crescimento da levedura. Semanas depois, já afinado para as pequenas diferenças de gosto em meus pães, descubro ser capaz de reconhecer coisas como cloro na crosta, onde os sabores se concentram. A água destilada não tem as substâncias alcalinas e os minerais que dão bom sabor à água e que, dizem, contribuem para um crescimento saudável da massa e uma crosta dourada. Água mineral é a resposta.

Em vez da farinha branca de Poilâne, peso um pouco de farinha integral orgâ-nica moída em pedra — pedra, porque estou sob a impressão equivocada de que os cilindros de metal dos grandes moinhos comerciais aquecem a farinha a tem-peraturas que podem matar as bactérias e a levedura natural; orgânica, porque pesticidas e fungicidas administram a morte aos micróbios; e trigo integral, por-que, se é verdade que a levedura se mantém na espiga do trigo, imagino que será encontrada na capa externa dos grãos. Dessa vez, no lugar de uma linda toalha de cozinha colorida, uso um invólucro de plástico. Isso pode impedir que um ou dois micróbios aéreos amigáveis pousem no *chef*, mas evita que a massa forme crosta.

Domingo, 3 de junho. Aquilo que apareceu no *chef* será uma bolha ou uma falha no vidro da tigela? O *chef* ainda cheira como farinha de trigo molhada, nada mais.

Segunda-feira, 4 de junho. O *chef* inchou e adquiriu um cheiro penetrante, algo entre a cerveja e o iogurte! Sinto-me orgulhoso como o pai de um recém-nascido.

Terça-feira, 5 de junho. Nenhuma outra mudança. Talvez eu tenha falhado. Talvez meu *chef* esteja morto. Mas é hora de dar o passo dois de Poilâne, dobrar as quantidades iniciais e transformar o *chef* naquilo que ele denomina *levain*, o qual se deixa fermentando por um período entre 24 e 48 horas.

Quarta-feira, 6 de junho, madrugando. A coisa está viva! Creio que está tentan-do falar comigo. Em apenas 24 horas, o *levain* cresceu até a borda da tigela e já faz pressão contra o invólucro de plástico. Grandes bolhas se mostram orgulhosamente através do vidro. Não pode haver dúvida: de um grão de trigo, criei o universo!

No passo três, faz-se o *levain* crescer em 1 quilo de massa de pão, triplicando o peso original pela adição de 252 g de água e mais 400 g de farinha e 15 g de sal. A água junta os dois principais tipos de proteína da farinha, a glutenina e a gliadina, dando como resultado o glúten — a substância pegajosa e elástica que torna a mistura dúctil e coagulada.

Ante as evidências do sucesso da fermentação, mudo para a farinha orgânica refinada da Giusto. Começa o processo de sovar a massa, 20 longos minutos disso, estirando-a para longe de meu corpo com a base da mão, dobrando-a em minha direção, dando um quarto de volta a ela e repetindo tudo de novo. Além de arejar a massa, esse movimento desconecta as moléculas de proteína e as alinha umas às outras, formando uma cadeia de glúten. A massa fica acetinada e elástica; enquanto a levedura vai produzindo gás carbônico, a massa se estira e se expande ao redor das bolhas de gás, em lugar de se quebrar e deixar o gás escapar.

Descubro que não consigo aguentar 20 minutos de amassar pão. Minha atitude não é a de um verdadeiro artesão. Lemos que bater a massa com as mãos coloca o padeiro em contato com a massa viva, dá-lhe responsabilidade por seu pão. Daqui por diante, passarei a recorrer a minha batedeira doméstica pesada KitchenAid K5A, equipada com gancho de massa. O utensílio bate a massa e a estica em redemoinhos em vez de sová-la, mas produz resultados aceitáveis, especialmente quando assumo a tarefa por alguns minutos antes do final.

Poilâne diz que se deve deixar a massa subir de 6 a 12 horas, obtendo não o crescimento duplo ou triplo provocado pelo fermento industrial, mas modestos 30%.

Sete horas daquela noite. Vista pelo vidro, a massa parece bem arejada. Embora talvez não tenha crescido na proporção requerida, estou determinado a assá-la esta noite, após um crescimento final.

Poilâne não é claro sobre se é ou não necessário fazer um pão redondo, de modo que sigo o procedimento-padrão: coloco a massa sobre a bancada com a superfície lisa e arredondada para baixo e a enrolo e estico até formar uma esfera firme. Na French Baking Machines, de Nova Jersey, comprei um *banneton*, uma cesta profissional forrada de linho para fazer crescer massa, em substituição a

minha tigela improvisada forrada com uma toalha de cozinha. Polvilho farta-
mente seu interior com farinha e coloco a massa ali, com o lado liso voltado para
baixo. Então, para criar um ambiente úmido e protegido de correntes de ar, inflo
um grande saco plástico em torno de tudo e o amarro firmemente. Meu pão
crescerá até a meia-noite.

Atravesso parte da noite em estado de êxtase. O primeiro milagre é que
um punhado de farinha de trigo contenha todo o necessário para criar o mais
fundamental e gratificante de todos os alimentos. Depois passo um tempinho
me maravilhando com o fermento. Por que o fermento que se alimenta do trigo
produz, em vez de venenos, um gás inócuo e sabores atraentes? E por que o fermento natural parece funcionar melhor à temperatura ambiente? O fermento foi
criado muito antes da temperatura ambiente. Trata-se de uma coincidência? Ou
será parte do plano de Alguém?

Por último, penso no papel do sal. Quase todas as receitas mandam adicionar aproximadamente 2% de sal em relação ao peso da farinha — caso se adicione muito mais, a levedura e as bactérias morrerão; caso se coloque muito menos,
o fermento crescerá sem limites e se esgotará cedo demais. O sal também fortalece o glúten, mantendo-o elástico no ambiente ácido e corrosivo do *pain au levain*
e ajudando o pão a crescer. Será possível que o simples acaso seja o responsável
pelo fato de o nível quimicamente ideal do sal ser justamente a quantidade que
melhora o gosto do pão?

Meia-noite. O pão mal se moveu, e estou preocupado. Melhor dar-lhe mais
duas horas. Minha mulher já foi para a cama. Ela vê isso como um precedente
perigoso. Mas ainda se passarão várias semanas antes que minha compulsão por
assar ameace destruir o casamento.

Duas da manhã. Através do saco plástico inflado, vejo que o pão subiu mais
metade de seu volume inicial. Pré-aqueci o forno a 260°C, dispondo lá dentro
um grosso ladrilho de cerâmica de 40 centímetros de espessura e, por cima,
uma assadeira Superstone. Tal dispositivo, fabricado pela Sassafras Enterprises,
é um prato de cerâmica não porcelanizada com cobertura em cúpula, que cria
algo como o calor uniforme, penetrante e vaporoso de um forno de tijolos. O
ladrilho disposto embaixo aumenta o calor armazenado no forno e evita que

o fundo do pão se queime. O livro *English Bread and Yeast Cookery* (Viking), de Elizabeth David, traz a fotografia de uma assadeira quase idêntica, de 500 a.C., descoberta na Ágora, em Atenas.

Viro o *banneton* sobre a base incandescente da assadeira, risco um quadriculado no topo do pão com uma lâmina de barbear, de modo a facilitar o crescimento livre no interior do forno (desinibido por uma crosta que tenha endurecido prematuramente), molho com $^1\!/_4$ de xícara de água morna para criar vapor extra (gesto temerário, mas útil, que aprendi em *The Laurel's Kitchen Bread Book*), borrifo farinha por cima, em nome da decoração, e cubro com a cúpula pré-aquecida.

2h30. Baixo a temperatura do forno para 200°C e descubro o pão, para deixá-lo dourar. Não cresceu tanto quanto eu teria preferido, e meus talhos se transformaram em vales profundos.

Três da manhã. Meu primeiro *pain au levain* está pronto! Quando bato no fundo do pão com o dedo indicador, o som é oco, sinal de que o amido absorveu bastante água e se transformou de cristais duros num gel suave até o centro do pão. Sinal também de que a maior parte da água restante se evaporou.

Tanto pela leitura quanto pela experiência, sei, sem nenhuma sombra de dúvida, que o pão não está em sua melhor forma assim que sai do forno. Sabores complexos se desenvolvem à medida que ele esfria; quem aprecia o pão quente deve reaquecê-lo ou torrá-lo depois.

3h05. Só dessa vez, violo a regra e corto uma fatia de pão quente. A crosta está firme e tenra; o aroma e o gosto são complexos, embora um pouco sem graça. Mas meu pão é azedo demais, e o miolo é denso e cinzento. Apesar disso, não fico desapontado. A manteiga melhora as coisas, como faz com tudo na vida, exceto a saúde, e sei que o sabor se aprimorará pela manhã. O que de fato acontece.

3h20. Estou caindo no sono quando meu coração começa a saltar e sou tomado por uma terrível onda de angústia. Esqueci-me de reservar parte da massa para servir de *chef* para meu próximo pão, todo o objetivo de fazer *pain au levain*. Agora terei de começar tudo de novo amanhã de manhã.

3h21. Não consigo dormir. Eu me arrasto até a cozinha e misturo um novo *chef*. Dessa vez, a operação se conclui em 2 minutos, e estou seguro de que funcionará perfeitamente. Como outro pedaço de pão e durmo feliz. De manhã, minha mulher reclama que há farelo de pão no travesseiro.

Quinta-feira, 21 de junho. Asso pão no ritmo mais veloz que consigo, até agora 6 côdeas sucessivas — 6 gerações — de meu novo *chef*. A cada fornada, o *chef* se torna mais vigoroso, e seu sabor, mais afirmativo, porém um pouco menos ácido. Minha mulher acha que as horas que gasto assando nos impedem de viajar em fins de semana ensolarados. Diz que é como possuir um cachorrinho recém--nascido, mas sem termos o filhote. Ela sempre quis um filhote.

Também está descontente com o fato de todas as superfícies do apartamento estarem recobertas por uma delicada camada da farinha de trigo da Giusto. Mas ela só deu o basta quando eu quase recusei ingressos para o show de Madonna por temer que Madonna atrapalhasse meu preparo. Refrigero a massa durante a noite, como fiz com outros pães, e descubro que, se algo mudou no sabor, foi para melhor. Contudo, meu pão ainda é denso demais, e não sei o que fazer.

Terça-feira, 31 de julho. Entrego-me à mercê dos especialistas. Quatro anos atrás, aos 28 anos, Noel Comess deixou o posto de chefe da cozinha do Quilted Giraffe e fundou a Tom Cat Bakery, numa fábrica abandonada de sorvete em Queens; sua *boule* de massa azeda é a melhor da cidade. Concorda em me deixar bisbilhotar uma noite. Sua temperatura ambiente é de 30°C, muito mais alta que a de Poilâne, e a proporção de massa velha para massa nova em cada fase é menos do que aprendi a usar. Observo-o formar diversas côdeas e percebo que bater a massa é a última coisa de que pão fermentado naturalmente precisa. As bolhas de gás são nossas amigas. Concentramo-nos em seus livros. Noel adora a feitura de pão e o processo contínuo e autorrenovador do *pain au levain*, no qual nada se perde.

De volta para casa, formo meus pães com mais delicadeza e descubro que eles crescem mais ao assar, adquirindo textura mais variada. No entanto, ainda se parecem com meu pão, não com o pão de Noel. Usar temperatura mais alta durante o crescimento da massa às vezes ajuda e às vezes não ajuda. E meu *chef* simplesmente não é ativo o bastante para que eu possa usar as proporções de Noel.

Recorro a Michael London. De 1977 a 1986, Michael e Wendy, sua mulher, tocaram uma *pâtisserie* em Saratoga Springs, Nova York, chamada Mrs. London's Bake Shop — certa vez, Craig Claiborne comparou favoravelmente as criações deles às da Wittamer em Bruxelas e da Peltier em Paris; agora, na cozinha da casa de fazenda na qual moram (em Greenwich, perto de Saratoga Springs), eles administram a Rock Hill Bakehouse, onde assam pão três vezes por semana. Incontáveis foram as manhãs em que me apressei para ir até a Balducci ou o Greenmarket para comprar um dos enormes pães Farm Bread de Michael antes que acabassem.

Um aviãozinho instável e ofegante me leva ao norte do estado de Nova York. Carrego meu pão mais recente e um saco plástico com 100 g de meu *chef*. A Avis se recusa a me alugar um carro, com o frágil pretexto de que minha carteira de motorista venceu. Pergunto: quem tem tempo de esperar na fila para renovar a carteira, correndo o risco de que a massa suba além da conta e depois desmorone no forno? Perco a discussão, mas a corrida de táxi de uma hora custa pouco mais que o aluguel tipicamente inflado da Avis. Chego à fazenda dos London no final da tarde.

Michael e Wendy criticam o pão que levei. Depois o comemos com manteiga da vaca deles. Sophie, sua filha loura e sensível, adora meu pão.

Assisto a Michael fazer seu *levain*, e ele me mostra como revigorar meu fermento. Ao incrementar a massa de uma fase para a próxima, o *chef*, o *levain* e a massa devem sempre ser usados no pico de sua atividade. Dormimos durante algumas horas, despertamos à uma da manhã, fazemos uma tonelada de massa e dormimos até as cinco, quando chegam os quatro ajudantes dos London, e começamos a formar pães para a fornada.

Michael transforma meus 100 g de *chef* em *levain* — e então em 10 quilos de massa. Assa vários pães com isso, e o resultado é como todos os demais pães de Michael, nem um pouco parecidos com os meus. Parece que o segredo está nas mãos do padeiro, em sua arte e intuição, e não só na composição bacteriana do ar, da farinha ou das uvas. Também não faz mal um forno francês de padaria fantasticamente caro.

O PÃO PRIMEVO

Quinta-feira, 6 de setembro. Meu cronograma de assar pão se torna menos frenético; agora são duas vezes por semana, e minha mulher aguarda ansiosamente o produto acabado. Meu *chef* está contente, forte e aromático, o pessoal da UPS se acostumou a me trazer sacos de 25 quilos de farinha da Giusto a cada uma ou duas semanas, e consegui aspirar de meu processador de texto a maior parte da farinha orgânica. Na maioria das vezes, o pão resulta suficientemente bom para ser comido e, em alguns dias, é tão bom que não comemos mais nada.

novembro de 1990

Permanecer vivo

Anos atrás, li em algum lugar que a dieta de sobrevivência mais barata de todas consiste em manteiga de amendoim, pão de trigo integral, leite em pó desnatado e uma pílula de vitaminas. Ansioso por testá-la, corri ao supermercado, voltei para casa trazendo provisões suficientes para sobreviver uma semana e pus mãos à obra com minha calculadora e uma faca de manteiga. Duas generosas colheres (sopa) de manteiga de amendoim esparramadas sobre 1 fatia de pão e engolidas com $1/2$ copo de leite em pó reconstituído somaram 272 calorias e compreenderam 13,6 g de proteína, 15,3 g de gordura e boa quantidade de fibras e carboidratos complexos. Um dia preenchido com 8 fatias de pão cobertas de manteiga de amendoim e 4 copos de leite gelado e espumante me faria consumir 2200 calorias e muito mais que os 60 g de proteínas de que um adulto tem necessidade, e a pílula de vitaminas cuidaria do resto.

Em minha nova dieta, havia 50% de gordura, mas 25 anos atrás os nutricionistas estavam preocupados com problemas mais urgentes que o vínculo conjetural entre a gordura dos alimentos e certas moléstias crônicas. Preocupavam-se com o dano causado pela desnutrição e pela pobreza, com a deficiência de vitaminas e proteínas e com o custo mínimo de subsistência para permanecermos vivos e saudáveis. Outro dia, telefonei ao Ministério da Agricultura dos EUA. Lá, ninguém mais trabalha com subsistência.

PERMANECER VIVO

Fico feliz em informar que, hoje em dia, também para mim a subsistência não é problema muito grande. Provavelmente, eu conseguiria subsistir durante uma década ou mais só com a energia de comidas com que, de modo precavido, envolvi diversas partes de meu corpo. E até mesmo no passado, quando circunstâncias agravantes me forçaram a viver no limite da subsistência no que diz respeito a roupas, eletrodomésticos e equipamentos esportivos, sempre estive disposto a dedicar mais de meus recursos à comida do que quaisquer das pessoas a minha volta. Telefono para o Departamento de Estatísticas de Emprego. O gasto total da casa média norte-americana é de US$ 30 487 por ano, dos quais míseros 8,9% são alocados para comida feita em casa e 5,4% para comida consumida em restaurantes. Num contraste revelador, em todos os anos desde que me tornei adulto, tenho gastado com comida entre 30% e 100% de minha renda. A exceção foram aqueles poucos dias felizes em que me mantive consumindo a milagrosa dieta de manteiga de amendoim.

Certo dia, quase derrubei uma tigela de recheio de ostra ao ler, com incredulidade e decepção, que em 1991 a família norte-americana média gastou apenas US$ 2,59 por pessoa no jantar de Ação de Graças, contra US$ 2,89 no ano anterior, sinal inegável da decadência dos valores familiares e nacionais sob dois governos republicanos sucessivos. Para ser preciso, não cheguei a ler que a família norte-americana média gastou apenas US$ 2,59 por pessoa no jantar de Ação de Graças. Isso foi o que o press release da National Turkey Federation queria que eu imaginasse ter lido. O que o press-release dizia era que, considerando o baixo preço do peru, um jantar de Ação de Graças completo para dez pessoas *deveria custar* apenas US$ 2,59 por pessoa. Eles têm razão no que se refere a peru. Telefonei para o Ministério da Agricultura. Nos EUA, o peru é a forma mais barata de proteína animal que se pode comprar sem procurar muito, ou ao menos era, em junho de 1991: 100 g de carne magra cozida custavam US$ 0,49; 100 g de um T-bone preparado custavam US$ 2,76. A proteína do feijão é muito mais barata, mas a lista de 1991 do Ministério da Agricultura para "alternativas à carne" omitia os feijões. Inacreditavelmente, ninguém no governo ou fora dele sabe quanto a família norte-americana média gastou em seu jantar de Ação de Graças médio. Liguei para todo mundo.

O que o governo sabe é que a casa norte-americana média consiste em um adulto e $^6/_{10}$, $^7/_{10}$ de criança e $^3/_{10}$ de pessoa idosa (dando um total de dois seres

O HOMEM QUE COMEU DE TUDO

humanos e $^6/_{10}$), os quais gastam coletivamente US$ 4271 por ano em comida, seja em casa, seja fora. Isso vem a ser US$ 4,50 por dia, ou US$ 1,50 por refeição. A estupefação com que deparei com esses números não pode ser de todo atribuí-da a minha própria natureza glutona. Os franceses e os japoneses estão muitos contentes gastando o dobro disso com sua comida primorosa. Nós, a nação mais rica no mundo, simplesmente decidimos economizar. Entre os países ricos, só os britânicos gastam muito menos que nós. O que já diz muito.

Parece óbvio que o único modo de gastar apenas US$ 4,50 por dia com comida é comendo quase tudo em casa. Para testar tal conjetura, saquei de minha edição de 1993 do *Zagat New York City Restaurant Survey*, conferi os dez restaurantes mais baratos e fui percorrê-los. Caso você nunca tenha jantado na filial de Wall Street do McDonald's, no número 160 da Broadway, apenas dois quarteirões ao norte da Trinity Church, não espere mais tempo. É um espaço de dois andares, com teto alto, mesas de mármore, mostrador de cotações de ações eletrônico, pianista num piano de quarto de cauda de ébano, porteiro e recepcionista vestida num ter-ninho cor de alfazema que lhe realça as curvas. A metade traseira do piso térreo consiste num balcão McDonald's tradicional, com a cozinha atrás, e o cardápio e os preços são exatamente o que se esperaria. Todavia, minhas Mighty Wings dis-cretamente temperadas, minha porção de excelentes batatas fritas e minha Diet Coke totalizaram US$ 5,34 já com o imposto, estourando facilmente a média de US$ 4,50 correspondente ao orçamento alimentar diário do norte-americano médio. Suponho que eu poderia ter pedido muito menos comida e ficado sentado lá o dia inteiro, como diversos outros clientes, que, a julgar por suas diversas camadas de roupas, imagino fossem sem-teto. Nossa recepcionista bilíngue (inglês-espanhol) os acompanhou escada acima até lugares mais aquecidos, onde os atendentes os aborreceriam menos, e, juntos sob os Golden Arches, desfrutamos a espirituosa interpretação do pianista para "There will never be another you".

Três dos restaurantes mais baratos de Nova York têm o nome Original Ca-lifornia Taqueria; todos ficam em Brooklyn Heights ou em Park Slope, e dois parecem pertencer ao mesmo dono. Um conveniente metrô nos levou quase porta a porta até o número 341 da Seventh Avenue, em Park Slope, onde nos esperavam uma interpretação fresca e pungente da culinária de East Los Ange-les, um ambiente atrativo e amigável e um mural que fora pintado com arrojo

PERMANECER VIVO

e que, de modo incongruente, incluía a ponte Golden Gate. Ultrapassamos em apenas US$ 0,12 a cota de US$ 4,50 por pessoa, se deixamos de lado os US$ 3,00 correspondentes à viagem de ida e volta. Mesmo que *la tostada* de minha mulher não tivesse sido suficiente para seu sustento diário, meu amplo *plattio*, em que havia um taco de carne de vaca, guacamole, arroz e feijão, mais que compensou esse fato. De todos os restaurantes que visitei, só no Original California Taqueria consegui comprar algo próximo a uma dieta equilibrada com meu limitado capital. Para comemorar tanto esse feito quanto nossa expedição incomum ao Brooklyn, apanhamos o metrô de volta e seguimos até o fim da linha, para Coney Island, onde, próximo às ruínas desoladas do Luna Park e de seu famoso Parachute Jump, a dois quarteirões do Nathan's original, fica a Totonno Pizzeria Napolitano, historicamente um dos restaurantes mais importantes dos EUA. (Com seu forno a carvão e suas paredes e teto de zinco pintado, a Totonno foi inaugurada em 1924, o que faz dela a segunda mais antiga das pizzarias americanas em atividade.) Embora a Totonno seja injustamente listada pelo guia Zagat no 36º posto de Nova York na relação custo/qualidade, uma pizza pequena, com notável cobertura feita apenas de muçarela artesanal e molho de tomate enlatado importado (idêntica à receita original do fundador) só nos custou um pouquinho mais que o orçamento alimentar de US$ 9,00 para duas pessoas, correspondente ao dia seguinte.

No Gray's Papaya e no Papaya King, o freguês pode facilmente permanecer abaixo dos US$ 4,50 pedindo 2 salsichas de carne de vaca de primeira (US$ 0,70 cada uma no Gray's, mais que isso no Papaya King) ou 1 *fajita* de frango (só no Papaya King) e 1 copo grande de suco de abacaxi fresco (US$ 1,75). Para uma dieta mais variada, fui até o Amir's Falafel, perto do campus da Universidade Columbia, bem como ao Cupcake Cafe, na Ninth Avenue. Talvez porque eu tenha apreciado a comida de ambos os lugares, não me mantive abaixo de US$ 4,50. Da próxima vez, tentarei ser mais firme. Entretanto, jantar nos dez restaurantes mais baratos de Nova York confirmou que comer fora é, na média, dificílimo para o orçamento alimentar diário norte-americano de US$ 4,50. E, numa dieta de subsistência, é simplesmente impossível sair da própria cozinha.

Em 1942, Mary Frances K. Fisher escreveu *How to Cook a Wolf* para ajudar os norte-americanos a comer bem numa época de escassez e racionamento. Num capítulo intitulado "Como se manter vivo", dirigido aos leitores menos abonados, Mary fornecia a fórmula do que denominava *sludge* [lodo], uma mistura de cereais, carne moída e legumes que ela criou como "resposta funcional ao premente problema de sobreviver da melhor maneira possível com um mínimo de dinheiro". Eu sempre quis experimentar a receita.

"Caso você não tenha absolutamente nenhum tostão, a primeira coisa a fazer é arranjar algum emprestado", ela começa. "Meio dólar basta e deve garantir o sustento de três dias a uma semana, dependendo de quão refinados sejam seus gostos. [A partir daqui, Mary desvia para uma espécie de indefinição acanhada, que torna a receita muito difícil de reproduzir hoje em dia.] Compre aproximadamente US$ 0,15 de carne de vaca moída, de um açougueiro respeitável. [...] Compre aproximadamente US$ 0,10 de cereal integral moído. Quase toda mercearia de bom tamanho vende isso a granel. Sua cor é castanha, a textura é de farinha grossa, e tem um cheiro agradável de nozes e amido. Gaste o resto do dinheiro com legumes. [...] Compre 1 maço de cenouras, 2 cebolas, um pouco de aipo e [...] 1 repolho pequeno. Pique [os legumes] e coloque-os numa panela. Junte a carne moída. Cubra tudo com o que lhe parecerá água em excesso [*sic*]."

Ferva a mistura durante 1 hora, acrescente o cereal, cozinhe lentamente durante mais 2 horas e deixe esfriar. A maneira mais deliciosa de comer isso, escreve Mary, é fritar como *scrapple* [prato típico da cozinha alemã da Pensilvânia] algumas fatias da massa solidificada.

"Que vergonha, Mary Frances Kennedy Fisher!", murmurei para mim mesmo enquanto explorava o supermercado tentando fazer compras para sua receita. "Por que você não deu as quantidades em peso ou volume?" Eu já ligara para o Ministério do Comércio. De 1942 a 1992, o índice global de preços ao consumidor aumentou 8,8 vezes, ao passo que os preços dos alimentos aumentaram 9,5 vezes. Eu poderia ter descoberto o preço da carne moída em 1942, e do aipo e da cebola, mas não havia como identificar o tipo de cereal integral que Mary tinha em mente. Assim, joguei a toalha, multipliquei todos os números dela por 9,5 e enchi meu carrinho com US$ 1,43 de carne bovina moída (350 g em oferta superespecial), US$ 0,95 de Wheatena (só 230 g) e US$ 2,37 de cebola, aipo, cenoura e repolho, quase ½ quilo de cada item. Dá para acreditar que o aipo custa quase tanto quanto a carne de vaca?

PERMANCER VIVO

COMO VIVEMOS HOJE

A mania atual de comprar comida pronta e o desaparecimento da culinária doméstica têm duas causas que se inter-relacionam — famílias que ficaram menores e mulheres que trabalham fora. (Nenhum homem jamais desistiu de cozinhar por ter de voltar a trabalhar.) Será provável que essas tendências prossigam? Com a ajuda de uma régua de plástico transparente, projetei para o futuro os números do Censo norte-americano correspondentes aos últimos 25 anos; os resultados são assustadores.

• Por volta de 2050, o tamanho médio das famílias terá diminuído para aproximadamente uma pessoa. Todo mundo nos EUA estará vivendo sozinho.

• Todas as mulheres maiores de dezoito anos estarão trabalhando fora de casa.

• Todas as mulheres terão mais de dezoito anos.

A conclusão inevitável é que, por volta de 2050, todo mundo estará comprando comida pronta para todas as refeições.

Comer se tornará caríssimo. Para sobreviver, será necessário uma renda anual de pelo menos 392 114 dólares atuais. Percorrendo Manhattan de uma ponta à outra, descobri que um café da manhã / almoço / jantar para viagem, com preço modestamente acima da média, custa US$ 40,00, mais US$ 7,00 para o táxi, ou US$ 54 896 por ano para uma família média de 3,2 pessoas. Os números do Ministério da Agricultura mostram que a família média americana gasta 14% da renda com comida. Portanto, precisará ganhar US$ 392.114 por ano

Não é fácil encontrar boa comida para viagem. Em 2050, procurar por ela se tornará ocupação de tempo integral, muito mais que cozinhar já foi. Os norte-americanos serão de novo uma raça de caçadores mesolíticos, a vagar pelas ruas das cidades com as carteiras prontas e afiadas, lançando-se sobre o primeiro pacote de pasta primavera ou fatia de *pâté de campagne* que se apresentar. Mal sobrará tempo para comer.

abril de 1988

Dourei a carne, piquei os legumes em meu processador de alimentos, juntei um pouco de purê de tomate enlatado, salguei e apimentei para dar mais sabor, aborreci-me profundamente com a instrução de cobrir a coisa "com o que lhe parecerá água em excesso", cobri a coisa com água em excesso e deixei aquilo ferver pelas 5 horas seguintes. Quando concluído, o *sludge* resultou num marrom apetitoso, de gosto inofensivo (um pouco mais de cebola e tomate teria ajudado); deixei-o esfriar e solidificar numa assadeira grande. A receita rendeu 10 generosas porções de 250 g (eu estava a cargo do controle das porções), 1 para o almoço, 1 para o jantar e $^1/_2$ para o café da manhã, isso durante 4 dias. O custo total foi de US$ 5,25, aí incluído o purê de tomate, o sal e a pimenta. O custo por dia foi de US$ 1,31. Adicionem-se US$ 0,30 para café e um pouco de suco de laranja pela manhã, e a subsistência chega a US$ 1,61 por dia. Compare-se isso com o US$ 1,70 por dia dos 8 sanduíches de manteiga de amendoim e 4 copos de leite em pó — sem contar os US$ 0,20 correspondentes a 1 pílula de vitaminas de primeira.

Não sei dizer se o *sludge* ou os sanduíches de manteiga de amendoim com leite em pó reconstituído são nutricionalmente completos. Subsisti com *sludge* durante quase um dia e então me enchi. Mas minha saúde não mostrou sinais de comprometimento. Devo também informar que o *sludge* de Mary Fisher se transformava em pasta sempre que eu tentava fritá-lo em bastante manteiga sem sal, como ela recomenda, o único modo que me pareceu apetecível.

Por um breve período, alimentei a noção de que poderia resolver meus problemas de subsistência fazendo todas as minhas compras na Gourmet Garage, um novo estabelecimento na Wooster Street, 47, no Soho de Nova York. Quando visitei a Gourmet Garage pela primeira vez, as pechinchas eram maravilhosas. Cogumelos *pied de mouton* e cogumelos *chanterelle* de talo amarelo estavam sendo dados por US$ 9,37 o meio quilo, uma economia de 50%; o pão Manor House Loaf de Eli Zabar, vendido pelo próprio padeiro na EAT da Madison Avenue por US$ 5,00, saía por apenas US$ 3,95; e frangos "caipiras" custavam só US$ 6,28 o quilo.

Quando cheguei a uma gôndola com fileiras de sacos de 5 quilos de arroz basmati, minha mente saltou para vários meses antes, até uma noite num jardim mourisco no Sul da Espanha. Eu estava na companhia da bela atriz e escritora de culinária indiana Madhur Jaffrey. O ar estava suave com o perfume do jasmim. Acheguei-me a Madhur e lhe perguntei, num murmúrio: "Que marca de arroz basmati você recomendaria?".

"Tilda", ela respondeu. E agora, meses depois, como que por intervenção divina, encontro o arroz Tilda à venda na Gourmet Garage por apenas US$ 4,41 o quilo.

Mas, não importa quanto eu calcule, não consigo ajustar muitos *pieds de mouton* e cogumelos *chanterelle* amarelos em minha cozinha de baixo custo. E, mesmo por US$ 4,41 o quilo, o arroz basmati custa quatro vezes mais que o arroz normal norte-americano de grão longo que encontro na A&P de minha vizinhança. Quando perder interesse na subsistência, planejo fazer compras na Gourmet Garage de hora em hora.

O Ministério da Agricultura dos EUA publica uma dieta de quase subsistência chamada Plano Alimentar Econômico, calcula seu custo todos os meses e usa esse número para determinar quantos vales-alimentação deve emitir para as famílias pobres, de modo que consigam cozinhar e comer de acordo com o Plano. (É assim que deveria funcionar; os porta-vozes dos pobres argumentam que as alocações de vales-alimentação são insuficientes para seguir o Plano Alimentar Econômico.) No último mês de outubro, o custo era de US$ 49,40 por semana para uma família de duas pessoas, e de US$ 82,50 para uma de quatro. Isso resulta em US$ 3,53 ao dia por pessoa numa família de duas. Para mim, o surpreendente é que o norte-americano médio, em sua dieta alimentar diária de US$ 4,50, gaste apenas uns 25% mais que o custo da dieta de subsistência!

Decidi seguir o Plano Alimentar Econômico durante uma semana e levei até o supermercado a brochura ministerial *Thrifty Meals for Two: Making Food Dollars Count* [Refeições econômicas para dois: faça seu dinheiro valer]. Li a publicação enquanto percorria os corredores do supermercado. Não confirmarei nem negarei se excedi as recomendações nos dias seguintes. Em caso afirmativo, também não direi quantas vezes o fiz. Quem recebe vales-alimentação não tem tal escolha.

No primeiro dia, o Plano Alimentar Econômico exigiu que meu café da manhã consistisse em 1 torrada, leite, sucrilho e 1 laranja. Isso serviu de combustível para uma longa manhã de planejamento e cozinha. Muitas das receitas do *Thrifty Meals for Two* dependem de outras receitas do *Thrifty Meals for Two*, de modo que é vital um planejamento preciso de longo alcance. Comecei por criar 6 xícaras de Mistura de Biscoito (1 fôrma caseira de Bisquick, que depois se transformaria tanto em Drop Biscuits quanto em Peanut Butter Snack Loaf) e 5 xícaras de Mistura de Pudim (açúcar, maisena e leite em pó desnatado, ao que depois eu deveria adicionar chocolate em pó e água, para produzir Pudim de Chocolate). Então comecei os preparativos para o almoço refogando 3 coxas de peru em água numa panela coberta, descartando os ossos e a pele, reduzindo e reservando o caldo resultante, separando 85 g para o almoço (por sorte, possuo uma dispendiosa balança eletrônica) e guardando o resto para o segundo e terceiro dias. Daí, assei 1 batata, cozinhei um pouco de couve e, com minha Mistura de Biscoito, fiz Drop Biscuits e um Pudim de Chocolate verdadeiramente repulsivo, depois do que comi tudo, menos o Pudim de Chocolate. O jantar consistiu num cheeseburger com bacon em pão francês e 1 banana desapontadora. Mas só se passou uma hora até o lanchinho noturno — manteiga de amendoim numa torrada. Mal consegui esperar pela manhã seguinte.

O café da manhã do segundo dia foi pródigo: 1 ovo mexido, algumas fatias de bacon, 2 torradas e $^1/_2$ copo de suco de grapefruit. O almoço consistiu no peru do dia anterior com salada de batata e 1 folha de alface, mais Drop Biscuits. O jantar me reservou Torta de Tamale, mais alface, bolachas e Peanut Butter Snack Loaf. Bate-se manteiga de amendoim, açúcar e ovo para produzir um pouco de Mistura de Biscoito, assa-se a mistura numa fôrma de pão durante 40 minutos e come-se durante os três dias subsequentes, não sem prazer. O lanchinho se constituiu de sucrilho frio. Adoro flocos de milho com bastante leite e açúcar.

A principal característica do terceiro dia foi Arroz Espanhol ao Peru (que, afortunadamente, esgotou o peru de segunda-feira), mais couve (teria eu descoberto um sutil desequilíbrio étnico nesses cardápios?) e Peanut Butter Snack Loaf do dia anterior, o qual, torrado, deveria terminar no quarto dia. Minha Mistura de Biscoito estava escasseando, e fiz planos de preparar um pouco mais.

E assim foi. Ou teria sido, caso, várias semanas antes, eu não tivesse aceitado um convite para provar trufas pretas enviadas de avião da região do Périgord, França, na hora do jantar do quarto dia. Consumi o resto do quarto dia provando várias receitas vindouras do *Thrifty Meals for Two*: Porco Assado com Molho, Sopa de Porco e Repolho (os dois pratos compartilhando uma mesma peça de carne de porco), Sanduíche de Carne de Churrasco, Feijão de Panela (este farei novamente) e Pudim de Pão.

PERMANECER VIVO

No quinto dia, desisti do Plano Alimentar Econômico. Ele retirara do ato de comer a maior parte do divertimento. Além disso, quatro dias são quase uma semana. A maioria das receitas não era horrível, embora acentuasse o tipo de prato ligeiramente temperado e falsamente étnico que os dietistas norte-americanos adoram e eu abomino. O pimentão verde entrava de maneira insidiosa em tudo. As receitas exprimiam um catálogo completo das modernas superstições nutricionais: o sal e o óleo de cozinha e, às vezes, o açúcar eram reduzidos a proporções ridiculamente baixas; o peru se via submetido ao desperdício de ser despojado de sua parte mais orgulhosa, a pele; a manteiga era completamente eliminada (ainda que os ácidos translipídicos da margarina sejam quase tão perigosos quanto a gordura saturada); e o leite era sempre a versão em pó, desnatada, que produz um pudim de pão cinzento e aguado. Mas o plano era inteligente: comprar e cozinhar em grandes quantidades, aproveitar os restos de outros pratos e eliminar todo alimento que visse pré-cozido e fosse de preparo super-rápido. Presume-se que quem é pobre o bastante para necessitar de vales-alimentação tem todo o tempo do mundo para cozinhar tudo desde o início.

Entretanto, afora a fome aguda e constante a que ele deu lugar, o Plano Alimentar Econômico tem um problema mais profundo, que reside nos pressupostos de sua concepção. Liguei para o Ministério da Agricultura e descobri que o programa de computador usado para projetar o Plano Alimentar Econômico visa atingir uma lista de objetivos nutricionais e econômicos *desviando-se o mínimo possível dos padrões alimentares correntes das famílias norte-americanas.* O resultado é a ênfase excessiva na carne — mesmo num orçamento de US$ 3,53 por dia — e a falta de ênfase em grãos e verduras, que são nutritivos e muito mais baratos. Assim, o Plano Alimentar Econômico não respondeu à pergunta que ainda me fascina: qual a dieta de subsistência mais barata possível que possa ser transformada em algo saboroso?

O problema parecia coisa de criança. Tudo de que eu precisava era uma lista de todos os alimentos, 5 ou 10 mil; informação nutricional sobre cada alimento e seu custo; um microcomputador com programa de estatística instalado; e alguém para digitar as duas primeiras coisas na terceira. O problema matemático é geralmente tratado por algo que se chama programação linear, e a rotina em geral empregada é o método símplex, que certa vez, há muito, muito tempo, alguém tentou me ensinar na faculdade. Basta pedir ao computador que escolha um grupo de alimentos que, coletivamente, satisfaçam a uma lista de exigências nutricionais e, ao mesmo tempo, minimizem o custo total. É coisa igual às equações simultâneas que aprendemos a resolver na escola secundária, mas muito mais complicado. Apesar disso, com um microcomputador, o problema não deve levar mais que alguns poucos minutos para resolver. Planejei patentear a resposta como a Dieta de Subsistência Símplex.

Saí e, por US$ 39,95, comprei um programa chamado *Health and Diet Pro*, o qual instalei em meu disco rígido. Embora o manual seja superficial e confuso, o propósito aparente de *Health and Diet Pro* é ajudar a manter controle sobre os diversos nutrientes e venenos que as pessoas ingerem, tornar as receitas mais saudáveis e elaborar regimes de emagrecimento e manutenção da condição física. Tudo isso me chateia. O que me interessava era que, enterrada em algum lugar no coração do programa, existia uma lista de 3 mil alimentos, junto com informação nutricional sobre cada um deles. Será que eu conseguiria juntar a essa lista os números relativos a custos e, então, manipular o programa para resolver meu problema de subsistência?

Creio que a resposta é não. Passei uma noite tentando isso, sem conseguir nem o mais ligeiro sucesso. É preciso esclarecer que eu me encontrava no segundo dia do Plano de Alimentação Econômica, e a Torta de Tamale destruíra minha concentração, tornando-me irritadiço. Talvez eu tivesse melhor sorte depois das trufas.

Procurei a literatura técnica. Em 1945, o hoje falecido George J. Stigler, economista que depois ganharia o prêmio Nobel, fez o que ele descreveu como sendo a primeira tentativa de projetar uma dieta de subsistência matematicamente precisa para um homem adulto, usando para isso preços de alimentos de agosto de 1939. Consistia em 168 quilos de farinha de trigo, 57 latas de leite evaporado, 50 quilos de repolho, 10 quilos de espinafre e 130 quilos de feijão branco seco. O custo anual total desses ingredientes era US$ 39,93. Hoje, custariam em torno de US$ 460,00, ou US$ 1,26 ao dia. Em agosto de 1944, os preços relativos dos alimentos já haviam mudado, o mesmo tendo acontecido com a dieta perfeita de Stigler. O leite evaporado e o feijão branco seco desapareceram, e, em seu lugar, incluíram-se 60 quilos de pó de massa de panqueca e 11 quilos de fígado de porco.

PERMANCER VIVO

Não me custou tempo algum para entender que um ano submetido a uma dieta de pão de repolho e panquecas de fígado de porco, mais um punhado de espinafre de vez em quando, de alguma forma não proporcionava a resposta que eu procurava. Contudo, um estudo semelhante, feito em 1981, chegou muito mais perto. Jerry Foytik, da Universidade da Califórnia em Davis, seguiu o método geral de Stigler, mas aplicou sessenta regras adicionais, para assegurar variedade e paladar aceitável. Sua dieta ideal continha dezesseis alimentos que, hoje, custariam aproximadamente US$ 238,00 ao mês para uma família de quatro pessoas — dois terços do preço do Plano de Alimentação Econômica.

Reduzida à ração diária de um casal como minha mulher e eu, a dieta de subsistência ideal de Foytik consiste em 3 copos de leite desnatado, 115 g de frango, 85 g de hambúrguer ou outra carne, pouco mais de 1 ovo, 115 g de feijão seco, 1 copo grande de suco de laranja congelado, 230 g de alguma fruta e pouco menos que isso de verdura, 230 g cada um de batatas e cereais (como o arroz), 450 g de pão, 115 g de outras massas assadas, quase 6 colheres (sopa) de óleo ou manteiga e 65,5 g de açúcares e doces. Preço, em meu supermercado superfaturado do Greenwich Village: US$ 5,00 ridiculamente econômicos por dia para dois adultos.

Agora o trabalho, seu e meu, é fazer algo delicioso com a Dieta de Subsistência Símplex. Lembre-se: algo próximo a uma dieta teoricamente mais barata, que o manterá vivo e bem nutrido. Mesmo se adicionarmos alguns gramas extras de açúcar, 1 xícara de café e um pouco de azeite para alegrar a vida, ainda assim conseguiremos bater o Ministério da Agricultura dos EUA e o Plano de Alimentação Econômica em seu próprio jogo.

Mesmo quando reduzida às proporções do Plano de Alimentação Econômica do Ministério da Agricultura, a dieta norte-americana rica em carnes parece pouco adequada para lidar de forma deliciosa com a subsistência. Mas a cozinha rural italiana e francesa está repleta de receitas que se ajustariam perfeitamente bem à Dieta de Subsistência Símplex. Mesmo chefs franceses modernos sabem instintivamente como cozinhar com estilo, permanecendo só um pouco acima do nível de subsistência. Telefonei a Daniel Boulud, ex-chef do Le Cirque de Nova York e dono do novíssimo restaurante Daniel, e lhe pedi que mergulhasse no primeiro rascunho de seu livro de receitas, então sendo preparado, e procurasse as receitas menos caras. Boulud produziu de imediato a sopa seguinte que, bizarramente, reflete nossa Dieta de Subsistência Símplex.

SOPA DE ACELGA E FEIJÃO COM TORRADAS DE RICOTA
Adaptada de Cooking with Daniel Boulud (*Random House*)

1 colher (sopa) de manteiga sem sal (US$ 0,08)

2 fatias de toucinho com 0,5 centímetro de espessura, cortadas diagonalmente em tiras de 0,5 centímetro (US$ 0,41)

1 cebola média, descascada e cortada fininho para render $^1/_2$ xícara (US$ 0,46)

230 g de cogumelos brancos, só as cabeças, limpos e cortados em cubinhos de 0,5 centímetro, cerca de 1 xícara (US$ 1,43)

1 dente de alho, descascado e cortado fininho (US$ 0,04)

$^1/_2$ colher (chá) de noz-moscada, e mais para as torradas (US$ 0,10)

2 litros de caldo de galinha (feito em casa, dourando 900 g de pescoços e carcaças de frango numa panela de 6 litros junto com cebola, aipo e cenoura picada; cobrir com 10 xícaras de água e deixar reduzir com salsa, $^1/_2$ colher (chá) de sal e alguns grãos de pimenta-do--reino de 2 a 3 horas) (US$ 1,60)

1 xícara de feijão branco deixado de molho durante a noite em água fria (US$ 0,34)

450 g de folhas de acelga, lavadas e picadas em pedaços grandes (US$ 1,49)

Sal e pimenta-do-reino moída na hora (US$ 0,10)

115 g de ricota (US$ 0,50)

4 fatias estreitas de pão comum, sem ser de fôrma (US$ 0,30)

1 colher (sopa) de parmesão ralado (US$ 0,19)

Derreta a manteiga numa caçarola de 4 litros em fogo médio-alto e doure o toucinho uniformemente. Retire metade da gordura com uma colher e adicione a cebola, os cogumelos, o alho e $^1/_2$ colher (chá) de noz-moscada; cozinhe lentamente até que as verduras amoleçam, o que demora de 5 a 8 minutos. Enquanto isso, aqueça o caldo de galinha em outra panela e, quando as verduras estiverem prontas, adicione o caldo e os feijões que estavam de molho, leve à fervura e deixe em fogo baixo por 35 a 40 minutos, até que os feijões amoleçam. Adicione a acelga, $^1/_4$ de colher (chá) de sal (ou menos, se o toucinho e o caldo estiverem especialmente salgados) e 1 pitada de pimenta-do-reino; deixe em fogo baixo por mais 15 minutos. Ajuste os temperos. Mantenha quente.

Espalhe a ricota no pão e jogue por cima um pouco de parmesão e noz-moscada ralados. Toste no forno até dourar. Sirva a sopa em pratos grandes, com as torradas de ricota boiando por cima. Usando mais torradas, essa receita serve de jantar completo para 4 pessoas, a US$ 1,76 por pessoa.

ARROZ PERFUMADO COM CORDEIRO E LENTILHAS

Juntos, lentilhas e arroz compõem uma fonte protéica completa e muitíssimo econômica. Agora descobri que arroz basmati maravilhosamente aromático de preço intermediário pode ser encontrado em muitas lojas de alimentos naturais (bem como na área da Little India de Manhattan) por apenas US$ 2,65 o quilo. Creio que os campeões mundiais da culinária do arroz sejam os persas, e assim, numa noite dessas, peguei uma conhecida receita persa de arroz basmati com lentilhas no livro New Food for Life, de Najmieh Batmanglij (Mage Publishers), cortei pela metade a quantidade de cordeiro, tâmaras e manteiga e eliminei o açafrão (os quatro ingredientes mais caros) e cozinhei um banquete principesco para 6, por US$ 1,49 por pessoa.

3 xícaras de arroz basmati branco de grão longo (pouco menos de $^1/_2$ kg) (US$1,20)

Sal (US$ 0,03)

2 cebolas médias (total de 450 g), descascadas e cortadas fininho (US$ 0,89)

4 colheres (sopa) de óleo de cozinha (US$ 0,36)

450 g de lombo de cordeiro desossado, cortado em pedaços de 5 a 10 cm de comprimento (US$ 2,59)

Pimenta-do-reino moída na hora (US$ 0,02)

O HOMEM QUE COMEU DE TUDO

$^1/_2$ colher (chá) de açafrão-da-terra (US$ 0,03)

$^1/_4$ de colher (chá) de canela moída (US$ 0,07)

$^1/_4$ de colher (chá) de tempero persa (pode ser aproximado misturan-do-se generosas $^1/_2$ colheres (chá) de canela em pó e cardamomo em pó com uma generosa $^1/_2$ colher (chá) de cominho moído) (US$ 0,24)

2 xícaras de água

1 $^1/_4$ xícara de lentilhas (US$ 0,58)

1 xícara de passas brancas (US$ 0,88)

100 g (aproximadamente 1 xícara) de tâmaras sem caroço, picadas (US$ 1,25)

100 g de manteiga (US$ 0,67)

2 colheres (sopa) de iogurte (US$ 0,14)

Lave o arroz vigorosamente em 5 trocas de água morna e deixe de molho durante pelo menos 2 horas em 8 xícaras de água com 2 colheres (sopa) de sal.

Use 2 colheres (sopa) do óleo para dourar metade da cebola em fogo médio-alto, até ficar tenra, aproximadamente 10 minutos. Adicione o cordeiro; tempere com $^1/_2$ colher (chá) de sal, boas pitadas de pimenta, açafrão-da-terra e canela e $^1/_4$ de colher (chá) do tempero persa; refogue por mais 5 minutos. Adicione 2 xícaras de água, cubra e deixe cozinhar até que a carne fique muito tenra, de 135 a 180 minutos. Reserve.

Numa caçarola, misture as lentilhas com 3 xícaras de água e $^1/_4$ de colher (chá) de sal, leve à fervura, reduza por 10 minutos e coe, eliminando a água. Doure a cebola fatiada em 2 colheres (sopa) de óleo numa frigideira em fogo médio-alto até ficar tenra, adicione as passas e as tâmaras, deixe cozinhar por mais 2 minutos e reserve.

Prepare o arroz, fervendo 2 litros de água e 2 colheres (sopa) de sal numa panela de 4 litros (é melhor usar panela antiaderente), adicione o arroz e deixe ferver de 3 a 5 minutos, mexendo de vez em quando, até que os grãos amoleçam mas ainda permaneçam bastante firmes. Coe o arroz e lave com água morna.

Derreta a manteiga na mesma panela. Verta a metade numa tigela pequena e reserve. Pegue 2 xícaras do arroz cozido, misture com o iogurte numa tigela e espalhe sobre a manteiga que está na

PERMANECER VIVO

panela. Espalhe uma camada de lentilhas por sobre o arroz, depois uma camada de passas, tâmaras e fatias de cebola e então disponha outra camada de arroz. Repita até que todos os ingredientes tenham sido usados, aspergindo o tempero persa entre as camadas. Afofe o arroz quando adicioná-lo. Vá reduzindo o diâmetro de cada camada, de modo que elas formem uma pirâmide.

Cubra e cozinhe em fogo médio durante 10 minutos, para que se forme uma deliciosa crosta no fundo do arroz. Então descubra, verta a manteiga derretida reservada por cima do arroz, coloque um pano de prato sobre a panela, cubra novamente e cozinhe em fogo baixo por 50 minutos. Retire do fogo, mas não mexa na cobertura; deixe a panela sobre um pano de prato molhado em água fria durante 5 minutos (para ajudar a soltar a crosta). Descubra a panela e transfira aos poucos o conteúdo para a travessa de servir, moldando o arroz e os demais ingredientes numa pirâmide fofa. Quando só a crosta permanecer no fundo da panela, desaloje-a com faca e espátula e sirva em um ou dois pedaços (se você tiver sorte) num prato separado. Cerque o arroz e as lentilhas com parte da carne e sirva.

abril de 1993

Por que os franceses não morrem como moscas?

No ano passado, ao perlustrar o mais recente relatório governamental sobre dieta e saúde, deparei com um gráfico que me deixou perplexo.

Pequenas barras pretas dispostas ao longo da página descreviam a incidência de mortes por doenças coronarianas em 27 países industrializados. O Japão apresentava o melhor desempenho, o que não é nenhuma surpresa, porque os japoneses comem muito peixe, arroz e coisinhas verdes. Mas a identidade do segundo colocado me surpreendeu. Logo atrás do Japão, com a segunda taxa mais baixa — menor que a da Itália, com sua culinária de azeite; metade da taxa da Escandinávia, com sua dieta rica em peixe; e mera fração da taxa dos EUA, o país mais meticuloso do mundo com o que colocamos na boca —, vinha, inacreditavelmente, a *França*!

Impossível, pensei, espantado. Todo mundo sabe que os franceses nadam em manteiga, nata e gema de ovo; devoram carne de porco, queijo, gordura de ganso e salsicha; e bebem vinho como peixes. Se os franceses têm a segunda menor taxa do mundo em doenças coronarianas fatais — e a menor do mundo ocidental —, então tudo o que a ministra da Saúde dos EUA, seu predecessor e seus batalhões de médicos governamentais queriam que acreditássemos sobre gorduras saturadas e colesterol deve estar totalmente errado. E, se isso é verdade, a ministra teria pedido demissão em desgraça há muito tempo, coisa que ela não fez.

Telefonei para um amigo médico, um especialista em nutrição que nunca se cansa de assustar as pessoas com os efeitos devastadores dos lipídios nos alimentos, e lhe fiz a pergunta óbvia: "Se você é tão inteligente, por que os franceses não estão morrendo como moscas?".

Talvez, na verdade, o francês coma de modo mais austero do que pensamos, ele sugeriu. Ou talvez seja genético. Talvez o governo francês monte estatísticas de saúde de modo diferente do que fazemos. Febrilmente, ele propôs toda sorte de desculpa que lhe veio à mente, enquanto evitava aquilo que, para ele, seria uma verdade horrenda: que talvez não precisemos renunciar à comida deleitosa para permanecer saudáveis.

O argumento genético é irremediavelmente fraco, porque os franceses não são um povo homogêneo como os japoneses. Mas será que o francês come tanta gordura quanto os turistas imaginam? Após apenas vinte telefonemas para agências das Nações Unidas nos EUA e na Europa, encontrei um estatístico em Roma disposto a me enviar as mais recentes Tabelas de Equilíbrio Alimentar da FAO.

Eis os fatos: os franceses ingerem mais ou menos a mesma quantidade de calorias que os americanos, mas consomem mais colesterol e gorduras saturadas, porque comem quatro vezes mais manteiga que nós e duas vezes mais queijo e banha. Um cálculo rápido que fiz mostra que, só nos vinte quilos de queijo que os franceses comem por ano, há mais gordura saturada que a ministra da Saúde afirma que deveríamos consumir no total combinado de todas as fontes. Se os franceses ouviram falar de farelo de aveia, isso não aparece nas estatísticas — eles só consomem $^1/_{15}$ da aveia que os norte-americanos ingerem. Consomem menos açúcar e carne bovina e também menos leite integral, mas o resto de sua dieta difere da nossa de forma pouco notável: ligeiramente menos carne de todos os tipos e ligeiramente menos frutas frescas, um pouco mais de frutos do mar, duas vezes o alho, metade das cebolas, muito mais batata e pão e a mesma quantidade de ovo. Eu estava a ponto de lançar uma busca árdua por estatísticas detalhadas de saúde que comparassem a França com os EUA quando meu amigo médico me enviou um excelente artigo de Edward Dolnick intitulado "Le paradoxe français". Aparecera na edição de maio/junho da revista *Hippocrates* e fazia todo o trabalho para mim. De cada 100 mil homens franceses de meia-idade, apenas 143 morrem anualmente de doenças cardíacas coronarianas, comparados aos 315 entre os homens norte-americanos da mesma faixa etária. Os homens franceses vivem aproximadamente o mesmo número de anos que os norte-americanos, mas as francesas sobrevivem às americanas por no mínimo um ano e estão sujeitas a ataques cardíacos fatais em taxas menores até que as japonesas — sem fazer jogging nem frequentar academias de ginástica.

Dentro da França, a taxa de doenças cardíacas mais baixa é encontrada no Sudoeste, um paraíso terrestre de gordura de ganso e pato, salsicha e *foie gras* e muito pouco peixe e azeite. (Lá se foi a hipótese da dieta mediterrânea.) Na Normandia, onde as pessoas nadam em manteiga e nata, encontra-se a mais alta taxa de doença cardíaca da França, embora ainda assim menor que a dos EUA. Os franceses fumam tanto quanto nós, mas, aonde quer que se vá na França, as doenças do coração matam em taxas mais baixas que nos EUA, e matam mais tarde na vida. Por motivos que ninguém entende, um francês com o mesmo nível de colesterol que um norte-americano tem metade da probabilidade de sofrer ataque cardíaco. Até mesmo na França os níveis de colesterol no sangue têm influência, mas alguma outra coisa presente na dieta francesa parece exercer influência muito maior.

Uma possibilidade é que o cálcio, abundante em todo aquele queijo, se liga à gordura e previne sua absorção na corrente sanguínea, permitindo assim que a gordura seja excretada antes de matar. Outra possibilidade é o vinho. O francês médio bebe *dez vezes mais vinho* que o norte-americano. Dolnick cita um estudo que demonstra que, quanto mais vinho um país bebe, menor é sua taxa de doenças cardíacas fatais. O francês pode morrer mais frequentemente de cirrose que nós, mas, ainda assim, as doenças hepáticas respondem por apenas 3% de todas as mortes na França.

Será que os norte-americanos poderiam cortar pela metade sua taxa de doenças cardíacas se passassem a consumir uma dieta como a francesa, rica em queijo, vinho e gordura de ganso? Se eu fosse o ministro da Saúde ou chefiasse os National Institutes of Health [uma grande agência governamental de pesquisa e instrução biomédica], mandaria imediatamente aplicar todos os recursos disponíveis para que se respondesse a essa pergunta. Na semana passada, tentei sem sucesso localizar a ministra da Saúde, a fim de propor-lhe a ideia. Depois, telefonei para o Centers for Disease Control (CDC), em Atlanta, mas ninguém me deu bola. Finalmente, cheguei à dra. Millicent Higgins, chefe de epidemiologia do National Heart, Lung and Blood Institute. Ela estava participando de algum tipo de conferência sobre ataques cardíacos em Houston, onde a alcancei no quarto, durante o café da manhã. Inteligente e informada, a dra. Higgins reconheceu que as estatísticas francesas são extremamente curiosas. Mas se recusou a largar tudo para descobrir o porquê. E se mostrou obstinada quando lhe sugeri que devolvesse as frutas frescas com iogurte que estava comendo e pedisse ovos com bacon.

março de 1991

NOTA DO AUTOR

Costuma-se atribuir a Edward Dolnick e a mim o mérito de termos "descoberto" independentemente o paradoxo francês. Qual de nós dois fez isso primeiro é assunto para os historiadores das grandes ideias do século XX. O termo em si foi cunhado pelos eminentes médicos franceses J. L. Richard e Serge Renaud vários anos antes, em nota breve e divertida publicada numa revista médica francesa; além da nossa, essa foi a única menção do fenômeno já publicada.

Passado um tempo considerável depois de Dolnick e eu termos publicado nossos respectivos artigos, *le paradoxe français* foi "descoberto" — num mesmo domingo — pelo *New York Times* e pelo programa *60 Minutes*, da CBS. A matéria do *60 Minutes* insistia simplisticamente na teoria do vinho tinto, com o resultado de que, ao longo do mês seguinte, as vendas de vinho tinto cresceram 50% nos EUA — creio que não porque as pessoas estivessem tentando se curar de doenças cardíacas, mas porque sentiram que uma autoridade mais elevada lhes dera permissão para beber mais.

Claro que o paradoxo francês não é um paradoxo de verdade, mas sim uma espécie de contradição aparente entre a teoria científica e a realidade factual, aquilo que, supostamente, conduz ao progresso. Em sua maioria, os integrantes do *establishment* nutricional norte-americano não se comportaram de acordo com a suposição, pois os novos fatos ameaçavam destruir as hipóteses sobre as quais muitos deles construíram suas reputações — principalmente as hipóteses relativas à influência das gorduras alimentares sobre a saúde de nossas artérias e, por

O HOMEM QUE COMEU DE TUDO

conseguinte, sobre a taxa de mortes cardíacas precoces; e, depois de um ou dois anos de engajamento naquilo que se pretendia fazer passar por discussão científica, ficaram felizes em deixar que o paradoxo francês saísse do primeiro plano.

Mas eles nunca atacaram o problema. Alguns nutricionistas se contentaram em acreditar que os franceses não sabem contar ataques cardíacos. A única base para essa alegação estava num estudo técnico feito por um estatístico do National Cancer Institute que mostrava que, numa instância, os franceses não "codificam" suas certidões de óbito conforme o recomendado pela Organização Mundial da Saúde: quando os franceses podem escolher entre atribuir a alguém morte por câncer ou por doença cardíaca, eles favorecem incorretamente o primeiro caso. Mas com que frequência tais erros acontecem? A resposta é importantíssima para um projeto da OMS chamado Monica (Multi-National Monitoring of Trends and Determinants in Cardiovascular Diseases), cujo propósito é normatizar e comparar fatores de risco e mortes cardíacas eliminando as fronteiras nacionais. Fez-se uma reunião de emergência, elaborou-se um estudo, e o relatório Monica resultante demonstrou que a propensão francesa a minimizar as mortes cardíacas é pequena demais para fazer diferença. Corrigi-la não tiraria a França de seu posto logo atrás do Japão na corrida das doenças cardíacas coronarianas.

Só a ideia de que os níveis de colesterol franceses são iguais aos nossos — ao passo que a taxa de ataques de coração deles é menos da metade — já basta para enlouquecer os nutricionistas norte-americanos. Mas não os europeus, que, embora levem muito a sério o colesterol e as gorduras saturadas, só lhes atribuem aproximadamente um sexto da influência que é imputada nos EUA. Se os lipídios do sangue acabam como placas arteriais, isso em parte depende de estarem oxidados; um amplo estudo Monica, bastante desconsiderado nos EUA, mostrou que os níveis de vitamina E, um antioxidante, no sangue suplantou estatisticamente a influência de níveis de colesterol em nossa circulação. Além disso, a presença de colesterol no soro sanguíneo pode contribuir para o estreitamento das artérias, mas, para que ocorra ataque cardíaco, é preciso haver coagulação — ou seja, é preciso que se forme um trombo. Ingerir gordura parece não ter nenhuma relação com sofrer uma trombose. Acredita-se hoje que outros fatores sanguíneos, tais como os níveis do aminoácido homocisteína na circulação, sejam ao menos tão importantes quanto o colesterol; o consumo de ácido fólico (cuja maior concentração se dá no fígado de aves aquáticas!) reduz a homocis-

POR QUE OS FRANCESES NÃO MORREM...

teína, mas resta descobrir se essa terapia é eficaz ou se simplesmente suprime o mensageiro.

Grande número de ataques de coração parece resultar de espasmos dos vasos sanguíneos, ou de isquemias inexplicadas; as causas são desconhecidas, e a dieta não foi implicada nisso. Por fim, recentemente um grupo da Harvard caracterizou como doença inflamatória o dano arterial que pode levar a ataque cardíaco; de novo, o indicador dessa inflamação apresenta uma correlação com doenças das coronárias tão alta quanto o colesterol presente na corrente sanguínea. Tudo isso pode finalmente explicar por que a ingestão regular de aspirina combate as doenças cardíacas. Aparentemente, a inflamação suspeitada nada tem a ver com a dieta.

O paradoxo francês não pode ser desconsiderado. Ele devia ter sido notado décadas atrás. E sua contribuição é encorajar os pesquisadores a descobrirem as muitas outras causas comuns de doença cardíaca que não a presença de gordura saturada na dieta. O paradoxo francês só é embaraço para aqueles nutricionistas e médicos que se recusaram a reconhecer o óbvio. Já faz algum tempo, sabemos que metade de todos os ataques cardíacos ocorre com pessoas com colesterol médio ou baixo e que metade de todas as pessoas com colesterol alto não sofre ataque do coração.

Purê total

De algum tempo para cá, estou descontente com meu purê de batatas. Essa é uma diferença crucial entre mim e Omar Sharif, o qual, de acordo com a revista lustrosa que tenho sobre a escrivaninha, está tão feliz com seu purê de batatas que sempre se serve uma segunda vez. Na verdade, seu purê de batatas pertence a Joël Robuchon, o brilhante chef e dono do restaurante parisiense Jasmin; durante vários anos, o purê de Robuchon tem sido o mais homenageado do mundo. O purê consiste também numa escapadela para o reino da gordura animal. A julgar pela receita que consta de *Ma Cuisine Pour Vous*, de Robuchon (Laffont, 1986), ele bate meio quilo de manteiga para cada quilo de batatas fervidas. Nos dez minutos que Omar Sharif leva para limpar o prato, ele terá engolido dez vezes a dose diária máxima de gordura animal permitida pela ministra da Saúde dos EUA, antes mesmo de atacar o prato principal. Justamente por isso, o purê de batatas e os outros alimentos de preparo rápido que estão em moda se tornaram tão importantes para nós. Eles nos fazem sentir chiques, na onda, sem que sejamos obrigados a comer *carpaccio* de atum e fava. Considerando a campanha de difamação contra gorduras alimentares empreendida pela ministra e seus asseclas, o purê de batatas é uma dádiva de Deus.

Mas, enquanto Omar Sharif desfila por Paris, meu purê de batatas continua a resultar pastoso. Às vezes acaba cataclismicamente errado, ficando pegajoso e

PURÊ TOTAL

grudento, ou então embolotado e empastelado, aderindo a meus dentes, gengivas e céu da boca, revestindo-me a língua e a garganta.

Os desígnios da sorte fizeram que a indústria de purê de batatas instantâneo estivesse ainda mais em pânico com batatas grudentas do que eu. Em sua longa jornada desde um campo verdejante até aqueles pacotes de grãos desidratados presentes na gôndola do supermercado, uma batata comum sofre uma tortura tão intricada que sua aptidão ao grude é multiplicada várias vezes. Cientistas da indústria, cujas carreiras dependem de impedir que as batatas fiquem assim, publicam suas descobertas em várias revistas técnicas norte-americanas e estrangeiras, revistas que a professora Shirley Corriher, de Atlanta (a qual está escrevendo um livro sobre a ciência de cozinhar), mostrou-me como descobrir com meu computador pessoal. Dos 341 documentos sobre purê de batatas publicados nos últimos vinte anos, trinta pareciam especialmente dignos de ler, o mesmo acontecendo com *Potato Processing*, a bíblia da indústria. O Ministério da Agricultura dos EUA fez boa parte do trabalho pioneiro sobre purê instantâneo, e Merle Weaver, seu especialista da Califórnia, mostrou-se particularmente atencioso pelo telefone.

O que segue é uma série de pequenas dicas para preparar um bom purê de batatas, mais uma grande sugestão. Outros devem julgar se essa última deve ser rotulada como descoberta fundamental na ciência culinária doméstica.

Conhecendo a batata. A batata é o alimento vegetal mais importante do mundo. Todos os anos, produzem-se dela mais de 350 milhões de metros cúbicos, quase a metade na Rússia e Polônia, onde a vodca é popularíssima. Purê de batatas misturado com leite é um alimento quase perfeito que, sozinho, alimentou a Irlanda no século XIX até a eclosão da praga da batata, que fez as coisas ficarem pretas. Sem leite, as batatas mantêm uma pessoa viva durante 167 dias, caso se consiga suportar a ingestão de 1,7 quilo por dia. O norte-americano médio consome 1 batata média por dia, ou 50 quilos por ano, em geral na forma processada — chips e outros lanches, batatas fritas congeladas e grânulos instantâneos —, e retira mais vitamina C de batatas que de frutas cítricas. (Na época em que as frutas cítricas ainda eram uma raridade tropical, as batatas representavam a principal proteção contra o escorbuto.) Uma batata crua é 70% a 80% água (o que a torna tão molhada quanto o leite) e 10% a 20% amido, com o restante constituído de açúcares, fibras, minerais e proteínas de alta qualidade. A batata não contém praticamente gordura e fornece tantas calorias quanto uma maçã ou banana.

A planta da batata é uma erva perene da família das Solanáceas, com flores roxas ou amarelas e, ocasionalmente, uma fruta que parece um pequeno e amável tomate verde, mas que envenena tanto quanto a baga da erva-moura. A batata que se come não é raiz, mas tubérculo — a extremidade inchada do caule subterrâneo da planta. Os olhos da batata não se organizam fortuitamente; seguem, isto sim, o padrão estabelecido no caule por seus ramos e folhas: uma espiral com treze folhas, ou olhos, para cada cinco voltas da hélice. O açúcar é fabricado nas folhas e transportado ao tubérculo subterrâneo, onde se transforma em amido.

Por que a batata fica grudenta. Como qualquer outro ser vivo, a batata se compõe de milhões de células coladas entre si. Densamente dispostos em torno das paredes de cada célula de batata, existem grânulos microscópicos de amido, duros e impermeáveis à água que preenche o resto da célula. Mas, quando se aquece uma batata até uns 60°C, os grânulos de amido começam a absorver a água que existe em torno e, quando se atinge cerca de 70°C, eles já incharam até várias vezes seu tamanho original. Agora o amido se transformou em gel, um complexo viscoso formado com a água, e passou a preencher a maior parte da célula. Células de batata inchadas, separadas e perfeitamente íntegras produzem um purê uniforme. Mas, a 60°C, as células ainda estão firmemente ligadas umas às outras, e, caso se tente amassar a batata agora, as células se romperão em vez de se separarem, e o gel de amido escoará para fora.

A isso se dá o nome amido extracelular — *ele é o inimigo*. Amido livre faz o purê de batatas ficar grudento.

À medida que o tempo de cozimento aumenta e a temperatura interna da batata se eleva até 80°C, a cola entre as células — uma substância péctica, semelhante à pectina que espessa geleias e outras conservas — começa a se degradar, e agora as células podem ser separadas umas das outras. Esse é um bom momento para amassar as batatas. Se elas são cozidas além desse ponto, as células começam a se debilitar e se romper, e passa a ocorrer algum vazamento de amido. É por isso que batatas cozidas demais se tornam pegajosas e gruden-

PURÊ TOTAL

tas, embora sejam fáceis de amassar. Caso 15% a 20% das células de sua batata se romperem, você terá problemas.

A compra da batata. Uma forma comum de categorizar batatas é por seu conteúdo de amido. Batatas farinhentas (como a *Russet Burbank*, por exemplo) são densas, têm alto teor de amido e se mostram pobres em água e, não obstante o som desagradável da palavra "farinhenta", geralmente são preferidas nos EUA para fazer purê. As batatas cerosas (como a *White Rose*) têm baixo teor de amido e alto teor de água e são frequentemente especificadas em receitas francesas. (A batata de Joël Robuchon é a BF 15; traduzido do francês, isso significa uma batata pequena, de casca amarela e interior amarelo-escuro, com textura cerosa.) Os adjetivos "farinhenta" e "cerosa" se referem à textura da batata depois de cozida. Batatas farinhentas ficam fofas e quase granulosas ao serem amassadas; batatas cerosas resultam cremosas e lisas. Mas batatas cerosas exigem geralmente que as cozinhemos mais tempo e, também, que exerçamos mais força ao amassá-las, para conseguir separar as células. Alguns pesquisadores acreditam que isso libera mais amido, aumentando assim o risco de o purê ficar grudento.

Uma vez que você tenha decidido qual tipo de batata deseja cozinhar, tente pedir ao verdureiro ou ao sujeito que etiqueta preços de sabão em pó no supermercado que lhe mostre onde ficam as batatas farinhentas e as cerosas. Você será recompensado com um olhar de perplexidade. Mas você mesmo pode testar as batatas. Compre um exemplar de cada tipo de batata que encontrar e, quando chegar em casa, faça uma salmoura com $9\,^{1}/_{2}$ xícaras de água e 1 xícaras de sal. Se a batata afundar na salmoura, será porque tem alto teor de amido e, ao ser cozinhada, produzirá purê do tipo farinhento. Se flutuar, pertencerá à categoria cerosa — a menos que a batata sofra de uma doença que torna oco o seu núcleo, coisa que provavelmente a fará flutuar em qualquer líquido. Todas as batatas de minha quitanda afundaram.

Em meus experimentos com purê de batata, usei apenas batatas ruças de Idaho. Evite receitas que não especifiquem qual tipo de batata usar. Evite também receitas que peçam algo como "6 batatas médias", sem fornecer o peso total. Batatas variam em tamanho até mais que os seres humanos. Se o livro de receitas não especificar nem o tipo de batata nem o peso total, livre-se dele imediatamente.

Como descascar e cortar as batatas. O lobby da casca de batata pretende fazê-lo acreditar que todos os nutrientes estão ali. Nada é mais distante da verdade. É fato que a casca contém proporcionalmente mais vitaminas e sais minerais que o miolo em relação a seu peso, mas a maioria dos nutrientes continua no miolo, não na casca. Cozinhar uma batata inteira na casca evita que algumas vitaminas e sabor se escoem para a água salgada, mas cozinhar qualquer batata inteira — descascada ou não — resulta num cozimento desigual, pois as extremidades arredondadas e as camadas mais externas cozinham em demasia, antes que o interior fique pronto. Células cozidas demais se rompem.

Se você descascar suas batatas e cortá-las em pedaços do mesmo tamanho, estes cozinharão uniforme e rapidamente. Pedaços pequenos cozinharão depressa, mas perderão mais nutrientes e sabor, porque a área total exposta será maior. O melhor é cortar as batatas descascadas em fatias com espessura entre 1,5 e 2 centímetros. Lave as fatias em água fria, para enxaguar o amido que tenha sido liberado ao se descascarem e fatiarem as batatas.

Como cozinhar a batata. É neste ponto que nos separamos de todos os purês de batatas que vieram antes de nós.

Anos atrás, a indústria do purê de batata instantâneo descobriu que, caso as batatas fossem pré-cozidas em água a 73°C durante 20 minutos (duas vezes mais para as variedades cerosas) e depois esfriadas, a quantidade de amido livre no final do amassamento se reduziria à metade. Sem essa descoberta, a indústria do purê de batatas estaria hoje fabricando goma para lavanderias.

Fiz experiências com ambas as técnicas e estou moderadamente otimista de que o pré-cozimento pode ser a resposta para nossas preces. Parece funcionar do seguinte modo. Cozinhar batata é um processo de dois estágios. O amido incha e se gelatiniza dentro das células quando a batata atinge 70°C; aí, mais perto do ponto de ebulição, a cola péctica existente entre as células se degrada e a batata pode ser amassada com segurança. O pré-cozimento separa esses passos. Resfriar as fatias de batata depois de o amido se transformar em gel desencadeia um processo chamado retrogradação; as moléculas de amido se unem umas às outras e perdem muito da capacidade de se dissolver novamente na água ou no leite, mesmo se, mais tarde, as células são rompidas quando da trituração ou amassamento, e mesmo se a cocção final passar um pouquinho do ponto. A retrogradação retarda a propensão da batata a ficar grudenta.

Pela primeira vez, o pré-cozimento e a retrogradação podem ser reunidos na cozinha doméstica. O uso de termômetro é vital. Coloque as fatias descascadas e lavadas numa panela de água a 80°C. Deixando a panela em fogo baixo e adicionando um pouco de água fria de vez em quando, será fácil manter a água nas proximidades dos 70°C durante os 20 ou 30 minutos seguintes, enquanto você desempenha suas outras tarefas. As fatias ficarão resistentes e elásticas e perderão a aparência translúcida. Escoe as batatas, transfira-as para uma tigela e banhe-as com água fria da torneira até que as fatias se tornem frias ao toque; deixe-as lá durante a meia hora seguinte. Então proceda à cocção final, em banho-maria ou fervura. Algumas receitas indicam imergir as batatas em água fria com sal e levar à fervura. Um complexo estudo sueco mostrou que batatas cozidas dessa forma produzem um purê final mais pegajoso e, às vezes, desenvolvem sabor estranho. Outros estudos demonstraram que se perde mais vitamina C quando se começa com água fria. É melhor colocar suas fatias de batatas em água salgada fervente e baixar o fogo de modo que fique só um pouco acima do ponto de fervura.

Ontem à noite, testei com meus convidados quatro versões de purê de batatas. A pré-cozida venceu. Estava lisa, não pastosa, e tinha vigoroso gosto de batata. O segundo lugar ficou para as batatas fervidas em água salgada da maneira habitual. Estava no limite do pastoso, mas o gosto era bom. Os outros candidatos resultaram desastrosos.

Como amassar as batatas. Amasse-as imediatamente após escoar a água da fervura. O objetivo aqui é separar as células sem rompê-las, e a temperatura perfeita para conseguir isso é de uns 82°C. À medida que a batata esfria até a temperatura ambiente, a cola péctica endurece de novo, e uma quantidade muito maior de células se rompe durante o amassamento, liberando o gel pegajoso. A 65°C, metade das células se romperá.

Qualquer livro de receitas que sancione o uso de liquidificador ou processador para amassar batatas deveria ser cuidadosamente triturado. Pessoas que gostam de amassar as batatas à mão, porque as bolotas resultantes fazem lembrar a cozinha de suas mães, desconsideram o fato de que tal técnica castiga repetidamente as porções já amassadas da batata enquanto se procuram os pedaços sólidos que restaram. O melhor é o espremedor, porque cada célula da batata só o atravessa uma vez, e toda a pressão é aplicada na vertical. Em contraste, um moedor de alimentos rompe mais células, pois as faz raspar contra as paredes quando se aciona a manivela, mas é possível que nossa técnica de pré-cozimento permita o emprego de moedor sem receio de um resultado grudento, produzindo ao mesmo tempo um purê liso. Mais experimentos nos esperam.

Batatas cozidas fumegantes devem ser secas antes ou depois de amassadas. Podem-se devolver as fatias à panela, cobri-las com um pano de prato dobrado e chacoalhar a panela com certa regularidade durante 5 minutos. Ou se podem espremer as batatas direto para dentro da panela e mexer em fogo baixo por 1 ou 2 minutos, até que apareça uma película no fundo. Use colher de pau ligeiramente arredondada. Seja delicado.

Como enriquecer o purê. A quantidade de manteiga que você adicionar é assunto seu. Creio que 100 g de manteiga para 1 quilo de purê (serve de 4 a 6 pessoas) é um tanto austero, mas também acredito que Robuchon exagera quando usa até $^1/_2$ quilo. Se a manteiga for batida primeiro e depois se verter leite *quente* ou creme (em fogo baixo), conseguir-se-á atingir a consistência que se queira, de quase líquida a rígida; mas, invertendo a operação, ficará difícil saber quanto leite adicionar. Georges Blanc aconselha incorporar de imediato a manteiga, mantendo a batata quente e adicionando creme espesso no último minuto. Caso se mantenha o purê sobre água quente (não fervente), não se deve cobrir de todo a panela, pois do contrário o sabor sofrerá e o espectro do grude ressurgirá.

A manteiga deve estar muito dura ou muito mole quando incorporada? Deve-se ousar empregar uma batedeira? (Nunca, aconselha Michel Guerard.) Batatas cerosas ou batatas novas pré-cozinham com sucesso? É melhor cozinhar em banho-maria ou em água fervente?

No momento, não tenho nenhum tipo de resposta para perguntas como essas, e não ficarei inteiramente satisfeito com meu purê até que toda a verdade tenha sido revelada. Minha nova seção de experimentações começa hoje à noite.

janeiro de 1989

PURÊ TOTAL

NOTA DO AUTOR

Agora a batata que Joël Robuchon usa é a *ratte* — pequena, cerosa, de polpa amarela, disponível em algumas feiras livres, inclusive a de meu bairro. Robuchon utiliza um moedor para amassar suas batatas, e depois as passa arduamente por uma peneira.

Água

Adoro o gosto de carbonato de cálcio, ou pelo menos acho que adoro. O zinco não me diz coisa alguma, e sou indiferente ao cloreto de lítio. Mas os silicatos podem ter gosto excelente — até certo ponto, é claro.

A água fresca, aguda, pura, cristalina, é minha bebida não alcoólica predileta, mais que o suco de laranja sanguínea e mais até que a Diet Coke. A maioria dos norte-americanos discordaria. Um dia, em 1986, começamos a beber menos água de torneira e garrafa que refrigerantes. No futuro, isso será visto como um fato extraordinário e assustador, nossa separação definitiva do mundo natural — mas, até onde recordo, o momento passou despercebido. Provavelmente, eu estava bebendo um refrigerante.

Durante os últimos meses, tenho atormentado meu cérebro, que é 75% água, para entender qual deveria ser o gosto da água perfeita. Vários peritos na ciência do sabor tentaram me persuadir de que, simplesmente, todos preferimos a água com que crescemos. Não acredito numa palavra disso. Se eles tivessem razão, os 40% de californianos que usam sobretudo água engarrafada ou filtrada — a maioria por causa do gosto de grande parte da água de torneira da Califórnia — ficariam contentes com o que bebem desde a infância. Nós, os amantes da água, sempre estamos em busca daquela fonte alpina pura, clara e etérea de nossa imaginação, e sabemos como será seu gosto quando a encontrarmos.

ÁGUA

Nos últimos tempos, tenho provado muitas águas de garrafa sem gás, e algumas se aproximam do ideal. A italiana Fiuggi é uma, e a francesa Volvic é outra, embora não a Evian — para mim, tem gosto pesado e untoso. Nisso eu me assemelho a Farrah Fawcett, a qual, segundo consta, prefere a Volvic a todas as outras águas sem gás. Ela arruma o cabelo com Evian, e é aí que nos separamos. Michelangelo era grande fã da Fiuggi, e eu não poderia estar mais de acordo.

O Water Centre, de Edison, Nova Jersey, comercializa mais água de garrafa que qualquer outro lugar dos EUA, e outro dia telefonei para (800) 345-5959 para descobrir as novidades. Quando falei com o dono, Stanley Siebenberg, ele bebericava uma rara garrafa de água peruana San Mateo; vem de uma região conhecida como Terra da Longevidade. Stanley me disse que a Lithia Spring é muito popular entre mulheres que desejam engravidar; ela as faz sentir melosas e mais receptivas ao sexo. A M. G. Voda é rica em magnésio livre, coisa que, conforme alguns, cura enxaquecas e ajuda a dormir. O próprio Stanley perdeu 7,5 quilos bebendo Hennieze, a best-seller das águas suíças, a qual, disse ele, eleva o nível energético das pessoas. Depois, durante várias semanas, Stanley lavou o rosto com Deliziosa, e as rugas de sua testa desapareceram. Eu lhe contei ter lido sobre uma profunda formação rochosa na Louisiana que continha água que se manteve inalterada 40 milhões de anos; por enquanto, não está disponível em forma engarrafada.

A Food and Drug Administration proíbe as engarrafadoras de água de mencionar benefícios à saúde, e, a menos que se bebam quantidades monumentais das águas mais mineralizadas do mercado, é provável que a maioria dos tipos de mineral que se ingere venha da comida. (Um copo de leite tem mais cálcio que um litro da água mais rica em cálcio que consegui encontrar.) Expliquei a Stanley que, embora estivesse ansioso por me livrar das rugas e do peso, suavizar minha vida e aumentar minha expectativa de vida, eu me conformaria com uma provisão fixa de água oriunda de uma etérea fonte alpina. Ele entendeu o que eu quis dizer e, no dia seguinte, me entregou 33 candidatas. A testa de Stanley era admiravelmente lisa — no entanto, como o conheci naquele dia, eu não tinha nenhuma base de comparação.

Após ter provado metade das 33 águas e me dado conta de seus sabores muitíssimo diferentes, comecei a imaginar por que tão poucos livros de culinária especificam o tipo de água que se deve usar nas receitas. Já vi receitas de lagosta cozida em água do mar e receitas de pão ázimo em que este é formado com água gaseificada, para deixá-lo leve e fofo. Li que água muito dura (com alto teor de cálcio e magnésio) estraga a cor e a textura dos legumes e a consistência da massa de pão, mas que pão feito com água livre de sais minerais alcalinos não obterá uma crosta dourada e deliciosa. Os britânicos e os chineses mudam o tipo de chá que tomam de acordo com a água da região em que se encontram. Telefonei a Paula Wolfert (*Couscous and Other Good Food from Morocco, The Cooking of South-West France, World of Food*, todos publicados pela Harper & Row), que abriu a enciclopédia culinária de seu cérebro e fez contribuições para minha pequena lista. A água carbonatada é usada pelos iugoslavos para fazer *cevapcici*, hambúrgueres com forma de salsicha, grelhados no espeto e servidos com cebola; pelos sérvios em seu *proja*, um pão de milho; e por outros povos mediterrâneos para deixar as almôndegas mais leves. O restaurante Four Seasons, de Nova York, insiste em usar San Pellegrino no *sorbet* de chocolate; e, em *World of Food*, a própria Paula inclui uma receita para verduras primaveris que só dá certo com Evian ou Volvic.

A única receita mundialmente famosa que depende da água que se usa são as cenouras Vichy. A água de Vichy é salgada, efervescente e repleta de sulfatos, bicarbonatos, cloretos e cálcio, oriundos de fontes no centro da França onde, certa vez, Júlio César construiu um spa. Julga-se que seu gosto amargo e salgado equilibra a doçura das cenouras. Basta cobrir rodelas delgadas de cenouras jovens com água de Vichy, adicionar grandes pitadas de açúcar e sal e cozinhar suavemente até toda a água de Vichy ser absorvida. Depois, coroa-se cada cenoura com manteiga, decora-se com salsa picada e come-se.

Água engarrafada custa mais que gasolina, até mesmo num supermercado de ofertas; apesar dos fatos assustadores sobre os quais se lê atualmente, ainda resta nos EUA muita água de torneira boa e barata. Caso a água de Nova York não fosse tratada com cloro, teria gosto tão delicioso quanto o de qualquer coisa saída de uma garrafa, e, mesmo com as recentes ameaças ecológicas aos reservatórios da cidade, degustadores de todo o mundo parecem concordar. O cloro é um gás amarelo-esverdeado de odor forte. Irrita violentamente o nariz e a garganta, mas irrita mais violentamente as bactérias, de modo que se tornou um desinfetante quase universal nos sistemas de tratamento de águas dos EUA. O cloro cheira a água sanitária e, ao se tomar banho com água tratada por ele, reage com o suor

ÁGUA

e faz as pessoas cheirarem a milho cozido, o que alguns peritos descrevem como o odor do sêmen humano. Um artigo no *Tea and Coffee Trade Journal* considera o cloro o inimigo mortal do aroma e sabor do café. Os europeus (e a maioria das engarrafadoras de água) desinfetam a água principalmente com ozônio, que não se dissolve tanto em água quanto o cloro. Ao que parece, os europeus se preocupam mais com o prazer que pode ser trazido por uma água deliciosa do que com sua esterilidade germicida, e agora algumas cidades norte-americanas estão fazendo experiências com o ozônio.

Minha água é transportada por seis quilômetros de canos ao longo da Fifth Avenue, vinda do Central Park, e, depois de eu ter bebido minha parte, segue caminho para o centro. O cloro é adicionado na Ninetieth Street, e, por ele se dissipar à medida que a água viaja, mais cloro precisa ser adicionado mais adiante, de modo a restar algum para desinfetar as pessoas de Wall Street, que, de qualquer maneira, provavelmente estão bebendo Perrier. Para que Wall Street possa prosperar, preciso suportar água com sabor menos perfeito do que deveria.

UMA ESTRELA PARA A ÁGUA

Às vezes, Los Angeles me faz lembrar Arrakis, o planeta conhecido como Duna. Um restaurante inclui uma nota de rodapé no cardápio anunciando que sua água é tratada pelo Aqua West Filtration System. Não sou conhecedor dos sistemas de filtragem da Califórnia. Mas, se isso virasse tendência, a escolha do dispositivo de tratamento de água deveria mesmo se transformar em fator a considerar em toda resenha de restaurante.

Esse é apenas um exemplo do princípio de que água ruim ao paladar não é necessariamente perigosa para a saúde, e de que é possível que água saborosa o seja. Ferro ou manganês em excesso tornam desagradável o gosto da água; o ferro deixa manchas de ferrugem na roupa; cálcio e magnésio (os minerais que endurecem a água) transformam o sabão em papa, deixam resíduos em copos e panelas e entopem cafeteiras automáticas. Mas nenhuma dessas substâncias é nociva em concentrações normais. Por outro lado, não é possível sentir o gosto

O HOMEM QUE COMEU DE TUDO

ou o cheiro de muitas substâncias químicas prejudiciais, ou suspeitas disso, mesmo quando em níveis perigosos de concentração.

Foi por isso que decidi mandar testar minha água. A *Consumer Reports* recomenda uma empresa de New Hampshire chamada WaterTest; telefonei para eles, no número (800) 253-3506, e encomendei todos os testes domésticos que têm a oferecer. Passados alguns dias, recebi uma série de kits, que consistem em caixas de isopor que acomodam pacotinhos de plástico meio congelados, moldados em torno de frasquinhos identificados por tampas de cores diferentes, alguns deles com substâncias químicas. Enchi metade dos frascos às sete da manhã, antes que qualquer pessoa tivesse usado água, e a outra metade à tarde. A ideia era verificar se a "primeira água", que ficou parada nos canos durante toda a noite, seria mais contaminada que a "água corrente", que percorreu as ruas e meu prédio o dia inteiro. A água de torneira das cidades mais velhas da costa leste e do noroeste pode estar poluída com chumbo, pois atravessa canos feitos desse metal (proibidos em 1986), juntas soldadas com ligas plúmbeas e torneiras metálicas que chegam a conter até 8% de chumbo — e, quanto mais tempo a água permanece nos canos, mais chumbo absorve. Até mesmo baixos níveis de chumbo podem causar inaptidão de aprendizagem permanente nas crianças e danos ao sistema nervoso periférico nos adultos. Certas pessoas acreditam que os aquedutos revestidos de chumbo e as taças de estanho provocaram a queda do Império Romano. Certas pessoas acreditam em qualquer coisa.

Quando os resultados de teste voltaram, soltei um suspiro de alívio e tomei um gole de Quibell, uma deliciosa água engarrafada da Virgínia Ocidental, para repor a água que deixara meu corpo. (Perdemos 750 ml de água por dia pela respiração, transpiração e excreção.) Todos os onze metais, todas as bactérias coliformes, todos os doze pesticidas e todos os 49 compostos orgânicos (solventes, derivados de petróleo e subprodutos da cloração, com nomes como isopropilbenzeno e bromoclorometano) ocorriam em frações bem menores que os Níveis Máximos de Contaminantes da Environment Protection Agency (EPA), e a maioria se encontrava abaixo dos níveis mais baixos que os sensíveis instrumentos da WaterTest eram capazes de informar. A única diferença entre a água que ficou parada a noite toda e a água nova da amostra da tarde foi que a primeira continha mais ferro. O chumbo não apresentava problema.

70

Á G U A

Caso eu estivesse mais nervoso a respeito de minha saúde, seria possível que os relatórios da WaterTest não houvessem sido tão tranquilizadores. Os críticos culpam a EPA por deixar centenas de contaminantes fora da regulação e por não pressionar sistemas de águas locais para que obedeçam a suas regras. Os críticos dos críticos dizem que nossa capacidade de descobrir tais substâncias químicas em proporções inacreditavelmente pequenas está muito além de nosso conhecimento do que elas podem significar para a saúde pública. Aqueles que tomam água de garrafa para evitar tais controvérsias ficariam horrorizados ao ler estudos de McKone e Andelman que mostram que a quantidade de compostos orgânicos que se absorve pela pele no banho ou se inala no chuveiro pode ser maior que a quantidade que se bebe. Pense em seu chuveiro como uma câmara de gás.

Sou grato pelo fato de tantas pessoas estarem preocupadas com a segurança de minha água, pois me deixam livre para me preocupar com o gosto que ela tenha.

O primeiro problema a resolver era o seguinte: como descrever o sabor de uma água ideal? Telefonei para Arthur von Wiesenberger, autor de dois livros sobre água de garrafa (*H20*, Woodbridge Press, e *The Pocket Guide to Bottled Water*, Contemporary Books), e ele generosamente me enviou por fax uma tabela profissional de gradação. A água deve ter gosto limpo, ser incolor, inodora e refrescante (nem pesada, nem estagnada) e matar a sede (sem deixar resíduo de gosto). A qualidade da água cai se é turva ou tem cheiro de metal, bolor, cloro, plástico, enxofre ou substâncias químicas. Outros degustadores profissionais acrescem que a água não deve ter gosto saponáceo, salgado, ceroso, barrento ou amargo. Por esses padrões, o caráter incorrupto de uma fonte alpina estaria justamente na ausência de falhas.

Se isso fosse verdade, então a água destilada, totalmente pura (tal coisa não existe, mas se pode chegar bem perto), seria o ideal. No entanto, quase todo mundo concorda em que a água destilada tem gosto horrível — a exceção são pessoas que vendem destiladores de água de porta em porta e alguns amigos meus que se mostram clinicamente paranoicos com a presença de substâncias químicas em seu ambiente. Comprei um galão de água destilada na farmácia, dei umas bicadas e as engoli com relutância. Seguindo a teoria de que a água só precisa ser um pouco arejada, bati 1 xícara no liquidificador durante alguns minutos. O gosto ainda era desagradável, de modo difícil de descrever — por certo não sulfurosa ou química ou qualquer desses adjetivos, apenas passada, não refrescante e ligeiramente amarga. Era óbvio que a água perfeitamente pura não chegava nem perto da etérea fonte alpina.

Telefonei para dois cientistas que fazem pesquisas importantes sobre o gosto da água, Linda Bartoshuk, da Yale, e Michael O'Mahony, da Universidade da Califórnia em Davis. Eles explicaram que a água destilada tem gosto ruim porque não tem gosto de saliva. É, isso mesmo, saliva.

A saliva é salgada. Mas perdemos a consciência de sua presença constante à medida que nossas papilas gustativas se adaptam ao nível de sal que ela contém. Em consequência, sentimos coisas menos salgadas como se seu gosto fosse algo como abaixo de zero. Linda Bartoshuk descreve isso como um tipo de amargor (um dos quatro gostos básicos — amargo, salgado, doce e azedo); se durante alguns minutos lavamos a saliva de nossa língua com água destilada, perdemos nossa adaptação ao sal da saliva e deixamos de sentir a água pura como amarga. O'Mahony se recusa a categorizar esse gosto como amargo; ele não vai além de chamar isso "sabor de água destilada". Aqui, descobri uma fissura profunda no mundo acadêmico do gosto: a escola de O'Mahony não descobre nenhuma base física para a existência de quatro gostos básicos. Depois de encontrar a água perfeita, voltarei ao assunto para entender o que isso significa para o mundo das vagens e da *crème brûlée*.

Retirei da biblioteca um livro sobre saliva e o li fascinado. Você sabia que cada um de nós produz 3 xícaras de saliva por dia? A saliva contém cerca de seiscentas partes de cloreto de sódio — sal de cozinha — por milhão de partes de líquido. Segundo meus cálculos, isso corresponde a aproximadamente $1/_8$ da quantidade de sal numa sopa de galinha. Mais que depressa, adicionei a quantidade certa de sal de cozinha à água destilada e a provei. Após apenas um mês de trabalho, eu conseguira criar... água ligeiramente salgada. A saliva não é uma fonte alpina.

O que é, então? A maioria das pesquisas científicas sobre a composição da água potável busca as impurezas capazes de torná-la prejudicial ou desagradável — não aquelas coisas que fazem a água realmente boa ter o gosto que tem —, e as engarrafadoras de água não revelam quais minerais naturais presentes em seus produtos lhes dão um gosto delicioso. Ouvi dizer que a Pepsi-Cola tem extremo cuidado com a composição da água que usa, mas as pessoas de seu laboratório de pesquisas em Valhalla, Nova York, demonstraram total ausência do Espírito Pep-

ÁGUA

si quando lhes pedi que partilhassem suas descobertas comigo. O sal de cozinha não é encontrado em muitas águas engarrafadas sem gás, mas outras substâncias o são. Descobri águas minerais que continham ouro e prata, platina e cobre, cromo e estanho. Mas estava mais interessado nos sais minerais que a água coleta ao gotejar e borbulhar pelas rochas e cavernas da terra. Alguns deles — cálcio, potássio, magnésio, cloretos e bicarbonatos — também se encontram na saliva. Seria possível que saliva menos sal de cozinha fosse igual a uma fonte alpina?

Voltei-me para alguns artigos publicados em periódicos científicos. Uma equipe de pesquisadores japoneses concluiu no *Journal of Fermentation Technology* que o cálcio e quantidades pequenas de potássio são indispensáveis para o gosto bom da água, mas que o magnésio tem sabor áspero e amargo. Também descobriram que a sílica incorporada pela água quando atravessa a *argila* é mais importante do que outros pesquisadores haviam julgado. Outro estudo sugeria que água com mais de quinhentas partes de minerais por milhão tem sabor salgado, alcalino, terroso, amargo ou estagnado. (A definição convencionada de água mineral é uma água com mais de quinhentas partes por milhão.) A Volvic e a água de bica de Nova York contêm cerca de um terço disso, e, após muita degustação, descobri que essas são as águas mais agradáveis para meu gosto. A Evian e a saliva estão próximas do limite superior de conteúdo mineral e aceitabilidade.

Tais julgamentos sobre o sabor foram mais ou menos confirmados por uma empresa de Massachusetts chamada Ionics, que vende equipamento de purificação de água para a Arábia Saudita, Bahrein e Santa Barbara, Califórnia. Uma vez que a Ionics tenha purificado completamente a melhor água disponível no local, ela adiciona sais minerais para fazer que adquira sabor fresco, limpo e equilibrado. Após ter trabalhado com bancas de degustadores, a Ionics escolheu 45 partes por milhão de cálcio, 61 de bicarbonatos, 45 de cloro, duas de sulfatos e 1,8 de sódio. Tenho dúvidas sobre o cloro.

Agora eu estava pronto para criar minha própria água. Preparei uma lista de compra, peguei as páginas amarelas e descobri que um dos maiores fornecedores de produtos químicos de Manhattan fica localizado a alguns quarteirões de meu apartamento. Uma vez lá, apresentei minha lista e tentei interessar os dois empregados em meu fascinante projeto. Substâncias químicas existem com todos os graus de pureza, e, sempre que possível, especifiquei o "grau de ingestão".

O HOMEM QUE COMEU DE TUDO

Inesperadamente, um deles disse que eu estava doido. Citei o *Hamlet* com Mel Gibson e Glenn Close: "Embora seja loucura, há método nisso". Mas, ao que parecia, os funcionários estavam temerosos dos processos que se seguiriam a minha morte por ter engolido suas substâncias químicas em grau de ingestão. Ofereci-me para assinar um papel que garantisse que eu não ingeriria nada do que me vendessem. Esse truque já funcionara para mim, mas não dessa vez.

Assim, prometi que só testaria as misturas em meu cachorrinho. (Não tenho cachorrinho.) Até então, os dois funcionários tinham permanecido letárgicos, com olhos pesados. Contudo, a menção de um filhotinho os trouxe à vida, tornando-os inexplicável mas vividamente zangados. Eu estava a ponto de citar Horácio, "Ira furor brevis est" ("A ira é loucura passageira"), quando me expulsaram do recinto. Eles me atiraram para fora!

Da esquina, telefonei para minha mulher para obter apoio moral, obtive algum e então andei até o farmacêutico das redondezas, que ficou contente em poder ajudar. Concentramo-nos em seu catálogo químico e encomendamos dezesseis sais minerais. O primeiro passo foi diluir cada um deles em algumas partes por milhão, o equivalente a uma pitada minúscula numa banheira de água destilada. Faltando-me tanto essa quantidade de água destilada quanto a banheira, dissolvi ½ colher (chá) de cada sal em 1 litro de água, peguei ½ colher (chá) dessa solução e misturei em outro litro de água pura. *Voilà*, sete partes por milhão, prontas para mistura e degustação.

Em algum lugar entre minhas dezesseis garrafas, jarros, vasos e decantadores cheios de água, está minha fonte alpina incorrupta. Quando descobrir onde, eu direi. Por enquanto, algumas águas engarrafadas chegam muitíssimo perto: Naya, Volvic, Connoisseur, Bourassa, Quibell, Fiuggi, Lora, Polando Spring, St. Michel, St. Jean e Clairval.

maio de 1991

Estar madura é tudo

Uma fruta madura quer ser comida. Ela não tem nenhuma outra função, não faz nenhuma outra contribuição. Não produz açúcar para nutrir o resto da planta, como fazem as folhas. Não procura água nem coleta minerais, como as raízes, nem distribui nutrientes, como o caule. O único propósito de uma fruta é seduzir animais como você e eu para que nos tornemos alegres joguetes em seu cronograma reprodutivo secreto.

O sonho de toda planta é propagar seus genes e sua espécie. Para a maioria delas, isso significa esparramar as sementes para longe da árvore ou arbusto-mãe, de forma que a descendência não venha competir com os pais por água, espaço vital e luz solar. Toda semente tem seus próprios meios de transporte: asas delgadas ou bolas de penugem que voam com o vento, ou ganchos que se prendem em nossos jeans ou pele. As frutas têm outro modo. Quando a primavera passa a verão, elas se tornam rechonchudas, suculentas e brilhantemente coloridas, doces, perfumadas e irresistíveis.

Pelo menos era isso que a natureza tinha em mente. Contudo, no verão passado eu mal ousei comer uma *Prunus persica*, e os portentos deste ano são ainda piores; duvido que os viajantes de antanho houvessem se dado ao trabalho de levar os atuais pêssegos de supermercado desde a China até a Pérsia e a Europa. Pêssegos, melões e abacaxis — a maioria das frutas, na verdade — não se tornam

O HOMEM QUE COMEU DE TUDO

mais doces ou mais saborosos depois de terem sido colhidos de sua árvore, vinha ou arbusto (embora possam melhorar na textura ou na cor). Apesar disso, a maior parte da agricultura norte-americana, até mesmo alguns fazendeiros da feira livre que frequento, a cada ano parece determinada a colher suas frutas mais cedo e mais verdes. E não há nenhuma lei que garanta que aqueles pequenos adesivos dizendo "Amadurecida no pé", grudados nos produtos mais caros de sua mercearia, signifiquem alguma coisa. A penalidade por colar um adesivo numa fruta dura e insípida deveria ser igual à de imprimir notas falsas de dez dólares.

O preço da madureza é a eterna vigilância. Transforme num hábito devolver frutas verdes. Se necessário, faça uma cena. É possível que sua mensagem atinja o atacadista ou o produtor. Para as frutas menores, aqui vai uma dica: quando ninguém estiver olhando, pegue uma baga da cestinha e a esconda na palma da mão. Com a outra mão, empurre depressa o carrinho de compras até um canto escuro, digamos a seção de queijos, e enfie a baga na boca. Mastigue. Avalie a textura, a doçura, os componentes aromáticos e a quantidade de sementes. Então decida se vale a pena investir numa cesta inteira. Mas primeiro compre um pouco de queijo. Bom queijo maduro nunca é demais.

Tal técnica de amostragem é inadequada para os melões de maiores dimensões. No caso dos melões-paulistas e da maioria das outras frutas favoritas de verão, precisamos retornar aos fundamentos. Eis respostas às vinte perguntas mais comuns sobre frutas e amadurecimento:

1. *Qual a diferença entre uma fruta e um legume?*
A resposta não tem nada a ver com o tipo de planta da qual a fruta veio, e tudo a ver com que *parte* da planta ela veio. Anatomicamente, toda planta é composta de raízes, caules, folhas, flores e frutos. Sim, quase todo vegetal, inclusive legumes e verduras, tem fruto. Perguntar se o tomate é fruta ou legume é tão idiota quanto perguntar se aquele grande tubo cinzento e enrugado que está ali é uma tromba ou um elefante. Um fruto é o ovário da planta — as sementes e o tecido que as cercam. Não só o tomate é o fruto da planta do tomateiro, mas um pimentão verde ou vermelho, cheio de sementes, é o fruto da planta do pimentão. E o mesmo vale para vagem, berinjela, abobrinha, abacate e ervilha-torta — todas os frutos que comemos durante a parte saborosa da refeição. Quando o fruto é suculento e tem alto teor de açúcar, tendemos a reservá-lo

ESTAR MADURA É TUDO

para a sobremesa e o chamamos fruta, até mesmo quando anatomicamente é um caule, como o ruibarbo.

A maioria das plantas comestíveis tem só uma parte de que gostamos especialmente — e pela qual a planta foi desenvolvida, algumas há mil anos ou mais.

Quando comemos beterraba, nabo, cenoura e cercefi, concentramo-nos nas raízes, que são depósitos subterrâneos de amido e açúcar, embora também comamos o caule do aipo e, algumas pessoas, as folhas da beterraba. A abobrinha e o pepino são frutos; podemos comer suas flores, recheadas ou não, assadas ou fritas, mas nunca suas folhas ou raízes. Quando estamos dispostos a comer folhas, recorremos a espinafre, repolho, alface, rúcula e todas as ervas. O aspargo é um talo ou broto. Os feijões e ervilhas no interior de suas vagens são sementes; quando estão imaturos e as vagens se mostram verdes e comestíveis, são frutos. Comemos brotos de ervilha, mas não de feijão. A maioria de nós ignora a flor da batata e o talo da alcachofra. Quanto à batata, nem precisamos recordar que não é uma raiz. É um tubérculo — a seção subterrânea do caule que é inchada, carnosa e rica em amido e que fica entre as raízes e o mundo exterior.

2. Então o que é fruta?

Fruta é um ovário que comemos na sobremesa. Pêssego, damasco, nectarina, ameixa e cereja são ovários bastante simples — uma semente cercada por polpa deliciosa (a parede do ovário aumentada) e embrulhada numa casca brilhantemente colorida. A propósito: a nectarina não é cruzamento do pêssego com a ameixa, mas uma variedade de pêssego sem pêlos, com genealogia muito antiga.

3. E quanto à framboesa?

A framboesa é mais complicada. Não é uma baga verdadeira, como a groselha e a uva. Cada pequeno segmento da framboesa é um fruto inteiro; ela se compõe de muitos ovários da mesma flor, todos reunidos. O morango usa seus ovários na parte de fora do corpo.

4. Você quer dizer que o morango é um figo virado do avesso?

Isso mesmo. E o abacaxi é uma coleção de bagas fundidas. A melancia é um tecido placentário cheio de sementes, uma descoberta que, de certo modo, reduziu a atração que tenho por melancia.

5. Qual o melhor poema escrito sobre ameixas?

Os especialistas divergem, mas meu favorito é "This is just to say", de William Carlos Williams:

I have eaten
the plums
that were in
the icebox
and which
you were probably
saving for breakfast
Forgive me
they were delicious
so sweet
*and so cold.**

6. O amadurecimento não é um desarranjo caótico e degenerativo da polpa e da casca de uma fruta enquanto ela mergulha na morte e na podridão reservadas a todos nós?

Onde você foi arrumar essa ideia? O amadurecimento é uma sequência firmemente estruturada e programada de mudanças que uma fruta atravessa ao se preparar para seduzir todo animal gastronomicamente alerta que se encontre nas vizinhanças. A maioria das frutas tem gosto melhor quando está mais madura, o que costuma acontecer exatamente quando suas sementes estão prontas para germinar.

7. Essa não é uma explicação teleológica, que beira o religioso?

E daí?

---

* "Comi/ as ameixas/ que estavam/ na geladeira/ e que/ provavelmente você estava/ guardando para o café/ Desculpe/ elas estavam deliciosas/ tão doces/ e tão frias." (N. T.)

ESTAR MADURA É TUDO

8. Quando começa o amadurecimento?

O amadurecimento só pode *começar* quando a fruta atingiu a maturidade física — *o tamanho e a forma final pretendidos.* As frutas colhidas cedo demais não amadurecem nunca. E até mesmo frutas colhidas quando atingiram a maturidade física só atravessam algumas das mudanças que chamamos "amadurecimento".

9. Quantas mudanças há?

Doze, mas só tratarei de algumas.

O etileno, um hidrocarboneto gasoso simples, é o hormônio de maturação interna da fruta. De maneiras que ainda não foram descobertas, ele ativa e coordena a maioria das outras mudanças à medida que a fruta se adocica, ganha cores, torna-se suculenta e aromática, fica menos ácida e menos adstringente e produz uma cera protetora que reduz a velocidade da perda de água quando finalmente se estatela da árvore e é cortada de seu suprimento.

A maioria das frutas amolece quando sintetiza uma enzima chamada poligalacturonase, que ataca a cola de pectina que mantém as células rigidamente em seus lugares. As células passam a se mover, o que deixa a fruta macia, e se rompem e deixam vazar o conteúdo, o que a deixa suculenta. As maçãs não têm poligalacturonase, e é por isso que permanecem rígidas até degenerar e apodrecer — a fase subsequente à maturação, quando a fruta fica sujeita ao ataque microbiano e à putrefação.

As frutas se tornam muito mais doces à medida que amadurecem. Algumas já acumularam muito amido ou açúcares insípidos, como a glicose, seja na árvore, seja fora dela; enzimas convertem essas substâncias em açúcares dulcíssimos, como a sacarose e a frutose. Outras frutas só se enchem de sumo doce enquanto presas à planta-mãe, não podendo ficar mais doces após terem sido colhidas. E a maioria das frutas se torna menos azeda à medida que seus ácidos são consumidos em outros processos de amadurecimento.

A fruta começa a se separar da árvore quando uma camada delgada de células (chamada zona de abscisão) é enfraquecida por uma enzima especializada, chamada celulase, que é secretada por tecidos vizinhos da planta. A abscisão é a separação natural de uma fruta de sua árvore, vinha ou arbusto. Hoje em dia, são muito poucas as frutas às quais se permite permanecer fixas às plantas-mães até ocorrer a abscisão.

Em média, leva apenas uma ou duas semanas para que uma fruta passe do desenvolvimento pleno à maturação perfeita.

10. *Mas e quanto ao limão?*

É uma maravilha que o limão, com sua abundância de ácido e só 1% de açúcar, tenha conseguido se propagar antes da invenção do coquetel, especialmente porque permanece invisível sob uma camuflagem verde. A maioria das frutas muda para um matiz espetacular, chamativo, à medida que sua clorofila se decompõe e se enfraquece (isso acontece de uma forma que ninguém entende) e outros pigmentos são sintetizados ou revelados.

Como se diz no ramo das frutas, as pessoas compram com os olhos. Quando na mercearia, os seres humanos usam a cor como teste de amadurecimento das frutas, o que é boa prática no caso de morangos, framboesas, amoras e cerejas. Mas algumas maçãs avermelham antes de começar a amadurecer, e laranjas podem permanecer verdes já no ápice da maturidade, quando cultivadas em climas tropicais ou subtropicais (como na Flórida), sem as baixas temperaturas que as tornam cor de laranja (na Califórnia). Em resposta às exigências irracionais de consumidores (inclusive eu, até alguns meses atrás), laranjas de cor verde perfeitamente doces e saborosas são tingidas de cor de laranja ou tratadas com etileno para "desverdeá-las" a caminho do mercado.

Nos pêssegos maduros, nectarinas, ameixas e damascos, a cor de fundo da pele não deve exibir nenhum sinal de verde (exceto as variedades verdes). Não preste muita atenção ao rubor rosado ou muito vivo — já se desenvolveram novas variedades que ficam vermelhas muito antes de estarem completamente maduras. O objetivo é permitir aos fruticultores colher frutas verdes e enganar o consumidor. Alguns dos pêssegos e nectarinas mais doces e mais suculentos nunca se colorem além de um amarelo luminoso.

11. *Então, o que um apreciador de frutas pode fazer?*

Evite pêssegos de fundo verde e guie-se no supermercado pelo faro. O aroma pode ser o melhor modo de dizer o grau de maturação em que a fruta estava quando foi colhida. Enquanto presa à planta-mãe, a fruta sintetiza um buquê de combinações voláteis, as quais chegam de cem a duzentas na fruta madura. Ao mesmo tempo, a presença de compostos amargos e adstringentes, chamados

ESTAR MADURA É TUDO

fenóis, começa a diminuir; o principal objetivo deles é desencorajar animais e microrganismos de comer a fruta antes de sua semente estar pronta. Nenhum dos dois processos ocorre normalmente depois de a fruta ser colhida.

O aroma da fruta madura parece deixar em nós a mais profunda das impressões. A fragrância de um melão que comi no Japão, um pêssego colhido da árvore numa fazenda em Sonoma, cerejas Rainier trazidas a jato de Yakima para uma frutaria de luxo do Greenwich Village, tomates e morangos comidos num campo perto de San Diego — tais recordações quase chegam a obliterar meses e meses de banalidade entorpecedora. Compostos aromáticos são sintetizados à medida que a fruta se torna mais madura, formando um buquê de ésteres, álcoois, ácidos e coisas com nomes como lactona e aldeído — todos capazes de vaporizar à temperatura ambiente, de modo que conseguem atingir os 10 mil receptores de odor situados no topo de minha cavidade nasal.

Em contraste, a maioria dos legumes tem aromas fracos, descomplicados, até serem cozidos. Como diz Harold McGee, "toda comida cozinhada aspira à condição de fruta".

12. *Mas as frutas não continuam a amadurecer depois de colhidas?*

Até certo ponto. Quando a fruta é tirada da árvore ou cai sozinha, ela permanece viva — capaz de respirar, manter um metabolismo complexo e se reproduzir. Mas sua vida muda drasticamente. O fluxo de minerais e água é interrompido de imediato. O mesmo ocorre com o suprimento de açúcares dessas pequenas usinas de fotossíntese que denominamos folhas. (Frutas que permanecem verdes após amadurecer poderiam continuar a fazer fotossíntese de um tipo secundário, caso o sol não fosse eclipsado pelo empilhamento e empacotamento das frutas em caixas de papelão.) É só depois de colhidas que muitas frutas se veem submetidas pela primeira vez a pressão física em sua casca. O fornecimento de ingredientes primários para a síntese de compostos aromáticos muda. Numa mudança estonteante, a atração gravitacional é desviada lateralmente ou virada de cabeça para baixo.

E a única energia a que uma fruta colhida pode recorrer vem de sua reserva minguante de açúcares, ácidos e amido.

Não importa o que fruticultores e supermercados gostariam que você acreditasse: nem de longe a maioria das frutas colhidas amadurece como o faria na árvore, vinha ou arbusto, e algumas não amadurecem nada.

13. *Você poderia ser bem mais específico?*

Com prazer. Podem-se dividir as frutas em dois grupos, de acordo com seu estilo de amadurecimento. Frutas "climatéricas" amadurecem num clímax frenético de respiração e atividade; pêssegos, maçãs e bananas são climatéricos. Frutas "não climatéricas" amadurecem gradual e decorosamente; exemplos são as cerejas e laranjas. *Só as frutas climatéricas amadurecem fora da planta de origem*. E, destas, são principalmente as frutas com reservas armazenadas de amido (como maçãs e bananas) as capazes de ficar muito mais doces depois da colheita, embora outros tipos de carboidrato — protopectinas presentes nas paredes das células e açúcares não doces, como a glicose, por exemplo — também possam adoçar a fruta. Há, portanto, cinco categorias de fruta.

14. *Quem inventou essas categorias?*

Fui eu. Mas são bastante úteis. A categoria 1 é das frutas que nunca amadurecem depois de colhidas. Estas compreendem a amora-preta, cacau, cereja (doce e azeda), tâmara, uva, grapefruit, limão, lima, lichia, tangerina, azeitona (que está fora de lugar aqui, pois não é comida na sobremesa, mas julguei que você deveria saber), laranja, abacaxi, framboesa, morango e melancia. Exceto a melancia, são todas frutas não climatéricas, de amadurecimento sereno, que recebem todo o seu açúcar da planta de origem, embora algumas possam parecer ficar mais doces à medida que sua acidez diminui. Nessas frutas, a maioria das mudanças pós-colheita não melhora a qualidade. Tal como se dá com cerejas esponjosas, elas podem se tornar mais macias após a colheita, mas isso acontece mais por podridão que por amadurecimento. Excetuadas as tâmaras e frutas cítricas, seu tempo de armazenamento é breve.

Tudo o que se pode fazer é comprar frutas maduras e armazená-las com cuidado. Quando frescas e maduras, as framboesas, morangos e outras frutas desse tipo têm bagas rechonchudas, sem que nenhum de seus pequenos segmentos seja pálido ou verde. Só as lave (bem como as cerejas) imediatamente antes de servir, para evitar danos à casca que, assim, estimulariam o apodre-

ESTAR MADURA É TUDO

cimento. Só compre cerejas que tenham talo; o apodrecimento começa em qualquer abertura. No caso de todas as frutas cítricas, compre exemplares firmes, que pareçam mais pesados do que seu tamanho indicaria (eles terão mais sumo, com sólidos mais gostosos dissolvidos no sumo) e tenham casca delgada, com poros pequenos (não tem sentido pagar por uma casca espessa). No caso das laranjas, a cor não é importante; laranjas precoces, desverdeadas com etileno para que você demonstre mais simpatia por elas, têm tempo de armazenamento menor. Não se importe com cicatrizes e arranhões superficiais; no entanto, áreas macias indicam apodrecimento. Se o botão em forma de flor na extremidade da laranja for verde, será sinal de que a colheram recentemente ou foi bem manejada, ou ambas as coisas; um botão frágil, escuro, indicará o contrário.

Melancias maduras são bem arredondadas em ambas as extremidades, com listras bem escuras e cerosas; também são firmes, mas não duras. Numa fatia de melão, as sementes devem ser escuras contra uma polpa de cor intensa, sem raias brancas — o que torna muito mais seguro escolher um pedaço de melancia cortada. Sementes brancas são sinal de imaturidade.

Na categoria 2, inclui-se a única fruta que pertence ao extremo oposto. *Só amadurece depois de colhida*, porque um sinal químico enviado pela árvore inibe o amadurecimento. Trata-se do abacate. O melhor modo de armazenar abacates é na árvore. O segundo melhor é na geladeira, por até dez dias após ele ter amadurecido à temperatura ambiente — mas só até a fruta ceder a uma pressão suave, antes que a casca se solte.

15. *Como é que você consegue chamar abacate de fruta, se fruta é um ovário que comemos na sobremesa e se eu como abacate no guacamole e nos* California rolls *em sushi-bars? Você come* California rolls *na sobremesa?*

Eu não os como de jeito nenhum. Mas os brasileiros comem abacate na sobremesa, amassado com açúcar.

16. *E quanto às três últimas categorias de fruta? Essas amadurecem depois de colhidas?*

Sim. São todas frutas climatéricas e, desde que tenham atingido a maturação completa quanto ao tamanho e à forma antes da colheita, amadurecerão até certo ponto e de alguns modos.

A categoria 3 abrange frutas que amadurecem em cor, textura e quantidade de sumo, mas que *não melhoram em doçura ou sabor*. Entre elas estão o damasco, mirtilo, melões cantalupo, paulista, *casaba* e *crenshaw*, figo, nectarina, maracujá, pêssego, caqui e ameixa. Elas não se tornam muito mais doces após a colheita porque não contêm nenhum amido que possa se transformar em açúcar. Quando amadurecidas em casa, o máximo que se pode esperar é uma fruta atraente e suculenta, mas sem sabor mais acentuado que no dia em que foi colhida. Isso se você tiver sorte.

Mas você tem de comprá-las fisicamente maduras. Pêssegos, nectarinas, ameixas e damascos que atingiram a maturidade têm cúpulas (a área arredondada ao redor do talo) e suturas (a costura que corre ao longo de um lado) desenvolvidas por completo; devem ter acabado de começar a amolecer; e o fundo colorido de sua casca não deve mostrar vestígios de verde (exceto nas variedades verdes). Não preste atenção ao rubor rosado — a cor de fundo é a que interessa. Devem-se comprar damascos prontos para comer, mas pêssegos, nectarinas e ameixas podem amadurecer à temperatura ambiente dentro de um saco de papel.

A categoria 4 é das frutas que *realmente* ficam mais doces após a colheita — maçã, cherimólia, kiwi, manga, mamão, pera, marmelo e guanabano. Enquanto se desenvolvem, elas convertem em amido os açúcares presentes nas folhas da planta; durante o amadurecimento, reconvertem esse amido-reserva em açúcar e ficam mais doces, seja na árvore, seja fora dela. São as queridinhas do comércio, porque podem ser colhidas com a maturação já completa mas ainda verdes, e o progresso do amadurecimento pode ser retardado mediante resfriamento, às vezes numa atmosfera controlada, com baixo teor de oxigênio. Maçãs e peras se prestam sobremodo a isso. Na verdade, as peras se tornam esponjosas e farinhentas quando amadurecem por completo no pé; um período de armazenamento em câmara frigorífica antes do amadurecimento final melhora a textura. Temos muita sorte de poder armazenar peras, pois uma pera madura fica perfeita por menos de um dia.

ESTAR MADURA É TUDO

A maioria das maçãs da América do Norte é colhida entre julho e novembro; o armazenamento em câmara frigorífica as torna disponíveis o ano inteiro, amiúde em detrimento do sabor e frescor. Demonstrou-se que o longo armazenamento em câmara frigorífica, seguido do amadurecimento com etileno, produz kiwis com menos açúcar, bananas com menos sabor e maçãs e peras com menos das duas coisas.

Compre mangas quando pelo menos parte do verde se tornou amarelo ou vermelho (a não ser que você tenha esbarrado em alguma variedade de cor verde); evite as que apresentem manchas pretas, pois essas manchas podem depois penetrar na polpa.

Mas não espere que frutas colhidas muito tempo antes do desenvolvimento completo cheguem a desenvolver seu aroma. Normalmente, após a fruta ser colhida, os compostos que lhe dão aroma e sabor não são sintetizados; compostos adstringentes e amargos deixam de se dissipar. É por isso que o aroma pode ser o melhor modo de dizer quão madura se encontrava uma fruta quando colhida.

As bananas ocupam sozinhas a categoria 5, porque amadurecem de quase todas as formas após a colheita. Campeãs mundiais de conversão de amido, passam de 1% de açúcar e 25% de amido para 15% de açúcar e 1% de amido durante o amadurecimento. E o aroma simples da banana (também conhecido como acetato de isoamila) se desenvolve fora da planta, embora não possa de fato ser comparado com o perfume mais complexo de um espécime que tenha amadurecido quase completamente no pé.

A maioria das bananas cultivadas comercialmente é colhida ainda verde. Transforme isso em vantagem: compre-as verdes, caso tenha tempo de deixá-las amadurecer. Bananas verdes e duras têm menos probabilidade de ter sido machucadas no manuseio do que as que amoleceram e amareleceram no caminho. Compre-as com os talos completamente fixos e sem rachaduras na casca. Deixe-as amadurecer num saco de papel até ficarem completamente amarelas com pequenas pintas marrons. Aí, coloque na geladeira aquilo você não puder comer de imediato, mas não se espante se as cascas enegrecerem.

17. Por que às vezes as frutas são submetidas a etileno?

A indústria prefere a palavra "tratadas". Conforme aprendemos, o etileno é o próprio hormônio de maturação interno das frutas. Nas frutas climatéricas de respiração pesada — categorias 3 a 5 —, uma breve exposição ao gás ativa a produção de hormônio pela própria fruta e, com isso, ativa qualquer potencial maturativo que a fruta ainda possua. Quando se colocam essas frutas num saco de papel pardo fechado frouxamente à temperatura ambiente, o etileno natural se concentra e acelera o processo. Colocar uma maçã ou banana madura no saco também ajuda, porque essas frutas geram um montão de etileno. O saco deve ser permeável o suficiente para permitir que o gás carbônico produzido pela fruta em maturação escape e o oxigênio penetre. Se o oxigênio é cortado, a fruta embolora. Esse é o lado benigno do etileno. A indústria de frutas também usa tratamento artificial com etileno para esconder incontáveis pecados.

18. Você não prometeu explicar a melhor maneira de escolher melões?

Eu estava a ponto de chegar a isso. Como seria bom se houvesse uma regra simples que servisse para todos os melões, a criação mais suculenta da natureza! Lembre-se de que melões são climatéricos — podem continuar amadurecendo depois de colhidos. Mas nunca ficam muito mais doces que no dia da colheita. Compre melões desenvolvidos — bem formados, pesados para o tamanho, sem danos ou zonas achatadas. Quando maduros, os melões com superfície rendada, como o cantalupo, por exemplo, apresentam rede superficial elevada, e a casca deve ser entre bronzeada e amarela, e não verde. O *crenshaw* é o rei dos melões: suculento, perfumado, doce como mel, macio. Alguns *crenshaws* maduros podem ficar verdes e não dourados, exceto no lugar onde se apoiava sobre a terra. A cor de fundo de um melão-persa desenvolvido pode ser verde-clara. No melão-paulista (esse tesouro potencialmente ambrosíaco, mas difícil de escolher), a casca deve ter cor creme (e não branca), sem nenhum vestígio de verde. Como acontece com outros melões lisos, a sensação da casca ao tato deve ser ligeiramente cerosa ou áspera.

A depressão redonda que há numa das extremidades de muitos melões é o local de inserção do talo; se é liso, sem bordas irregulares, o melão estava maduro o bastante para sair facilmente do talo. O amolecimento, o aroma e a textura cerosa se iniciam na extremidade oposta, a da flor; cheirar ali trará todo

ESTAR MADURA É TUDO

um mundo de informações sobre quão doce e perfumado o melão está por dentro. Os especialistas divergem quanto à expressividade do aroma externo de um melão-paulista. Os *casabas* têm pouco aroma e, de modo geral, são uma espécie inferior. Desculpe.

19. *Algum conselho sobre armazenamento?*

Com o maior prazer. Frutas capazes de amadurecer depois de colhidas deveriam ser encorajadas a prosseguir nesse mister à temperatura ambiente, dentro ou fora de um saco de papel. Em seguida, essas frutas, bem como todas incapazes de amadurecer após a colheita, deveriam ser comidas de imediato ou postas na geladeira (para reduzir seu ritmo respiratório) dentro de um saco plástico (para evitar a perda de água). A maior inimiga do frescor de frutas maduras e outros vegetais é a desidratação. Folhas de alface murcham quando suas células se esvaziam por perda de água. Tente colocar alface murcha em água fria; você ficará pasmado.

Mas não feche o saco plástico hermeticamente, pois a fruta mofará.

Se a fruta é colocada na geladeira antes de madura, a baixa temperatura retardará o processo, podendo transformar os açúcares mais doces em glicose, desativar permanentemente os poderes moderadores da poligalacturonase e aumentar a acidez. Depois de algum tempo, o resfriamento danificará frutas tropicais e semitropicais antes e depois do amadurecimento. Evite comprar frutas muito frias no supermercado. Não só essa temperatura impossibilita avaliar o aroma, mas os danos causados pelo enregelamento (como a polpa esponjosa e fibrosa de um pêssego danificado) podem não se evidenciar até que a fruta retorne à temperatura ambiente.

20. *Tudo isso pretende explicar por que a maioria das frutas que se encontram nos supermercados americanos, exceto talvez as cerejas, é tão horrível?*

Em parte. Há também outros motivos. Até pouco tempo atrás, os fruticultores se concentravam apenas no tamanho, cor, firmeza e forma artificialmente uniforme, à custa do sabor, doçura e textura. Certos produtores exigem de suas árvores que todas as frutas atinjam ao mesmo tempo o desenvolvimento pleno, o que facilita a colheita mecanizada. Outros empregam excesso de fertilizantes para aumentar a safra e irrigam em demasia, de modo a aumentar o peso das frutas imediatamente antes da colheita. E em alguns anos o clima se recusa a cooperar. Mas, parafraseando o rei Lear, estar madura é o principal.

Há quatro vilões na história do amadurecimento: o produtor ganancioso, o atacadista venal, o varejista míope e o consumidor ignorante e avarento, como você e eu.

Querendo economizar na mão de obra, os produtores usam máquinas para colher, separar e empacotar as frutas. Uma fruta madura não consegue sobreviver a uma disputa com essas máquinas. E, quando se empregam colheitadeiras mecânicas, estas pegam tudo o que estiver à vista — frutas completamente verdes, mal entradas no amadurecimento e quase maduras. Os produtores sabem que frutas precoces conseguem preços mais altos; todos eles preferem recuperar seu investimento o mais cedo possível; e a maioria gostaria de chegar ao fim da estação tendo vendido tudo o que não amadureceu. Os produtores de cítricos colhem cedo quando temem a ocorrência de geadas.

Os fruticultores reclamam que os atacadistas e varejistas os obrigam a concorrer exclusivamente com base no preço, e não na textura ou sabor. Os atacadistas respondem dizendo que os varejistas se recusam a aceitar produtos que estejam maduros demais para aguentar um tempo de prateleira prolongado e feliz. Os varejistas dizem que os atacadistas só compram as frutas mais fáceis de manejar; eles culpam os consumidores pela relutância em pagar mais por frutas mais deliciosas. De alguma forma, a mágica do mercado fracassou nos EUA, ao ter permitido que frutas inferiores expulsassem a produção de qualidade mais elevada.

Mas alguns raios de esperança aparecem por entre as nuvens escuras da fruticultura norte-americana. Por exemplo, Ron Mansfield. Trata-se de um plantador de El Dorado, Califórnia, nos contrafortes da Sierra Nevada, a meio caminho entre Sacramento e o lago Tahoe; ele cultiva diversos pequenos lotes e deixa seus pêssegos e nectarinas no pé até três ou quatro dias antes de caírem por conta própria. Seus pêssegos amadurecidos no pé contêm pelo menos duas vezes a quantidade de açúcar daqueles que são colhidos quando atingem a maturidade física e que amadurecem fora da árvore. Mansfield os colhe e acondiciona manualmente em caixas de madeira de uma única camada; dois dias depois, são oferecidos em mercearias e restaurantes de luxo tanto da costa leste quanto da costa oeste (bem como na própria loja de sua fazenda). Mansfield conhece ape-

ESTAR MADURA É TUDO

nas três ou quatro outros produtores da Califórnia que tentam fornecer frutas de qualidade igual.

Margaret e Bill Skaife, de Oceanside, perto de San Diego, Califórnia, elaboraram não só procedimentos de colheita e empacotamento manual, mas também recipientes inteligentes (com patente requerida) para transportar tomates, morangos e frutas com caroço quase maduros até mercados distantes. (As frutas vão suspensas pelos talos e são almofadadas, para evitar que se choquem contra as vizinhas ao balançarem.) Sua primeira colheita de tomates, oferecida aos consumidores com um adesivo dourado e uma garantia de reembolso do dinheiro, encontrou grande sucesso em mercearias como a Balducci de Nova York, que vendeu quase uma tonelada nas semanas de pico. Mas os Skaife ainda dependem das práticas de cultivo dos plantadores californianos e mexicanos de quem eles compram as frutas.

Os métodos (e preços) da empresa LTD representam um meio-termo exequível para o mercado de massa. Os plantadores que vendem à LTD colhem suas frutas em média três dias após os demais produtores; um de seus maiores clientes é a rede de supermercados Stop & Shop, da Nova Inglaterra, que desenvolveu um dos programas mais ativos do país para melhorar a qualidade das frutas que vende. Mas me dizem que nada supera os pêssegos de Ron Mansfield.

Fora isso, o futuro parece desanimador. A maioria das frutas de caroço americanas é cultivada na Califórnia — 96% dos damascos, 90% das nectarinas e ameixas e 60% dos pêssegos de caroço solto e das peras Bartlett. A fruta é colhida ainda dura como pedra, dez ou quinze dias antes de atingir a plenitude, pois isso permite a colheita rápida, sem maiores cuidados, a manipulação mecânica e o transporte prolongado. Excetuadas as mais firmes, qualquer fruta seria destruída ao atravessar tal provação. Pelo California Tree Fruit Agreement (uma "diretriz de comercialização" que, acertada entre o governo federal, o governo estadual e os empresários do setor, está, de uma forma ou de outra, em operação desde 1933), os produtores só podem fornecer frutas que satisfaçam um padrão mínimo, conhecido como California Well-Matured. Isso servia para garantir que a maior parte das frutas fosse colhida apenas depois de completamente desenvolvida e, portanto, que ela melhoraria ao menos na cor e na textura após a colheita. Agora, os produtores de frutas com caroço da Califórnia querem colher suas frutas ainda mais cedo.

O HOMEM QUE COMEU DE TUDO

No ano passado, os produtores de ameixas se retiraram do acordo. No início deste ano, um grupo dissidente de plantadores de pêssego e nectarina persuadiu o Ministério da Agricultura a incluir um padrão alternativo mais baixo, conhecido como US Nº 1, ou US Mature. Isso permitirá que colham suas frutas ainda mais precoces e mais verdes, desde que indiquem o fato em suas caixas de papelão. Uma das justificativas é a concorrência desigual dos pêssegos da Geórgia, que há muito tempo são considerados equivalentes ao baixo padrão US Nº 1. E, recentemente, os produtores do Colorado abandonaram por completo seu programa de inspeção federal-estadual. Para os amantes das frutas, os velhos critérios já eram pouco exigentes. O novo sistema promete ainda menos.

Numa virada da sorte, os produtores da Califórnia, na maioria republicanos, foram frustrados temporariamente pela moratória de ano eleitoral para novas regulamentações federais, moratória imposta pelo presidente Bush. Para que o novo sistema de fiscalização contorne a moratória e entre em operação, o Conselho de Competitividade (a cargo do vice-presidente dos EUA) terá de afiançar que a regulamentação é "pró-crescimento", termo que, segundo parece, não pretende ser tomado em sua acepção hortícola. Neste instante, a única pessoa que poderá salvar os EUA de uma queda catastrófica na qualidade de seus pêssegos e nectarinas é o vice-presidente Dan Quayle. Alguém quer fazer apostas?

julho de 1992

Esqui e frutos do mar

Hoje em dia, todo mundo está em pânico por causa dos perigos de comer frutos do mar crus. Mas tenho um plano. Decidi deixar de esquiar neste inverno, de modo que poderei comer minha parte. Segundo meus cálculos, a probabilidade de sofrer danos significativos num dia de esquiação é dez vezes maior que a probabilidade de adoecer ao comer um prato de ostras, crustáceos ou moluscos gelados, rechonchudos, salgados, suculentos e crus. Segue-se que, se eu deixar de esquiar por dez dias, poderei me deliciar com ostras duas vezes por semana o ano inteiro.

Para ser completamente honesto, nunca esquiei nem um único dia em toda a minha vida, ou comi menos do que me cabia de alguma coisa. Meu plano nasceu durante um jantar com um amigo desafortunado, recém-chegado das encostas e hospitais de Aspen, onde fraturara o ombro ao se chocar contra um arbusto numa descida. Usava uma tipoia na parte superior do tronco e precisava de ajuda para virar as páginas do cardápio. Recuperei-me imediatamente de sentimentos de excessiva solidariedade enquanto observava meu amigo escolher sua comida com uma obediência supersticiosa a todas as modas e boatos nutricionais modernos de que já ouvira falar. Mesmo que minha vida dependesse disso, eu não conseguiria entender por que algumas pessoas ficam ansiosas em correr todos os tipos de risco e depois se tornam paranoicas com um empreendimento sujeito a risco muito menor — em especial quando esse empreendimento é o jantar.

O HOMEM QUE COMEU DE TUDO

É verdade que temos razões de sobra para nos preocupar com a segurança dos frutos do mar. Uma pesquisa publicada na edição de fevereiro de 1992 da *Consumer Reports* determinou que chega a 44% a proporção de frutos do mar comprados em peixarias e supermercados pela equipe da revista que apresentam níveis inaceitáveis de coliformes fecais, bactérias capazes de causar todo tipo de afecção gastrointestinal. O governo federal fugiu a seu dever de garantir a segurança de nossos frutos do mar, e propostas para corrigir a situação se encontram agora sob apreciação do Congresso.

A maioria das bactérias e vírus é destruída na cocção, e é por isso que a FDA recomenda que o peixe seja cozido a 63°C, ou até que a carne se separe facilmente até o centro, perto da espinha; ostras e mariscos deveriam ser cozidos por 4 a 6 minutos. Essas são receitas infalíveis para produzir frutos do mar cataclismicamente passados do ponto.

É nos moluscos crus que ronda a maior parte do perigo. Em 1991, em cooperação com o CDC, a FDA aquilatou a taxa de risco de peixes e moluscos e descobriu que, excluindo-se moluscos (mariscos, vieiras e ostras) crus ou parcialmente cozidos, os frutos do mar resultam numa única ocorrência de enfermidade a cada 2 milhões de pratos servidos. Trata-se de um número baixíssimo quando comparado ao risco de comer frango, com uma enfermidade a cada 25 mil pratos.

No entanto, quando se adicionam moluscos crus ou parcialmente cozidos, o risco aumenta oito vezes. Mariscos, ostras e vieiras cruas respondem por 85% de todas as enfermidades provocadas por frutos do mar. Um em cada 2 mil pratos de moluscos crus provavelmente fará mal a alguém.

Embora esse número pareça alto, ele significa que, se você comer um prato de ostras cruas todas as semanas, vai sentir-se mal uma vez em quarenta anos, ou duas vezes numa vida cheia e feliz. E é possível reduzir o risco ainda mais, evitando a ameaça principal — moluscos crus apanhados entre março e outubro no golfo do México, quando provavelmente estarão infectados pelo *Vibrio vulnificus*. Quanto mais quentes as águas e mais alta a temperatura em que as ostras são transportadas e armazenadas, maior o risco. Essa é a principal razão para a antiga regra de que ostras só devem ser comidas em meses cujos nomes contenham a letra *R*, pois esses são os meses frios [no hemisfério norte], de setembro a abril. (Um segundo motivo é sensual: as ostras desovam na estação quente, reduzindo seu saboroso suprimento de glicogênio e perdendo a suculência.) Nos dias de hoje, ostras do Golfo são seguras para o consumo de novembro a fevereiro, se tanto.

ESQUI E FRUTOS DO MAR

Para os muito jovens, os muito velhos e as pessoas com deficiência imunológica, inclusive os portadores do HIV, uma infecção por *Vibrio vulnificus* apanhado de uma ostra contaminada pode levar à morte. Mas, para a maioria dos convivas, o pior que pode ocorrer são um ou dois dias de desarranjo gastrointestinal desagradável e pouco atraente.

Se moluscos crus fazem adoecer uma vez a cada 2 mil pratos servidos, como isso se compara com os perigos do esqui? As estatísticas são enganosas — o setor da esquiação não encoraja que se coletem e publiquem dados. Mas parece haver concordância geral de que ocorre algum dano significativo uma vez a cada 250 dias de prática do esqui, no mínimo uma vez em quatrocentos. Nisso se incluem fraturas de perna e coluna, contusões, cortes e danos ao joelho. Um estudo realizado em Munique determinou a ocorrência de pelo menos um dano secundário a cada 59 dias de prática e um desastre realmente sério a cada quinhentos; define-se "sério" como significando que o esquiador ficaria afastado das pistas durante pelo menos três dias. Minha última ostra ruim me manteve fora da mesa por um único dia. E a maioria dos levantamentos de acidentes deixa de fora os desastres com teleféricos; as trombadas de esquiadores uns contra os outros no frio subártico; o perigo de exposição a radiação (o risco anual de sofrer câncer devido a raios cósmicos é dois terços maior na altitude de Denver que ao nível do mar, onde as ostras vivem); e os danos que surgem após o esquiador voltar para casa, como o recém-popular rompimento do ligamento ulnal colateral da articulação metacarpofalangiano do polegar. Creio que afirmar que um dia de esquiação é dez vezes mais perigoso que um delicioso prato de ostras é um ato de generosidade para com o esporte e seus infelizes praticantes.

Os apologistas do esqui assinalam que os esquiadores sofrem menos *mortes* que os nadadores, ciclistas ou praticantes da equitação e que, hora por hora, esquiar não é mais perigoso que o futebol americano colegial. Esse pode ser um bem-vindo prêmio de consolação para a indústria do esqui, mas representa notícias ainda melhores para mim. Significa que neste outono, se eu estiver disposto a abandonar o futebol americano colegial, poderei devorar alegremente todo *sushi*, *sashimi* e ceviche que meu coração desejar.

outubro de 1992

Pesquisas com o ketchup

Na Inglaterra, há sessenta religiões diferentes e um único molho.

marquês Domenico Caracciolo (*1715-89*)

Quando chegaram recentemente a meus ouvidos rumores de que as vendas de salsa nos EUA em breve eclipsariam as de ketchup, catsup e catchup (todas essas palavras significam a mesma coisa), saí depressa e fui até o supermercado das vizinhanças, plantei-me no departamento de ketchup e permaneci numa vigília solitária e ansiosa, como se minha simples presença pudesse estancar a maré de salsa corpulenta e picante que ameaçava partir do lado oposto do corredor número 5.

Eu não me considero menos militante que pessoa alguma no que tange à tolerância ao multiculturalismo nos EUA. Comemoro com entusiasmo o *Cinco de Mayo*, o ano-novo chinês, a festa de San Gennaro e a queda do Império Otomano, com o banquete que pareça mais apropriado para a ocasião. Mas a decadência do ketchup para um status de segunda classe é coisa completamente diferente, e é isso que os especialistas em comida pronta preveem. De acordo com a *Fortune*, as vendas de "molhos mexicanos" atingirão US$ 802 milhões em 1992 e deixarão para trás o ketchup, com apenas US$ 723 milhões. Pior ainda, o abismo se alargará durante os três anos seguintes.

PESQUISAS COM O KETCHUP

Em meu entender, o ketchup forma na primeira fila mundial dos molhos frios ou tépidos não destinados à sobremesa. Com certeza, é nosso maior orgulho em matéria de molhos criados em casa, talvez o único. O marquês Domenico Caracciolo, embaixador de Nápoles na Inglaterra, provavelmente se referia à *crème anglaise*, o maior molho de sobremesa já criado, mas podia muito bem estar falando do ketchup. Uns 97% dos lares dos EUA mantêm ketchup na cozinha. Cada americano consome com prazer três frascos dele por ano. Embora repleta de sabor, 1 colher (sopa) de ketchup tem apenas 16 calorias e nenhuma gordura; é recomendado igualmente tanto para quem faz dieta quanto para quem é magricela. Já 4 colheres (sopa) de ketchup, a quantidade que se poderia consumir junto com 1 hambúrguer e 1 porção grande de fritas, são o equivalente nutritivo de 1 tomate médio maduro, sem aborrecimentos e preocupações.

O ketchup é "um dos grandes sucessos que o mundo dos molhos já conheceu", escreveu Elisabeth Rozin no *Journal of Gastronomy* (verão de 1988). Com sua cor vermelha brilhante, seu sabor untuoso e sua salinidade marcante, teoriza Rozin, o ketchup representa a "realização, tanto concreta quanto simbólica, do antigo e atávico desejo por sangue", magicamente atingido pelo uso exclusivo de produtos vegetais. Rozin também estabelece uma analogia com a missa católica e seu substituto para o sangue de Cristo, mas esqueci como é. Tudo o que sei é que descobri uma caixa de ketchup Del Monte numa das célebres cozinhas do Piemonte, no Norte da Itália, competindo com *tartufi* e *porcini* pelas afeições do mestre-cuca. E no ano passado em Paris, numa cozinha prestes a receber sua segunda estrela Michelin, assisti ao chef adicionar uma bolota de Heinz a seu molho de sangue de salmão, vinho tinto e *verjus*, uma pós-modernização da *sauce genevoise* de Escoffier. Miguel de Cervantes escreveu certa vez que "La mejor salsa del mundo es la hambre". Obviamente, Cervantes nunca provou ketchup.

Será 1992 o ano em que abandonaremos nosso grande molho, nosso excelente ketchup?

Não exatamente. Deixando de guarda meu carrinho de compras apenas por um instante, comprei um saco de batatinhas chips (sabor natural, não *churrasco* ou *nacho*) e um frasco plástico de ketchup Heinz, o padrão com que todos os demais ketchups devem ser comparados, para o bem ou para o mal. Coloquei um pouco de Heinz numa batatinha e mastiguei pensativamente. Logo meu humor clareou. Com certeza o artigo da *Fortune* era um alarme falso; a revista não conhece molhos, ou então teve a intenção deliberada de minar a confiança dos EUA em seus próprios condimentos. Comparar as vendas de todos os temperos mexicanos com as vendas de ketchup, um único molho, é injusto e enganoso. Basta pensar na multidão de molhos da culinária mexicana, o *mole de olla* e o *mole verde de pepita*, molho vermelho de gergelim e molho de tomate verde, *salsa borracha* e *salsa de los reyes*, *salsa de moscas* e *salsa de tijera*, molhos de pimenta-malagueta com *pasillas* e *cascabels*, com *chiles de árbol* e *chiles de guajillo*! Quando as vendas de *mole verde de pepita* excederem as de Heinz, então teremos algo com que nos preocupar.

Cautelosamente, aproximei-me das gôndolas de salsa. Um olhar nas etiquetas de preços junto ao nome de cada marca provou mais uma vez que o ketchup ainda reina supremo. Em meu supermercado, o preço médio de $^1/_4$ de galão [pouco menos de 1 litro] de ketchup era US$ 1,16; as salsas custavam, em média, US$ 5,50. Dividindo o primeiro preço pelo segundo, verificamos que, no dia de 1992 em que as vendas em dólar de todas as salsas juntas excederem as de ketchup, ainda assim o ketchup será 4,74 vezes mais popular que a salsa, porque a salsa é 4,74 vezes mais cara. Deixei o supermercado com um humor alegre e comemorativo, bem como com todos os tipos de ketchup que havia à venda, ao todo nove. Depois de alguns dias, eu saqueara todos os outros mercados de meu bairro, todas as butiques de comida e todas as empresas de reembolso postal de que consegui me lembrar.

Comprar uma garrafa de ketchup não é atividade descuidada, na qual se retira a coisa da prateleira e paga-se algum dinheiro. Da mesma forma que com os vinhos, há anos bons e ruins, dependendo de quão doces e saborosos tenham sido os tomates. A maioria das marcas é feita de extrato ou purê de tomate, reduzido por fervura no fim do verão, quando os tomates são colhidos, e usado ao longo do ano para preparar o produto final. Mas, com frequência, o ketchup engarrafado no verão é feito direto de tomates maduros. O conhecedor de ketchup desejará saber o ano e o dia em que se engarrafou o molho. Caso seu favorito seja o Heinz, olhe o número de quatro algarismos na tampa do frasco e desconsidere as duas letras iniciais. O último algarismo indica o ano, e os primeiros três dizem o dia em que o ketchup foi engarrafado. Por exemplo, 0752 significa o 75º dia de 1992; 2530, uma safra ainda nas prateleiras, quer dizer o 253º dia de 1990. Caso você prefira outra marca, telefone ao fabricante para obter os detalhes.

PESQUISAS COM O KETCHUP

Por fim, quando havia 33 marcas de ketchup sobre a mesa de minha cozinha, eu estava pronto para começar a planejar um Festival de Ketchups, uma competição degustativa em grande estilo. Será que a Heinz merece os 55% do mercado americano de ketchups, tendo o Hunt lá atrás em segundo lugar, com 19%, o Del Monte com esquálidos 9%, a soma de todas as demais marcas genéricas e privadas com 17% e o total dos ketchups gastronômicos e regionais com apenas 2%? Comecei pela suposição de que a resposta fosse sim, porque a Heinz é a única marca de ketchup que sempre compro. Ou deveria dizer que era a única marca de ketchup que eu sempre *comprava*? Mas isso entregaria os resultados da competição.

Os concursos científicos de ketchup sobre os quais li empregavam como meio de degustação biscoitos tipo cracker ou colherinhas de plástico, com goles de água ou club soda entre as mordidas. Isso parece lógico, mas o mesmo acontece quando comemos hambúrguer e fritas, com um trago borbulhante de Diet Coke nos intervalos, o que certamente é como o ketchup ocorre no mundo real. Numa experiência preparatória com alguns dos ketchups de minha coleção, descobri que seu sabor se transforma de acordo com o método pelo qual são provados: por exemplo, uma vez que a boca esteja aclimatada à doçura da Coca-Cola, a doçura farta de alguns ketchups desaparece, mas o decoroso equilíbrio agridoce de outros passa a pender para o ácido. As variedades mais picantes, normalmente ketchups de grife, ficam salientes numa colher de plástico, mas obscurecem a delícia de uma batata frita, algo que as marcas mais suaves e populares complementam com perfeição. A escolha de um meio de degustação seria absolutamente crucial.

Preocupei-me com o fato de que não seria prático comer 33 hambúrgueres em seguida, da mesma forma que, como eu logo viria a descobrir, não seria prático cortar um único hambúrguer em 33 seções iguais. Tinha a intenção de fazer um hambúrguer em miniatura do tamanho de uma moeda (quatro milímetros de espessura), com uma minúscula metade de pão de hambúrguer por cima e por baixo. Mas, numa escala tão pequena, mostrou-se impossível conseguir que o exterior da carne ficasse tostado e o interior vermelho e suculento, de modo que abandonei esse plano antes mesmo de chegar ao estágio de miniaturizar o pão.

Tomou-se uma decisão: minha mulher e eu classificaríamos nossos ketchups tanto puros quanto derramados por cima de batatas fritas vindas do McDonald's a três quarteirões de casa, ironicamente *à côté* da feira livre que frequento. O McDonald's fazia a batata frita mais perfeita e, certamente, a mais fidedigna do país: aí, algum gênio teve a ideia de que fritar batatas por imersão em pura e dourada gordura bovina não era politicamente correto. Não há dúvida de que essa pessoa tinha razão, mas agora as fritas do McDonald's não merecem nota mais alta que esta: ACEITÁVEIS +.*

Minha terceira tarefa era resolver, de uma vez por todas, o problema da vertibilidade do ketchup. Durante as experiências da pré-competição, eu era essencialmente um ignorante da contribuição que a ciência da reologia pode trazer a nossas vidas cotidianas. Foi só depois de ter espirrado um fluxo de ketchup na toalha favorita de minha mulher, uma adorável peça indiana de algodão, pintada à mão e comprada numa loja da rue Jacob, que telefonei para o professor Malcolm Bourne, da Cornell, para uma lição em fluidos não newtonianos. Sir Isaac Newton exprimiu as leis que regem os líquidos que fluem como a água: quanto mais força se aplica, mais depressa eles fluem. Mas o ketchup é diferente. Composto de um emaranhado de fibras vermelhas de tomate suspensas num soro incolor, doce e ácido, o ketchup, quando em repouso e em níveis baixos de pressão, comporta-se como um sólido; entretanto, num patamar mais alto de pressão, começa de repente a fluir como um fluido comum. É por isso que o frustrado amante de ketchup que perde a paciência com pancadas delicadas no fundo da garrafa e, prematuramente, as substitui por um soco poderoso vai terminar com uma erupção de ketchup por cima de tudo que estiver em volta. O ketchup e a maionese são conhecidos como fluidos de Bingham, nome emprestado do cientista que os caracterizou, no início do século XX.

O professor Bourne tem as seguintes sugestões: ketchup que esteja depositado no gargalo da garrafa provavelmente secou e se solidificou em parte; remova a tampa e, com a ponta de uma faca, empurre os dois centímetros que estão por cima para dentro do resto. Então, depois de recolocar a tampa no lugar, agite violentamente a garrafa na vertical, como se fosse uma coqueteleira: isso deverá diminuir o grau de emaranhamento entre as fibras de tomate, fazendo que se orientem na direção de fluxo desejada. Por fim, retire outra vez a tampa e inverta a garrafa por sobre o hambúrguer ou fritas. Comece a bater no fundo com suavidade e aumente gradualmente a força de cada pancada até o ketchup começar a fluir na

---

* Para uma exposição mais abrangente, por favor recorra ao capítulo "Fritas", na Quinta Parte. (N. A.)

PESQUISAS COM O KETCHUP

taxa certa. Se isso não funcionar, saia e compre um frasco de plástico, desses que se pode apertar, introduzido pela Heinz em 1983 e tornado reciclável em 1991.

Justamente antes que se iniciasse o Festival de Ketchups, decidi incluir dois ketchups caseiros em minha coleção de 33 exemplares comprados em lojas ou encomendados pelo reembolso postal. No primeiro, eu estava determinado a descobrir e reproduzir o primeiro ketchup já comido. No segundo, quis criar do zero um bom e honesto ketchup.

Onde foi que o ketchup começou? A teoria mais popular é que a própria palavra deriva de *kôe-chiap*, ou *ké-tsiap*, no dialeto chinês de Amoy, onde significa a salmoura na qual peixes e moluscos são conservados. Algumas pessoas preferem a palavra malaia *ketchap* (que os holandeses escrevem *ket-jap*), a qual, em todo caso, pode ter vindo do chinês. De qualquer maneira, em algum dia do final do século XVII, o nome (e talvez algumas amostras e uma ou duas receitas) chegou à Inglaterra, onde apareceu impresso pela primeira vez como *catchup* em 1690 e depois como *ketchup* em 1711 — ao menos segundo afirma o *Oxford English Dictionary*. Esses exóticos nomes asiáticos despertavam evocações entre os britânicos, que rapidamente se apropriaram deles para designar suas anchovas e ostras em conserva, alimentos de antigo uso popular e prováveis descendentes distantes dos molhos romanos *garum* e *liquamen*, fermentados e cheirando a peixe.

Mas a história de uma palavra não é a história de um prato. O ketchup não é um molho chinês feito com salmoura fermentada de peixe, uma soja enjoativamente doce de Java ou um sumo britânico de ostras. Todo mundo sabe o que é ketchup. Ketchup não é nada mais, nada menos, que um suco de tomate frio, espesso, vermelho-vivo, doce, picante, ácido, cozido e coado, feito com vinagre, açúcar e sal e temperado com cebola, alho e especiarias como canela, cravo, noz-moscada, macis, pimenta-da-jamaica, gengibre e pimenta-de-caiena. A FDA tem tanta certeza disso que exige a presença de todos esses componentes em qualquer coisa rotulada como "Ketchup", "Catsup" ou "Catchup". A pele e as sementes do tomate devem ser escrupulosamente retiradas. Mais que qualquer outra coisa, porém, os regulamentos da FDA se concentram na *espessura*, atribuindo-lhe tanto espaço quanto a qualquer outro atributo do ketchup: "A consistência do alimento acabado é tal que seu fluxo não supera 14 centímetros em 30 segundos a 20°C ao ser testado num consistômetro Bostwick da seguinte maneira...", e assim por diante. As regras de espessura tomam uma coluna inteira do *Code of Federal Regulations*.

O HOMEM QUE COMEU DE TUDO

Henry J. Heinz começou a fazer ketchup no primeiro centenário da Independência americana, em 1876, vendendo o produto na Feira Mundial de Filadélfia. A receita Heinz não mudou muito desde então. Mas H. J. Heinz não foi o inventor do ketchup moderno, e nem mesmo foi o primeiro a engarrafá-lo comercialmente. As origens do ketchup se entrelaçam à história da cozinha com tomate na Inglaterra e nos EUA. O tomate é nativo dos Andes; mas no início do século XVI, quando esse vegetal morava no México, ele topou com uma expedição de conquistadores espanhóis e os seguiu de volta à Europa. Lá, o tomate encontrou abrigo na culinária da Espanha, Itália e Portugal, mas durante aproximadamente dois séculos os europeus do Norte hesitaram em decidir se era venenoso. Como foi que o tomate chegou à América do Norte é um grande mistério. A teoria que ocupa o segundo lugar entre minhas favoritas (mas que, no entanto, quase não tem fundamento) é que os portugueses levaram a planta para a África e, mais tarde, escravos africanos a levaram para as Índias Ocidentais e a Virgínia. Minha teoria predileta é que judeus sefarditas fugidos da Pérsia e estabelecidos na Provença levaram o tomate desde sua nova morada no Mediterrâneo até a América do Norte, quando imigraram para Charleston, Carolina do Sul. Se você estiver interessado em todos os detalhes, gostará de ler um artigo recente de Andrew F. Smith na *Petits Propos Culinaires*, 39, e vários trabalhos admiráveis de Karen Hess, ou ainda poderá explorar a coleção de culinária da New York Public Library.

Nas Treze Colônias, os tomates foram considerados muito menos exóticos e perigosos do que a história popular faz pensar. O conhecido relato de que, em 1820, Robert Gibbon comeu um tomate nos degraus do fórum de Salem, Nova Jersey, para mostrar que ele não é venenoso pode até ser verdadeira, mas essa demonstração dramática era de todo desnecessária. Muito antes disso, em 1756, Hannah Glasse publicara a primeira receita de tomate em inglês em seu populararíssimo *Art of Cookery*, que circulou amplamente nas colônias. Em suas *Notes on the State of Virginia*, Thomas Jefferson registra que ele e outros fazendeiros cultivavam "tomatas" em 1785. E sabemos que alguma versão de ketchup de tomate foi produzida nas primeiras cozinhas da América do Norte: em Nova Jersey em 1782; no rio Mississippi, em algum momento antes do fim do século XVIII, por Francis Vigo, natural da Sardenha; e em Mobile, Alabama, por James Mease, o qual escreveu em 1804 que "as *love apples* ['maçãs-do-amor', antigo nome inglês do tomate] dão excelente catsup".

PESQUISAS COM O KETCHUP

Ao menos três ou quatro receitas possuem algum direito a reivindicar ter sido o ketchup de tomate original. Tendo cozinhado todas elas, e mais algumas, posso afirmar que o modelo para o tipo de molho de tomate que você, o FDA e Henry J. Heinz reconheceriam como o ketchup moderno era, na verdade, o mais antigo. As primeiras duas receitas de molho de tomate publicadas em inglês apareceram em Londres em 1804, no *Culina Famulatrix Medicinae: or, Receipts in Cookery*, de Alexander Hunter. Uma delas é, em minha opinião, o primeiro ketchup moderno jamais criado! Frequentemente, atribui-se essa receita a *A New System of Domestic Cookery*, de Maria Rundell (1813), uma obra mais conhecida. Contudo, parece que a sra. Rundell simplesmente afanou a receita de Alexander Hunter.

O MOLHO DE TOMATA DE ALEXANDER HUNTER
(*1804*)

Escolha tomatas quando maduras e asse-as no forno até que fiquem perfeitamente macias. Então retire a polpa com uma colher de chá e passe por uma peneira. Adicione à polpa vinagre de pimenta suficiente para levá-la à espessura adequada e salgue a gosto. A cada ¼ de galão, adicione ½ onça [1 onça = 28,35 g] de alho e 1 onça de cebola, ambos fatiados bem fininho. Ferva durante 15 minutos, tomando o cuidado de mexer a mistura muito bem. Então coe, retirando o alho e a cebola [...], e deixe repousar por alguns dias antes de arrolhar [...].

Esse é um molho atraente para todos os tipos de carne, sejam quentes, sejam frias. [...] Por possuir uma acidez agradável, [a tomata] é muito usada pelos espanhóis e portugueses em suas sopas. Em linguagem botânica, é o *Lycopersicon Esculentum. Linn.*

Confuso com alguns dos detalhes, procurei socorro na outra receita de molho de tomata de Hunter. Nesse caso, os tomates são assados numa "panela de cerâmica [...], depois que o pão seja tirado", o que, imaginei, é o equivalente a cerca de 150°C num forno de tijolos que se acende só de manhã cedo e se usa enquanto ele lentamente esfria no correr do dia. Em vez do "vinagre de pimenta", poderíamos usar "um pouco de vinagre de vinho branco com pimenta-de-caiena". Hunter também adicionava um pouco de gengibre em pó, o que me pareceu boa ideia.

O HOMEM QUE COMEU DE TUDO

Depois de ter assado 5 tomates grandes e muito maduros durante 1 hora e tê-los peneirado, segui a receita e adicionei ¹/₄ de xícara de vinagre, algumas pitadas de pimenta-de-caiena e só ¹/₄ de colher (chá) de gengibre. Fervi o ketchup durante mais tempo que o especificado por Hunter — para algo mais próximo da espessura moderna. Mas, espesso ou ralo, e não obstante a falta de açúcar, o gosto e a textura ficaram mais próximos do ketchup moderno que quaisquer dos competidores do início do século XIX. Tendo inventado o ketchup de tomate, os britânicos passaram a evitá-lo por mais de cem anos. Nessa altura, de acordo com uma matéria do *New York Tribune* publicada em 1896, o ketchup de tomate se tornara o condimento nacional americano, encontrado em todas as mesas do país. Só em Connecticut, vendiam-se 46 marcas.

Uma única coisa se interpunha entre mim e a grande competição gustativa — desenvolver minha própria receita. Meu objetivo era não usar nenhum ingrediente ou sabor exótico, mas conseguir a textura perfeitamente lisa e espessa de Heinz ou Hunter, preservando mais do gosto de tomates frescos que eles e retirando o máximo de doçura e acidez possível do próprio tomate, em lugar do açúcar e do vinagre adicionados. No entanto, eu certamente não queria que o produto final tivesse um gosto demasiado fresco e natural para um ketchup de verdade.

As linhas gerais de um ketchup moderno são simples: ¹/₂ quilo de tomates termina em pouco mais de 100 g de ketchup espesso, contendo uns 20% de açúcar e 1,5% de ácido; no início, tomates frescos contêm 3% ou 4% de açúcar, o que se eleva a 12% a 16% quando a mistura é fervida e reduzida; os ácidos naturais do tomate também se concentram. Contudo, quanto mais se cozinha o tomate para evaporar a água, mais se prejudica a frescura de sua cor e sabor. Minha solução é uma técnica usada às vezes na confecção de conservas de frutas — reduzir separadamente o líquido do tomate até chegar a um xarope espesso e depois juntá-lo de volta à polpa, para uma breve redução final. Este ketchup é fácil de fazer, e é delicioso.

KETCHUP CASEIRO DE ANTANHO
(*1992*)

Pegue 4,5 kg de tomates vermelhos muito maduros, retire os talos, corte-os em pedaços grandes e os coloque dentro de uma panela refratária pesada e larga, com capacidade de no mínimo 8

PESQUISAS COM O KETCHUP

litros. Cubra, coloque a panela em fogo alto e cozinhe de 5 a 10 minutos, mexendo a cada minuto ou coisa assim até que os pedaços de tomate soltem o sumo e tudo atinja o ponto de fervura. Aos poucos, passe tudo por uma peneira de média a fina e verta numa caçarola de 2 litros. Pressione e agite suavemente com uma colher de pau, de modo que o líquido ralo (aproximadamente 2 litros) passe à caçarola, mas sem que nenhuma parte da polpa faça o mesmo. Então passe a polpa por um moedor na regulagem mais fina (para eliminar as sementes e a pele) e retorne à primeira panela. Sobrará cerca de 1 litro de polpa.

Adicione ao líquido dos tomates 4 dentes de alho e 1 cebola grande, tudo cortado de médio a fino; $^3/_4$ de xícara de vinagre de vinho branco ou de sidra; 1 colher (sopa) de pimenta-do-reino em grão; 1 generosa colher (chá) de grãos de pimenta-da-jamaica; 1 casca de canela; 8 cravos inteiros; pimenta-de-caiena e gengibre em pó, $^1/_4$ de colher (chá) de cada um; e 2 $^1/_2$ colheres (sopa) de sal. Cozinhe em fogo moderadamente alto por cerca de meia hora, até que se reduza a 2 xícaras espessas e meladas. Coe sobre a panela onde estava a polpa de tomate e pressione para extrair todo o líquido; adicione 6 colheres (sopa) de açúcar e reduza, mexendo frequentemente, durante 15 minutos, ou até que o ketchup se reduza em $^1/_3$, chegando a cerca de 1 litro. Bata no liquidificador ou processador, para atingir a autêntica textura homogênea do ketchup industrializado.

Por fim, 35 ketchups se alinhavam no balcão de nossa cozinha.

"Que os jogos comecem", exclamou minha mulher ao entrarmos no McDonald's de nosso bairro. Próximo aos compartimentos de fritura por imersão, fica um suporte onde as batatas cozinhadas se espreguiçam sob lâmpadas de calor até que alguém peça por elas, momento no qual já podem estar com gosto de papelão. Assim, ficamos discretamente na área de condimentos e guardanapos, esperando e vigiando. Quando o recipiente de espera ficou quase vazio e o subgerente jogou algumas batatas frescas no compartimento de fritura, corremos ao caixa e pedimos dez porções grandes de batatas fritas. Alguns minutos depois, caminhávamos para casa com nossos tesouros.

É possível que dez grandes porções de batatas fritas constituam a quantidade precisa para que se consiga provar e avaliar 35 ketchups. Mas o que não preve-

O HOMEM QUE COMEU DE TUDO

mos foi que comer qualquer quantidade semelhante de batatas fritas recobertas de ketchup é quase impossível. E, à medida que os minutos se transformavam em horas, ficamos cada vez mais confusos sobre qual ketchup preferíamos e por quê. Lembro-me de ter lido em algum lugar que o ser humano é incapaz de comparar mais de sete coisas de uma vez. Dois seres humanos trabalhando em conjunto não têm desempenho melhor.

Nossa solução foi classificar cada ketchup numa de quatro categorias gerais: Pior Que Heinz; Heinz; Melhor Que Heinz; e Não É Realmente Ketchup. Tanto o Molho de Tomata de Alexander Hunter (1804), corretamente reduzido, quanto nosso próprio Ketchup Caseiro de Antanho (1992) em geral terminaram na categoria Melhor Que Heinz, mas nem sempre. Se você quiser experimentar alguns dos ketchups alternativos, aqui vão nossas anotações de degustação (com as fontes e preços de Nova York):

• A&P Tomato Ketchup, 14 onças por US$ 0,77. Bom, várias vezes pareceu Melhor Que Heinz, com sabor mais profundo. Mas um sabor demasiado intenso de cravo.

• Beyond Catsup, Jasmine & Bread, 9 onças por US$ 6,00. O V-8 dos ketchups, com pronunciado gosto de aipo. Mas não é mau.

• Blanchard & Blanchard New England Chunky Ketchup (Extra Spicy), 12 onças por US$ 2,49. Muito saboroso, mas mais parecido com a detestada salsa, maçudo e espesso. Não ajuda em nada as batatas fritas.

• Busha Browne's Spicy Tomato Love-Apple Sauce, 6,5 onças por US$ 4,50 na Balducci. Pedacinhos com sabor fermentado, quase fétido, como o ketchup asiático ancestral: mais como um purê grosseiro de chutney, o sabor que menos aprecio no mundo inteiro.

• Del Monte Ketchup, 17 onças por US$ 0,99 na Sloan. Às vezes Melhor Que Heinz, às vezes não; menos pegajoso, com menor tendência a pegar nos dentes. Mas tem gosto ligeiramente caramelizado, cozido além do ponto.

• Fancy Tomato Catsup, do Food Emporium, 14 onças por US$ 0,77. Parece idêntico à marca da A&P, acima.

• Featherweight Catsup Reduced Caloric, da Infiniti Health Food, 13 onças por US$ 2,35. Qualquer pessoa que escolha uma marca de ketchup para reduzir

PESQUISAS COM O KETCHUP

calorias deve ser maluca. Mas este tem gosto agradável e esfuziante, embora leve vinagre em excesso.

• Foodtown Catsup, 14 onças por US$ 0,73 na D'Agostino. Tem o mesmo gosto do A&P; ver acima.

• Hain Natural Catsup, 14 onças por US$ 2,85 na Infiniti Health Food. Natural e simplesmente péssimo. Adoçado com a amargura do mel, idiotamente deixado sem sal.

• Heinz Hot Ketchup, 14 onças por US$ 1,29 na Gristede. Um pouquinho penetrante. Às vezes pareceu Melhor Que Heinz, embora as regras oficiais do concurso não permitam isso.

• Heinz Lite Ketchup, 13,25 onças por US$ 1,29 na Gristede. Quem precisa de ketchup light com metade das calorias e dois terços do sal? Idêntico ao Weight Watchers, abaixo, mas com preço light, 25% menor.

• Heinz Tomato Ketchup, 28 onças por US$ 2,19 na D'Agostino. O primeiro e único. Cor brilhante, espesso mas um pouco grudento, bastante doce; menos sabor que o feito em casa, mas com acidez boa e frutada, algum gosto de tomate: condimentos discretos e desinteressantes. Com fritas, um casamento no céu.

• Hunt's Tomato Ketchup, 32 onças por US$ 1,69 na Sloan. Ocasionalmente pareceu Melhor Que Heinz. Espesso e condimentado, mas com sabor excessivo de tempero de cebola ou alho. Salgado demais.

• Jardine's Jalapeño Texas Ketchup, da Mo Hotta Mo Betta, 11 onças por US$ 5,25. Pouco gosto de tomate. O vigoroso sabor de cominho pertence à pimenta em pó da cozinha texana e mexicana, mas nunca ao ketchup.

• Krasdale Fancy Tomato Catsup, da Sloan, 14 onças por US$ 0,89. Parece idêntico à marca da A&P; ver acima.

• McIlhenny Farms Spicy Ketchup, 14 onças por US$ 3,95 na Dean & DeLuca. Gosto bom e profundo do molho Tabasco pelo qual a McIlhenny é famosa, mas não ajuda em nada as batatas fritas e tende a sumir nas porções maiores. Ligeiramente fluido.

• Napa Valley Mustard Co. Country Catsup, 14 onças por US$ 4,25 na Dean & DeLuca. Sabor muito bom, equilibrado, mas demasiado próximo do molho de churrasco: deveria ter mais textura do que o ketchup clássico, moderno.

O HOMEM QUE COMEU DE TUDO

• Nervous Nellie's Jams & Jellies Hot Tomato Sweet Sauce, 6 onças por US$ 3,50. Embora delicioso, parece mais geleia de tomate que ketchup. O único exemplar que apresenta mais açúcar que tomates na lista de ingredientes.

• Tassa Scotch Bonnet Catsup, na Mo Hotta Mo Betta, 5 onças por US$ 3,75. Mais um molho apimentado que um ketchup. Na verdade, uma das coisas mais picantes que experimentei em vários meses. Ligeiro sabor de coisa velha. Minha boca não parava de arder.

• Tree of Life Ketchup, 13,5 onças por US$ 2,40 na Infiniti Health Food. Amarronzado, ligeiramente corpulento, gosto excessivo de casca e talvez sementes de tomate, não persiste na boca, inexplicavelmente adoçado com calda de arroz integral. No rótulo, bobagens imprecisas sobre a história do ketchup.

• Uncle Dave's Ketchup, 14 onças por US$ 4,50 na Infiniti Health Food. Pedacinhos minúsculos com bom sabor de tomate. Mas por que adoçar o ketchup com xarope de bordo e tirar a maior parte do sal?

• Uncle Dave's Kickin' Ketchup, na Mo Hotta Mo Betta, 16 onças por US$ 6,50. Parecido demais com molho de churrasco ou de pimenta, com forte sabor de cominho e (sou capaz de apostar) sementes de aipo.

• Weight Watchers Tomato Ketchup, na Gristede, 13,25 onças por US$ 1,69. Outro produto desnecessário de uma organização [os Vigilantes do Peso] que vitimiza pessoas rechonchudas como eu cobrando 33% mais que o idêntico Heinz Lite.

• Westbrae Natural Catsup, Fruit-Sweetened, 11,5 onças por US$ 2,60 na Infiniti Health Food. O "Fruit" quer dizer suco de uva, algo que não poderia compartilhar o mesmo recipiente com o ketchup.

• Westbrae Natural Un-Ketchup, Unsweetened, 11,5 onças por US$ 2,45. A única marca cujo rótulo relaciona a água antes do tomate entre os ingredientes. Sabor caramelizado indica cozimento excessivo. E eles não conseguem se definir entre "catsup" e "ketchup". Será que não sabem que são sinônimos?

• Westbrae Natural Catsup, Fruit-Sweetened, No Salt Added, 11,5 onças por US$ 2,60. A mais desagradável das três contribuições da Westbrae.

• White Rose Tomato Ketchup, 28 onças por US$ 1,49 na Gristede. Espessura média, liso, apropriadamente doce e salgado, mas falta adstringência; pouco picante. Seria ele idêntico ao da A&P?

PESQUISAS COM O KETCHUP

• Wine Country Zinfandel Catsup, da Cuisine Perel, doze onças por US$ 6,72. Avassalador gosto de gengibre, sem sabor aparente de uva Zinfandel. Uma embromação vinda da terra do vinho californiano.

agosto de 1992

SEGUNDA PARTE

SIRVA-SE

Le régime Montignac

Primeiro dia. Completamente despido, seco e vantajosamente evacuado, subo em minha velha e enferrujada balança médica Detecto, aquele tipo com braço de equilíbrio e pesinhos que se movem de um lado para o outro. Os números ficam na altura do peito e são facilmente legíveis, o que significa que se pode deixar os óculos na pia, economizando com isso cinquenta gramas. Sem a necessidade de ler números junto ao chão, a uma distância de 1,5 metro, passando por cima de uma pilha de carne maltratada.

Digamos que eu pese 73 quilos. Não, digamos que eu pese 77 quilos; 73 suscitariam uma lacuna de credibilidade. É claro que nenhum dos dois números é correto, mas quero lhes falar de minha nova dieta sem revelar qual o peso preciso, que é embaraçoso — 77 quilos já são suficientemente embaraçosos.

Digamos que eu pese 77 quilos e precise perder dezesseis. Isso significa que peso 26,22% mais do que deveria. De acordo com o governo, pessoas que pesam pelo menos 20% mais do que deveriam são legalmente obesas. Prefiro pensar em mim mesmo como corporalmente modificado, do mesmo modo que faço com os 34 milhões de norte-americanos com quem compartilho essa condição.

A dieta é La Méthode Montignac, que faz furor na França. Lá, todo mundo está fazendo o regime Montignac. O nome vem de Michel Montignac, que o inventou dez anos atrás, perdeu cerca de 13 quilos e até hoje não recuperou nenhum deles. Montignac escreveu quatro livros sobre o assunto, todos eles best-sellers na França; abriu em Paris um restaurante e duas butiques cujos produtos encarnam La Méthode Montignac; publica uma revista bimestral chamada *Montignac*, com circulação de 50 mil exemplares; e planeja abrir um spa Montignac nos subúrbios de Paris, no início de 1995.

Hoje não tomarei meu café da manhã, porque só li três páginas do livro de Montignac e quero evitar cometer até mesmo o menor dos enganos. O título original do livro é *Comment Maigrir en Faisant des Repas D'affaires*, ou *Como perder peso em refeições de negócios*.

Na dieta de Montignac, calorias não contam. Você pode comer tanto quanto quiser. É isso o que me atrai, porque gosto de comer, tão frequentemente quanto possível, grandes quantidades de comida deliciosa. Também fico entusiasmado por relatos de que se pode beber vinho e comer queijo, chocolate e *foie gras*. A dieta de Montignac é uma dieta para gastrônomos.

Gasto a manhã lendo Montignac. Parece que já cometi um erro ruinoso. "Nunca salte uma refeição", escreve Montignac. "É o maior equívoco que você pode cometer, a melhor maneira de transtornar o metabolismo." Quando se salta uma refeição, o corpo entra em pânico e armazena a energia da próxima refeição na forma de repulsiva gordura. Isso também explica por que as dietas convencionais, de baixa caloria, raramente funcionam por muito tempo. Exercício é irrelevante, diz ele; "o esporte nunca fez ninguém emagrecer".

"Para mim, o aperto de mão de um grande chef é tão sagrado quanto uma bênção papal", Montignac escreve. "As pessoas não ganham peso por comerem demais, mas por comerem mal." Coma tudo o que você quiser, mas só as comidas certas e nas combinações certas. Nada de batata, macarrão, arroz branco, milho, açúcar, doce, cafeína. Nunca. Apenas proteína, gordura e muita fibra de verdura e legume. Frutas podem ser consumidas, desde que completamente isoladas de outros alimentos, pelo menos meia hora antes ou três horas depois de uma refeição. "O maior engano que se pode cometer é comer uma fruta ao término da refeição", explica Montignac. Eu poderia ter jurado que o maior engano que se poderia cometer seria saltar uma refeição.

E quanto a vinho, chocolate e *foie gras*? Eles pertencem à fase II, correspondente à manutenção do peso. Essa é a fase I, perda de peso.

LE RÉGIME MONTIGNAC

Ao meio-dia, pego um táxi para o aeroporto, um avião para San Francisco e um almoço tardio na poltrona 23-C. Hoje a Delta atingiu um novo ponto baixo em matéria de conforto e gastronomia. Os assentos se tornaram cada vez menores? Ou sou eu que estou cada vez maior?

Acabo com meio saco de amendoins antes de ler em Montignac que esse tipo de coisa é feito de carboidratos e lipídios, algo muito ruim. Eu como um pedaço não identificado de frango, do qual raspo uma capa espessa e encharcada de empanado; um pouco de brócolis verde-pálidos; e uma salada com molho *ranch* leve. Não me animo com o pãozinho de couro sintético nem com o Land O'Lakes Classic Blend, seja lá o que isso for; só precisei de uma leve censura para evitar uma fatia de bolo de chocolate com centenas de marshmallows minúsculos forçados em sua superfície. Não há queijo, a única sobremesa que Montignac admite. "Adquira o hábito de levar consigo queijo embrulhado individualmente para onde quer que você vá", aconselha.

Quando o carrinho de bebidas atingiu a fila 23, a Delta já estava em falta de vinho tinto, vinho branco e cerveja. Nem sequer se desculpam ou reembolsam parte do preço da passagem, ou mesmo distribuem gratuitamente fones de ouvido. Mas isso não me aborrece, porque na fase I o vinho está fora de questão e, quanto à cerveja, é a pior coisa que se pode beber a qualquer hora. Já assisti ao filme que passa no avião.

Minha primeira refeição Montignac se conclui com sucesso.

Quando chego a San Francisco, já terminei de ler *Como perder peso*. Não é um livro fácil de gostar, pois transborda de *non sequiturs*, casos sem sentido, humor fraco, contradições e arrogância. Levando em conta a prosa muito competente de outro livro de Montignac, publicado na Inglaterra, não sei se devo culpar Montignac ou o tradutor norte-americano.

Mas a ideia central é a seguinte: existem carboidratos maus e carboidratos bons. Os maus levam a um pico agudo o nível de glicose no sangue. Os bons causam uma elevação muito mais moderada e lenta no açúcar do sangue. O grau em que um carboidrato eleva o nível de glicose do sangue é expresso pelo índice de glicemia.

Quando o açúcar presente em nosso sangue se eleva, o pâncreas produz insulina, que permite aos tecidos do corpo absorver a glicose e retirá-la da circulação. Mas muitos de nós temos um problema. Ficamos resistentes à insulina, e, assim, nosso pâncreas precisa produzir mais insulina do que o normal para cumprir sua tarefa. O excesso de insulina tem efeito desastroso sobre nossas cinturas: faz que as células de gordura armazenem calorias extras (vindas de proteínas, lipídios ou carboidratos) na forma de gordura corporal. Na ausência de insulina, o alimento não se transforma em gordura.

O truque essencial é comer apenas proteínas, lipídios (estes ativam uma produção de insulina muito pequena) e carboidratos bons, ou seja, com baixo índice de glicemia. A cafeína é proibida porque estimula o pâncreas a secretar insulina.

O pior carboidrato é a maltose, encontrada na cerveja; seu índice de glicemia é 110, mais deletério que beber glicose pura, a qual tem índice 100. Em seguida, vêm pão branco e purê de batatas instantâneo (95); mel e geléias (90); flocos de milho e pipoca (85); cenoura (85); açúcar refinado (75); milho, beterraba, arroz branco, biscoitos e batatas fervidas (70); macarrão de farinha branca (65); e bananas e passas (60). Como se pode ver, o pão branco chega a ser pior que o açúcar. Todos esses carboidratos ruins deveriam ser evitados em quaisquer circunstâncias.

Os melhores carboidratos bons são verduras e legumes verdes; com índice inferior a 15, podem ser comidos livremente com proteínas e lipídios. Os outros carboidratos bons não são tão inocentes e, em geral, não deveriam ser comidos junto com lipídios: frutose (20); chocolate escuro (22); lentilha, grão-de-bico, ervilha e feijão (30); frutas frescas (35); arroz selvagem (35); laticínios e cereais integrais (35); pão de centeio integral, ervilhas verdes e feijões-brancos frescos (40); macarrão de trigo integral (45); mingau de aveia, pão de trigo integral e arroz integral (50).

É por isso que as calorias não importam. Para Montignac, "a teoria das calorias é, provavelmente, o maior 'embuste científico' do século xx". Gosto de como isso soa.

Armado com meu recém-adquirido conhecimento sobre o bem e o mal, cruzo a ponte da Oakland Bay e me aproximo de meu motel em Berkeley com o apetite aguçado para um amplo banquete de proteínas, gorduras e legumes verdes. Mas é tarde, e tenho sorte de o serviço de quarto ainda estar funcionando. O jantar são asas de frango, um bife em tiras, couve-flor, feijões verdes e Diet Pepsi sem cafeína. Depois de uma cansativa viagem transcontinental, meu costume

LE RÉGIME MONTIGNAC

seria me recompensar com algum mimo para ajudar-me a esquecer das indignidades e humilhações que sofri. Às vezes a recompensa é um pacote gigante de barras Snickers. Desta vez, contenho-me.

Do segundo ao quinto dia. Será que ainda peso 77 quilos? Ou Montignac já começou a trabalhar? Não saberei por quase uma semana, que é quando voltarei para casa e para minha balança médica Detecto.

Estou em Berkeley para assistir a três dias de demonstrações de como assar pão com o professor Raymond Calvel, realizadas na Acme Bread Company. Calvel, que tem hoje 83 anos, ainda é provavelmente a maior autoridade francesa em assar pão. A Bread Bakers Guild of America organizou a coisa, e toda manhã cinquenta de nós nos encontramos para o desjejum no motel — café, suco e cestas de muffins, bolinhos e alguns dos pães de Calvel, assados no dia anterior.

O problema é que não me é permitido comer nenhum deles. E espero que, a qualquer instante, meu crânio imploda num espasmo de dor indizível devido a uma enxaqueca provocada pela privação de cafeína.

Mas a dor não aparece. Fiz sem nenhuma catástrofe a transição para um estilo de vida livre de cafeína, embora tivesse perdido o choque de vitalidade mental que o café verdadeiro tem trazido ao gênero humano há séculos. Minha mente sente-se a meio pau.

Montignac permite que se consumam dois tipos de café da manhã. O primeiro tipo consiste principalmente em carboidratos bons — pão seco de grão integral (o único tipo de pão que ele permite comer, no único momento admissível do dia), cereais integrais, leite desnatado, adoçante artificial, queijo fresco magro e café descafeinado. O outro café da manhã é repleto de proteínas e lipídios — ovo, presunto, salsicha, bacon, queijo e café descafeinado com creme, se quiser. No Método Montignac, o creme é dietético.

Não sou apreciador do pão de trigo integral do padrão moteleiro. Assim, todas as manhãs, antes de me reunir com a Bread Bakers Guild, e tão logo o serviço de quarto começa a funcionar, peço o maior café da manhã disponível, acrescido de diversos pratos, dispenso as torradas e as fritas e me divirto com o resto. (É permitido comer uma fruta inteira — mas não tomar o suco — vinte minutos antes de um café da manhã de carboidratos, ou uma hora antes de um que tenha proteína e gordura. Banana é proibido. Há uma porção de pequenas

O HOMEM QUE COMEU DE TU

regras.) Depois, durante nosso café da manhã comunitário, dou uma mordida no pão do professor Calvel, mastigo por algum tempo e depois cuspo discretamente num guardanapo de papel. Em outras circunstâncias, eu seria capaz de matar alguém por um pão do professor Calvel.

É fácil me manter fiel à dieta de Montignac no almoço feito na Acme Bakery, porque um bufê leva queijo, frios, azeitonas e saladas o bastante para me distrair das mesas cheias de pão Acme, o melhor dos EUA. Janto no Chez Panisse, em Berkeley, e no Lulu, em San Francisco, um novo e dramático restaurante onde tudo é grelhado ou assado num enorme forno a lenha. No Lulu, seguir Montignac é brincadeira. Peço alcachofras com parmesão, dou uma mordidinha no pão excelente, alguns goles de vinho tinto, consumo um prato de berinjela e pimentão e porções gigantescas de bisteca, frango e cordeiro. As batatas parecem deliciosas, mas sigo a advertência de Montignac de "encarar a batata cozida no prato do vizinho com desprezo extremo!". Por motivos profissionais, eu como um quarto de colher de chá de cinco sobremesas diferentes. Meus amigos mal conseguem dizer se estou de regime.

Numa noite, tenho trabalho a fazer em meu quarto de motel. Ouvi dizer que há um novo restaurante chinês em Berkeley, e assim telefono para indagar sobre suas especialidades, encomendo o dobro de comida que seria capaz de comer e passo a meia hora seguinte num táxi à procura do restaurante. De volta a meu quarto, janto sozinho defronte à TV: camarões Esmeralda, porco mandarim, tofu à moda de Hunan e frango ao limão — nada empanado ou frito por imersão e nada de arroz branco. O livro de Montignac contém toda espécie de lista e tabela de comidas boas e ruins. Mas ele só relaciona comidas que os franceses comem, com algumas concessões aqui e ali a produtos americanos, não proporcionando nenhuma indicação para os apreciadores da cozinha asiática. A maioria dos temperos chineses contém maisena, que na certa é um carboidrato extremamente ruim, e açúcar, que é quase tão mau quanto o pão branco. Gostaria de saber por que os chineses são tão magrinhos.

A comida japonesa é mais fácil de entender. *Sashimi* sim, *sushi* não.

Se Montignac está certo, então a distinção universalmente usada pelos nutricionistas norte-americanos, entre carboidratos complexos (como macarrão, batata e pão) e carboidratos simples (como açúcar e doce), é não apenas equivocada, mas possivelmente prejudicial, ao menos para quem faz dieta. Nutricionistas tradicionais prescrevem uma dieta pobre em lipídios e proteínas e rica em carboidratos complexos. Mas até mesmo carboidratos complexos, como o pão e a batata, têm índice glicêmico alto, ativando uma descarga de insulina, ao passo que carboidratos simples, como a frutose, por exemplo, não fazem isso. É claro que Michel Montignac não é nem nutricionista nem médico. Antes de ter ficado famoso, era diretor de pessoal dos laboratórios Abbott na Europa. Quando voltar para Nova York, investigarei cuidadosamente o índice de glicemia.

Sexto dia. De volta para casa. Fim de tarde. Se eu me pesar agora, a balança informará um ou dois quilos mais que amanhã de manhã. Ficarei desapontado e farei uma farra. É melhor esperar.

Na mesa de minha cozinha, encontra-se um zigurate de caixas, latas e sacos de doces, reunidos para meu artigo de Natal sobre gostosuras que se podem comprar pelo reembolso postal. Há 4 tipos de bala de leite recoberta com chocolate, mais Rainforest Crunch, avelãs e amêndoas recobertas de chocolate Valrhona, bolos, nozes de macadâmia de Maui imersas em chocolate, 1 barra de quase 5 quilos de chocolate Merckens meio amargo, 3 sabores de trufas quebradiças de chocolate, bombons tanto cobertos quanto recheados e bolachas Graham recobertas do escuro, espesso e delicioso chocolate do Café Beaujolais. Empacoto quase tudo em duas sacolas de compras e despacho para a *Vogue*. Eles que se espojem em maus carboidratos.

Sétimo dia. Cheguei a 75,9! Perdi 1,1 quilo em seis dias — 183,33 g por dia! Nesse ritmo, só precisarei de 87 dias para perder os dezesseis quilos que, conforme as tabelas, eu tenho acima de meu peso ideal! Esses 87 dias são doze semanas e meia. Faltam onze e meia.

Caminho até o Greenwich Village e compro flocos de fibra de cereal (sem passas, que são proibidas), pão de sete cereais, leite desnatado, Diet Sprite, Diet Pepsi sem cafeína, feijão comum e bulbos de erva-doce, 4 bistecas espessas e marmóreas, 2 patos, 5 quilos de asa de frango (para assar e servir de lanchinhos), 1 caixa de NutraSweet, 4 tipos de queijo francês, iogurte de baunilha de baixo teor de gordura (adoçado artificialmente), 6 variedades de salsicha Aidells, 1 saco de verduras exóticas e fabulosamente caras para salada, azeitonas frescas curadas da Apúlia e 4 tipos de maçã. Com variações secundárias, essa será minha dieta doméstica durante as próximas três semanas.

Folheio um livro de receitas de Montignac, publicado em francês. Possuo dúzias de livros de receitas francesas repletos de pratos que já estão ajustados a suas regras, ou que podem se ajustar facilmente. Mas não me sinto inspirado para cozinhar. Lentamente, dia a dia, perco o interesse pela culinária. Fico imaginando se presto para qualquer outro tipo de trabalho.

Oitavo dia. Acordo tão faminto que devoro o café da manhã antes de lembrar de me pesar. É melhor não me pesar agora.

O barbeiro que frequento há oito anos fechou seu negócio. É um desastre completo e total. Normalmente, eu comeria um ou dois doces para ajudar a resolver o problema. É melhor que eu não saia de casa. É lá fora que ficam as lojas de doces.

Nono dia. 75,9. Não tão empolgante quanto a primeira vez que pesei 75,9 quilos, dois dias atrás. Minha taxa de perda de peso está abaixo de 137,5 gramas por dia. Talvez haja algo de errado com minha velha balança clínica Detecto.

Desenterro a edição de janeiro de 1993 da *Consumer Reports*, que traz sua análise de balanças de banheiro. A Health O Meter 840 é a de melhor avaliação. Embora classificada em sétimo lugar, a Salter Electronic 971 é a mais precisa, proporcionando as leituras mais confiáveis; deve ter recebido classificação mais baixa por algum outro motivo. Ambas empregam a mais recente tecnologia de extensômetro e não têm nenhuma mola antiquada. Ambas têm plataformas brancas quadradas, ativadas quando se pisa nelas, demoram angustiantes seis segundos para decidir o que a pessoa pesa e depois informam o peso em diodos emissores de luz, grandes e vermelhos. A Health O Meter é mais fácil de ler e mede o peso em intervalos de meia libra. Nenhuma é tão precisa quanto uma balança de contrapeso com massas corrediças. Mas essas custam de duzentos dólares para cima.

Saio e compro uma Health O Meter e uma Salter. Agora o chão de meu banheiro está coberto de balanças. Aviso minha mulher para que tome cuidado e não tropece nelas a caminho do chuveiro.

LE RÉGIME MONTIGNAC

★ ★ ★

12º dia. Hoje peso 75,5, 75,5 ou 75,75 quilos, dependendo da balança. Empurro minha velha Detecto para um canto e me converto totalmente à tecnologia dos semicondutores.

Uma tigela de flocos de fibras exige quatro pequenos envelopes de adoçante Equal para se tornar comestível. Consigo esvaziar todos os quatro com um só hábil movimento de pulso.

Esta manhã, sinto-me elétrico. A sensação é essencialmente agradável, mas suspeito do café e da pessoa que o preparou antes de sair para o trabalho. Telefono para minha mulher e a submeto a um interrogatório. Por fim ela se rende e confessa que substituiu meu novo café descafeinado torrado na França (marca Thanksgiving) por café Kona integral. Ela não aguentava mais meu café. Recentemente, o *New York Times* publicou um artigo sobre cônjuges que sabotam as dietas uns dos outros. Não me dei ao trabalho de ler. Como me iludi! Agora conheço os perigos que espreitam do outro lado da cama.

A Associação Norte-Americana para o Estudo de Obesidade está realizando uma reunião em Milwaukee. Os jornais começam a publicar notícias sobre descobertas. Consigo cópias de todos os resumos:

• Um pesquisador importante e respeitável anunciou a invenção de um unguento que, aplicado uma vez por dia nas coxas das mulheres, é capaz de reduzir sua circunferência em até 4,25 centímetros!! De alguma forma, o unguento altera os receptores das células de gordura das coxas. Mas as mulheres não perdem peso. A gordura vai para outro lugar. Os cotovelos? O coração?

• Demonstrou-se que uma combinação experimental entre duas drogas muito usadas, a fenfluramina e a fentermina, produz marcante perda de peso e reduz a pressão sanguínea, o açúcar no sangue e o colesterol.

• Estão sendo desenvolvidas drogas destinadas a estimular o beta-3, um receptor presente em nossos tecidos adiposos, na tentativa de queimar a gordura corporal mais depressa.

• Uma proteína do cérebro chamada galanina foi identificada como a chave de nossa predileção por gorduras. Em ratos, quando a produção de galanina é bloqueada, o peso cai.

O HOMEM QUE COMEU DE TU

Deveria eu voltar para o pão com casca e as batatas cremosas e esperar pela droga ideal? Por enquanto, é melhor continuar com Montignac.

14º dia. Nenhuma melhora. Isso é deprimente. Mas, ao menos, minha Health O Meter e minha Salter informam números que concordam entre si. Isso significa que sou bom comprador. Montignac garante que algumas pessoas perdem de um a dois quilos por semana, outras um pouco menos. Em meu caso, consideravelmente menos.

Embora eu não seja fã de clichês nutricionais, começo a me preocupar com a quantidade de gordura animal em minha nova dieta. Fiz experiências com arroz basmati integral e outros grãos integrais, carboidratos bons que, conforme a dieta, podem ser comidos livremente, embora nunca com manteiga, azeite ou queijo. Mas, sem essas gorduras, o arroz integral tem gosto ainda pior do que tinha no início dos anos 70. E feijão sem azeite ou manteiga dificilmente se classifica como alimento. Assim, sempre que não tenho muito tempo para pensar no jantar, recorro a grossas bistecas e suculentos e crocantes frangos e patos assados. Cozinho essas aves habilmente, e resultam sempre deliciosas, mas exsudam gordura saturada. Quando tenho tempo para pensar no jantar, preparo peixe com *beurre blanc.*

"Manteiga, frios, azeite, *foie gras,* creme fresco, queijo e vinho, tudo isso faz parte da dieta diária francesa, e, apesar disso, os franceses não sofrem de obesidade nem de doenças cardíacas", escreve Montignac. Isso é verdade. Trata-se de um fenômeno bem conhecido, denominado "paradoxo francês".* Mas, se os franceses não sofrem de obesidade ou doenças cardíacas, então por que todo mundo na França está fazendo o regime Montignac?

Quando a dieta de Montignac apareceu pela primeira vez naquele país, foi atacada por nutricionistas que a consideravam um "passaporte para um ataque cardíaco". A cada nova edição de seus livros, Montignac deu mais ênfase à diferença entre lipídios ruins e bons, entre gorduras saturadas, poli-insaturadas e monoinsaturadas, não por fazerem perder mais peso, mas por manterem o coração saudável. Isso faz que, cada vez mais, ele soe como um nutricionista típico.

---

* Exponho o paradoxo francês no capítulo "Por que os franceses não morrem como moscas?", na Primeira Parte. (N. A.)

LE RÉGIME MONTIGNAC

Telefono para meu médico e programo uma série completa de exames de sangue para o 28º dia de minha dieta.

Mas um raio de esperança penetra em meus pressentimentos sombrios. O que o Ministério da Saúde dos EUA não informa é que parte significativa da população é insensível a dietas — seu colesterol e seus outros lipídios presentes no sangue não são muito afetados pelo que essas pessoas comem. Pronunciamentos e programas de saúde pública são dirigidos para o bem maior, coletivo, não para o bem de cada um de nós. Se todo mundo fosse sensível a dietas, não haveria nenhuma necessidade de drogas redutoras do colesterol. E, se meus lipídios não se reduzem com uma dieta pobre em gorduras, é possível que não explodam com uma dieta rica em gorduras.

Sento-me ao computador, conecto-me à Medline e procuro "índice de glicemia". Quanto a esse tema, os fatos de Montignac estão razoavelmente corretos. Há diferenças surpreendentes e inesperadas entre carboidratos; alguns provocam picos no nível do açúcar sanguíneo, outros não. Não é a complexidade da molécula do carboidrato que determina quão depressa e quão energicamente ele eleva o nível de glicose. O índice de glicemia de um alimento depende não apenas dele próprio, mas também de como foi processado e é ingerido. Fibras ingeridas junto com outros alimentos reduzem o efeito glicêmico destes.

18º dia. Ambas as balanças concordam — 75,3 quilos. Um progresso de apenas duzentos gramas, mas melhor que nada.

Hoje à noite iremos a um coquetel no restaurante Daniel, para o lançamento do maravilhoso livro de receitas de Daniel Boulud. Coquetéis são ocasiões de grande perigo para Montignac. "Os coquetéis ingleses são dos mais tediosos. Não espere que o jantar seja servido antes das nove e meia ou dez horas." Mas pratos preparados por Daniel Boulud são sempre motivo do maior prazer para mim. Esta noite não será problema. Decidi comer e beber como se já estivesse na fase II. Que mal isso poderia fazer?

Na fase II, embora carboidratos ruins ainda sejam banidos e frutas devam ser comidas isoladamente, duas ou três vezes por dia se permitem desvios das regras rígidas da fase I. Penteolas, ostras, *foie gras* e lentilha com carne de porco, por exemplo, são proibidos na fase I por combinarem gordura com açúcar ou amido, mas na fase II são considerados apenas desvios secundários, da mesma

O HOMEM QUE COMEU DE TU

forma que meio litro de vinho por dia — três taças cheias —, sempre bebido junto com comida. Assim, delicio-me com o filé mignon com cranberry, ostras e caviar com creme e *lemongrass* [uma variedade de citronela], pequenas fatias de salmonete e camadas de penteolas e trufas negras, dispensando sobranceiramente os pedacinhos de torrada nos quais a maioria desses acepipes é servida. Quando a festa ia a meio caminho, comecei a beber vinho.

Montignac adora vinho, embora suas reiteradas recomendações de que todos devamos beber Bordeaux jovem tornem difícil decidir se o conselho é dietético ou estético. Ele chega a ponto de incluir uma tabela de sete páginas, intitulada "Como se curar com o vinho", baseada nas publicações de certo dr. Maury. Na coluna da esquerda, uma lista de doenças, começando com a acidose, passando pelas neuroses e chegando às úlceras; na coluna da direita, listas de vinhos que curam as doenças da esquerda. Para acidose, beba Pouilly-Fuissé e Sancerre; para alergias, tente Corbières, Médoc, Minervois e Ventoux; para anemia, recorra ao Cahors, Côtes-de-Nuit, Côtes-de-Beaune, Côtes-de-Grave, Pomerol e Madiran; para angina, abra um Médoc, um Julienas ou um Moulin-à-Vent. E isso só chega à metade da letra *A*.

19º dia. Desastre. Meu peso é 76,5 quilos, 1,2 quilo acima da última medida. Caio nas garras do desespero. Imagino que ainda não esteja pronto para a fase II.

Talvez haja coisas piores que a obesidade. A fome, por exemplo, ou uma vida sem scotch. Talvez eu deva desistir e voltar a uma existência de entusiástica alimentação aleatória. Mas sobre o que eu escreveria então?

Deixo o banheiro, espero alguns minutos, volto e me peso de novo. Uma melhora de apenas duzentos gramas. E agora as duas balanças diferem em quase um quilo. A Health O Meter parece particularmente inconstante.

Por fim, minha mulher cede e se reúne a mim na dieta Montignac. Daqui a seis quilos, ela estará tão magrinha quanto Kate Moss.

Vigésimo dia. Retomei a rota descendente: de volta a 75,3 numa balança, a 75 na outra. Um novo ponto baixo. O dia de ontem foi uma aberração horrorosa.

Um grande almoço em Chinatown, com amigos: leitão assado, pato assado, sépia, sopa de mariscos, bolo de peixe frito com folhas de mostarda em conserva, calamar com brócolis chineses, garoupa com cobertura de pimenta-branca, um

LE RÉGIME MONTIGNAC

prato de quatro tipos de salsicha, pato e conservas. Evito o chá e o arroz branco e me preocupo um pouco com os açúcares presentes nas marinadas e molhos. Fora isso, Montignac não impõe nenhuma restrição, até mesmo na fase I.

Hoje à noite, na TV, o programa *PrimeTime Live* inclui um segmento dedicado à dieta de Montignac. Assinalo ao menos um erro por frase. Montignac tem mais de 1,80 metro, é esbelto sem ser magricela e há quase dez anos está na fase II. Ele parece simpático. Eu também pareceria simpático se tivesse uma receita anual de 18 milhões de dólares.

21º dia. Nenhuma alteração. Que alívio! Eu temia as consequências do desenfreado festim em Chinatown, embora tudo o que comi houvesse contado com a chancela de Montignac (ou teria contado, se Montignac não fosse tão provincianamente francês).

Telefono a Louis Aronne, médico, diretor do Programa de Controle Abrangente de Peso no New York Hospital-Cornell University Medical Center, e faço perguntas sobre a relação entre a resistência à insulina e a obesidade. Ele não é entusiasta do Método Montignac, o qual caracteriza como "Atkins reeditado", referência a uma dieta rica em lipídios e proteínas [a "Dieta Revolucionária do Dr. Atkins"] que já foi popular, mas que é considerada insalubre porque, diferentemente do Método Montignac, eliminava por completo os carboidratos e levava a desequilíbrios metabólicos. Aronne, entretanto, reconhece que algumas pessoas reagem mal à dieta rica em carboidratos recomendada pelo *establishment* nutricional norte-americano. Ele me disse que uma minoria significativa da população sofre mesmo de resistência à insulina; nelas, o excesso de insulina faz que uma enzima chamada lipase de lipoproteína surja na superfície das células adiposas, levando gordura adicional a elas. Como diz Montignac, uma dieta pobre em carboidratos parece suprimir a secreção de insulina, dificultando o armazenamento de gordura. Mas Aronne especula que, mesmo que os partidários do Método Montignac percam peso de início, seus corpos talvez encontrem meios de contornar a barreira.

E Aronne me diz algo novo: ele desconfia que a resistência à insulina possa causar altas taxas de colesterol total e triglicerídeos, e baixas taxas de HDL (colesterol bom). Se sou resistente à insulina, então meu exame de sangue da semana que vem poderá mostrar uma melhora em meu colesterol e triglicerídeos, apesar da quantidade de gordura saturada que tenho comido.

Aronne acredita que o verdadeiro futuro do tratamento da obesidade está nas drogas. "Até hoje, a obesidade foi vista como problema comportamental ou falha moral", diz ele. "Mas agora, pela primeira vez, entramos num período de terapia médica racional."

22º dia. Novos progressos. Uma balança informa 74,8, e a outra, 75. Comemoro com um almoço de ovos mexidos, duzentos gramas de bacon, queijo Reblochon feito na França com leite não pasteurizado e contrabandeado para os EUA e café descafeinado. No jantar, mais comida chinesa.

As pessoas me dizem que pareço mais magro. Provavelmente é meu novo corte de cabelo.

25º dia. Minhas balanças enlouqueceram! Estão separadas por setecentos gramas! Gasto meia hora pisando primeiro numa, depois na outra, depois no chão. Mudo as balanças de lugar em volta do banheiro, e elas mudam ligeiramente de opinião. Então tento verificar se o modo com que me planto sobre elas faz diferença: calcanhares juntos, calcanhares separados. Minha opção eletrônica se demonstra sábia do ponto de vista financeiro, mas não da perspectiva ponderável.

Telefono para dois importantes nutricionistas franceses, os médicos Marian Apfelbaum e Jacques Fricker, ambos do Hôpital Bichat, de Paris. Nenhum dos dois se mostra impressionado com o fenômeno Montignac. Fricker reconhece que alimentos fibrosos de baixo índice glicêmico aplacam nossa fome mais eficazmente que outros, mas afirma que, se faltam a nossa dieta alguns amidos de glicemia alta, qualquer peso que se perca sai provavelmente de massa muscular magra, e não de reservas de gordura.

Apfelbaum foi citado como tendo dito que perder peso permanentemente é mais difícil que se curar de câncer. Ele me diz que, se as pessoas durante algum tempo perdem peso com o método de Montignac, isso acontece não porque a dieta é particularmente inteligente, mas porque é dieta. Quer dizer, nossa atenção fica focalizada naquilo que comemos. Pergunto-lhe se reduzir o nível de insulina pela eliminação da maioria dos carboidratos leva automaticamente a perder peso. A resposta é não. Durante séculos, antes da chegada dos europeus, os esquimós subsistiram de peixes e mamíferos marinhos — só gordura e proteínas, praticamente sem carboidratos. Apesar disso, em seu estado nativo, os esquimós eram obesos.

Mas Apfelbaum se mostra contente com o fato de que, após trinta anos de importação de centenas de manias alimentares americanas por parte dos franceses, finalmente uma dieta francesa viaja na direção oposta.

28º dia. Meu peso atingiu uma nova baixa, 74 e 74,4. Mas bastaram dez dias para que minha mulher perdesse três quilos. Vou até a cidade, ao consultório do meu médico, para extrair sangue. Resultados em dois dias.

Trigésimo dia. Nenhuma mudança de peso. Durante o último ano, todo jornal que se possa imaginar publicou um ou dois artigos sobre Michel Montignac. Todo mundo acentua a parte do *foie gras* e do vinho. Ninguém investiga a ciência ou experimenta a dieta por muito tempo. Hoje, faço uma busca no computador por artigos de jornal sobre Montignac nos anos 80, antes de ele ter descoberto o Método Montignac.

Deparo com algo perturbador. Em 1987, quando Montignac ainda era consultor de recursos humanos, o *Financial Times* informou que "ele ressuscitou, emendou e rebatizou o que antigamente se chamava numerologia. [...] A numerimétrica — o nome de Montignac para sua versão do sistema — atribui um número a cada letra. Adicionados entre si segundo combinações variadas, diz ele que os números resultam em totais que fornecem pistas sobre a personalidade, as forças, as fraquezas e as aptidões das pessoas".

No fim da tarde, meu exame de sangue volta do laboratório. Os resultados são maravilhosos! Apesar das toneladas de gordura saturadíssima que tenho consumido, meu colesterol está inalterado, meu HDL melhorou mais de 10%, e meus triglicerídeos, que antes se situavam na casa anormalmente elevada dos quatrocentos, agora estão na faixa normal! Esse é justamente o resultado que Aronne sugeriu que poderia ocorrer com pessoas resistentes à insulina.

Ando até a Dean & DeLuca para comprar cinco quilos de queijo. Ao entrar nessa mercearia, sou tomado por uma sensação de profunda tristeza. Em meu redor, um festival de comidas de todos os lugares do mundo, cestas de pão, bandejas de tortas e bolos, fileiras de geleias, condimentos e azeites de oliva, macarrões de todas as formas concebíveis e o aroma de café escuro plantado em quatro continentes — uma profusão que, antes, nunca deixara de me provocar uma onda de satisfação. Mas agora, pela primeira vez na vida, sinto-me completamente apartado disso. Compro meu queijo e saio da mercearia.

31º dia. Este é o último dia obrigatório de minha dieta. Meu peso atingiu um novo ponto baixo: 74 e 74,2. Peso total perdido: três ou 2,8 quilos. Peso perdido por dia: 115 gramas.

Minha dieta terminou; meu compromisso com a *Vogue* se cumpriu. Agora posso comer minhas comidas prediletas — tortas, pistache, pizza, pipoca, pão de minuto, batata, massa folhada, *pierogi* [uma variedade polonesa de ravióli]. Por outro lado, a 115 gramas por dia, só precisarei de mais 96 dias para atingir o peso ideal.

Duvido que eu dure tanto tempo. Mas certamente consigo ficar com Montignac por mais um mês.

janeiro de 1994

Truques de garçom

Há apenas dois meses, ninguém poderia ter me considerado autoridade em servir à mesa. É possível que eu soubesse que o garfo fica do lado esquerdo, mas não sou capaz de jurar isso. Então, matriculei-me na New York Professional Service School, o único curso completo de garçons e maîtres dos EUA. E agora sei as seguintes coisas, que você provavelmente não sabe. Tenho um diploma para prová-lo:

• Quando se pede vinho e o garçom coloca a rolha à sua frente na mesa, não dê atenção a ela — não se aprende nada cheirando ou apertando a rolha.

• Sirva primeiro as mulheres, depois os idosos, as crianças e, finalmente, se eles ainda não tiverem morrido de fome, os homens. Isso se aplica *até mesmo quando uma mulher é a anfitriã* e teria sido servida por último, caso fosse homem.

• Quando se põe a mesa, os dentes de todos os garfos devem estar nivelados entre si; facas e colheres devem estar nivelados segundo a extremidade de seus cabos.

• A sopa é uma bebida e, portanto, deve ser tanto retirada quanto servida pelo lado direito, como qualquer outra bebida. Trata-se de uma exceção à regra de servir pela esquerda e retirar pela direita. Por falar em bebidas, as xícaras de

O HOMEM QUE COMEU DE TU

café e de chá são dispostas com os cabos orientados para as quatro horas. A taça de vinho se dispõe imediatamente acima da faca.

• 1% dos norte-americanos é garçom.

Jantares são tão mais divertidos quando se é um homem que sabe mais que a anfitriã sobre servir à mesa. Outro dia, num apartamento com vista para o Central Park, numa mesa de Natal cintilante de faisões prateados e frutas confeitadas, o rosto de minha anfitriã se incendiou quando lhe mostrei que os dentes de seus garfos pareciam um pente quebrado. Foi engraçado observar as outras mulheres formarem uma falange assustada ao redor dela. É de pasmar o número de pessoas que pensam conseguir servir à mesa sem frequentar uma escola de garçons.

O curso da New York Professional Service School se estendeu por sete aulas de três horas por semana, cada qual cheia até a borda com informações e exercícios práticos. Alguns de meus 27 colegas trabalhavam em restaurantes admiráveis de Nova York — Metro, Post House, Manhattan Ocean Club, Sofi, Smith & Wollensky, Remi —, e alguns procuravam emprego em lugares como esses. No decorrer das semanas, aprendemos com Karen MacNeil, uma das diretoras da escola, sobre serviços de mesa, tipos de talher e louça e seus usos, vinhos, sobremesas. Depois havia uma conferência de algum convidado do ramo de restaurantes — o dono do Union Square Cafe ou do Lavin, o gerente-geral do Four Seasons, o maître do Aurora. No fim de cada lição, provávamos um vinho e, às vezes, ervas frescas, cogumelos silvestres ou *foie gras*.

Maîtres de restaurantes caros de Nova York ganham 75 mil dólares por ano com sua parcela das gorjetas, de modo que o currículo atribui pesos pedagógicos ao menos equivalentes entre técnicas de serviço e técnicas de aumentar as gorjetas. No momento em que abri o folheto da escola, percebi que seria iniciado nos estratagemas secretos que os garçons empregam para nos enfurecer e arruinar nosso jantar. Eis alguns dos tópicos que chamaram minha atenção:

• Como aumentar gorjetas mediante técnicas profissionais de venda
• Como lidar com clientes difíceis
• Como controlar o cliente e não deixar o cliente controlar você
• Como aumentar gorjetas com conversa e técnicas de venda
• Como aumentar gorjetas vendendo vinho
• A última impressão — o momento certo de apresentar a conta

TRUQUES DE GARÇOM

O conferencista convidado para nossa primeira aula era perito em todas essas disciplinas. É maître no restaurante mais ilustre de Nova York, e um dos mais caros. Vamos dar ao restaurante o nome La Clique, e, a ele, chamaremos de Philippe. É moreno, bem-apanhado, simpático e articulado. Assim que Philippe começou a falar, percebi que estava nas mãos de um mestre:

"Não lhes sirva água, o que você quer é vender-lhes água. Se eu pudesse vender o pão da mesa, venderia, mas não posso. Talvez algum dia".

"Quero que vocês compreendam isto", Philippe continua. "Sou contra servir água. *Faça que peçam por água.* Na mesa há um copo para água, e eles esperam que a água venha. Mas nada aparece, e eles ficam com sede. Então, cinco minutos depois, você pergunta: 'Os senhores gostariam de um pouco de água mineral?'. Essa é uma venda muito importante, ainda mais hoje em dia, quando as pessoas bebem menos martíni e muito mais Evian e Perrier. No que me diz respeito, a água da torneira de Nova York é muito melhor e muito mais barata que a Evian. Mas vocês sabem qual o lucro da casa com água? O preço da água engarrafada é mais ou menos o preço de um coquetel — US$ 3,50 por uma Perrier. Não dá trabalho, o barman não precisa produzir nada, e os clientes podem se servir sozinhos. É fantástico! É do jeito que a gente quer que seja."

As metas de Philippe no La Clique são ajudar seus clientes a gastarem o máximo dinheiro possível e fazê-los querer mais. "Tiro vantagem de meu forte sotaque francês", confidencia. "Quando se usa o fato de falar mal a língua, sentem que têm de ajudar e comprar tudo o que se tenta vender a eles. Não ter sotaque é quase uma desvantagem."

Dois participantes do curso se oferecem para fazer o papel de clientes, um médico e sua mulher. Philippe explica que, embora saiba que a mesa deles está pronta, e embora goste de fazer que as mesas estejam sempre ocupadas, antes ele quer que comprem uma bebida. Assim, quando o casal entra, ele os saúda dizendo: "Por que os senhores não tomam uma bebida no bar? Sua mesa estará pronta em alguns minutos". Assim que o barman serve as bebidas — e às vezes antes —, Philippe vai buscar o médico e a mulher no bar, seu sorriso inspirado igualmente pelo senso de hospitalidade e pela consciência de que gastaram dez ou doze dólares antes de terem chegado à mesa.

"É isso que vale", ele diz à turma. "Você quer ganhar dinheiro. Não está aqui só pela glória. Você está trabalhando. Quanto mais você vender, melhor

O HOMEM QUE COMEU DE TU

para você, para a casa, para todo mundo. Gostaria de ressaltar isto: vocês são os únicos responsáveis por seu próprio sustento. E aí? Vão conseguir ou não?"

Philippe nunca deixa um cliente escolher a mesa. "Eles vão para *minha* mesa, a mesa que eu lhes dou. Mesmo se o nome deles é Forbes ou Nixon, vão para onde eu quiser. Mas sempre se deve fazer parecer que é a melhor mesa. Vocês querem mantê-los sob controle, sempre sob controle. Isso é o principal. Vocês estão jogando o jogo, e eles estão no jogo. Se vocês inverterem isso, terão problemas."

Philippe não desperdiça seu charme em clientes regulares, familiarizados com o cardápio e habituados ao glamour de jantar no La Clique. Mas a respeito de casais como o médico e a mulher, que se sentem honrados por estar ali e veem todos aqueles bilionários e socialites em torno da sala, Philippe diz: "Com eles, vocês conseguem fazer tudo o que quiserem — são massa de modelar em nossas mãos".

Ele nunca deixa que o cliente leia o cardápio por mais de quatro ou cinco minutos. "Já decidi que, hoje, o médico e a mulher vão comer algo que eu indique, não alguma coisa do cardápio." Seja discreto e evasivo, aconselha, e então, "no momento em que não estiverem esperando, seja muito preciso: 'Hoje há uma sugestão especial. Como prato principal, os senhores *têm de provar* a *bouillabaisse*'. Deve-se dizer isso como se não houvesse mais nada no cardápio, como se todo mundo estivesse pedindo *bouillabaisse*, como se todo mundo ficasse ofendido caso não peçam esse prato. Mas deve ser dito de modo agradável". Então Philippe pergunta displicentemente ao médico e à mulher se gostariam de um pouco de salada, como se esta estivesse incluída no prato principal. "Isso funciona muitas e muitas vezes", informa.

Enquanto Philippe anota o pedido, permanece muito próximo à mesa. Conforme Karen MacNeil explica depois, "quando vocês quiserem que algo aconteça, quanto mais próximos ficarem da pessoa, mais poder terão sobre ela". Mas, quando Philippe retira os pratos, permanece o mais distante que seus braços lhe permitem.

Nunca indaga se os clientes têm alguma dúvida. Se estiver com a mesa verdadeiramente sob controle e parecer estimular perguntas, os clientes inventarão alguma. "E aí se fica preso àquela mesa, enquanto sete outras esperam. Vejo muitos garçons fazerem isso — o que é completamente insano."

TRUQUES DE GARÇOM

Como exceção a sua abordagem geral, Philippe nunca força um prato ao cliente apenas porque é caro. "Tento vender-lhes água mineral, mais bebidas, mais vinho, uma sobremesa cara. Presto muita atenção ao preço de uma garrafa de vinho. Mas com comida eu nunca me guio pelo preço. Isso é algo que se tem de sacrificar, porque fica óbvio demais. Só se deve tentar empurrar um prato quando se tem certeza de que gostarão."

Muitos restaurateurs instruem os garçons para que levem a carta de vinhos à mesa antes do cardápio ou junto com ele; Karen nos informa ter ficado demonstrado que isso aumenta a venda de vinhos. Mas Philippe discorda: "Em 99% das vezes, as pessoas sabem se vão tomar vinho ou não. A carta de vinhos não mudará a intenção delas. Deus sabe que quero vender vinho. Mas a carta de vinhos é longa e assustadora, e o cliente se confunde".

Philippe é um garçom gracioso, com treinamento impecável. A necessidade de tais características é tida como evidente. Seus movimentos são leves, como os de um bailarino; os modos são distantes e desinteressados. Desde a infância, na França foi treinado nas regras técnicas de seu ofício — por exemplo, ao arrumar a mesa para a sobremesa, insiste em retirar o sal e a pimenta. Mas sabe quando variar as regras. O vinho deve ser vertido do lado direito, e com a mão direita, mas Philippe pode decidir vertê-lo por sobre a mesa, para não interferir numa conversa. Pelo mesmo motivo, pode retirar pratos pela esquerda. Mas seu braço permanece sempre baixo, perto da mesa, de modo a evitar que pratos sujos atravessem o campo de visão dos convivas. Se um cliente não se move quando ele tenta substituir talheres ou tirar migalhas da toalha, Philippe nunca força para que a pessoa saia da frente. "Minha meta é fazer que quase se esqueçam de que eu estou ali. Não quero que eles se movam. Quero que continuem a falar e olhar um para o outro, discutindo o negócio, o amor, o tempo. Vocês estão ali para desaparecer quando estiverem fazendo algo."

Muitos garçons perdem o interesse pela mesa depois do prato principal. Mas não Philippe. "Está longe de ter acabado", diz. "Toda oportunidade é um recomeço. Nunca os tratem como se fossem uma mesa morta." O bom garçom pode dobrar a conta vendendo sobremesas, café e bebidas depois que o jantar termina. E, segundo Philippe, até mesmo depois que o médico e a mulher pagaram a conta. "Se ficarem quinze, trinta minutos depois de pagar, às vezes se

O HOMEM QUE COMEU DE TU

consegue iniciar outra conta. Acontece todos os dias." Os clientes não são mesa morta até que subam num táxi.

Quando as poderosas armas psicológicas de Philippe caem nas mãos de terroristas, os resultados podem ser cataclísmicos. Uma semana após sua conferência, jantei na Mansion on Turtle Creek, em Dallas. A cozinha norte-americana moderna de Dean Fearing é maravilhosa, e eu mal podia esperar por aquele estilo inigualável de hospitalidade texana — um misto da elegância do Sul com a informalidade do Oeste. Mas o serviço se compunha de uma parte da ideia de alguém sobre Paris e nove partes de Al Capone. O maître discutiu com minha mulher quando esta pediu uma massa barata como prato principal, conseguindo por fim constrangê-la. Depois, quando o vinho foi servido, levei uma cotovelada no nariz, porque o garçom era indolente demais para ir até meu lado direito ou trocar a garrafa para a mão esquerda. (Nunca se deve atravessar o braço na frente de um cliente, a menos que não se tenha nenhuma escolha; nesse caso, a parte interna do cotovelo deve se voltar para o cliente, nunca a externa.) Mais adiante no jantar, quando parecia que os atendentes haviam abandonado em massa o restaurante e eu tentei me servir de vinho, o mesmo sujeito surgiu a galope não se sabe de onde e me arrancou a garrafa da mão.

O momento mais glorioso do maître se deu quando chegaram os pratos principais. Embora nossas taças de vinho ainda estivessem acima da metade, ele serviu estabanadamente o que restava da caríssima garrafa de tinto que pedíramos, derramando um pouco na toalha, e se virou para mim como se nada tivesse acontecido, perguntando: "Os senhores gostariam de uma garrafa de vinho?". Aparentemente, o Mansion é um desses restaurantes em que garçons são repreendidos se algum copo da sala estiver menos que meio cheio. Se o maître tivesse frequentado a New York Professional Service School, saberia que nunca se enche uma taça além da metade e que nunca se renova uma dose antes que só reste ao cliente aproximadamente dois goles. A maioria das pessoas que gasta dinheiro com vinho gosta de ver como a bebida se desenvolve na taça; encher uma taça de champanhe até a borda é garantir que só o primeiro gole estará gelado e efervescente.

Deixei a gorjeta-padrão quando paguei a conta no Mansion on Turtle Creek, mas não consigo me lembrar por quê. Talvez porque a comida fosse tão boa.

TRUQUES DE GARÇOM

Aprendemos incontáveis estratagemas e artimanhas na escola de garçons. Disseram-nos que clientes adoram ouvir o som dos próprios nomes. Reforce constantemente o positivo e se desvie de qualquer coisa negativa ou embaraçosa; quando o prato favorito de um cliente se esgota na cozinha, sonegue as más notícias até que você tenha alguma boa notícia. Crie uma aura de conforto e confiança. Pessoas vão a restaurantes para alimentar suas emoções, não seus estômagos. (Alguns clientes querem sentir-se importantes, outros ser entretidos; alguns querem que o pessoal se interesse por suas pessoas, outros desejam permanecer quietos. Descubra exatamente do que cada cliente precisa.) No semestre anterior, alguns estudantes haviam tentado uma experiência. Nos restaurantes em que trabalhavam, passaram a inserir as palavras "para o senhor" em todas as frases, até mesmo quando soava idiota, como em "Terei prazer em buscar uma xícara de café fresco para o senhor", ou "Este bife está no ponto certo para o senhor?". As gorjetas aumentaram em 20%.

Nos EUA, os garçons já não cortam o assado, tiram filés do peixe ou flambam a vitela à vista do cliente. Raramente temperam a salada ou cortam uma fatia de bolo ou torta. Hoje em dia, os garçons apenas vendem comida, reorganizam os talheres, entregam os pratos e abrem o vinho. Aprendemos na escola de garçons que o serviço se tornou uma ilusão, e aqueles que melhor criam essa ilusão são recompensados com maior generosidade.

Um dia, fomos todos divididos em equipes, deram-nos uma fatia fria de pizza e um bolinho Twinkie e nos pediram que montássemos uma descrição atraente para cada um — como os garçons fazem quando tentam vender o especial do dia. Minha equipe teve desempenho particularmente bom com o bolinho Twinkie: "massa dourada de *genoise* clássica de limão, escavada e preenchida com delicado creme doce". Suponho que a moral é que um bom garçom é capaz de transformar até mesmo um Twinkie em algo merecedor de uma gorjeta.

janeiro de 1989

Vegetarianas

Meu primeiro caso de amor com o vegetarianismo terminou numa noite escura e fria de 1975, numa esquina da Eight Street, no Greenwich Village, com um cachorro-quente da Nathan's Famous. Durante quatro anos, eu fora um ovo-lacto vegetariano, o que significa que me permitia ovos e laticínios, mas não peixes ou moluscos, frangos ou outras coisas emplumadas, carne vermelha ou rosada. A questão dos insetos nunca me ocorreu porque, como a maioria dos norte-americanos (e diferentemente de integrantes de muitas outras culturas), sempre reagi com repugnância à ideia de comer insetos, apesar de seu alto valor nutritivo, textura crocante e grande disponibilidade. Minha bíblia era *Diet for a Small Planet*, de Frances Lappé, publicado em 1971. A mensagem desse volume utópico, com lombada em espiral, era que consumir carne equivaleria a consumir o ambiente. Meu outro motivo era a convicção de que carne é assassinato.

Dezoito onívoros e luculianos anos depois, sou de novo vegetariano, desta vez muito mais severo, um vegano completo — o que significa que evito completamente produtos animais, inclusive leite e ovo, manteiga e queijo. Meu primeiro ato como vegano foi comer uma cenoura, e meu segundo ato foi elaborar uma lista dos sessenta restaurantes vegetarianos e naturais à distância de uma corrida de táxi de minha casa. Então encomendei alguns hambúrgueres Archer

VEGETARIANAS

Daniels Midland Harvest, do tipo que se vê anunciado na TV. Sempre quis saber se seu gosto é tão bom quanto a aparência que lhes dão na TV.

Todo mundo me diz que o vegetarianismo é algo que acontece. No ano passado, a *Vegetarian Times*, revista da qual hoje sou assinante, encomendou uma pesquisa à Yankelovich Clancy Shulman. Cerca de 6,7% dos adultos para quem telefonaram disseram ser vegetarianos, muito acima dos 3,7% de 1985. Isso significa 12,4 milhões de vegetarianos nos EUA, um salto aparente de 80%. Dois terços dos vegetarianos são mulheres. Nesse ritmo, calculo que lá pelo ano 2024 todo mundo será vegetariano, ou pelo menos todo mundo se dirá vegetariano. No entanto, como é que mais da metade será mulheres? Talvez haja algo de errado com meus cálculos.

O problema com a pesquisa da Yankelovich é que muitas pessoas que se dizem vegetarianas têm uma ideia muitíssimo excêntrica do que significa ser vegetariano. Uns 40% disseram que comem peixe ou ave, ou ambos, todas as semanas. Talvez eu esteja usando o dicionário errado, mas me parece que alguém que come frango ao menos uma vez por semana e afirma ser vegetariano é a própria definição de impostor, charlatão, fingido ou embusteiro. O levantamento descobriu uma categoria até então desconhecida: os 10% de vegetarianos que comem carne vermelha ao menos uma vez por semana. Não consigo decidir se devo chamá-los bovovegetarianos ou psicovegetarianos.

Em linhas gerais, os resultados da pesquisa concordam com tendências recentes no consumo de alimentos. De 1976 a 1990, o consumo de carne bovina pelo norte-americano médio caiu de 43 para 31 quilos ao ano, mas um aumento na ingestão de peixes e carnes de ave mais que compensou essa queda. De modo que a tendência real é um aumento não só do consumo de carne de frango, peru e peixe, mas de pessoas que gostam de se considerar vegetarianas. Porque o vegetarianismo é uma coisa que acontece.

O incrível é que só 4% dos vegetarianos atuais evitam por completo os produtos animais, um insignificante 0,25% da população adulta norte-americana, meras 500 mil pessoas de costa a costa. Esse é o grupo a que me juntei um mês atrás — *we few, we happy few, we band of brothers*.

A maioria dos norte-americanos se torna vegetariana em nome da saúde. Também informa "Não tenho certeza" sobre o segundo motivo, o qual é seguido de longe por preocupações com o meio ambiente e com os direitos dos animais. Os vegetarianos sofrem menos ataques cardíacos, têm pressão mais baixa e apresentam silhueta em melhor estado que os comedores de carne. Contudo, já que os vegetarianos em geral tendem a levar vidas mais saudáveis e se exercitam mais que a média, uma dieta vegetariana por si só pode não oferecer grandes vantagens sobre uma dieta onívora com baixos teores de gorduras saturadas, rica em frutas e legumes e moderada (porém não fóbica) em relação à carne. Na qualidade de lacto-ovo vegetariano dos anos 70, eu mais que compensei as supostas vantagens de uma dieta vegetariana para a saúde, pelo expediente de cozinhar usando quantidades generosas de manteiga e creme de leite, consumir tanto queijo quanto meu coração pedia e manter a batedeira de sorvete em movimento perpétuo. É por isso que, agora, sou vegano.

No dia anterior àquele em que me tornei vegano, fiz um exame de colesterol e, ontem, tirei sangue para novo exame. Espero os resultados para amanhã. Então saberei se o vegetarianismo rígido me faz algum bem. As pessoas diferem amplamente entre si na prontidão com que o colesterol do soro reage a mudanças de dieta. Se eu for muito sensível à dieta, meu colesterol deverá ter caído aproximadamente 15% — metade do benefício máximo que as pessoas podem esperar após permanecer durante vários meses sob uma dieta paupérrima em gorduras saturadas. Mas o problema é o seguinte: se meu colesterol caiu 15%, como poderei justificadamente comer carne de novo o resto da vida? Não consigo decidir por qual lado torcer.

Há pouco tempo, a mídia alimentar andou repleta de declarações como esta: "Comer na parte inferior da cadeia alimentar tendia a ser desastroso do ponto de vista gastronômico — mas isso acabou!". As provas apresentadas são sempre fotografias de primorosos e suntuosos banquetes vegetais criados por algum dos mais talentosos jovens chefs do país. Todos os anos eu experimento com prazer diversos desses pratos, e o problema com eles é normalmente o mesmo. É possível que sejam lindos, cozinhados com mestria e, às vezes, deliciosos, mas ninguém sobreviveria por muito tempo com comidas como essas, porque raras vezes elas contêm alguma proteína. Para isso, é preciso consumir grandes pratadas de grãos e legumes sem nenhum charme.

Vegetarianos rígidos precisam ter cuidado para atingir seus objetivos nutricionais. Caso não tomasse pílulas de vitaminas ou comesse alimentos aditivados, como os cereais Total e Special K, a maioria sofreria deficiências de ferro e vita-

VEGETARIANAS

minas B12 e D. Essas três deficiências são objeto de intensa controvérsia, mas em particular as mulheres grávidas ou lactantes, crianças e idosos deveriam ter bastante cuidado. Os primeiros sinais de que o corpo está sofrendo deficiência de vitamina B12 podem ser perigosamente mascarados pela grande quantidade de ácido fólico presente nas dietas vegetarianas (até mesmo depois que danos neurológicos irreversíveis já tenham sido causados).

UMA LEI IMUTÁVEL

Se fecharam, não foi por excesso de clientes.
Garçom do restaurante Ratner,
no Lower East Side de Nova York,
explicando por que um estabelecimento
concorrente, o Rappaport,
fechou as portas.

Outrora, nos dias felizes da *Diet for a Small Planet*, as proteínas eram encaradas como o principal motivo de preocupação. A dieta norte-americana comum traz o dobro da quantidade de proteínas de que na verdade precisamos (normalmente, informada como sendo 0,79 gramas por quilo de peso corporal, o que dá cerca de 64 gramas por dia para um adulto de 80 quilos), mas um vegetariano estrito precisa planejar um pouco para conseguir ingerir sua dose diária de proteínas. Não se encontram muitas proteínas num delicado prato de verduras temperadas com vinagre balsâmico, ou num primoroso mosaico de aspargos e beterrabas. A solução de Frances Lappé era construir proteínas completas com base em proteínas parciais encontradas nas plantas, seja suplementando-as com laticínios (o que não constitui uma possibilidade para os veganos), seja combinando obsessivamente plantas ricas nos nove aminoácidos essenciais (os componentes das proteínas, que nosso corpo não produz). Hoje em dia, é mais fácil emparelhar proteínas complementares do que em 1971, porque, conforme os entendidos, os aminoácidos essenciais podem ser complementados no decorrer de um dia inteiro, em lugar de a toda refeição. Alguns chegam a declarar que não precisaríamos nos preocupar com a complementaridade. Mas a solução mais simples é fazer como em muitas das melhores receitas de *Diet for a Small Planet* — pratos que utilizam as combinações familiares ao Terceiro Mundo: milho e feijão, macarrão e feijão, arroz e soja, arroz e lentilhas, e assim por diante, todas de algum modo descobertas há muito tempo por culturas que dependem das plantas para a maior parte de suas proteínas, e todas deliciosas.

A maioria dos restaurantes vegetarianos, integrais, naturais e orgânicos presta atenção muito maior à ideologia que à arte culinária. Seus pratos são tipicamente simples; com frequência, exploram (de modo promíscuo e descuidado) pratos estrangeiros reais ou imaginários. Os vegetarianos norte-americanos comem legumes porque odeiam a carne. Os europeus comem legumes porque adoram legumes. Quase todos os vegetarianos voluntários do mundo (ou seja, os que não são vegetarianos por causa da pobreza ou das convicções religiosas) vivem nos EUA e na Inglaterra. Nenhum dos dois países é conhecido por suas habilidades culinárias.

A primeira coisa que se nota no cardápio de um restaurante é quão alto na cadeia alimentar o chef ousou escalar e quais comidas das camadas inferiores ele decidiu excluir. Todos os restaurantes vegetarianos que admitem frango parecem também admitir peixes (embora alguns vegetarianos que admitem peixe evitem moluscos, com a alegação de que se trata de animais necrófagos), mas alguns eliminam os ovos dos quais os frangos provêm, além do leite que flui generosamente das vizinhas de fazenda dos frangos. É comum encontrar restaurantes ovo-vegetarianos em que o leite acaba banido, e vice-versa.

Nem mesmo toda comida vegetal é bem-vinda. Muitos restaurantes não oferecem álcool, fermentado da cevada, do lúpulo ou de uvas. Alguns nem permitem que o cliente leve seu próprio suprimento. Outros evitam a beberagem escura e aromática que resulta do grão torrado e moído do café, e a maioria bane as formas mais puras e brancas de açúcar e farinha. Restaurantes que seguem rigidamente as regras budistas eliminam a cebola, a cebolinha e o alho, segundo a alegação de que essas plantas inflamam as paixões, e a maioria dos restaurantes macrobióticos foge de membros da família da erva-moura, como a berinjela e o tomate. O veneno de um homem é o aminoácido essencial de outro.

Diferentemente dos EUA e dos países do Norte da Europa, a China, o Japão e a Índia possuem culinárias vegetarianas nativas muito antigas e sofisticadas.

VEGETARIANAS

A primorosa *shojin ryori*, ou culinária de templo budista japonês, não parece ter imigrado para os EUA; sua principal combinação proteica é arroz com as miríades de formas de soja. Ao contrário da *shojin ryori*, a arte culinária budista chinesa se especializa no que se poderia denominar comida fac-símile, imitações espantosas de pratos de carne de boi, porco e ave nas quais o glúten de trigo, o tofu, as proteínas texturizadas da soja, a araruta e o cará picado simulam a carne animal; massas de feijão e de batata fazem o papel do peixe, nozes frescas o do caranguejo, repolho o do frango. Versões que variam do rudimentar ao criativo (com ou sem cebola e alho) podem ser encontradas em pelo menos sete restaurantes de Nova York. Como 80% da população indiana é vegetariana (conforme estimativas que li), sua culinária é rica em combinações de proteínas vegetais, sobretudo se a pessoa está disposta a completar o quarteto arroz/lentilha/trigo/grão-de-bico com um pouquinho de *raita,* feito com iogurte. Não consegui encontrar um restaurante indiano verdadeiramente admirável em nenhum lugar da cidade.

Assim, meu mês de jantares em dois terços dos restaurantes vegetarianos de Nova York foi, no geral, torturante. A intricada culinária vegetariana do Japão, China e Índia deveria tornar óbvio que, quando se elimina a maioria das possibilidades que a natureza oferece — toda carne animal, ovo, leite e quase tudo o que é branco, inclusive cebola e alho —, é preciso exercer mais arte na cozinha, e não menos. Quanto mais comidas se evitam, mais imaginação e habilidade é preciso exercer para manter a vida palatável, sem nem falarmos em deliciosa.

Os supermercados e lojas de comida natural estão repletos de carne artificial, normalmente mais pobre em lipídios e calorias que a carne verdadeira (mas muitas vezes com teores mais altos de sal, para compensar o fato de não ter o sabor da proteína animal). Afora uma variedade infinita de hambúrgueres feitos de grãos, sementes ou soja, conseguem-se encontrar *faux* cachorros-quentes que, pelo menos, parecem autênticos (um deles inventivamente chamado Not Dog), salsichas simuladas para o café da manhã e bacon falso, dotado até de nervuras.

Embora o hambúrguer Archer Daniels Midland Harvest não seja tão bom quanto seu aspecto, usei um pouco de imaginação para extrair do produto vários pratos satisfatórios. Aparentemente, em algumas casas de comida saudável é possível comprar hambúrgueres pré-formados congelados, mas encomendei direto na fábrica — discando (800) 8-FLAVOR — diversos preparados secos: Burger 'n Loaf (original ou italiano), Chili Fixin's, Sloppy Joe Fixin's e Taco Filling 'n Dip.

O HOMEM QUE COMEU DE TU

Todos contêm pequenos grânulos de proteína de soja concentrada, com diversos aromatizantes e muitos conservantes.

Para fazer um Hambúrguer Harvest, esvazia-se um saco rotulado "Burger 'n Loaf" numa tigela, adiciona-se $^1/_4$ de xícara de água, esperam-se 15 minutos e molda-se a espessa massa cinza-bronze em bifes (caso se queira um hambúrguer falso com mais de 90 g, devem-se fazer menos bifes do que o rótulo indica). Tentei fritá-los, assá-los, grelhá-los e prepará-los no micro-ondas. Todos resultaram em hambúrgueres bem passados demais, comíveis, até gostosos, mas não suculentos; a versão grelhada era melhor, porque tinha um sabor carbonizado evocativo da carne bovina grelhada. Num pão de hambúrguer com muito ketchup, uma pilha de batatinhas fritas naturais Wise e um copão de Diet Coke, o hambúrguer Harvest grelhado se deu bem o bastante para ser comido. Os hambúrgueres Harvest não contêm nenhum colesterol e trazem muito pouca gordura saturada, mas, do mesmo modo que na soja crua, quase 30% de suas calorias vêm da gordura.

Todas as demais criações de carne bovina de imitação da Archer Daniels Midland são divertidas de misturar e de comer. Adiciona-se molho de tomate à mistura de Sloppy Joe, e molho de tomate e feijão (enlatado) ao Chili Fixin's; depois, cozinha-se durante 15 minutos. Apesar dos sabores ressecados e artificiais evidentes em ambos os produtos, os resultados foram saborosos e rápidos e, devido ao tempero pesado, bastante parecidos com os originais de carne moída.

Então, de repente, tive um estalo: espere um pouco! Foi a isso que fiquei reduzido? O que estou fazendo? De pé em minha própria cozinha, misturando pacotes de comida artificial texano-mexicana de micro-ondas?! É isso o que significa ser vegetariano rígido? E, em grande parte, receio que a resposta seja sim. Apenas no papel de vegano eu conseguiria engolir mais de 30% do que comi o último mês. Foi então que decidi deixar que meu exame de colesterol determinasse se eu deveria permanecer vegetariano durante mais um mês.

Cheguei à conclusão de que a mãe Natureza nunca pretendeu que nos tornássemos vegetarianos rígidos e inflexíveis. Não há nada de natural nisso. Basta visitar qualquer vegano para descobrir que o armário de remédios é tão bem suprido de suplementos vitamínicos quanto a despensa o é de comida. A verdade é que os seres humanos foram projetados para ser onívoros, com dentição e sistema digestivo adaptados a todas as finalidades. O vegetarianismo não é nossa

VEGETARIANAS

dieta natural. Os antropólogos sabem que, durante a maior parte dos últimos milhões de anos de nossa evolução, os seres humanos comeram carne, em especial peixe e caça de baixo teor de gordura. Acredito que a única fonte de proteína vegetal que não exige cocção para ficar comestível são as nozes. Contudo, cozinhar só foi inventado há 50 mil anos, muito tempo depois que nossa fisiologia e estrutura genética já tinham evoluído. Não consigo imaginar uma única cultura tradicional, não industrial (costumávamos chamá-las culturas primitivas), que pratique o vegetarianismo por opção. O vegetarianismo é sempre produto da escassez, da religião ou da ideologia, aí incluídas as modas nutricionais.

FAMILIARIDADE...

O garçom ou garçonete que desfralda o guardanapo e o arruma no colo do cliente ganha um demérito automático. Essa é uma prática pretensiosa e anti-higiênica. Durante uma hora, o garçom esteve manipulando pratos sujos, toalhas e dinheiro; agora, ele toca o alvo pano que depois será esfregado contra meus lábios. Mantenho uma lista muito pequena de pessoas às quais permito tocar meu colo, e uma lista ainda menor das pessoas às quais permito tocar o colo de minha mulher. É muito improvável que um garçom ou mesmo garçonete a quem nunca fui apresentado esteja em alguma dessas listas.

Os argumentos ambientalistas contra a carne são fortes, mas se aplicam sobretudo à pecuária intensiva — imensas quantidades de gado mantido em confinamento, recebendo alimento e água trazidos de longas distâncias e produzindo mais dejetos do que seria possível usar como fertilizante ou combustível. Li que mais de metade do consumo norte-americano de água é usada na criação de carne bovina, e que vinte vegetarianos puros como eu podem ser alimentados pela mesma extensão de terra necessária para sustentar um único comedor de carne. A carne já foi chamada de subproduto do petróleo: consegue-se cultivar quarenta quilos de soja com a quantidade de petróleo consumida para produzir um quilo de carne bovina.

O HOMEM QUE COMEU DE TU

Mas, a menos que se insista em que devemos comer tudo da maneira mais econômica possível — embora poucos de nós se vistam da forma mais barata ou vivam no menor espaço possível —, esses são argumentos não para evitar completamente a carne, mas para comê-la em menor quantidade e criá-la de modo sustentável. O vegetarianismo universal não seria bênção indiscutível para o ambiente. A econutricionista Joan Gussow me explicou que, durante milênios, o gado foi indispensável por sua mágica capacidade de converter em proteína de alta qualidade os detritos agrícolas, as colheitas falhadas e a vegetação de terras não cultiváveis. E, sem animais que pastem, seria difícil praticar uma rotação agrícola ambientalmente sensata. Cortar o consumo de carne em 50% ou 75% faz mais sentido ambiental do que se tornar um vegano como eu.

Como se pode ver, eu estava me preparando furiosamente para retornar à carne. Tudo dependia do exame de colesterol. E, então, meu médico me telefonou com os resultados. Não sei se devo ficar contente ou triste, mas, se algo aconteceu, foi que o colesterol em meu soro sanguíneo ficou ligeiramente mais alto do que quando comecei. Mesmo ante um consumo quase nulo de gorduras saturadas, meu colesterol não se mexeu. Para melhor ou pior, meu destino final não parece depender da dieta. Hoje à noite, comerei uma lagosta.

junho de 1993

Alta saciedade

Armas nos farão poderosos; a manteiga só nos fará engordar.
marechal-de-campo Hermann Göring, 1936

O ideal do homem ou mulher dominante, próspero e magro, um ideal do século XX, é quase irresistível. Quinze anos atrás, até eu sucumbi à magreza. Em 1976, durante um dia inteiro, pesei 53 quilos. Foi a culminância de uma dieta que durou um ano, composta principalmente de queijo fresco sem gordura e uísque escocês *single-malt*, mais novecentos maços de cigarros e uma pílula diária de vitamina. Cheguei a essa combinação feliz por mim mesmo, e foi a única dieta que funcionou comigo. Tendo seguido uma conduta potencialmente destrutiva que me deixou quinze quilos abaixo do peso normal, fui inundado por abraços e propostas de casamento.

Desde então, o gordo dentro de mim não teve nenhuma dificuldade para sair. Aos poucos, passei de esbelto para estatisticamente normal, daí para adoravelmente rechonchudo e, enfim, para bastante além desse ponto, chegando a quinze quilos acima da média. Mais cinco quilos e serei legalmente obeso. Para isso bastou um aumento fixo anual de dois quilos, o que significa um excesso de não mais que quarenta calorias por dia — uma passada extra de manteiga ou um biscoito recheado Oreo. No entanto, de algum modo duvido que ainda fosse magricela caso tivesse evitado um só bocado de comida por dia durante quinze anos. Como eu poderia ter sabido que já comera precisamente o bastante? Quais bocados deveria ter evitado?

A maioria dos animais nem sequer tem de pensar nisso. Caso se encham de comida na segunda-feira, automaticamente se conterão na terça. Até mesmo quando algum cientista os obriga a se excederem durante várias semanas seguidas, eles depois conterão naturalmente o apetite e voltarão ao peso normal. Muitos humanos são como animais de laboratório. Quando armazenam um pouco mais de gordura ou a perdem em excesso, um discreto alarme biológico soa em seus cérebros (é provável que no núcleo paraventricular do hipotálamo), e o apetite se ajusta. Caso lhes seja oferecido um lanche antes do jantar, comerão menos depois. Para pessoas como eu, comer de menos ativa o desejo de compensar o que perdemos, mas comer demais só aguça nosso apetite por alegrias ulteriores.

Em nossa defesa, eu deveria mencionar que a ciência moderna demonstrou que pessoas rechonchudas exercem mais discernimento que nossos vizinhos magricelas, ao menos à mesa. Caso os magrinhos sejam privados de suas refeições durante 24 horas, devoram tudo o que se puser a sua frente. Em contraste, fazemos escolhas e só comemos alimentos de que desfrutamos regularmente, rejeitando aquilo que de hábito não apreciamos. Um motivo para isso é que raras vezes os rechonchudos se encontram famintos de verdade. Só temos apetites anormalmente generosos. Mas deixemos para adiante a distinção entre fome e apetite.

Em parte — talvez em grande parte —, a obesidade é uma condição genética. Uma pesquisa realizada na Austrália determinou que é possível prever se, ao crescer, um rapaz adolescente ficará acima do peso, bastando saber se o mesmo acontece com seu pai. Qualquer médico dietista é capaz de mencionar pacientes que pesam 75 quilos acima do normal, ingerem apenas mil calorias por dia e não perdem nem um único grama. Num estudo com voluntários de uma prisão de Vermont, homens de peso normal consumiram o dobro de sua carga alimentar normal, chegando a 7 mil calorias por dia. Alguns não ganharam nem um quilo; outros, apenas alguns quilos. Todos conhecemos gente assim.

Sou amaldiçoado por genes frugais. Isso parece boa coisa, e de fato foi, durante cerca de 1 milhão de anos. Num triunfo da seleção natural, meus antepassados distantes evoluíram o talento de transformar comida em energia com eficiência extrema, economizando muito combustível para armazenar na forma de gordura, tendo em vista necessidades futuras, quando pessoas com genes perdulários se

ALTA SACIEDADE

veem em dificuldades reais. O problema é que necessidades futuras são hoje muito menos comuns do que eram há 1 milhão de anos. De minha parte, nunca fico muito tempo longe de uma abundante provisão de comida convidativa.

Sempre em busca de um bode expiatório, desde a juventude fiz que meu metabolismo fosse testado com a maior frequência possível. Todas as tentativas foram fracasso total. O médico faz o indivíduo se deitar e respirar por um tubo ligado a uma máquina que mede quanto oxigênio ele inala. Pessoas com baixa taxa metabólica consomem menos oxigênio, porque oxidam (queimam) menos calorias por hora. Mas pesquisas conduzidas nas duas últimas décadas determinaram que a maioria das pessoas rechonchudas queima a quantidade de energia que deveria queimar — determinada por sua altura, peso e atividade física. Tentativas de mexer com o processo raramente têm êxito. Caso se tome hormônio tireoidiano para elevar a taxa metabólica, será provável que o apetite se torne voraz. O mesmo acontece quando se tomam remédios que bloqueiam a queima de açúcares e lipídios do almoço ou do jantar, para forçar o corpo a utilizar o combustível armazenado há muito tempo nas células adiposas. Tais drogas só ajudam a perder peso quando se consegue esquecer a fome e há comprometimento com um regime rígido. O inimigo ainda é o apetite.

Fome e apetite não são a mesma coisa, pelo menos nas acepções em que os cientistas usam tais termos. Provavelmente, você não sente fome enquanto faz planos detalhados para uma semana de degustações intensivas em Paris, mas seus próprios planos exprimem um apetite ilimitado. A fome é uma sensação desagradável e persistente, que suscita pensamentos constantes sobre comida e nos faz lembrar que nosso corpo quer comer. O apetite, porém, é uma medida mais objetiva. Ele é, simplesmente, a tendência a comer. Fica difícil medir a fome de outra pessoa, exceto perguntando como ela se sente, mas somos capazes de medir o tamanho de seu apetite, medindo quanto ela come. A saciedade é o estado de ficar sem apetite. É a tendência a não comer.

A diferença é importante, porque fome e apetite nem sempre coincidem. Não me sinto faminto após o prato principal de meu jantar, mas ainda tenho apetite para a sobremesa. Comer um monte de fibras pode eliminar minha fome e me fazer sentir cheio, mas, como veremos, pode não fazer muito para satisfazer meu apetite — minha tendência a comer. Há substâncias químicas que afetam uma e não outro. A naloxona é capaz de reduzir a quantidade que se come, sem aliviar a fome; os antagonistas da dopamina fazem o contrário.

É possível que, algum dia, a ciência médica descubra um modo de me transformar numa dessas pessoas capazes de comer tanto quanto desejam sem jamais ganhar peso. Mas, até que isso aconteça, planejo me concentrar em tentar acalmar meu apetite. Não quero comer de maneira diferente, só quero comer menos. Uma dieta de brócolis cozidos em banho-maria e guarnecidos com sementes de gergelim não me serve. E, graças à sorte, a pesquisa atual sobre o apetite é tão empreendedora e enérgica quanto qualquer especialidade no estudo da obesidade. Localizei quatrocentos artigos e resumos publicados sobre o tema só nos últimos três anos.

O que penso hoje é que, caso eu conseguisse colocar as mãos em oitenta toneladas de batata crua, tudo se arranjaria. Dado que custará um pouco de tempo para explicar como cheguei a essa conclusão, devo primeiro resumir algumas das descobertas atuais sobre o apetite que podem ser úteis.

• Caloria por caloria, as proteínas são mais satisfatórias que os carboidratos. Submeteram macacos resos a uma dieta rica em proteína, e isso reduziu seu consumo de alimentos em 25%. Almoços ricos em proteínas fizeram que seres humanos comessem 12% menos ao jantar do que almoços ricos em carboidratos. Más notícias para os nutricionistas, tanto do governo quanto das listas de best-sellers, os quais insistem em que priorizemos massas, grãos e vagens.

Infelizmente, a natureza costuma teimar em pôr proteínas e lipídios no mesmo pacote, como o faz nas vacas e frangos. Há pouco interesse gastronômico em comer carne bovina fibrosa de baixo teor de gordura, ou frango sem pele crocante, mas as coisas mudam de figura com os peixes magros e ricos em proteínas e com o tofu, estandartes da dieta japonesa. Perdi 2,5 quilos num recente idílio culinário no Japão e, dois meses depois, não os recuperara. Poderia ser essa a solução para tudo?

• Alimentos sólidos satisfazem mais que comidas líquidas de mesmo conteúdo calórico. É possível que a mera atividade de mastigar ajude a satisfazer o apetite, ou então que a permanência mais prolongada do alimento sólido no estômago nos faça sentir mais cheios. Mas ambas as possibilidades foram descartadas em laboratório, deixando-nos sem explicação para o fenômeno.

ALTA SACIEDADE

• Encher-se com fibras não parece ajudar muito o apetite. Adicionar fibras a uma dieta muito baixa em calorias nos faz sentir menos famintos no fim da refeição, mas não parece afetar a rapidez com que o apetite retorna. E, embora uma refeição matinal com muita fibra faça que nos sintamos mais cheios do que uma refeição pobre em fibras mas com o mesmo número de calorias, o efeito sobre a quantidade que comeremos no almoço será ligeiro ou fugaz, dependendo do estudo que se leia.

Isso me surpreendeu. Eu costumava imaginar que bastaria desenvolver um interesse por alimentos detestáveis mas volumosos, com muitas fibras e poucas calorias, para que meu problema de apetite se resolvesse. Uma medida extrema que se emprega às vezes para ajudar pessoas verdadeiramente obesas é inserir um balão em suas barrigas e enchê-lo de ar ou água. A ideia é que um balão gástrico — da mesma forma que grandes quantidades de comida rica em fibras — suprimiria o apetite, ativando "receptores de distensão" nas paredes do estômago e dos intestinos e enviando ao cérebro sinais de abundância. Mas, frequentemente, balões gástricos fracassam, e, quando isso acontece, os pacientes se sentem menos famintos e comem menos só durante algumas semanas, voltando depois ao normal. Mais adiante, veremos que as mensagens recebidas pelo cérebro no decorrer de uma refeição são tão numerosas e complexas que a distensão gástrica tem efeito reduzido quando se trata de minorar o apetite depois que o corpo percebe não estar recebendo a quantidade habitual de calorias.

• Lanches de baixa caloria aplacam o apetite durante os primeiros dias, enganando o corpo e fazendo-o pensar que está recebendo calorias junto com a massa. Mas não demora para que o apetite entenda o que está acontecendo e comece a compensar, na hora do jantar, o que imaginou ter comido ao meio-dia.

• Descobriu-se que a doçura por si só, com ou sem calorias, estimula muito o apetite; vários fabricantes de alimentos industrializados adoçam seus produtos para nos fazer comer mais. Num experimento, deu-se às pessoas, antes do almoço, ou um iogurte simples, ou um iogurte adoçado artificialmente; as que tomaram o iogurte adoçado tiveram mais fome no almoço (e consumiram mais) do que as que tomaram o iogurte simples.

Um biscoito ou uma barra de doce antes das refeições — talvez até mesmo uma fatia de fruta — parecem constituir receita para comer mais depois. Caso se ofereça a animais de laboratório não só a dieta regular, mas também um lan-

147

che açucarado, eles comerão 20% mais que o normal; quando o mesmo açúcar é colocado em sua comida, o apetite e o consumo voltam a se autorregular. Isso funciona com quase todo tipo de açúcar, até mesmo os que não têm gosto doce, como a dextrina, por exemplo. A frutose parece estimular o apetite menos fortemente que outras formas de açúcar, mas apenas quando não é ingerida junto com outros carboidratos, como pão ou bolinhos.

Quanto aos adoçantes artificiais, os relatos informam (incoerentemente) que estimulam o apetite por qualquer coisa consumida em seguida; que incitam o desejo por açúcar; que satisfazem a necessidade por algo doce; que não têm nenhum efeito. A impressão geral é que, embora o açúcar estimule o apetite e o satisfaça com calorias, os adoçantes não calóricos estimulam o apetite, deixando as pessoas mais famintas por outras comidas. Ainda assim, provavelmente se ingeririam menos calorias desses outros alimentos do que as calorias que se economizariam não comendo açúcar.

Há pouco tempo, tudo isso saiu de cena devido a um estudo sobre cereais matinais adoçados e não adoçados. Não se determinou que o gosto doce, por si só, aumentasse o consumo de comida durante o resto do dia. Mas pessoas que sabiam que seus sucrilhos estavam adoçados com aspartame (o adoçante artificial da NutraSweet) comeram mais do que pessoas que não sabiam disso. Ao que parece, sentiam-se tão certas de estar comendo uma refeição matinal de baixa caloria que, no total, acabaram por consumir ligeiramente mais calorias do que as pessoas cujos sucrilhos foram adoçados com açúcar.

É possível que o aspartame ofereça uma vantagem sobre outros adoçantes artificiais. Pessoas a quem se deu doses de aspartame em cápsulas (de modo que não puderam sentir o gosto doce) comeram menos depois, provavelmente porque o aspartame muda o perfil dos aminoácidos no sangue. Caso não fosse tão doce, o aspartame poderia agir como supressor moderado do apetite.

• Os exercícios físicos suprimem apenas brevemente o apetite, e apenas se forem intensos. Espantosamente, não existe resposta conclusiva à pergunta sobre a relação entre exercício e apetite. As boas-novas são que exercício ajuda a perder peso. Em teoria, as pessoas deveriam comer mais depois de se exercitar, e não menos, porque o corpo tentaria compensar as calorias queimadas, situando temporariamente a taxa metabólica num nível mais alto. Mas, ao menos no curto prazo, os exercícios queimam calorias e não parecem aumentar o apetite, em especial se a pessoa está acima do peso.

• Dois tipos de dieta aumentam com certeza o apetite: a dieta rica em gorduras e aquilo que no laboratório se denomina dieta de lanchonete. Ambas fazem que animais magros comam mais do que deveriam, quando normalmente não têm nenhum problema em regular o consumo de alimentos e o peso corporal. A maioria dos estudos concorda em que a gordura satisfaz o apetite de forma menos eficaz que proteínas ou carboidratos. Num experimento, liberou-se o consumo de alimento pobre em gorduras para cobaias humanas; elas consumiram 11% menos do que costumavam fazer; quando submetidas a uma dieta rica em gorduras, comeram 15% mais que o normal. Eu adoraria explicar a diferença mostrando que, simplesmente, o alimento rico em lipídios tem gosto melhor. Entretanto, experiências nas quais se adicionaram a sopa gorduras desagradáveis, como a margarina, por exemplo, produziram o mesmo resultado.

Uma dieta de lanchonete consiste numa grande variedade de comidas saborosas. Animais de laboratório alimentados com uma ração balanceada mantêm o peso normal mesmo quando se permite que comam tanto quanto queiram. No entanto, quando se oferece aos mesmos animais uma gama de lanches gostosos, eles inevitavelmente comem mais em cada refeição e aumentam o número de refeições. A explicação é um conceito importante, conhecido como saciedade sensório-específica. Quando um humano ou um rato comem certo tipo de comida até se saciarem, e depois lhes é oferecido outro alimento que difere em gosto, aroma, textura ou mesmo temperatura, o consumo começa outra vez. Embora você não consiga comer sequer mais uma garfada de seu prato principal, ainda será capaz de comer um tantão de sobremesa como se não tivesse jantado. O mundo moderno é uma grande lanchonete multiétnica. Ele é projetado para fazer as pessoas comerem demais e depois condená-las ao ostracismo por isso.

Em nosso apetite total, existem numerosos pequenos subapetites, e qualquer um deles pode nos fazer comer em excesso. O desejo de começar a comer (iniciação da refeição, na terminologia técnica) difere bastante da necessidade de continuar a comer (extensão da refeição), da rapidez com que se come (taxa de alimentação, que normalmente diminui durante um repasto), de quanto se come no total (tamanho da refeição, que é produto dos dois subapetites anteriores) e de quanto tempo passa antes que se comece a comer de novo (saciedade).

O HOMEM QUE COMEU DE TU

Parece que sinais químicos diferentes do corpo regulam esses apetites diversos; alguns sensores do cérebro encurtam a duração de um repasto sem afetar a taxa de alimentação, e outros sensores fazem o contrário.

Os pesquisadores achavam que as pessoas rechonchudas tivessem um estilo especial de comer, tomando grandes bocados de alimento em sucessão rápida, cada qual seguido por uma mastigação rápida — mas eles não acham mais isso. Eu como devagar, tomo bocados de pequenos a médios e mastigo a uma taxa entre média e lenta, mas muitíssimo constante. Raras vezes deixo que minha boca fique vazia. Pior: tenho problema para terminar. Simplesmente, continuo a comer muito tempo depois de todo mundo já estar empoando o nariz ou querendo o café. Algo está errado com meus sinais de saciedade. Eles não me informam quando já comi o bastante.

Os sistemas biológicos que controlam cada um desses subapetites são tão complexos e tortuosos que os pesquisadores só agora vêm descobrindo como são regulados. A visão e o cheiro de alimentos são suficientes para disparar a salivação, secreções do pâncreas e vários processos no estômago e nos intestinos. (O pâncreas de um obeso produz quatro vezes a quantidade de insulina de um magro quando a comida é vista ou cheirada; não se sabe se isso é causa ou efeito da obesidade, nem como afeta o apetite.) Quando comemos, substâncias químicas e sensores mecânicos na boca, garganta, estômago, intestinos e fígado enviam sinais ao cérebro, que não só unifica esses relatórios como também é capaz de sentir direto a presença de glicose na circulação. E tanto o peso quanto a gordura corporal são constantemente monitorados de maneiras que ainda não entendemos de forma completa. Não surpreende que, quando consumimos um lanche de baixa caloria, feito de substitutos de açúcar e gordura, o cérebro logo perceba o que fizemos e nos estimule a compensar de outra forma as calorias perdidas. É claro que as calorias são o modo mais direto e agradável de satisfazer o apetite, mas calorias em quantidade é exatamente o que estou tentando evitar. A única solução é enganar o próprio cérebro.

Várias drogas parecem ser eficazes na supressão do apetite. Entre elas, estão a dexfenfluramina e a fluoxetina (o ingrediente ativo do controvertido Prozac); ambas aumentam no cérebro a disponibilidade de serotonina, a qual ativa um poderoso sinal de saciedade. Experimentos realizados na Europa com oitocentos pacientes aos quais se ministrou dexfenfluramina junto com aconselhamento psicológico resultaram em perda média de dez quilos no decorrer de um ano; pacientes que só receberam aconselhamento perderam apenas dois terços desse peso. Eu gostaria que eles tivessem testado só a droga, sem o aconselhamento.

A fenfluramina é vendida nos EUA sob os pouco apetitosos nomes Rotondin e Pondimin; os departamentos de marketing deveriam estar de férias quando essas drogas foram batizadas. Elas parecem ter mais efeitos colaterais que a versão europeia, desde a náusea até a impotência, porque contêm uma mistura de moléculas dextrogiras e levogiras (essas últimas não fazem trabalho nenhum e provocam a maioria dos danos, sendo omitidas das marcas europeias). Imaginei que, de todo modo, tentaria usar o Rotondin, mas ligações para meu médico se mostram infrutíferas. Ele nem sequer retorna meus telefonemas.

É por isso que estou fixando minhas esperanças em oitenta toneladas de batata crua. Eis meu raciocínio.

Quando a comida atinge meu intestino delgado, ela estimula células presentes nas paredes intestinais a secretar uma classe de substâncias químicas conhecida como peptídios. Diversos desses peptídios chegam ao cérebro, onde desligam o apetite e ligam a saciedade. Um deles é o CCK-8 (abreviatura inglesa de "octopeptídio de colecistocinina"), talvez o mais importante e decerto o mais atentamente estudado. A injeção de CCK direto na circulação ou no sistema nervoso central reduz a ingestão de alimentos em animais e pessoas e, possivelmente, aumenta a queima de gordura corporal. O CCK só trabalha depois que se come alguma coisa, o que leva alguns pesquisadores a pensar que ele amplifica outros sinais de saciedade enviados ao cérebro.

Enganchar-me a um frasco intravenoso de CCK seria muitíssimo inconveniente, tanto em casa quanto nos melhores restaurantes. Mas como posso aumentar minha secreção de CCK? Experiências com animais mostraram que vários aminoácidos talvez consigam fazer o truque, mas ainda não há nada definido. De qualquer maneira, tenho um método mais inteligente. Meu próprio CCK provavelmente seria abundante o suficiente se não fosse anulado por outra substância química, chamada tripsina. Assim como o CCK, a tripsina é secretada pelo intestino delgado e, por motivos que nem imagino, age como freio na produção de CCK. Se eu conseguisse suprimir minha tripsina…

As células que produzem a tripsina não têm vontade própria. São escravas de ordens enviadas do pâncreas. No entanto, sou contra enganar meu pâncreas,

O HOMEM QUE COMEU DE TU

mesmo se soubesse como. Ademais, apenas limitar minha secreção de tripsina não atingiria o efeito desejado. Isso porque outra substância química, a quimiotripsina, precisa ser neutralizada ao mesmo tempo.

É aí que entram as batatas. Uma batata se protege naturalmente contra bactérias e fungos produzindo substâncias chamadas inibidores de protease, que impedem tais microrganismos de digerir as proteínas da batata. Pelo menos um deles, o inibidor de protease II, leva a cabo esse trabalho vital ligando a tripsina e a quimiotripsina e neutralizando a eficácia das duas. Se eu pudesse inventar um modo de inserir um pouco de inibidor de protease II em meu intestino delgado, o CCK subiria e o apetite desapareceria.

Pois inventei um modo: comendo. A propósito, se de algum modo passei a impressão de que inventei tudo isso, talvez deva mencionar que li sobre os efeitos do inibidor de protease II num artigo de Hill, Peikin, Ryan e Blundell publicado no periódico *Physiology & Behavior*. Eles adicionaram 1,5 g da substância a uma tigela de sopa e serviram a sopa para onze pessoas imediatamente antes do almoço. O nível de CCK na circulação dos indivíduos pesquisados aumentou quatro vezes quinze minutos depois de tomarem a sopa; passados mais quinze minutos, já era seis vezes maior. E os pesquisados comeram 17% menos no almoço do que quando tomaram a mesma sopa sem o inibidor de protease II. Não se testou quantos dias a vantagem persiste.

Mas meu plano de mudar para uma dieta exclusiva de batatas foi frustrado por dois tristes fatos. Os inibidores de protease são destruídos pela cocção, e seu teor na batata comum é desapontadoramente baixo. Para ingerir 1,5 g, eu teria de comer 250 quilos de batata crua antes de toda refeição, ou oitenta toneladas por ano, o que seria tão inconveniente quanto carregar por aí uma goteira intravenosa de CCK.

Foi aí que descobri uma companhia em Des Moines chamada Kemin Industries, que algum tempo atrás comprou exatamente aquela quantidade de batata, processou-a até chegar a 300 quilos numa fase intermediária, chamada bolo de sulfato de amônio, e armazenou tudo no congelador. O dr. Christopher Nelson me disse que 1 g de inibidor de protease II custaria US$ 95,00 e levaria oito semanas para ser entregue. Mas a Kemin julga que encontrou um modo de produzir vários quilos da substância de cada vez, e agora está levantando dinheiro para desenvolver o novo processo. Um laboratório da Harvard também está testando o inibidor de protease II como agente anticancerígeno, o que seria um interessante benefício adicional.

Parece só uma questão de tempo. Com a tripsina e a quimiotripsina subjugadas, meu CCK se erguerá nos ares como uma águia, meu apetite afundará como uma pedra, e meu peso voltará a 53 quilos. Por sorte, ainda tenho algumas das roupas que comprei naquele feliz dia de 1976. Mas, provavelmente, esperarei até que as bocas-de-sino entrem de novo na moda.

outubro de 1991

O doce aroma do sexo

Macho e fêmea Ele criou.
Gênesis 1, 27

Sempre que uma porca está no cio e sente no bafo de um macho certa substância química almiscarada, ou feromônio, ela tem reação imediata, urgente e incontrolável. As patas traseiras se enrijecem, a espinha se curva para baixo, as orelhas se levantam, e ela se oferece para ser montada. Essa posição física é chamada lordose e é sempre induzida na porca, sem variação ou escolha, pelo odor do bafo de um porco. Desde o início dos tempos, ou pelo menos desde meus tempos de colégio, o homem não cessou de buscar uma substância que tivesse o mesmo efeito na fêmea de nossa espécie. Foram incontáveis as noites em que meus amigos e eu passeamos pelas ruas suburbanas de classe média em nossos conversíveis, trocando coleções de histórias verdadeiras, em que uma coisa chamada *Spanish fly** desempenhava no mínimo um papel de coadjuvante. Não sei dizer sobre qual substância química as meninas conversavam nos conversíveis delas.

* Cantárida, nome de uma preparação feita com o besouro de mesmo nome. Supostamente, produz priapismo. (N. T.)

O DOCE AROMA DO SEXO

Hoje, aquelas fantasias adolescentes não são mais que uma lembrança obscura e distante. Recentemente, porém, quando rumores na forma de um artigo no *Wall Street Journal* me comunicaram que a Erox Corporation (com sede em Nova York e laboratórios em Salt Lake City) poderia ter descoberto o feromônio *humano* e o encerrado num frasco de perfume, fiz minhas malas depressa e apanhei um jato até Salt Lake para ver se era verdade.

Lamento informar que deparei com muito pouca lordose em Salt Lake City. Encontrei-me com um grupo de cientistas interessantes, fiquei sabendo de algumas grandes descobertas na ciência do cheiro, usei duas fragrâncias que podem ou não revolucionar o negócio da perfumaria e comi diversos saquinhos de refinadas balas toffee, feitas, entre outras coisas, com sal do Grande Lago Salgado.

Um feromônio é um mensageiro químico que um indivíduo de uma espécie envia a outro indivíduo da mesma espécie e que é capaz de mudar o comportamento ou estado interno do receptor. Os feromônios mais famosos são sexuais, como os sinais emitidos pelas borboletas e mariposas fêmeas para atrair machos distantes vários quilômetros. Esse talento foi descoberto no século XIX na fêmea da mariposa do bicho-da-seda, tendo sido inicialmente atribuído a algum tipo de radiação. Por fim, em 1959, esse sinal foi identificado como sendo o bombikol, emitido pela fêmea e cheirado (ou ao menos sentido) por minúsculos pelos situados nas antenas do macho. Foi o primeiro dilema feromonial resolvido pela ciência humana. Em comemoração, cunhou-se a palavra "feromônio", do grego *phero* (trazer) e *hormao* (excitação). Dificilmente foi coincidência que, no mesmíssimo ano, estes versos hoje clássicos tenham atingido o topo das paradas de sucessos:

I told her that I was a flop with chicks.
I've been that way since Nineteen Fifty Six.
She looked at my palm and she made a magic sign.
She said, "What you need is Love Potion Nº 9".

I didn't know if it was day or night.
I started kissing everything in sight.

O HOMEM QUE COMEU DE TU

But when I kissed the cop down at Thirty Fourth and Vine
He broke my little bottle of Love Potion Nº 9. *

Embora seja possível que os feromônios sexuais fiquem com a maior parte da atenção no reino animal, o alcance dos sinais químicos é espantoso. Em diversas espécies e variadas circunstâncias, os feromônios podem dizer "Aqui há comida", "Vamos brigar", "Estou grávida", "Vamos todos juntos infestar esta árvore", "Formemos um enxame", "Nossa rainha está aqui, de modo que está tudo bem", "Por favor, siga este caminho" e "Ajude-nos a carregar este fantástico pedaço de comida". E. Wilson, da Harvard, estima que o funcionamento ordenado de um formigueiro exige dez ou mais tipos de mensagem química. Em colmeias, empregam-se trinta sistemas baseados em feromônios para guiar, instruir, encorajar e distribuir tarefas a abelhas obreiras que atuam como babás, guerreiras, papa-defuntos e coletoras de comida.

Os mamíferos mais simples não poderiam se dar bem sem feromônios. A maioria deles é muda e não consegue escrever nem falar de modo inteligível. E a maioria é noturna e precisa do olfato para se orientar no escuro. Os humanos são os únicos mamíferos perpetuamente dispostos ao sexo; os demais se tornam disponíveis e férteis com frequência tão pequena que precisam de toda a ajuda que conseguem para estar no lugar certo no momento certo. A vida sexual inteira do hamster-dourado macho é microgerenciada por mensagens químicas; feromônios o conduzem à fêmea, anunciam o estado reprodutivo dela, reduzem o potencial dele de agressão pouco romântica, elevam rapidamente seu nível de testosterona e, por fim, desencadeiam seu comportamento copulatório. Hamsters machos que perdem o olfato não conseguem nem sequer dar o primeiro passo. Parece que não há nenhum feromônio que obrigue um hamster macho a entrar numa conversa íntima após a cópula ou enviar flores no dia seguinte.

---

* "Eu disse a ela que era um fracasso com as garotas./ Sou desse jeito desde 1956./ Ela olhou a palma de minha mão e fez um sinal mágico./ Ela disse: 'Você precisa é da Poção de Amor Número 9'.// Eu não sabia se era dia ou noite./ Comecei a beijar tudo a minha volta./ Mas, quando beijei o policial na 34th Street,/ Ele quebrou meu vidrinho de Poção de Amor Número 9." Versos de "Love Potion Nº 9", de Jerry Leiber e Mike Stoller. (N. T.)

O DOCE AROMA DO SEXO

Mas não sou hamster e, parafraseando T. S. Eliot, não foi para isso que fui feito. Um ser humano é articulado; possui consciência, livre-arbítrio, muito poder cerebral e um par agudo de olhos e orelhas; e quase sempre está pronto para namorar. Para que precisaríamos da ajuda de mensagens químicas? Nosso comportamento raramente é regido pela simplicidade mecânica do estímulo/ resposta; interpretamos e manipulamos as mensagens de nossos sentidos.

Mas será que fazemos isso mesmo? Afora o trabalho atual da Erox Corporation, a prova mais forte de que dispomos a respeito dos feromônios humanos vem de dormitórios femininos. Há muito tempo, mulheres que vivem juntas notam que seus períodos menstruais começam a coincidir. A dra. Martha K. McClintock, então na Harvard, acompanhou cuidadosamente os ciclos de 135 universitárias que moravam num grande dormitório e descobriu que ocorria sincronia menstrual entre companheiras de quarto e amigas íntimas, embora não entre a totalidade das 135 mulheres. McClintock conseguiu eliminar a maioria das causas possíveis que poderiam nos ocorrer — padrões semelhantes de tensão, de exposição a luz e escuridão, de dieta — e, depois disso, ficou com apenas uma: quanto mais tempo duas mulheres permanecem juntas, mais provavelmente seus ciclos menstruais entram em harmonia. Ela também determinou que, quanto maior o tempo que uma mulher passa com homens (medido em número de horas, não em encontros sexuais), mais curto e regular seu ciclo provavelmente é.

Pelo menos nisso, a universitária humana é indistinguível da camundonga doméstica comum. Uma camundonga cercada por outras fêmeas tem ciclo mais longo; a presença de um macho encurta o ciclo. E a chegada da puberdade da fêmea depende de ela conviver com machos (a puberdade ocorre antes) ou com fêmeas (depois). Cientistas descobriram que tais fenômenos são provocados por sinais químicos — feromônios — presentes na urina dos bichos e captados por um receptor especializado, o órgão vomeronasal, situado no nariz.

Será que os feromônios são responsáveis pelo sincronismo menstrual em mulheres? A resposta é, provavelmente, sim. E o suspeito de sempre é o androstenol encontrado tanto no suor das axilas dos humanos quanto na saliva dos porcos machos, onde ativa na porca a almejada lordose. No entanto, os estudos sobre o efeito do androstenol em seres humanos são inconclusivos — o que não constitui surpresa, porque feromônios de uma espécie não devem afetar outra.

O HOMEM QUE COMEU DE TU

Todavia, o androstenol é o ingrediente-chave de dois perfumes vendidos pela Jovan, que declara terem sido eles "cientificamente criados para atrair".

Era esse o estado de meu conhecimento sobre feromônios quando sobrevoei as Rochosas e desci em Salt Lake City à procura da lordose. Para ser completamente veraz, eu já sabia que, embora declarasse ter descoberto uma dúzia de feromônios humanos, a Erox Corporation desencorajava a crença de que houvesse encontrado um agente de atração sexual urgente e irresistível. Diferentemente disso, os feromônios da Erox pretendem aumentar a sensação de bem-estar de quem os usa, para estimular a sensualidade, não a sexualidade.

A Erox foi fundada como perfumaria pelo médico-empresário David Berliner; seu objetivo é explorar os feromônios humanos que descobriu e, assim, ficar com parte dos US\$ 10 bilhões do mercado mundial da fragrância. O número é espantoso. Esses US\$ 10 bilhões por ano correspondem a US\$ 1,84 para cada pessoa na face da Terra — na verdade, mais, porque raramente uso perfume. Berliner também fundou a Pherin, uma empresa-irmã que trabalha com a ciência básica dos feromônios e seu potencial terapêutico.

Há 35 anos, antes de a palavra "feromônio" ter sido cunhada, Berliner realizava pesquisas sobre a composição da pele humana, ou ao menos é isso que ele diz aos repórteres que perguntam. Obtinha amostras de pele raspando a superfície interna de peças de gesso usadas por esquiadores que tinham sofrido fraturas, preparava um extrato desse material e o armazenava em frascos de laboratório. Ele e seus colegas ficaram pasmados ao notar que o humor de todos se tornava jovial e cooperativo sempre que os frascos estavam abertos, em marcante contraste com a atmosfera crispada que costumava prevalecer. Aí Berliner se voltou para outras coisas e guardou suas amostras na geladeira durante trinta anos. Uma ou duas vezes, ocorreu-lhe que ele poderia ter descoberto um feromônio humano, mas só em 1989 ele procurou um antigo colega da faculdade de medicina da Universidade de Utah — o dr. Larry Stensaas, um anatomista que, durante a última década, trabalhou no mapeamento do cérebro.

Dirigi-me à faculdade, onde Stensaas estava esperando-me com uma palestra ilustrada com slides. Ele demonstrou que muitos répteis e mamíferos possuem pelo menos dois sistemas sensoriais distintos, originados no nariz. Um, o sistema olfativo, tem terminações nervosas situadas no alto da cavidade nasal, sendo responsável pelas sensações de cheiro; envia sinais sobre comidas,

O DOCE AROMA DO SEXO

vinhos e fragrâncias ao córtex cerebral, onde são examinados, interpretados e considerados pela consciência. Um segundo sistema sente feromônios pelo órgão vomeronasal, ou OVN (que já encontramos no camundongo doméstico). Nos animais inferiores, o OVN envia mensagens não só ao longo de nervos especiais para o córtex, mas também direto para o hipotálamo, onde se regulam as emoções e a reprodução. Um réptil agita a língua para recolher informações químicas do ambiente e depois as transmite para seu OVN. Só conseguimos recolher essas informações aspirando o ar.

Até que a equipe da Erox houvesse provocado interesse no assunto, a maioria dos peritos duvidava da existência de feromônios humanos, pois nossos sistemas nervosos pareceram não ter nem OVN, nem a instalação elétrica necessária para ligá-lo ao cérebro. Mas Stensaas e seus colegas descobriram que *todos* possuímos OVN, um receptor potencial de feromônios, e que nosso OVN se situa onde deveria estar — dentro de cada narina, junto ao septo nasal e pouco mais de um centímetro acima da ponta do nariz. De acordo com Stensaas, o OVN humano se revela um dos maiores do reino animal, maior que o do cavalo. Ele me mostrou uma centena de slides notáveis, com imagens de microscópio eletrônico do OVN humano e dos nervos que, possivelmente, levam os impulsos dali ao cérebro (essa parte ainda tem de ser provada). Depois, creio, vi um OVN com meus próprios olhos.

Fomos ao pequeno laboratório da Erox, situado numa instalação de pesquisas ali perto. Lá assisti ao neurofisiologista Luis Monti-Bloch conduzir sua experiência mais persuasiva. Um estudante chamado Brad estava deitado sobre uma mesa de laboratório estofada; ele já servira como cobaia diversas vezes e possuía raro grau de disciplina, que lhe permitia permanecer imóvel horas a fio enquanto pessoas enfiavam instrumentos em seu nariz. Primeiro, dei uma olhada no septo de Brad com uma lente de aumento Zeiss — e lá estava o OVN, uma pequena cavidade carmesim no septo igualmente carmesim de Brad, com uma abertura de cerca de um milímetro, um genuíno órgão vomeronasal. Depois, Monti-Bloch me perscrutou o nariz e informou que meu próprio OVN estava onde deveria estar e em condição aparentemente saudável.

Monti-Bloch inventou um dispositivo que fornece qualquer produto químico ao OVN de forma certeira e precisamente cronometrada. Trata-se de um delgado tubo de plástico branco em cujo interior há outro tubo, dentro do qual corre

159

um fino arame de prata; numa das extremidades, tudo isso fica conectado a bombas e instrumentos, e a outra ponta é introduzida no nariz da cobaia humana. Quando Monti-Bloch aperta um botão, uma bomba envia o possível feromônio ou um placebo ao longo do tubo interno; depois que a substância permaneceu durante meio segundo em contato com o septo, tudo é aspirado de volta por uma bomba de vácuo, antes que a respiração disperse o produto na cavidade nasal e o faça ativar o sistema olfativo. O fio de prata informa a presença de algum impulso elétrico que tenha sido estimulado no OVN. A equipe de Berliner extraiu doze substâncias ativas dos feromônios de suas amostras de pele congeladas; graças à observação dos sinais captados pelo fio de prata de Monti-Bloch, identificou dois deles como os mais potentes, o ER-670 para as mulheres e o ER-830 para os homens. Esses serão os feromônios usados nos dois perfumes da Erox.

Assisti a Monti-Bloch enfiar o tubo no OVN de Brad e ministrar um pouquinho ou de ER-830, ou de óleo de cravo-da-índia muitíssimo aromático, ou de uma substância completamente neutra. Uma tela de computador mostrava como reagia o OVN de Brad. Quando o óleo de cravo ou a substância neutra eram enviadas pelo tubo, não havia reação alguma, só uma linha preta e plana na tela. Mas, quando se bombeava ER-830, a linha plana saltava e formava uma espécie de gráfico — uma subida aguda, seguida por um queda mais lenta, mais angular —, e me disseram que aquilo era a resposta característica de células sensoriais de outras partes do corpo.

Mais tarde, telefonei a diversos pesquisadores importantes no campo dos feromônios animais e da neuroanatomia. Mesmo os mais céticos se mostraram enormemente estimulados pelo trabalho feito na Erox. Mas ninguém conseguia reproduzir o experimento da Erox, porque Berliner e sua equipe não revelam a estrutura química daqueles supostos feromônios. E continuamos sem saber se o OVN de Brad, ou o seu, ou o meu, está conectado a nossos cérebros, em especial ao local do hipotálamo que abriga o sexo e as emoções. (O fio de prata de Monti-Bloch só captava impulsos do próprio OVN.) Berliner respondeu que seriam necessários anos de trabalho para demonstrar conclusivamente a conexão. Mas por que se preocupar com isso?, perguntou. Para ele, o efeito do ER-670 e do ER-830 sobre o humor e a emoção é evidente. Mas esse ainda é o problema crucial.

O DOCE AROMA DO SEXO

GELO ENTRE PRATOS

"Alguns anos atrás, após considerável popularidade em Bordeaux e outras cidades marítimas, introduziu-se em Paris o *coup de milieu*. [...] Uma jovem loura, com idade entre quinze e dezenove anos e sem nenhum ornamento na cabeça, os braços descobertos até acima do cotovelo, serve cada convidado. Se possível, ela [...] deve ser virgem (embora virgens de dezenove anos sejam raríssimas em Paris)."

Grimod de La Reynière, c. 1804

Quando terminamos de torturar Brad, fui levado ao laboratório do dr. Clive Jennings-White, onde me mostraram os feromônios puros. Ele é o químico da equipe e sintetizou feromônios encontrados no extrato de pele de Berliner. Todos os seus esforços estão contidos em dois grandes recipientes de vidro marrom, um para o ER-670 e outro para o ER-830, cada qual com trinta centímetros de altura e vinte de diâmetro, enchidos quase completamente com um pó cristalino branco. Cada um dos frascos contém feromônio bastante para estimular meio quatrilhão de pessoas.

Pedi para cheirá-los, mas Jennings-White me disse que isso contrariaria todas as regras. Formulei um plano para disparar o alarme de incêndio, enganando-o a fim de que deixasse a sala enquanto eu abria os frascos, inseria o nariz neles e respirava fundo — mas resolvi não fazer isso. Embora ninguém da equipe confessasse ter cheirado direto os feromônios, não consigo imaginar que quatro cientistas curiosos pudessem ter resistido à tentação por mais de quinze segundos. Entretanto, deduzi que os feromônios da Erox não têm nenhum odor. Seu único efeito é sobre os órgãos vomeronasais no septo e, de lá, sobre o hipotálamo — inconsciente, insidioso e subversivo —, se é que há qualquer efeito no cérebro.

Tenho pouca dúvida de que Berliner e a Erox já estiveram à procura do atrativo sexual irresistível com que sonhávamos na escola. A vasta maioria dos perfumes femininos contém versões reais ou sintéticas de secreções de feromônios do almiscareiro e da civeta. Mas, numa revista médica publicada em 1991, Berliner e Jennings-White apontam que isso é ilógico: feromônios só operam entre membros da mesma espécie. Feromônios humanos seriam "mais naturais e mais eficazes como atrativos verdadeiros". "O comportamento humano que se espera da excitação por feromônio é uma intensificação da libido." "O efeito de feromônios seria [...] profundo e irresistível."

Mas agora a Erox afirma que o ER-670 e o ER-830 têm efeito sensual apenas modesto, fazendo que as mulheres se sintam mais calorosas e mais abertas, e os homens, mais confiantes e seguros. É uma grande diferença em relação às patas enrijecidas e orelhas em riste das porcas. Apesar do artigo de 1991, hoje todo mundo na Erox diz que a descoberta de um agente atrativo humano irresistível seria um pesadelo, ao menos para o pessoal de marketing. O único pesadelo que posso imaginar é que não conseguiriam encontrar em Salt Lake City carrinhos de mão suficientes para carregar os lucros para o banco.

Até este momento, a Erox não tem nenhuma prova estatisticamente persuasiva de que seus perfumes tenham sequer efeitos sensuais moderados. A empresa não comparou cientificamente suas fragrâncias com e sem os feromônios, nem as comparou com algum perfume popular e convencional. É quase como se a Erox tivesse receio de ver os resultados. Usar seus perfumes poderia se mostrar pouco diferente de usar uma fragrância convencional enquanto se bebe um martíni gelado.

Quase todos os principais perfumes vendidos nos EUA — não importa se pela Calvin Klein, Giorgio Armani, Estée Lauder ou outras — são formulados em alguma das seis empresas de fragrâncias (também conhecidas como casas de essências) que ficam em Nova York ou perto; quem faz isso é um grupo minúsculo de "narizes" muitíssimos talentosos. Cada perfume contém entre duzentos e quatrocentos ingredientes. Seguindo a prática habitual, o presidente da Erox, Pierre de Champfleury (ex-chefe da divisão de perfumes e cosméticos da Yves Saint-Laurent, de Paris), e a consultora Ann Gottlieb (a quem muitos atribuem o sucesso dos perfumes Obsession, Eternity e Escape, todos da Calvin Klein) escreveram um "resumo" e o submeteram a três das seis principais empresas de fragrâncias. Um resumo explica a ideia por trás do odor pretendido, a aura que deveria criar e, às vezes, até mesmo seu nome, a aparência e embalagem do frasco, a posição que pretende ocupar no mercado e como será anunciado.

As três empresas responderam com amostras preliminares dos odores desejados, entre as quais Champfleury e Gottlieb escolheram dois: o perfume femini-

O DOCE AROMA DO SEXO

no da Firmenich e a fragrância masculina da Givaudan-Roure. (Ambas as companhias só fornecerão à Erox o óleo essencial; as fórmulas permanecem propriedade intelectual da Erox.) O ajuste fino subsequente foi mais complicado que o habitual, porque os feromônios ficaram em Salt Lake City; cada odor só podia ser manipulado depois de o pessoal de Salt Lake City ter adicionado o feromônio apropriado e ter mandado o resultado de volta para Nova York. Os perfumes da Erox não contêm almíscar, civeta ou castóreo — os feromônios humanos de Berliner substituem o costumeiro agente atrativo animal. Pretende-se que uma dose emita a mesma quantidade de feromônio humano que é exalada por um corpo completamente nu.

Conforme acertáramos antes de eu viajar para Salt Lake City, Jennings-White permitiu que eu experimentasse versões preliminares dos perfumes Erox com feromônios, que se chamarão Realm for Women e Realm for Men. Escolhi as costas de minha mão esquerda para o cheiro masculino e as costas da direita para o feminino. O cheiro masculino era picante, lembrando madeira, mas leve e despretensioso; o feminino era quente e confortável, com uma impressão floral inicial e um caráter oriental subjacente. Nos três dias seguintes, cheirei minhas mãos algumas centenas de vezes, chegando à conclusão de que preferia muito mais o cheiro feminino ao masculino. Significaria isso que sou lésbica?

Apesar de todas os avisos acauteladores da Erox, apeguei-me desesperadamente à esperança de que eu estivesse usando um agente atrativo irresistível. Fiquei imaginando como, ao voltar a Nova York, explicaria a minha mulher que, depois do jantar, no estacionamento próximo ao restaurante onde os cientistas da Erox e eu comêramos, eu fora assaltado por um bando de mulheres lindas e arrastado para um daqueles trailers tão populares em Utah e acasalara repetidamente até não prestar para mais nada. O que isso faria com nosso casamento? Na verdade, eu estava dez vezes mais preocupado com minha mão direita e seu agente atrativo masculino; usei luva durante todas as horas em que estive acordado, até o odor se dissipar por completo.

O jantar e minha caminhada pelo estacionamento transcorreram sem eventos dignos de nota. De volta ao hotel, vagueei por diversas localizações estratégicas e observei cuidadosamente se me tornava atraente a qualquer pessoa. No café, tive grande dificuldade para atrair um atendente de qualquer sexo.

163

O HOMEM QUE COMEU DE TU

Desloquei-me até o bar, onde escolhi um assento rodeado por tamboretes vazios dos dois lados. Pedi um scotch e esperei. Alguns scotches depois, ao observar que os tamboretes continuavam vazios, passei à recepção do hotel, onde duas louras jovens, com uniforme de recepcionistas, tinham acabado de entrar em serviço. Fingi que precisava de sua ajuda para fazer complexos planos de esquiação em Park City e, enquanto nos debruçávamos sobre mapas e panfletos, assegurei-me de que minha mão esquerda estava sem luva e irradiava sua mensagem irresistível. Então me recolhi ao quarto e esperei que uma das jovens me telefonasse para marcar um encontro. Mas a Erox fora sincera. Nenhum feromônio parecia ser agente atrativo sexual. Quando voltei para Nova York com os dois odores ativos em mãos opostas, minha mulher disse que eu estava cheirando a revista.

Cerca de um mês depois, quando ouvi dizer que os perfumes da Erox tinham sido ainda mais aperfeiçoados, pedi a versão mais recente do odor para homens. Ele conteria o ER-830, o feromônio que, conforme a Erox, faz o homem sentir-se mais sensual. Gostaria de saber se o ER-830 merece o nome de feromônio, ou seja, uma substância química que comunica uma mensagem entre dois indivíduos de uma espécie, não entre um homem e si mesmo. O ER-830 se parece mais com um hormônio aéreo. Talvez esse odor devesse se chamar Onã para Homens.

Em todo caso, eles tinham melhorado muito o odor da fragrância masculina. Agora era mais complexo, com uma impressão inicial picante, por sobre sugestões mais mornas e mais sensuais. Não sou capaz de dizer com certeza se a fragrância masculina Erox teve algum efeito sobre meu humor. Minha mulher informou que eu parecia coerentemente mais romântico e, em certa ocasião, ela disse que havia semanas eu não a beijava daquele modo. Mas, sem pesquisas adicionais, não sou capaz de decidir se meu comportamento poderia ser atribuído ao uso do ER-830 ou ao fato de estar passando dezesseis horas por dia lendo sobre os hábitos de acasalamento de porcos e hamsters-dourados. Você sabia que nos idiomas dos maoris, samoanos e esquimós a palavra para beijar é a mesma de "cheirar"? Pelo menos foi o que li em algum lugar.

Não sei quanto a você, mas estou começando a achar a ideia de feromônios humanos muitíssimo assustadora, em especial porque eles nos afetam inconscientemente, sem nunca penetrar em nossa consciência. As pessoas falam de "cheirar" feromônios, mas muitas dessas substâncias químicas mensageiras não têm odor nenhum. Permanecemos desavisados sobre elas porque são percebidas por um órgão diferente dos receptores projetados para sentir o cheiro de uma torta de maçã quente ou do Chanel Nº 5, e porque suas mensagens são transmitidas até bem fundo no cérebro, antes de nosso córtex ter chance de registrá-las e, então, acompanhá-las ou resistir-lhes.

Como poderíamos lutar contra as mudanças que tais feromônios possam estar nos causando? Quantas de nossas decisões e ações vêm influenciadas por forças das quais não temos consciência, forças tão ameaçadoras quanto as vagens do filme *Invasores de corpos*? Ou tão assustadoras quanto um macho humano adolescente com uma lata de spray de *Spanish fly* na mão? Ou, como Max Lake sugere, tão assustadora quanto mil nazistas num comício, elevando os braços em uníssono e trocando feromônios num ritual de inebriamento grupal?

Do lado mais positivo, os feromônios podem responder por parte do divertimento que existe em beijar, especialmente o beijo de língua. Como regra geral, o nariz humano fica posicionado convenientemente sobre os lábios e, quando apertado de perto contra a pele da parceira, encontra-se em ótima posição para atrair quaisquer feromônios que possam estar sendo produzidos na pele e na saliva. Isso também pode explicar muito da satisfação que seres humanos extraem do ato de se agarrarem.

Mas por que a natureza nos teria proporcionado uma substância química como essa? A resposta é simples. Dos mamíferos em que consigo pensar, os humanos são os únicos gregários e monógamos. Para nós, a socialização é tão importante quanto o sexo. Como Michael Stoddart mostra no livro *The Scented Ape*, se a fertilidade de uma mulher fosse anunciada por um feromônio irresistível que a cada 28 dias atraísse machos distantes, a monogamia desapareceria e nossos costumes sociais dariam lugar a um estado universal de guerra. Muito mais útil é o feromônio que Berliner e sua equipe da Erox afirmam ter descoberto, um feromônio de valores familiares, um sinal químico que nos faz sentir seguros e meio inebriados quando nos reunimos em grupos pequenos e cheiramos de contentamento, sem sentir o cheiro de coisa nenhuma.

junho de 1993

Cinco dias na linha

Quando cheguei ao recém-inaugurado Canyon Ranch, nas montanhas Berkshire, eu emergia de uma intensa farra alimentar decorrente de minhas funções como colunista gastronômico mensal da *Vogue*. Assim que liquidara com uma tonelada de doces natalinos encomendados pelo correio, eu embarcara num avião para Paris, onde passara em revista 22 restaurantes em dezesseis dias. Depois me dirigira ao Texas, transitando entre Dallas e Fort Worth numa busca extremamente compensadora de churrascarias de primeira classe. Meu peso atingira um novo patamar, e eu estava preocupado com isso. Cinco dias no Canyon Ranch transformaram minha vida.

• De agora em diante, sempre usarei condicionador depois de lavar os cabelos. No box do chuveiro, havia frascos de condicionador que tornaram meus cabelos muito mais macios e fáceis de pentear. Por onde andei todos esses anos?

• Decidi me transformar num levantador de peso sério. Ver adiante.

• Eu me esforçarei para ficar de novo meramente rechonchudo — como há dez quilos.

• Até que isso aconteça, usarei calças de moletom tão frequentemente quanto possível. Elas apertam e esfolam menos que calças comuns e são muito mais fáceis de vestir.

CINCO DIAS NA LINHA

• Eu me tornarei um viciado em spas, caso consiga financiar o hábito.

O material promocional do Canyon Ranch apresenta a estimativa científica de que mais da metade da população norte-americana já ouviu falar do primeiro Canyon Ranch, de Tucson. Eu tinha vaga consciência de que esse foi o primeiro retiro de condicionamento físico a aceitar hóspedes de ambos os sexos, e não apenas mais um palácio de luxo feito para mimar mulheres. E de que era um ímã para socialites, astros do cinema e executivos, um oásis luxuriante onde se comiam mil primorosas calorias gastronômicas por dia, sem jamais se ficar com fome. Também sabia que estavam construindo um clone do Canyon Ranch em Lenox, Massachusetts, perto de Tanglewood, de Jacob's Pillow e (para aqueles que, como eu, são velhos o bastante para se lembrar) do Alice's Restaurant. O lugar foi inaugurado em 1º de outubro.

Mesmo se a pessoa já esteve hospedada lá antes (era o caso de três ou quatro de nós), a primeira coisa que se obtém é um passeio com guia, cheio de números: 40 milhões de dólares de área construída em cinquenta hectares arborizados, uma pousada para duzentos hóspedes com 120 quartos e suítes (todos com videocassete), um spa com 10 mil metros quadrados cintilantes de saúde, uma mansão de 1897, chamada Belle Fontaine, para jantar e sentir-se bem, 32 aulas de condicionamento por dia, sessenta massagistas, trezentos funcionários no total. Novatos podem muito bem perder o fôlego antes do fim da excursão.

Em seguida, você preenche alguns formulários médicos. As últimas páginas parecem particularmente belicosas e hipócritas. "Você se considera obcecado por comida?", perguntam. "Não", você responde, "mas praticamente não penso em outra coisa." Como logo se percebe, o mesmo acontece com todo mundo em Canyon Ranch, inclusive os trezentos funcionários.

Aí há um encontro com um conselheiro de programa, que o dirige por uma gama de possibilidades espantosas: aconselhamento nutricional, aconselhamento de bem-estar, aeróbica de alto e baixo impacto, aeróbica funk, alongamento, aromaterapia, avaliação de colesterol, badminton, banhos em turbilhão de água, basquete, bicicleta, bingo, biofeedback, caminhadas, caminhadas na neve, canoagem, ciclos vitais, composição do corpo, condicionamento aquático, consulta de artrite, corrida (em recinto fechado e ao ar livre), esqui cross-country, esteira, frescobol, gerenciamento de hábitos alimentares, grafologia, hidrotera-

O HOMEM QUE COMEU DE TU

pia, hipnoterapia, inalação, ioga, Jacuzzi, *jin shin jyutsu*, levantamento de peso, maquiagem, massagem craniana, massagem sueca, meditação, minitrampolim, modelação do corpo, natação, pare de fumar, postura e movimento, reeducação alimentar, reflexologia, respiração, ritmos, sala de vapor, sauna, shiatsu, squash, tênis, terapia comportamental, tratamento com lama, tratamento com sais, tratamento facial europeu, tratamento facial intensivo, vôlei.

Eu estava ficando preocupadíssimo com a possibilidade de me exercitar em público. Rememorei as tardes agonizantes no empoeirado campo de beisebol do acampamento de verão, onde três de nós éramos sempre despachados para o extremo da ala direita e passávamos duas horas no sol ofuscante, rezando para que a bola nunca viesse em nossa direção. Minha mulher mal podia esperar. Quando jovem, fora bailarina e corredora em seu colégio da Califórnia e, em minha companhia, não praticava muito de nenhuma das duas atividades. Inscreveu-se de imediato em tratamento facial, três tipos de massagem (craniana, esportiva e shiatsu), análise da composição de corpo, aromaterapia e terapia herbal; o resto do tempo, preencheu com aulas de aeróbica rítmica, flexibilidade e treinamento de força. Depois, correu através do saguão até a loja Ranch Showcase, bem evidente ao se entrar na sede do spa, onde se vendem roupas atléticas, tênis, livros e vídeos. Haviam se passado 36 horas sem que ela tivesse saído às compras, e o resultado da tensão já se fazia sentir.

Como eu só me inscrevera para uma aula de tênis no final da tarde (com um profissional excelente), aluguei a fita de *Conspiração Tequila*, com Michelle Pfeiffer, Kurt Russell e Mel Gibson, e depois do almoço voltei a nosso confortável quarto. Não há coerções no Canyon Ranch, exceto durante as refeições, de modo que ninguém nos segue para se assegurar de que estamos fazendo o que deveríamos. *Conspiração Tequila* se revelou um filme bastante subestimado.

Em nosso segundo dia, o horário de minha mulher estava tão repleto de atividades físicas e momentos de mimação que só nos vimos durante as refeições. Na hora do jantar, sua pele estava rosada e lisa como a de um bebê. A pessoa que cuida da pele dos hóspedes insistiu em que ela passasse a noite com as mãos embrulhadas em sacos plásticos cheios de loção. A pessoa que cuida da pele é divorciada.

Passei o tempo zanzando pelo lugar, olhando mas não me envolvendo com nada, até que esbarrei com o Ginásio 4, onde estão as máquinas de aeróbica e de musculação, belas coisas reluzentes de cromo e latão fabricadas por uma

CINCO DIAS NA LINHA

empresa chamada Keiser. Não sei por quê, o pessoal do condicionamento físico desperdiçava a folga da tarde levantando pesos e tentando futilmente escalar o StairMaster; quando terminaram, pedi uma demonstração. Antes que me desse conta, eu completara todo o circuito, é claro que com níveis modestos de resistência, e estava montado na esteira, para uma nervosa caminhada enquanto contemplava a área rural da Nova Inglaterra através de uma janela enorme. A Appalachian Trail passa ao lado da propriedade.

Após ter suado copiosamente, reservei um armário no vestiário (a maioria dos hóspedes faz isso logo no primeiro dia) e experimentei a sauna masculina, o banho de vapor e a inalação, tomei uma ducha fria (o que se faz em boxes individuais) e, mesmo sabendo que estava errado nisto, senti-me quase maravilhoso.

A sala das ervas era escura e quente. Música new age saía de alto-falantes escondidos em algum lugar. Deitei-me numa mesa, embrulhado firmemente em pesadas e quentes mantas de lona embebidas em cinco ervas diferentes. A terapeuta de ervas não conseguia se lembrar quais eram as cinco — eu teria preferido um pouco mais de estragão —, mas prometeu que me desintoxicariam, retirando todos os venenos de minha circulação. Quais venenos? Ah, nicotina, café, chocolate, coisas assim. Com meus venenos sanguíneos se escoando por todas as partes recobertas com a lona, fiquei surpreso por ela não estar usando capacete e roupa protetora. Sempre considerei irremediavelmente ilógicas as pessoas que acreditam que chocolate é veneno.

Aí ela me deixou só. Meus braços estavam presos pela envoltura herbácea e, durante cinco minutos, ponderei a ideia de entrar em pânico. Por fim, caí num devaneio agradável. Estava novamente em Paris, mexendo num ravióli com lagostins e num coelho sob fricassê de cogumelos silvestres, todos pratos de Joël Robuchon. Em seguida, a cena mudou para o La Cagouille, onde minúsculos mexilhões são grelhados sem azeite numa caçarola aberta. Quando a terapeuta herbácea voltou para me desembrulhar, eu bebia um escuro café matutino no Café de Flore e mordia uma crocante baguete.

Qualquer dessas delícias caberia no regime de pouca caloria e pouca gordura do Canyon Ranch, mas nenhuma delas está no cardápio. Percebi que estava em dificuldades logo em nosso primeiro almoço, feito das 285 calorias mais vazias que já despachei. Tratava-se de "pizza" com uma crosta marrom fina, parecendo couro artificial, coberta por um queijo mal traduzido como muçarela e alguns legumes que nem sequer deveriam estar na mesma sala que uma pizza. O café era uma versão pálida do descafeinado. No jantar, aprendi a pedir um pacotinho de Maxwell House instantâneo para dissolver na beberagem; no dia seguinte, conheceria um garçom disposto a contrabandear uma xícara de café de verdade, vinda da cafeteira de verdade dos funcionários.

Por que tanto barulho por causa da cafeína? Em meu último dia no Canyon Ranch, li no jornal uma matéria deliciosa. Pesquisadores da Universidade Stanford descobriram que *café descafeinado aumenta o colesterol ruim (LDL) numa média de 7%!* Já o café de verdade não produz tal efeito. Ultimamente, a turma do café descafeinado tem se tornado tão poderosa que não se consegue encontrar uma xícara de café verdadeiro no final de um jantar. Embora essas pessoas tivessem me privado do prazer durante todos esses anos, agora sinto profunda compaixão por elas, e sou grato a quem me guiou pela senda do café cafeinado de baixo colesterol.

Não tive fome enquanto estive no Canyon Ranch, mas nunca estive satisfeito. O chef executivo, Barry Correia, tem sólida bagagem na culinária moderna americana, mas enfrenta quatro problemas insuperáveis: a Filosofia Nutricional do Canyon Ranch, as receitas oficiais que é obrigado a seguir, os ingredientes que usa e a organização da cozinha. Os diretores do Canyon Ranch deveriam recomeçar tudo desde o início ou apagar as palavras "cozinha gourmet" de todos os seus panfletos e anúncios.

A Filosofia Nutricional do Canyon Ranch é rígida, mas não tão draconiana como a Pritikin: 60% de carboidratos (principalmente complexos), 20% de lipídios, 20% de proteínas, mil a 1200 calorias por dia, muitas fibras, nenhuma cafeína, óleos ricos em poli-insaturados, dois gramas de sódio, quase nenhuma farinha refinada. Algumas dessas regras são arbitrárias, outras antiquadas. Não há nenhum motivo médico para que pessoas saudáveis se limitem a dois gramas de sódio por dia. O insípido gaspacho reviveu depois que pedi que me trouxessem à mesa um pratinho de sal e lhe adicionei duas pitadinhas de nada. Embora o pão fermentado comum, delicioso e crocante, seja o carboidrato complexo mais maravilhoso do mundo, todos os pães disponíveis no Canyon Ranch variavam do maçante ao horrível. Todos, menos um, são comprados fora; o doméstico é feito com bicarbonato em vez de fermento. Não se fazem grandes pães com bicarbonato e farinha de trigo integral. Para conseguir que minha faca penetrasse nos crepes de trigo integral da sobremesa, exigia-se mais condicionamento físico

CINCO DIAS NA LINHA

do que eu tinha. A regra do Canyon Ranch que proíbe farinha refinada (contra-ditoriamente, eles sem pestanejar compram macarrão seco, feito com farinha refinada) pode elevar o consumo de fibras em um ou dois gramas, mas a pipoca consegue a mesma coisa com o dobro da velocidade.

Após reformar sua Filosofia Nutricional, os donos do Canyon Ranch deve-riam se livrar de metade de suas receitas e de muitos dos ingredientes que com-pram. A essência de baunilha é 50% artificial. Os melões são verdes; as maçãs, cerosas; as bananas, verdes. Já faz pelo menos dois anos que óleos poli-insatura-dos de soja e girassol têm sido considerados perigosos em comparação com óleos monoinsaturados, como os de oliva e canola. Disseram-me que, em julho pas-sado, o Canyon Ranch de Tucson mudou para o óleo de canola; não vi nenhum óleo desse tipo quando de minha expedição às cozinhas.

Os onipresentes e borrachudos peitos de frango sem pele deveriam ser subs-tituídos pela suculenta vitela silvestre de baixa gordura da Summerfield Farm, da Virgínia; o azeite que vi na cozinha não era extravirgem, nem mesmo ligeira-mente virgem; o macarrão era pré-cozido e resfriado e ficava à espera para ser reaquecido em água fervente; os legumes eram pré-cozidos em vapor e depois reaquecidos no micro-ondas; as "caudas de lagosta do Maine" eram duras e secas e chegavam congeladas da Nova Zelândia.

Por que não mexilhões feitos no vapor, *tartare* de atum e ostras frias salga-das abertas na hora, *sashimi* fatiado no último minuto e caldo de vitela ou galinha sem gordura, para dar riqueza e sabor aos pratos, e, claro, caça de baixo teor de gordura, cogumelos silvestres, guisados de feijão (um carboidrato extremamen-te complexo) e legumes grelhados com um pouco de azeite? O necessário são ingredientes mais frescos, receitas que vão além da teologia de comida saudável dos anos 60, muito trabalho qualificado no último minuto. A cozinha do Canyon Ranch é tocada de manhã por sete pessoas, e à noite por cinco, e elas precisam alimentar cem hóspedes três vezes ao dia. A cozinha de um restaurante que visi-tei em Paris tinha treze pessoas para servir quarenta fregueses.

No Canyon Ranch, lucrei ao menos uma informação nutricional que valeu a pena trazer para casa e que poderá mudar minha vida: *nossa taxa metabólica tem relação direta com a massa de músculos magros do corpo*. Perguntei ao jovem dr. Robert Heffron se isso não queria dizer que, se eu seguisse um programa de levantamento de peso, poderia comer mais? Heffron é um dos maiores recursos humanos do rancho — em dia com a medicina tradicional e a alternativa, de mente aberta, não militante, cético quanto à Polícia Alimentar e a seus editos atuais. Embora tivesse achado que minha teoria era incomum, ele concordou com relutância. A aeróbica pode ser boa para o coração, mas os halterofilistas gastam mais calorias o dia todo, mesmo enquanto dormem.

Corri ao Ginásio 4 para uma consulta com um halterofilista chamado Richard, que queima 2600 calorias antes de sair da cama pela manhã. Minha meta não é ficar parecido com Arnold Schwarzenegger, expliquei, para grande alívio de Richard. Ele me ensinou uma série de exercícios com halteres, exercícios que a pessoa pode fazer em casa. Agora, tudo o que tenho de fazer é sair e comprar um jogo de dezesseis pesos que variam de um a quinze quilos. Estou confiante de que mudarão minha vida, assim que eu encontrar um meio de levá-los para casa.

Malhar, purificar-se e se cuidar, fortalecer-se e emagrecer (perdi dois quilos), pensar exclusivamente no próprio corpo dezesseis horas por dia é uma experiência inebriante, e o Canyon Ranch é um lugar maravilhoso para conduzi--la. As Berkshires são uma terra de calma e beleza; mais cinco dias lá, eu poderia até acreditar que o Yogurt Carob Parfait, a sobremesa mais cômica do Canyon Ranch, era na verdade um sundae com calda de caramelo.

fevereiro de 1990

TERCEIRA PARTE
MISTURAS

Salada, a assassina silenciosa

Adoro salada, quando comida com moderação, cerca de duas vezes por semana, da mesma forma que o bacon e o chocolate. Adultos que exigem uma salada em toda refeição são como criancinhas obcecadas que, durante meses a fio, não comem nada além de pizza congelada ou ravióli enlatado. Prendem-se à mais insossa das saladas apenas porque é crua e verde. Não importa que a rúcula esteja bordejada de marrom, que as torradas tenham gosto rançoso ou que o vinagre queime como ácido de bateria. Não importa que se esteja em pleno inverno, quando a salada nos resfria até a medula e deveríamos comer carnes em conserva e alentados pratos de tubérculos, sopa *garbure* e *cassoulet*. Não importa que a salada me afaste da sobremesa.* Eles não ligam a mínima em interromper uma refeição perfeitamente agradável com seu supersticioso ritual da salada — cabeças curvadas, focinhos levados para suas tigelas de plástico que imitam madeira, mastigando e cavocando, perdido todo o seu poder de conversação.

Definidos como pessoas que comem salada mais que duas vezes por semana no inverno, ou quatro vezes por semana no verão, os glutões de salada vêm insidiosamente programados por três convicções relacionadas entre si: primeiro, que todas as comidas são ou venenos que nos enfraquecem e nos fazem engor-

---

* Os americanos comem salada após o prato principal e antes da sobremesa. (N. T.)

dar, ou medicamentos que nos tornam macios, lustrosos e adoráveis; segundo, que vegetais crus, inclusive salada e *crudité*, recaem na categoria dos medicamentos; e, terceiro, que, por influência de alguma força benigna, o reino vegetal existe para o prazer e o bem-estar humanos. Todas essas três convicções são ilusões tóxicas. Gastei semanas perlustrando revistas científicas em busca de dados sobre os venenos que espreitam por trás de toda tigela de salada e de toda cesta de *crudité*. Não estava à procura dos pesticidas, fungicidas, herbicidas e hormônios artificiais que monopolizam as manchetes de nossos jornais. Buscava os verdadeiros perigos — os venenos frescos e naturais que as plantas fabricam para permanecer vivas e perpetuar a espécie, da mesma maneira que uma naja usa a peçonha. Tendo completado minha pesquisa, posso prever com convicção que, por volta do fim do século XX, o Ministério da Saúde dos EUA exigirá que todo ramo de brócolis e toda folha de espinafre traga a seguinte advertência: "O consumo excessivo de salada pode causar deficiência vitamínica, pele ruim, latirismo, anemia e, sejamos francos, a morte".

Imagine que você é uma verdura suculenta e atraente. Tudo a seu redor é predador — germes e fungos, bichos e caracóis, aves e animais —, e eles o encaram apenas como a próxima refeição. Você não tem casa onde se esconder, pernas com que correr ou dinheiro com que comprar uma arma. Lá fora é uma selva, e até mesmo as verduras vizinhas cobiçam invadir seu lugar ao sol. O que você faz? Você se apruma e desenvolve um complexo sistema de guerra química.

Da mesma forma que a nogueira e o eucalipto, você pode secretar por suas folhas um inibidor de crescimento que, levado pela chuva até o solo, manterá os vizinhos a uma distância segura; ou pode secretá-lo direto pelas raízes, como fazem a macieira e o trigo. Se lhe faltar sutileza, imite a urtiga e produza um óleo tão nocivo que os predadores humanos ensinarão suas crianças a evitá-lo como a peste. Se você aprova o controle de natalidade, prepare hormônios para retardar a reprodução de insetos que o mordem, ou para acelerar o crescimento para além da época de reprodução. Se é adepto de tramas bizantinas, pode, como fez a *snakeroot*, levar em conta a possibilidade de contaminar o leite das vacas que se alimentam de você, de modo que a mãe de Abraham Lincoln morra quando tomá-lo. Pense na publicidade que isso gerou.

É o que basta sobre a benignidade do reino vegetal. De modo geral, há quatro categorias de armamento químico que a salada desembainha contra seus predadores humanos: nutribloqueadores, toxinas, mutagênicos (que alteram o material genético) e carcinógenos.

Os nutribloqueadores são os mais deliciosos dos quatro, isto é, moralmente deliciosos, pois retiram dos glutões de salada uma das desculpas para seu comportamento obsessivo — a convicção de que salada é bom. Nutribloqueadores são substâncias químicas que se ligam a algumas vitaminas ou minerais desejáveis e impedem nossos intestinos de absorvê-los. Meu favorito é o ácido oxálico do espinafre cru, uma verdura exaltada por seu elevado teor de cálcio e de ferro. Parece que o ácido oxálico forma um complexo insolúvel com o cálcio e o ferro — não apenas o cálcio e o ferro do próprio espinafre, mas também o de outras fontes —, o que faz do espinafre cru uma verdura não nutritiva. Grandes quantidades de oxalatos são também encontradas em folhas de beterraba, acelga e ruibarbo. (Mas fique tranquilo, pois os casos registrados de mortes seguidas à ingestão de ruibarbo cru provavelmente se deveram a glicosídios de antraquinona.)

Repolho-roxo, couve-de-bruxelas e beterraba crus contêm uma antivitamina que se combina com a tiamina (vitamina B1) e impede sua absorção. Substâncias antitiamínicas parecidas são também encontradas na semente da mostarda, em algumas vagens, na semente de algodão (cujo óleo tempera os molhos de salada mais baratos) e em algumas samambaias (atenção, fãs de broto de samambaia). O ovo cru de uma salada César contém avidina, que, de forma bastante semelhante, se combina com uma vitamina B chamada biotina. Magnésio, zinco e cobre recebem o mesmo tratamento da parte dos fitenatos existentes nas proteínas de grãos crus, inclusive do germe de trigo que alguns povos aspergem sobre a salada. A soja crua contém antagonistas para a vitamina B12 e a vitamina D, podendo provocar raquitismo. E um bloqueador de vitamina E existente no feijão cru, na alfafa e em algumas ervilhas aumenta a incidência de doença hepática em animais. Mas, pelo menos, eles não correm o risco de sofrer *excesso* de vitamina E, que bloqueia a conversão de betacaroteno em vitamina A.

Um das frases mais ofensivas usadas pelos fãs da nutrição faz referência a "calorias vazias", aplicada a triunfos culinários do porte de uma barra gelada de chocolate Milky Way. Por mim, prefiro comer uma caloria vazia a uma caloria tóxica. E o que poderia ser mais vazio que uma tigela bloqueada com espinafre cru, repolho ou ervilha?

1990: A CONVERSÃO DE NOVA YORK AO BAR-GRILL

Hoje em dia, grelhados e pizzas de forno a lenha se tornaram pandêmicos. Há quem dê a isso o nome bistromania, mas não tem nada a ver com bistrôs. Bistrô não é um estabelecimento caro em que se servem hambúrguer e frango com batata-palha, purê de pimentão e cinco palavras francesas no cardápio. Bistrô não é bar-grill. (Em Nova York, bar-grill não é bar nem grill. O Gotham Bar and Grill, por exemplo, é tanto bar-grill quanto eu.) Se em Paris existem, digamos, menos de cinquenta bistrôs honrados e verdadeiros, quantos você esperaria encontrar em Nova York? Cinco? Desde 1985, a verdadeira coqueluche tem sido a *trattoriamania*, a proliferação de cantinas italianas especializadas em macarrão, pizza, salada e decoração pós-moderna. (Nos EUA, durante os últimos cinco anos, a quantidade de restaurantes italianos aumentou 50%, mais que quaisquer outros.)

A "bistromania" sempre foi um slogan um tanto obscuro. O que de fato está acontecendo agora é a conversão de Nova York aos grelhados. De acordo com a Restaurant National Association, em 1989 *quase metade de todas as entradas servidas em restaurantes do país eram grelhados*. A fritura, que cinco anos atrás era o método culinário predileto, foi degradada a um obscuro segundo plano. Cozer, assar, ferver, escaldar, todas essas técnicas culinárias clássicas são, hoje, coisa do passado. Nova York, que durante um século foi o grande centro de culinária cosmopolita, enfim sucumbiu à suburbanização classe média da cozinha. Essa é a comida dos anos 50, dos anos Eisenhower, da família nuclear e da residência unifamiliar, dos papais que grelham bifes e frangos no quintal no bem merecido dia de folga da mamãe. É um tipo democrático de arte culinária, que não exige treinamento profissional, requer minúsculas quantidades de coordenação entre mão e olho, alguns momentos de *mise-en-place* e menos tempo ainda sobre as chamas. A pequena brochura que vem com a grelha ensina como fazer. Basta arranjar um pedaço molenga de carne gordurosa e verter uma lata de querosene sobre uma pilha de carvão. Tudo fica com o mesmo sabor: o travo amargo de gordura queimada e fibra muscular enegrecida, o odor do posto de gasolina.

Hoje, adicionaram-se à grelha o peixe e, por vezes, os legumes; batatas fritas se transformaram em panquecas, batata-palha e bolinhos grelhados. Foi a isso que chegamos após trinta anos.

setembro de 1990

SALADA, A ASSASSINA SILENCIOSA

Como se poderia esperar, verduras cruas que, de outro modo, seriam atraentes como fonte de proteína ou amido são igualmente ricas em substâncias químicas defensivas, que tornam o amido e a proteína indigeríveis. Inibidores de protease em nabo, rutabaga, grão-de-bico, broto de bambu, castanha de caju e amendoim crus e na maioria das vagens cruas se contrapõem às enzimas digestoras de proteínas de nosso corpo. De forma semelhante, inibidores de amilase presentes no feijão-comum e no feijão-branco crus tornam seu carboidrato inutilizável.

O leitor cuidadoso notará que esses ingredientes de salada só funcionam como antinutrientes no estado cru. Da mesma forma que algumas das toxinas que encontraremos mais adiante, os antinutrientes são destruídos pelo cozimento apropriado. A água fervente dissolve ou dilui substâncias químicas que sejam solúveis em água; o calor elevado desnatura muitas proteínas, inclusive algumas toxinas e a maioria dos nutribloqueadores; outras toxinas se oxidam depressa a altas temperaturas, transformando-se em produtos inocentes. É importante conhecer o método certo, a temperatura e o tempo de cozimento de cada legume perigoso. Para instruções adicionais, consulte seus velhos manuais de bruxaria.

Este ano, comemoramos o 40 000º aniversário do milagre da culinária. A opinião antropológica atual sugere que o *Homo sapiens* moderno tomou rapidamente o lugar dos Neanderthal europeus porque o *Homo sapiens* sabia cozinhar e os Neanderthal não. Vimos que a maioria dos legumes e verduras ricos em proteínas — em particular vagens e grãos — precisa de cozimento para se tornar nutritiva. Ao desabilitar os nutribloqueadores e as toxinas dos alimentos vegetais crus, o *Homo sapiens* conseguiu uma vantagem crucial na batalha da sobrevivência. De meu ponto de vista, os Neanderthal, com suas frontes inclinadas e má postura, continuaram a comer salada e *crudités* até morrerem, razão pela qual os chamamos Neanderthal, isto é, gente rude e estúpida, e também pela qual usamos o termo para nos referir a pessoas que ainda comem da maneira que os Neanderthal comiam. Não sei dizer se eles preferiam condimento pronto Thousand Islands ou Green Goddess, mas meu terreno não é a antropologia.

Os bloqueadores de vitaminas e minerais só enganam as pessoas que acreditam que salada seja bom para a saúde. Bem mais sinistras são as toxinas dos legumes crus, que podem nos fazer muito mal. Algumas são destruídas pela cocção, algumas não. Como seria de esperar, legumes que foram machucados ou

O HOMEM QUE COMEU DE

atacados por fungos fabricam esses venenos de forma muito mais entusiástica que legumes saudáveis.

A mais antiga descrição conhecida de envenenamento por feijão-de-lima é de 1884, ocorrida nas ilhas Maurício. Entre 1919 e 1925, registraram-se sete mortes em Porto Rico pela ingestão de feijão malcozido. O lima e outros feijões grandes contêm altas concentrações de cianógenos, que envenenam tanto quanto o cianeto dos filmes de corredor da morte em Alcatraz. (Grãos de cianeto presos ao fundo da cadeira em que o prisioneiro senta são liberados por controle remoto e caem numa panela cheia de ácido. O gás letal sobe, entrando pela boca e nariz do condenado.) Também existem cianógenos no sorgo verde, no broto de bambu e na mandioca (ver também tapioca etc.), a raiz rica em amido que proporciona 10% da demanda calórica do mundo e ainda aparece nos jornais nigerianos como causa de morte. É improvável que a mandioca apareça na salada do norte-americano, mas o mesmo não se pode afirmar de brotos de bambu imaturos. Esses produtos devem ser descascados com cuidado, lavados em água corrente (e não em água parada) e fervidos em panela sem tampa, para evitar que o cianeto se condense e volte para dentro da panela.

Os bociógenos são substâncias químicas que causam inchaço extremo da tireoide (o bócio) em pessoas com carência de iodo na dieta. Os bociógenos estão presentes no repolho cru, nos brócolis, na couve, na couve-de-bruxelas, no nabo, na rutabaga, na couve-flor, na semente de mostarda e na armorácia, contribuindo para o sabor característico dessas verduras. Certos estudos responsabilizam o alto consumo de repolho no Meio-Oeste norte-americano, entre imigrantes alemães e europeus-orientais, pela incidência de bócio nessa área do país. Vacas que se alimentam de talo de couve em regiões da Tasmânia transmitem bociógenos pelo leite, o que responde pelo bócio endêmico na população. A maior parte dos bociógenos se decompõe durante a cocção.

Um motivo para visitar a França e a Itália é que lá não se forçam a salada junto com os guardanapos, os talheres e a entoação "Tempero francês, tempero italiano ou azeite e vinagre?". Quando se pede uma salada, ela não é preparada pelo lavador de pratos nos intervalos de suas tarefas mais importantes. É tratada como refeição, não como forragem. É produzida com consciência, animada com pato, peixe defumado ou *foie gras* e frequentemente servida como primeiro prato. Por isso, não atrasa a sobremesa. De outra parte, a França e a Itália são a

SALADA, A ASSASSINA SILENCIOSA

fonte da atual e amorosa fixação culinária em comidas como fava, grão-de-bico e banana-da-terra — todas originárias de terras exóticas, onde sobreviver após os quarenta anos não é coisa rotineira.

O favismo é uma doença que recebeu seu nome da fava, ou vice-versa. Essa favorita da *nouvelle cuisine* pode muito bem aparecer crua em sua salada. Casos moderados de favismo se manifestam na forma de fadiga e náuseas; casos agudos, na de icterícia, por exemplo. O matemático e líder místico Pitágoras, que não era idiota, proibia seus discípulos de comer fava. Os iranianos nunca prestaram atenção nele, com o resultado de que, lá, uma pesquisa recente sobre 579 casos de favismo responsabilizou essa leguminosa por todos eles, menos quatro. A boa notícia é que o favismo ataca sobretudo pessoas que são portadoras de algo chamado deficiência genética de G6PD e comem quantidades enormes de fava crua. A má notícia é que a deficiência de G6PD afeta 100 milhões de pessoas de todas as raças.

Tanto os antigos hindus quanto o grande Hipócrates advertiam que o grão-de-bico pode causar latirismo — lesões neurológicas da medula que resultam em paralisia das pernas. A venda de grão-de-bico é ilegal em diversos estados indianos, onde, se isso não ocorresse, o produto dominaria por completo a dieta dos pobres, os quais fazem *chapati* [pão ázimo indiano] com farinha de grão-de-bico, obtida do vegetal cru. Caso o grão-de-bico seja cozido ou mantido de molho em água durante a noite, não provoca latirismo. Mas não tente fazer *chapati* desse modo. Tal qual com a banana-da-terra, consuma-o com moderação. Africanos que fazem pouco desse alerta ingerem serotonina em excesso e acabam afetados por doença cardíaca carcinoide, cozinhem ou não a banana-da-terra.

A cocção tampouco o protegerá se você preparar a salada com batatas verdes e imaturas, que podem conter quantidades *letais* de solanina nos brotos e na casca. Feijões *al dente*, que se encontram em tantas saladas hoje populares, contêm hemaglutininas, que grudam nossas hemácias umas às outras e respondem por deficiências de crescimento entre crianças de certas regiões africanas. Macacos mantidos com uma dieta de brotos de alfafa desenvolvem sintomas de lupo. Brotos e caules de soja são fatores estrogênicos capazes de bagunçar os hormônios femininos, se a mulher comê-los em demasia ou a planta for atacada por mofo. A hortelã-roxa, popular como condimento no Japão e hoje amplamente disponível nos EUA, causa enfisema pulmonar agudo no gado que dela se alimenta. É melhor ficar com a velha e fidedigna hortelã-verde.

A lista é interminável. Mas o governo praticamente desconsidera esses e outros venenos naturais presentes em nossa tigela de salada, enquanto se preocupa com aditivos alimentares e poluentes industriais. O desmascaramento desse estado de coisas — em particular no que diz respeito a carcinógenos e mutagênicos — se tornou como que uma missão para o professor Bruce Ames, chefe do departamento de bioquímica de Berkeley. Ames gosta de descrever o potencial carcinogênico do trivial diário, comparando-o à água de poço poluída do Vale do Silício californiano, que foi condenada como carcinógena pela Secretaria da Saúde da Califórnia. A aflatoxina, por exemplo, forma entre os carcinógenos mais potentes que se conhecem, encontrando-se presente em grãos e frutas secas contaminadas por mofos, como aqueles amendoins que você borrifa sobre a salada ou desfruta na manteiga de amendoim. O teor de aflatoxina que a FDA admite é tão elevado que a manteiga de amendoim do sanduíche pode chegar a ser até 75 vezes mais perigosa que um litro de água contaminada do Vale do Silício, a quantidade que você beberia durante um dia caso permitissem.

Quase tão perigosas são as hidrazinas dos cogumelos crus ou do manjericão contido no tempero *pesto* (que contém montes de estragolo). O safrol, substância relacionada com o estragolo, constitui o motivo por que a *root beer* caseira é, hoje, proibida pela FDA. Muito pior que a água do Vale do Silício e quase tão ruim quanto o manjericão é a colherada diária de mostarda marrom no molho de salada picante. As psoraleínas do aipo (que se multiplicam cem vezes quando ele mofa) costumam provocar dermatite nos caixas de supermercado. Quando saudável, o aipo da salada não causa dano, mas como ter segurança absoluta de que ele é saudável? Alguns pesquisadores advertem que as psoraleínas são tão carcinógenas que "toda exposição desnecessária deve ser evitada".

Eu deveria mencionar que o professor Ames parece não ter nada pessoal contra a salada. (Ele chega a especular sobre o potencial anticarcinogênico de alguns legumes.) Mas grandes mentes às vezes não veem todo o alcance de seu próprio trabalho. Essa tarefa recai sobre os ombros daqueles que os sucedem. É possível que os fanáticos por salada reparem que não apresentei nenhuma evidência contra a abobrinha ou a cenoura cruas. O motivo é que não encontrei nenhuma. A mãe Natureza nunca poderia ter previsto que a abobrinha (que no estado cru tem pouco gosto e valor nutritivo ainda menor) seria usada como alimento pelo *Homo sapiens* moderno. Mas será que deveríamos mesmo considerar *Homo sapiens* modernos as pessoas que comem abobrinha crua?

A cenoura crua contém carotenotoxina; quando extraída dessa raiz alongada e alaranjada, a carotenotoxina produz em ratos uma desordem neurológica grave. Mas um ser humano precisaria comer 1600 quilos de cenouras numa só refeição para ingerir dose equivalente.

E o que dizer das frutas cruas? Ao contrário dos antissociais legumes e verduras, as frutas maduras são gregárias, adorando ser comidas e ter suas sementes dispersas amplamente. É por isso que frutas maduras geram substâncias químicas — sabores, açúcares, tinturas e amaciantes — para *atrair* animais em lugar de feri-los. As frutas cruas, doces, maduras, suculentas e gostosas existem para dar prazer tanto ao ser humano quanto aos animais, até mesmo aos Neanderthal e seus primos modernos. E não é necessário subjugá-las pela fervura.

junho de 1988

Diga sim ao álcool

Ao longo dos últimos 20 mil anos, homens e mulheres têm animado suas refeições com um ou dois copos de vinho, cerveja e outras bebidas alcoólicas. A civilização se construiu com o cultivo de grãos, a prensagem de azeitonas e a fermentação de uvas. Apesar disso, a cada sessenta anos mais ou menos, uma pequena parcela de homens e mulheres rejeita sua herança evolutiva e expressa a intenção de erradicar o álcool em todas as suas formas.

Hoje, a terra é de novo assolada pelas forças proibicionistas, essas pessoas tristes que estão por trás daquelas etiquetas do Ministério da Saúde presentes em toda garrafa de bebida alcoólica e que reivindicam restrições à publicidade e pedem impostos mais elevados para forçar os 60% de nós que bebem moderadamente a pagar pelos pecados dos 9% que abusam. Nas escolas dos EUA, ensina-se a crianças indefesas que o álcool é uma das três "drogas iniciatórias", tão sedutora quanto a maconha e o tabaco.

Mas a verdade fundamental é de fato bastante simples, tendo sido bem compreendida há muitos anos: *pessoas que bebem com regularidade quantidades moderadas de álcool sofrem muito menos ataques cardíacos do que as que nunca bebem nada.* E, uma vez que beber com moderação acarreta muito poucos riscos (exceto nas estradas), os bebedores moderados em geral vivem muito tempo mais que as pessoas que não bebem.

DIGA SIM AO ÁLCOOL

Beber com exagero é perigosíssimo. O CDC, em Atlanta, relaciona 36 causas de morte devidas total ou parcialmente à bebida, inclusive acidentes automobilísticos, homicídios, suicídios, doenças hepáticas, cardiomiopatias, alguns cânceres e desordens mentais. A estimativa do CDC é que 105 095 americanos morreram em 1987 pelo uso e abuso do álcool.

Mas a quantidade de pessoas que morrem de doenças cardíacas é sete vezes maior; trata-se da causa de óbito mais comum dos EUA, com 725 110 vítimas em 1988. Dois terços desses casos foram doenças coronarianas, a oclusão dos vasos sanguíneos que alimentam o coração. A doença coronariana (também conhecida como isquemia cardíaca) é justamente aquela contra a qual somos protegidos pelo consumo moderado de álcool.

Os três principais fatores de risco coronariano apontados pelos médicos — fumo, pressão alta e gorduras saturadas — só explicam cerca de metade da diferença existente entre as taxas de mortalidade cardíaca de países e indivíduos diferentes. O exemplo mais notável é a França, onde as pessoas comem muito mais manteiga, queijo, creme de leite, banha e gordura de ganso que nos EUA, mas têm apenas um terço dos ataques de coração. Isso é conhecido como *le paradoxe français* (o qual exploro em "Por que os franceses não morrem como moscas?", na Primeira Parte). Mas a mesma violação de regras nutricionais modernas também é comum no Norte da Espanha, no Norte da Itália, na Suíça e na Áustria — lugares em que a pequena incidência de ataques de coração é comemorada todas as noites com jantares repletos de gordura saturada. Já que os franceses tomam dez vezes mais vinho que os norte-americanos (na Espanha, Itália, Suíça e Áustria, bebe-se quase tanto quanto na França), a explicação predileta para resolver *le paradoxe français* é que o vinho (ou o álcool em geral) protege o coração.

Em 1979, um famoso estudo publicado na revista médica britânica *Lancet* por St. Leger, Cochrane e Moore apresentava as estatísticas de mortes por doença coronariana em dezoito países desenvolvidos e procurava correlações com grande variedade de fatores, inclusive o número de médicos disponíveis em cada país, o consumo dietético de várias gorduras e a quantidade de vinho e outras bebidas alcoólicas consumidas pela população. A conexão mais forte que eles encontraram foi com o vinho — a França, a Itália, a Suíça e a Áustria apresentavam o mais elevado consumo de vinho e a mais reduzida taxa de mortalidade

O HOMEM QUE COMEU DE

cardíaca. O consumo de álcool total era quase tão importante quanto o do vinho. O número de médicos em cada país não parecia fazer diferença.

Mas comparações geográficas como essa são capazes apenas de sugerir uma conexão, não de prová-la. A primeira prova clínica surgiu no início do século XX, quando patologistas notaram que as artérias de alcoólatras falecidos eram notavelmente limpas. Exames angiográficos mais recentes, conduzidos em alcoólatras vivos, mostram clara concordância. É óbvio que os alcoólatras não deveriam se animar com isso, pois é provável que alguma das 36 demais causas relacionadas pelo CDC, inclusive doenças cardíacas não coronarianas, venha a afligi-los em pouco tempo.

A demonstração mais eloquente dos efeitos protetores do álcool vem daquilo a que se dá o nome estudos prospectivos. Os pesquisadores montam um grupo grande de pessoas; levantam vasta quantidade de informações sobre seu histórico médico, hábitos quanto a fumo, dieta, ingestão de álcool, exercício e todos os componentes do sangue que se possa imaginar; depois, vigiam-nas de perto durante dez ou quinze anos.

O primeiro estudo prospectivo sobre o consumo do álcool e seu efeito em doenças cardíacas foi realizado em Baltimore, na década de 1920; nas últimas duas décadas, um dilúvio deles veio à luz. Quase todos determinaram que pessoas que bebem álcool com moderação sofrem muito menos ataques cardíacos — entre 21% e 60% menos — do que pessoas que não bebem. Segundo a maior parte dessas pesquisas, pessoas que bebem moderadamente vivem muito mais tempo que abstêmios ou bebedores contumazes.

A coerência desses estudos é notável — levando a resultados semelhantes em Chicago e em Albany; na Iugoslávia e em Porto Rico; na Finlândia, na Nova Zelândia e em Framingham, Massachusetts; entre japoneses do sexo masculino que vivem no Havaí e médicos japoneses que moram no Japão; entre australianos, trinitinos e funcionários públicos britânicos; entre 276 802 homens acompanhados durante doze anos pela American Cancer Society; entre 87 526 enfermeiras e 51 529 profissionais de saúde do sexo masculino que foram objeto de estudos separados feitos na Harvard; e entre 123 840 pacientes dos centros médicos da seguradora Kaiser Permanente na região de San Francisco. De todos, só um único estudo, realizado em Alameda, Califórnia, não determinou que o consumo moderado de álcool protege o coração.

DIGA SIM AO ÁLCOOL

Resumindo os resultados, o médico Walter Willett, presidente do departamento de nutrição da Harvard School of Public Health, escreveu em janeiro de 1991 no *New England Journal of Medicine*: "No momento, o único fator dietético constantemente associado ao risco de doença cardíaca coronariana em estudos epidemiológicos é o álcool, que, aparentemente, exibe [...] poderoso efeito protetor".

Diversos estudos prospectivos determinaram que, quanto mais se bebe, até mesmo a ponto da embriaguez permanente, menores são as chances de ocorrer morte por moléstia coronariana. Mas, em sua maioria, os benefícios do álcool seguem o que agora se tornou a famosa curva em U. A chance de sofrer um ataque do coração se reduz quando se bebe de um a três drinques por dia, para depois começar a aumentar e atingir de novo o ponto de partida ao redor de quatro ou cinco drinques diários — o que significa que pessoas que nunca bebem têm mais ou menos a mesma chance de sofrer um ataque cardíaco do que aquelas que tomam quatro ou cinco drinques por dia. No fundo da curva em U, estão os bebedores moderados, com risco muito mais baixo que qualquer outro grupo.

Os efeitos protetores de bebermos moderadamente — em relação a doença coronariana, derrame e mortalidade global — são ainda mais impressionantes entre as mulheres que entre os homens. Mas, dada uma dose alcoólica determinada, as mulheres também se mostram mais sensíveis. As razões estão em que, em média, as mulheres pesam menos; seu corpo tem proporção mais elevada de gordura (também conhecida como curvas), e isso pode aumentar os níveis de álcool no sangue, pois a gordura contém menos vasos sanguíneos e menos sangue que outros tecidos; e, mais importante, as mulheres têm quantidades menores de uma enzima gástrica que ataca o álcool antes que este entre na circulação. Se, para os homens, uma dose moderada de álcool corresponde a dois ou três drinques por dia, para as mulheres beber moderadamente significa tomar um ou um e meio drinque no mesmo período.

As forças antialcoólicas não tiveram dificuldade para atacar os primeiros estudos prospectivos, os quais, como regra, não se preocuparam em separar dos efeitos do álcool a influência do fumo, das doenças cardíacas preexistentes, da dieta, do exercício, da idade e do sexo. E se os que bebem moderadamente nos EUA forem também mais atentos à saúde que os abstêmios, fizerem mais exercício, comerem menos gorduras ou não fumarem? Na maioria dos estudos realizados após meados dos anos 70, introduziram-se ajustes estatísticos para compensar esses fatores de risco, com o resultado de que a correlação entre beber moderadamente e apresentar baixos níveis de doença coronariana se mostrou ainda mais forte. Tal resultado deveria ter sido óbvio desde o início — se o álcool não tivesse efeito protetor, os que bebem deveriam sofrer mais ataques cardíacos que os abstêmios, porque quem bebe também tende a fumar e a comer gorduras. Assim, os neoproibicionistas sofreram duplo golpe: muitos males antes atribuídos ao álcool estão, na verdade, ligados ao hábito de fumar.

Na metade da década de 80, as forças antialcoólicas lançaram seu derradeiro ataque (ao menos é o que se espera) contra a massa avassaladora das pesquisas. Indagaram: e se pessoas que nunca beberam forem pouco comuns? E se alguns dos abstêmios são pessoas que deixaram de beber (ou nunca beberam) por uma boa razão, como, por exemplo, um longo histórico familiar de doença coronariana prematura, ou sua própria má saúde? Com isso, esses abstêmios de pouca saúde baixariam os números de toda a população de abstêmios e levariam a uma apreciação enganadoramente favorável dos bebedores moderados.

Durante dois ou três anos, a desordem reinou na facção pró-álcool. Algumas revistas e newsletters médicas — na maioria dos casos sumamente incomodadas com a ideia de que o álcool possa ser capaz de proteger o coração — anunciaram que a curva em U era um mito. Mas não demorou muito para que o mito voltasse de novo como realidade. Os quatro maiores estudos prospectivos, todos completados após 1987, tiveram o cuidado de separar dos ex-bebedores de má saúde (ou de alto risco) a população de abstêmios, restando assim apenas pessoas saudáveis que sempre foram abstêmias. E, de novo, os que bebem com moderação se mostraram menos propensos a ataques do coração. A curva em U permaneceu intacta.

Hoje, os fatos parecem confirmados. Os custos cada vez mais elevados com saúde nos EUA poderiam ser reduzidos ao menos em alguns dólares por ano se os pesquisadores já não sentissem necessidade de investigar o assunto. Aí poderíamos passar a perguntas mais interessantes. Por que o álcool tem esse efeito protetor? Seria o vinho melhor para a saúde que as bebidas destiladas? E o que você deve fazer a respeito?

DIGA SIM AO ÁLCOOL

Você se lembra de alguns anos atrás, quando aprendemos que existem dois tipos de colesterol, um bom e um ruim? O HDL, ou lipoproteínas de alta densidade, corresponde ao tipo bom de colesterol, porque retira depósitos gordurosos das paredes internas das artérias, onde causariam males inomináveis, e os transportam para o fígado, de onde são despachados. (O LDL, ou lipoproteínas de baixa densidade, é o tipo ruim, porque deposita a gordura nas artérias.) Em numerosos estudos, níveis altos de HDL na circulação foram associados a risco reduzido de doença coronariana. A exercitação aeróbica aumenta o HDL. Há consenso geral de que o álcool faz a mesma coisa.

Mas agora sabemos que existem ao menos três (e talvez mais) tipos, ou subfrações, de HDL. Durante anos, os neoproibicionistas argumentaram que a bebida só aumenta o HDL do tipo 3, que não executa nas artérias o trabalho útil do HDL de tipo 2. (Aparentemente, os demais HDL são irrelevantes para esse debate.) Hoje, para sorte dos bebedores moderados, diversos estudos recentes mostraram que o álcool eleva o nível dos dois tipos de HDL em cerca de 17%. E, em todo o caso, o HDL-3 parece muito menos inútil do que se imaginava.

Da mesma maneira que o HDL constituiu o componente sangüíneo da moda dos anos 80, com certeza algo chamado apolipoproteínas se tornará a coqueluche sanguínea dos anos 90. Pesquisas recentes demonstram preliminarmente que o nível de certas apolipoproteínas na circulação indica com precisão ainda maior que o HDL a probabilidade de sofrer ataque cardíaco. Os bebedores moderados podem levantar seu copo outra vez: o álcool aumenta a proporção do melhor tipo de apolipoproteína, conhecido como *apo A-1*, da mesma maneira que aumenta o nível de HDL.

A segunda maneira pela qual o álcool protege o coração envolve a tendência das plaquetas do sangue a se juntarem e formarem coágulos, sobretudo em torno de regiões das paredes arteriais internas que já sofreram danos pela deposição de placas de gordura. Já que quantidades muito pequenas de álcool não elevam o HDL mas afetam a coagulação do sangue, essa parece ser uma explicação provável para os efeitos protetores de bebermos com moderação. O álcool e a aspirina diminuem a tendência de se formarem esses coágulos, motivo pelo qual os médicos costumam recomendar a seus pacientes mais velhos que tomem uma aspirina a cada dois dias. A formação de coágulo de sangue envolve uma série complicada de passos, e ninguém entende exatamente onde a aspirina ou o álcool intervêm no processo, se funcionam da mesma maneira ou se aumentam mutuamente seu efeito protetor. Já se realizaram pesquisas em quantidade suficiente para sugerir que cada qual reduz a coagulação a seu próprio modo.

Ao contrário do que quer a propaganda recente, o vinho tinto não parece ser significativamente mais ou menos protetor que bebidas mais fortes. Poucos estudos prospectivos de larga escala determinaram diferenças significativas, mas o vinho parece levar ligeira vantagem em algumas pesquisas. Os efeitos do vinho e das bebidas mais pesadas sobre o HDL e sobre a coagulação do sangue parecem idênticos; geralmente, a cerveja ficou em último lugar nos estudos que se ocuparam de medir seus efeitos.

Serge Renaud, do Inserm (o equivalente francês dos National Institutes of Health), sediado em Lyon, disse-me que, provavelmente, qualquer vantagem apresentada pelos países que bebem vinho na corrida das coronárias decorre do fato de que, em geral, o vinho é tomado devagar durante as refeições, e não às pressas, junto com um punhado de salgadinhos, em algum bar penumbroso; o alimento reduz a velocidade de absorção do álcool no sangue, o que, conforme um artigo que Renaud está a ponto de publicar, talvez seja ideal para diminuir a tendência de coagulação. É possível que, do ponto de vista do HDL, beber intensamente tenha o mesmo efeito que beber devagar, mas não em relação às plaquetas. Renaud também poderia ter acrescentado que os países bebedores de vinho costumam ser os que apresentam o maior consumo de álcool.

A pesquisa prossegue em torno de compostos químicos que estão presentes na casca das uvas viníferas e que chegam ao vinho tinto, mas não ao branco, o qual é produzido sem as cascas. O resveratrol, produzido por uvas e outras plantas, combate infecções por fungos; pesquisas realizadas no Japão mostraram que o produto reduz o colesterol em ratos; quando você estiver lendo estas linhas, cientistas da Cornell especializados em frutas terão publicado um artigo sobre o resveratrol. Outro tesouro na casca das uvas viníferas (e da cebola de cor amarela) é a quercetina, com poderosos efeitos antitumorais e anticoagulantes já verificados em laboratório. Mas se passarão anos até que os pesquisadores determinem quais as quantidades dessas substâncias que, de fato, ingressam em nossa circulação quando bebemos vinho tinto e qual o efeito delas em nosso corpo.

DIGA SIM AO ÁLCOOL

Agora que você conhece mais dos efeitos protetores do álcool sobre o coração, como sua vida vai mudar? Ao longo da tarefa de me concentrar em centenas de artigos e *abstracts*, fui me tornando cada vez mais convencido de que os médicos que se recusam a recomendar uma ou duas bebidas por dia deveriam ficar sujeitos à acusação de imperícia, e de que o Ministério da Saúde dos EUA, junto com seus avisos completamente unilaterais, deveria ser admoestado.

Mas já não estou tão seguro, exceto no que se refere ao Ministério da Saúde. A maioria das autoridades em saúde acredita que dar publicidade aos efeitos positivos do álcool faria mais mal que bem, pelo perigo de estimular o abuso da bebida e o alcoolismo. Como escreveu um médico: "Nossa incapacidade de recomendar [o álcool] não se deve às propriedades do álcool, mas às propriedades da natureza humana". No entanto, salvar um punhado de alcoólatras potenciais pode ser amplamente suplantado pelos benefícios coronarianos de sancionar a bebida.

Três grupos deveriam ter cuidado com a bebida, mesmo que moderada: qualquer pessoa que esteja a ponto de dirigir um automóvel; pessoas que tiveram problemas de alcoolismo (ou até mesmo um histórico familiar de alcoolismo); e algumas mulheres.

Mulheres com risco elevado de desenvolver câncer de mama devem tomar cuidados especiais; nisso se incluem aquelas que têm histórico familiar de câncer de mama precoce e as que não tiveram filhos antes dos trinta anos. Apenas 4% das mulheres morrem de câncer de mama (em comparação com 38% devido a doenças cardíacas e 10% a derrames). E não há nenhuma indicação de que beber de vez em quando (um a três drinques por semana) aumente o risco de câncer de mama. Mas é verdade que o câncer de mama ataca no início da vida, ao passo que as doenças cardíacas ameaçam as mulheres sobretudo depois da menopausa.

As grávidas também deveriam ter cautela, dados os efeitos do álcool sobre o feto. Contudo, não se conhece quase nada sobre os efeitos da ingestão leve de álcool durante a gravidez. A maioria das pesquisas foi realizada com mulheres bastante alcoólatras; um drinque ocasional não parece constituir problema.

Pessoas que deixaram de tomar um ou dois drinques por dia porque acreditavam que o álcool fosse perigoso para a saúde, em especial para o coração, podem retomar o costume, ainda mais se ele lhes traz prazer. Qualquer pessoa que, como eu, toma em média um ou dois drinques por dia, deveria hoje se sentir maravilhosamente bem. E, se você não bebe mas não sabe por quê, poderia começar a tomar alguns goles de bom vinho tinto ou de *malt scotch*. Um pouco de álcool de vez em quando sempre fez o mundo ficar mais suportável.

abril de 1992

Sal

Os índios ianomâmis do Norte do Brasil têm a pressão sanguínea mais famosa do mundo, por ser a mais baixa. Hoje em dia, é praticamente impossível ler um artigo sobre pressão que não traga à baila os ianomâmis. Fico pasmado de que eles consigam permanecer tão calmos, cercados como estão por gigantescos insetos, cobras e pesquisadores a lhes medir eternamente a pressão — a qual, segundo os últimos relatos, fica em média no nível notavelmente baixo de 9,5 por 6,1. Nos EUA, a pressão sanguínea média é de doze por oito — a meio caminho entre os ianomâmis e a hipertensão, outro modo de denominar pressão alta, que se inicia na faixa dos catorze por nove. Um quinto de todos os norte-americanos é hipertenso, coisa que não acontece com nenhum ianomâmi. Sorte dos ianomâmis, porque a pressão alta multiplica as chances de sofrer ataque cardíaco, doença renal ou derrame.

Os ianomâmis comem quantidades inacreditavelmente minúsculas de sal, ao passo que comemos um monte; isso levou alguns médicos a imaginar que a hipertensão fosse causada pela ingestão de sal. Os ianomâmis consomem por dia cerca de 87 miligramas de sal, que ocorre naturalmente em sua comida. Isso corresponde a duas sacudidas de um saleiro comum. Essa quantidade minúscula, situada entre as mais baixas do mundo, é explicada pelo isolamento dos ianomâmis em relação ao comércio, ao mar e aos depósitos de sal-gema. Os norte-americanos comem 12 mil miligramas de sal por dia, aproximadamente 266 sacudidas, a maior parte adicionada no preparo e na cocção dos alimentos.

(Ao que eu saiba, a massa de uma sacudida média de saleiro nunca fora investigada antes. Para chegar ao número, enchi meu saleiro com quinze gramas de sal, contei 330 sacudidas até que se esvaziasse, repeti o procedimento em nome da precisão, atingi o mesmo resultado, dividi 330 sacudidas por quinze gramas e cheguei a 45 miligramas por sacudida.)

Comer sal eleva a pressão? O gênero humano depende muito dessa pergunta, porque, não importa o que digam algumas pessoas, o sal é indispensável para a boa cozinha e a boa comida. O sal realça e define os sabores inerentes dos alimentos e aumenta seus aromas naturais. Unifica os diversos sabores de um prato, combina o molho com a carne e transforma a doçura pálida das verduras e legumes em algo complexo e saboroso. O sal também aprofunda as cores da maioria das frutas e legumes e mantém branca a couve-flor. Controla o amadurecimento do queijo e melhora sua textura, fortalece o glúten do pão e preserva carnes e peixes, transformando-lhes a textura. Quando preparada sem sal, a maioria dos pratos fica com gosto mortiço, inanimado e carente de complexidade; em alguns, os sabores resultam desequilibrados, e a doçura predomina. São conclusões de Michael Bauer expostas num maravilhoso artigo sobre o sal, publicado em 30 de agosto de 1989 no jornal *San Francisco Chronicle*, no qual se relata em parte uma série de "testes cegos de degustação" organizados por ele e Marion Cunningham. E, num artigo recente da revista *Cook's*, a vasta maioria dos principais chefs norte-americanos se alinha com o valor culinário do sal. É como disse Robert Farrar Capon: "Usar deliberadamente pouco sal em nome do chique dietético é omitir da música culinária o baixo-contínuo indispensável sobre o qual todos os gostos e cheiros constroem suas harmonias".

Hoje, existem no mercado 35 livros de receitas de baixo teor salino. A maioria substitui o sal por um montão de ervas, especiarias, alho e cebola. Quando se provam essas receitas, a comida exibe principalmente o gosto de ervas, especiarias, alho e cebola, em vez daquilo que você queria para o jantar — como um belo e rechonchudo frango de 2 quilos esfregado com 1 colher (sopa) de gordura de frango, depois com 1 colher (chá) de sal, e em seguida assado a 220°C durante 90 minutos, até a pele ficar dourada e crocante e os sucos, ricos de sabor. Tome o cuidado de regar a cada 10 minutos.

S A L

É provável que sejamos a primeira geração desde o início do mundo a manifestar paranoia acerca do sal. Sem sal, todos morreríamos. Trata-se do único mineral que comemos direto na forma em que é extraído da natureza. O sal foi venerado em culturas primitivas e, onde era escasso, servia de dinheiro. Nosso sangue e nosso corpo são tão salgados quanto os mares dos quais a vida emergiu — o que pode explicar o canibalismo nos lugares em que há carência de sal. As primeiras estradas foram construídas para transportar o sal, os primeiros impostos incidiram sobre ele, campanhas militares foram desencadeadas para garantir seu suprimento, e crianças africanas eram vendidas como escravas em troca dele. Foi o sal que deu a Veneza seu início como capital comercial da Europa, no século VI; foi ele que causou a Revolução Francesa, quase derrotou Mao Tsé-tung e ajudou Gandhi a tornar a Índia independente.

Devido ao fato de termos necessidade de sal para viver, somos geneticamente programados para desejá-lo a partir dos quatro meses de idade. Os salinófobos argumentam que, dado que o essencial para nossa sobrevivência é um quinto de grama de sal por dia (duzentos miligramas, ou uma pitada médio-grande), tudo o que exceda isso deve ser excessivo. Esse raciocínio é absurdo. Qual é a dose diária de música ou de poesia indispensável para nossa sobrevivência? De quanto sexo precisamos estritamente para propagar a espécie? Quanto sal temos de comer para sobreviver? E de quanto sal precisamos para passar um dia agradável? Toda sociedade humana com acesso fácil ao sal come quarenta vezes a quantidade mínima, e a razão é simples. O sal nos dá prazer, porque melhora o gosto da comida. Então, depois do jantar, nossos corpos eliminam o sal de que não precisamos. É por isso que Deus nos deu rins.

Mesmo reduzir o consumo de sal a quinhentos miligramas de sódio por dia, cerca de 10% da média norte-americana, envolveria uma tortura e tanto. Em primeiro lugar, você teria de eliminar todos os alimentos industrializados (enlatados, congelados e empacotados), os quais correspondem a pelo menos um terço do sal de nossa dieta. Ervilhas enlatadas, ou uma porção de arroz congelado, podem conter cem vezes a quantidade de sal presente em ervilhas e arroz crus. Uma xícara de milho fresco tem só sete miligramas de sódio, mas uma xícara de creme de milho enlatado tem 671, mais que a quantidade de um dia inteiro; uma porção de sopa enlatada contém um grama de sódio, a provisão de dois dias. Há tanto sal em 25 gramas de sucrilhos quanto na mesma quantidade de amendoins salgados.

Mesmo após você ter eliminado os alimentos processados e o sal adicionado à comida na cozinha ou na mesa, ainda estará comendo o dobro ou o triplo de sua ração de sódio de quinhentos miligramas. Isso porque muitas comidas são inerentemente salgadas, como, por exemplo, os laticínios (trinta gramas de queijo fresco são mais salgados que uma tigela com trinta batatinhas fritas), o pão, o espinafre, o aipo, a acelga, os frutos do mar, o nabo, a couve e a alcachofra. Se você pretende comer uma gama variada de alimentos, precisa extirpar o sal e a maior parte do gosto dessas verduras, fervendo-as em água destilada. (Em alguns lugares, a água de bica é muito mais salgada que uma dieta de quinhentos miligramas.) E a carne é bem mais salgada que as verduras.

Se o sal causasse pressão alta, o norte-americano médio seria hipertenso, coisa que não acontece. Eu como todo o sal que desejo, muito mais que os ianomâmis, e minha pressão sanguínea está ligeiramente abaixo da normal. A de minha mulher é ainda mais baixa — não muito diferente da dos ianomâmis —, e ela come o que eu faço, porque sou eu quem cozinha em casa. A pressão dos vegetarianos americanos é geralmente mais baixa que a pressão dos carnívoros norte-americanos, mas ambos ingerem a mesma quantidade de sal.

Os ianomâmis diferem dos norte-americanos em muitas formas, e não apenas no sal. São magrinhos, não bebem qualquer espécie de álcool, estão geograficamente isolados e, portanto, são geneticamente singulares, e ainda fazem muito exercício sob a copa luxuriante da floresta equatorial brasileira, lugar em que automóveis são muitíssimo escassos. Os habitantes das ilhas Salomão costumavam ser tão populares entre os salinófobos quanto os ianomâmis — até que foram trazidos para a era moderna, o que fez a pressão deles se elevar. Mas não se pode atribuir isso ao sal. As causas foram identificadas na obesidade e na falta de exercício.

Enquanto contemplava o gosto vazio de uma batatinha frita sem sal, decidi ler do princípio ao fim a pesquisa médica sobre o sal e a hipertensão produzida nos últimos dez anos, de modo a descobrir por que o *establishment* de saúde pública dos EUA fica tão bravo quando se toca no assunto. Tendo feito isso, continuo sem entender qual o motivo de tanto estardalhaço. Os estudos com animais são completamente inconclusivos — alguns bichos são sensíveis ao sal; outros são resistentes; alguns ficam com pressão alta quando submetidos a estresse;

S A L

outros não. Um grupo de pesquisas só conseguiu elevar a pressão de ratos de laboratório saudáveis alimentando-os com uma dieta de 8% de sal, o equivalente a duas xícaras por dia para você ou para mim. Estudos clínicos realizados com seres humanos nunca mostraram que o sal possa causar hipertensão em indivíduos saudáveis. Na pior das hipóteses, o sal pode exacerbar a hipertensão em algumas pessoas que dela já sofrem.

Em 1988, aconteceu o grande tira-teima sobre o sal, na forma da volumosa e rigorosa pesquisa Intersalt. Montaram-se 52 centros em 32 países de todo o mundo, da Argentina ao Zimbábue (os ianomâmis foram incluídos, é claro, junto com três outros povos isolados que viviam na Idade da Pedra). Realizaram-se testes com 10 079 pessoas. De cada uma delas, media-se pequeno número de variáveis: pressão, excreção de sódio e potássio (que, em pessoas saudáveis, é uma medida precisa da ingestão de sódio e de potássio), idade, consumo de álcool, altura e peso. Todas as amostras de urina foram enviadas de avião a um laboratório central, na Bélgica; algumas amostras eram divididas em duas e testadas separadamente, tendo seus resultados comparados para medir a confiabilidade do laboratório. Todas as medidas foram enviadas a Londres e inseridas duas vezes num computador, para assegurar precisão. Nunca antes se tomara tal cuidado num estudo sobre a pressão sanguínea com essas dimensões e esse âmbito geográfico. O financiamento saiu da OMS, de entidades de estudos cardiovasculares do mundo todo, do governo americano e de uma fundação britânica.

Os resultados foram muitíssimo desapontadores para aqueles que esperavam demonstrar, de uma vez por todas, o vínculo entre sal e pressão sanguínea. As quatro culturas primitivas exibiram baixíssima excreção de sal e baixíssima pressão. Mas, no resto do mundo, os pesquisadores não conseguiram encontrar nenhum vínculo significativo entre sal e hipertensão.

Os ianomâmis comem bananas e raízes ricas em amido o dia inteiro; são esses os extremos a que se precisa chegar para baixar a pressão mediante dieta. Hoje em dia, quase todo mundo come entre dois e cinco gramas de sódio por dia (1 a 2,5 colheres (chá) de sal). Mexer com o consumo de sal nessa faixa não afetará a pressão. Conforme conclusão da *Health Letter* da Harvard a respeito do estudo Intersalt: "Parece improvável que o consumo de sal seja influência

O HOMEM QUE COMEU DE

importante no desenvolvimento da hipertensão na maior parte das populações do mundo".

A obesidade e o consumo de álcool estão fortemente associados à pressão alta; se sua pressão é problema, você pode prestar um grande favor a si mesmo perdendo peso e bebendo menos. O Intersalt de fato mostrou que, quanto mais sal as pessoas comem, mais provável é, em média, que sua pressão se eleve à medida que envelhecerem. Mas os números não impressionam. Se todos os norte-americanos cortassem seu consumo de sal de oito gramas por dia para dois gramas por dia, a pressão média só se reduziria 2%.

Algumas pessoas são extremamente sensíveis ao sal; sua pressão sobe quando ingerem sal e cai quando deixam de fazê-lo. Dos 20% de norte-americanos que desenvolvem hipertensão, cerca de um terço é sensível ao sal — aproximadamente 8% da população. Eles deveriam evitar o sal, da mesma forma que deveriam fazê-lo as pessoas sujeitas a falha cardíaca congestiva e doenças hepáticas e renais. Caso você tenha pressão alta, é provável que já saiba disso; peça a seu médico que o ajude a descobrir se você é sensível ao sal.

Mas os 92% restantes lidam direito com todo o sal que tiverem vontade de comer. Escapa-me completamente a razão pela qual as autoridades da saúde pública gostariam que a totalidade da população agisse como se fosse alérgica ao sal, em especial dado que ninguém jamais conseguiu demonstrar que restrições moderadas ao sal façam muita diferença para qualquer pessoa. É como obrigar todo mundo a usar óculos só porque alguns precisam deles. No entanto, é isso o que a maioria das autoridades governamentais da saúde insistem em que façamos. Elas nunca se preocupam em calcular os profundos benefícios que uma comida deliciosa pode trazer a nossas vidas desgraçadas. Em mais de mil páginas de relatórios federais sobre nutrição, não localizei nenhuma ocorrência das palavras "delicioso", "saboroso" ou "gostoso". E os comitês que escrevem os relatórios não incluíram nenhum chef conhecido, embora se dediquem, com tocante minúcia, a dizer aos EUA como deveríamos comer.

É possível que os ianomâmis vençam concursos de popularidade na indústria da pressão sanguínea, mas, na verdade, eles nada têm a nos dizer sobre como viver. Seu sistema hormonal permanece num estado constante e incomum de prontidão contra qualquer perda de sódio, quase como se esse estado fosse uma enfermidade; para eles, ferimentos e sangramentos podem ser desastrosos. E

SAL

você se horrorizaria lendo os relatos de antropólogos a respeito de como os ianomâmis se comportam quando não estão se submetendo a medições de pressão: quase metade dos homens da tribo já matou alguém, e um terço das mortes de ianomâmis resulta de violência! A maioria desses homicídios é parte de um ciclo infindável de vingança entre aldeias. Os assassinos desfrutam de elevado status social, conseguindo muito mais esposas que homens que nunca mataram ninguém. (Deduzo que os ianomâmis consideram bom ter muitas esposas.) Todos os ianomâmis vivem em constante terror de sofrer morte violenta. Além disso, tomam drogas psicodélicas.

Tudo considerado, os ianomâmis são um grupo de maníacos sanguinários que fazem Abu Nidal parecer escoteiro. Pessoalmente, eu não me surpreenderia se seu comportamento insalubre se devesse à insuficiência salina. Duvido que a indústria da pressão sanguínea esteja prestando atenção nisso.

Ao crescer num ambiente histericamente antissalino, toda uma geração de futuros adultos norte-americanos está ficando sem a mais leve noção de como cozinhar com sal, e de qual seja o comportamento e o sabor dos vários tipos de sal. Eis algumas sugestões: a água do macarrão deve ser salgada vigorosamente antes de se adicionar a massa (1 colher (sopa) por litro e 4 litros de água por $^1/_2$ quilo de macarrão); caso contrário, o talharim ficará sem gosto, não importa quanto sal se coloque no molho. O mesmo vale para as batatas. Mas ervilhas e legumes secos devem ser salgados no fim da cocção, para evitar que sua pele endureça e rache. No mais, o sal adicionado à mesa se torna o sabor dominante, não combina os demais sabores entre si e deixa um travo salgado. Às vezes, porém, o que queremos é a sensação dos cristais salgados contra a língua, como, por exemplo, nos pretzels, nas bolachas cream cracker e nas batatinhas fritas.

Não salgue pratos fritos antes de levá-los ao óleo, pois isso os encharcará; salgue-os imediatamente antes de comer. Comida fria precisa de mais sal na cocção do que comida servida quente. Só adicione sal à salada no último minuto, pois do contrário as verduras murcharão; adicionar sal grosso à salada imediatamente antes de servi-la (não no molho) contribui com uma faísca crocante.

Se agora você está um pouco menos preocupado e já está pronto para começar a explorar o mundo maravilhoso do sal, ofereço um fantástico prato rico em sal. Eu o descobri num restaurante do bairro chinês de Nova York.

O HOMEM QUE COMEU DE

CAMARÕES COM SAL E PIMENTA

Dez anos atrás, quando Henry Hugh era o chef, o Yun Luk Rice Shoppe da Doyers Street, em Chinatown, figurava entre os melhores restaurantes cantoneses de Nova York. Recentemente, fui atrás de Henry para descobrir se ele me passaria sua deliciosa receita de camarões. O condimento principal é o sal, que parece ligar os sucos doces do camarão na superfície da casca, onde se douram e adquirem o gosto de ferro esfumaçado da panela wok. O prato emprega 3 colheres (chá) de sal, o que corresponde a cerca de 15 mil miligramas, a ração média de sal de seis semanas de uma família ianomâmi de quatro pessoas — se é que os ianomâmis têm famílias de quatro pessoas. (Mas, a menos que você engula todas as cascas, só consumirá uma pequena parcela do sal.)

1/2 quilo de camarões médios (cerca de 30 por quilo), com casca

1 colher (sopa) de sal (15 g)

4 xícaras de óleo de amendoim

2 colheres (chá) de maisena

1 dente de alho picado

1 pimenta vermelha fresca (de 2 a 4 centímetros de comprimento se muito ardida, maior se pouco ardida), cortada fininho, sem remover as sementes nem as membranas internas

1 colher (chá) de xerez seco

3 chalotas, apenas a parte branca, cortadas fininho

Com uma tesoura forte, faça um corte ao longo do dorso de cada camarão, descendo a meio caminho na carne; destripe e enxágue bem em água fria, mas não remova as cascas. Empape o camarão durante 10 minutos em 1 colher (chá) de sal dissolvida em 1 copo-medida de água fria. Retire da água e bata levemente os camarões sobre uma toalha de papel, sem enxaguar.

Coloque óleo num wok e eleve a temperatura dessa panela até cerca de 200°C, antes de começar a fumegar. (Se preferir, use 2 copos-medida de óleo em vez de 4 e frite os camarões em dois lotes.) Enquanto o óleo se aproxima desse ponto, peneire maisena

SAL

sobre os camarões, agitando para cobri-los uniformemente. Frite os camarões durante 1 minuto, virando-os no óleo. Esvazie o conteúdo do wok num coador grande colocado sobre uma tigela, para receber o óleo.

Devolva $^1/_2$ colher (sopa) de óleo ao wok, aqueça, adicione o alho e a pimenta, cozinhe durante 10 segundos sem dourar, adicione os camarões e as 2 colheres (chá) de sal restantes, vire algumas vezes, borrife com o xerez seco, vire, cubra durante 10 segundos, descubra, vire mais algumas vezes por cerca de 10 segundos, coloque na travessa de servir e guarneça com as chalotas. Coma os camarões com as mãos ou com pauzinhos, chupando o sal e os sucos das cascas antes de descartá-las. Ou coma as cascas. Como prato principal, serve 2 pessoas; como antepasto, 4.

agosto de 1990

Dor sem ganho

Ontem à noite, preguei uma peça em minha mulher. Grelhei uma fatia de meu melhor pão francês caseiro, cobri-a com uma espessa camada de margarina sem gordura Promise Ultra Fat-Free, coloquei-a sobre o balcão da cozinha, sentei e esperei. Logo o aroma do pão atraiu minha mulher à cozinha. Vendo o pão, ela abriu um sorriso e deu uma mordida. Nunca esquecerei como seu sorriso se congelou, como ela engasgou, correu para a pia e se livrou do bocado de pão recoberto com margarina Promise Ultra Fat-Free. Como nos divertimos!

Eu soube da existência da margarina sem gordura Promise Ultra Fat-Free (feita de água, mono e diglicerídios vegetais, gelatina, sal, amido de arroz e lactose, mais um buquê de substâncias químicas e sabores artificiais) pela leitura de *Butter Busters* (Warner Books), um popularíssimo livro de receitas de baixo teor de gordura. Tenho convivido com livros de receitas de baixo teor de gordura durante o último mês, ou coisa assim — não porque isso faça alguma espécie de sentido médico, como explicarei adiante, mas porque o negócio dos livros de receitas de baixo teor de gordura se tornou um mastodonte inchado que ameaça esmagar todo o resto do mercado. Susan Arnold, da Waldenbooks, enviou-me gentilmente exemplares dos livros de receitas que mais vendem, e lá, ocupando orgulhoso o primeiro e o segundo lugar, estavam *In the Kitchen with Rosie* (Knopf) e *Butter Busters*. O livro de Rosie acaba de entrar em sua 32ª impressão

DOR SEM GANHO

em oito meses, o que eleva o total a 5,8 milhões de exemplares — tornando-o não apenas o maior best-seller de 1994 em todas as categorias de livro, mas também o livro que vendeu mais depressa desde que Gutenberg inventou (ou não) os tipos móveis. Com pouco mais de 1 milhão de exemplares impressos, *Butter Busters* não tem nada de que se envergonhar. E *Food* (Simon & Schuster), o livro totalmente incoerente de Susan Powter, pulou de imediato para a lista de mais vendidos assim que foi lançado.

A maioria dos livros de receitas de baixo teor de gordura contém passagens autocomplacentes em que se afirma que o novo e revolucionário modo de cozinhar do autor resulta em sabores melhores que o de comida de verdade. Isso raras vezes se verifica. É fato que muitos pratos tradicionais deveriam ter ficado mais leves anos atrás. No entanto, a vasta maioria das receitas sem gordura ou com baixo teor de gordura sacrifica ao menos alguma coisa em termos de textura, sabor e satisfação. Isso é indiscutível. As perguntas-chave são: o que é que se abandona? E em nome do quê? O que é que se ganha em troca de quanta dor? *Butter Busters*, o segundo livro de receitas mais popular dos EUA, abandona mais que um pouquinho de sabor e textura. Abandona a própria comida.

O livro poderia ter recebido o título de *Como comprar e juntar as comidas mais inúteis que você encontrar nas gôndolas do supermercado e transformá-las numa imitação com baixos teores de gordura, sódio e açúcar de porcarias de alto teor de gordura* (Warner Books). Pam Mycoskie, que escreveu e publicou o livro sozinha em 1992 e depois o vendeu à Warner Books em 1994, não deixa nada ao acaso. Quarenta páginas são dedicadas a um guia de compras para os muitos ingredientes de supermercado empregados em suas receitas: artificiais, carregados de produtos químicos, de baixo teor de gordura. (O guia é dividido conforme a disponibilidade de marcas nos supermercados de Arlington, Texas, onde ela mora. Como essa informação tem escasso interesse para a maioria dos norte-americanos, a Warner Books deveria estar com muita pressa de atingir um público voraz por porcarias ou, obedecendo a motivos de respeito intelectual, evitou bulir com o manuscrito.) Nas escolhas de Pam, incluem-se Butter Buds, Egg Beaters, Egg Mates, Better'n Eggs, massa e cobertura de bolo Pillsbury Lovin' Lites, feijões refritados sem gordura Old El Paso ("refritado" não significa mais nada?), sucedâneo de ovo Ener-G, filés de frango Texas B-B-Q Seasoned, fatias de rosbife Peter Eckrich Deli "Lite", caranguejo artificial cozido Sea Pak, torradas sem gordura

O HOMEM QUE COMEU DE

Auburn Farms e queijos sem gordura da Alpine Lace, Borden, Kraft, Polly-O e Healthy Choice. Deveria haver uma lei contra chamar isso de queijo. Você alguma vez provou esse troço?

Com esses e outros ingredientes, consegue-se fazer Sloppy Joe Casserole, Mashed Potato Shell Taco Pie e Pam's Sweet Trash. A Salada-Surpresa de Abacaxi de Pam contém catchup, Miracle Whip [creme] sem gordura, caudas de lagosta e Cointreau. Assei os brownies Rich Fudge de Pam porque os Easy Fudge Brownies mais opulentos da página ao lado começavam com uma caixa de mistura de cobertura de brownies Lovin' Lites, o que considerei uma forma de trapaça. Os brownies Rich Fudge levavam Sweet'n Low, sucedâneo de açúcar mascavo Sweet'n Low, Egg Beaters, nossa velha amiga margarina sem gordura Promise Ultra Fat-Free e cobertura Braum's Lite. A tarefa de encontrar a maioria desses ingredientes se mostrou árdua para alguém que reside longe de Arlington, Texas, tendo exigido excursões a quase todos os supermercados da parte baixa de Manhattan. No fim, os brownies resultaram pegajoso e borrachentos e não apresentariam nenhum gosto de chocolate não fosse a cobertura. Mesmo brownies medíocres têm vida breve em minha casa; mas, passados cinco dias, a travessa com o Rich Fudge de Pam Mycoskie permanece solitária sobre a mesa da cozinha, quase intacta. A sobrevida desses brownies, tanto na prateleira quanto na mesa, é infinita.

Mas aprendi com Pam um truque útil, embora aparentemente comum em livros de receitas de micro-ondas: é possível cozinhar uma couve-flor inteira embrulhando-a em plástico e submetendo-a à potência máxima do micro-ondas durante 6 a 8 minutos. O resultado foi perfeito, pronto para refogar em azeite de verdade com um pouco de alho de verdade, coisas que não fazem parte da receita de Pam. Seu Egg Beaters Benedict resultou totalmente incomestível, e o Cherry Cheesecake Delight se viu prejudicado por uma crosta obtida esmagando-se uma caixa e meia de SnackWell's Fat-Free Cinnamon Snacks e por uma espessa camada de queijo cremoso Filadelphia sem gordura, uma das afrontas mais pegajosas que já se assacou contra o nome do queijo. As Panquecas de Batata de Pam são feitas quase completamente com comida de verdade — batata, cebola, farinha, pimenta —, tendo saído excelentes quando fritas em azeite de oliva, mesmo que ligeiramente sem sal. No entanto, quando refogadas em óleo Butter Buds, conforme especificado na receita, resultam manchadas e cozidas de menos, faltando-lhes a

204

DOR SEM GANHO

gordura que assegura uma distribuição uniforme do calor pela superfície das panquecas, tostando-as deliciosamente. Pam Mycoskie parece não resistir a comida falsa; sua receita de pão de massa azeda, que quase sempre é feito sem um pingo de gordura, espantosamente leva Butter Buds.

Por que algum norte-americano desejaria se humilhar, degradar e conspurcar comendo esses ou quaisquer das centenas de pratos industrializados sem gordura que Pam recomenda a seus milhões de leitores? Por que 1 milhão de nós comprou seu livro?

Porque nos tornamos mortal e irracionalmente receosos de que comer gordura nos fará engordar, provocará ataques cardíacos, induzirá ao câncer. Temerosos tanto da morte quanto de protuberâncias pouco apresentáveis, tornamo-nos incapazes de distinguir o certo do errado. Sujeitos às garras ignorantes de uma fobia nacional contra a gordura, passamos a recuar diante da polpa verde e aveludada do abacate, da azeitona benigna e perfumada e do óleo dourado do amendoim, como se fossem o equivalente moral do espesso tapete de gordura branca e sólida que circunda uma peça de carne bovina. "Um estilo de vida com baixo teor de gordura é tão importante para você quanto parar de fumar", opina a autora. Trata-se de uma tolice perigosa.

Quais são os fatos? A literatura médica, disponível no site da Medline ou no *Index Medicus* a qualquer pessoa que disponha de modem — ou, já que falamos no assunto, que possua cartão de biblioteca —, apresenta-se em considerável conflito com as recomendações de 1988 da ministra da Saúde dos EUA, fonte à qual a maioria dos nutricionistas da mídia e dos escritores de livros de receitas de baixo teor de gordura recorre — e a torna ainda mais radical. Um bom lugar para começar é a abrangente resenha publicada pelo dr. Walter Willett na edição de 22 de abril de 1994 da revista *Science*; depois, vá atrás das pesquisas mencionadas nas notas de rodapé daquele artigo, cuidando de se inteirar sempre dos dois lados das questões. Por enquanto, cá estão algumas particularidades:

• As doenças cardíacas não se relacionam com a quantidade total de gordura que um indivíduo ingere. Elas só têm relação com a gordura saturada, ou seja, com o tipo que deriva de animais e, talvez, de algumas plantas tropicais, como o coco e o dendê. Sabe-se disso há quarenta anos.

O HOMEM QUE COMEU DE

• As taxas de moléstia cardíaca medidas em diversos países não têm correlação com o consumo total de gordura. No famoso estudo Sete Países, a ilha de Creta mostrou ter a mais baixa taxa de doenças cardíacas do mundo, embora sua dieta fosse muito alta em gordura, sobretudo azeite de oliva. Hoje, os países com as taxas mais baixas de doença cardíaca são o Japão e a França. No curso da história, a dieta japonesa tem tido baixos teores de gordura; a francesa, altos teores.

• Existe estreita correlação entre as taxas nacionais de moléstias cardíacas e o consumo de carne vermelha e laticínios não fermentados. Não há nenhum vínculo com o queijo, apesar de seu alto teor de gordura.

• Embora o colesterol do sangue tenda a aumentar com o aumento do consumo de gorduras saturadas, na verdade ele tende a baixar quando se ingere mais gordura insaturada, do tipo encontrado na maioria dos óleos vegetais.

• Nem todas as gorduras classificadas como "saturadas" elevam o colesterol. A manteiga de cacau, que é a gordura presente no chocolate, quase não aumenta o colesterol ruim, do tipo LDL. Deus está no Céu, e o mundo vai bem.

• Uma dieta de baixo teor de gordura pode ser perigosa para pacientes com diabetes adquirido na maturidade. Um estudo publicado em maio de 1995 no *Journal of the American Medical Association* mostra que, ao contrário da dieta pobre em lipídios e rica em carboidratos então recomendada pela American Diabetes Association, os diabéticos têm mais sucesso em baixar o nível de açúcar, triglicerídeos, insulina e colesterol LDL de seu sangue ao seguirem uma dieta muito rica em gorduras monoinsaturadas (45% de calorias) — azeite de oliva, óleo de canola e assim por diante. Para mim, é um mistério que alguém jamais tenha imaginado que diabéticos não dependentes de insulina pudessem manter controle sobre o açúcar no sangue com uma dieta rica em carboidratos.

• Cerca de 25% da população é "resistente à insulina", ou seja, pode ganhar peso mais facilmente comendo carboidratos do que comendo gorduras.

• Algumas (não todas) pesquisas mostram que o consumo de grandes quantidades de ácidos graxos ômega-3 (a gordura presente nos peixes marinhos e em algumas plantas, como a beldroega) reduz o risco de doença coronariana. Mas dietas pobres em gordura limitam as pessoas a peixes nos quais o ômega-3 não se encontra presente.

DOR SEM GANHO

• Países com baixo consumo de gordura têm taxa de câncer mais baixa, mas a relação não reside no consumo de gordura total ou de gordura vegetal, restringindo-se à gordura animal e à carne.

• A incidência de câncer de mama por país aumenta com o crescimento do consumo total de calorias, mas não com a ingestão de lipídios. (As pesquisas iniciais confundiam as duas coisas, passando daí a atribuir equivocadamente a correlação à gordura.) Num estudo recente feito na Grécia, mulheres que consumiam azeite mais de duas vezes por dia apresentavam incidência de câncer de mama 25% inferior à de mulheres que não consumiam azeite.

• Em certos estudos, a incidência de câncer de cólon é relacionada ao consumo de gordura animal; em outros, à carne vermelha; não há nenhum vínculo com a gordura vegetal. Resultados semelhantes foram encontrados em relação ao câncer de próstata. O ácido alfalinoleico (encontrado na gordura que circunda a carne vermelha) parece ser um dos principais suspeitos.

• A obesidade não parece estar relacionada à ingestão de gordura. Uma comparação feita em 65 municípios chineses não revelou nenhum vínculo entre ingerir gordura e tender a engordar — embora, em alguns municípios, as pessoas consumissem na forma de gordura menos de 5% de suas calorias. Países europeus meridionais apresentam consumo de gordura mais baixo que países setentrionais, mas são afetados por taxas de obesidade mais elevadas.

• Num ensaio clínico realizado na Universidade de Minnesota com mulheres moderadamente obesas, uma dieta pobre em lipídios não revelou nenhuma vantagem significativa sobre uma dieta de baixa caloria. Embora alguns estudos afirmem uma vantagem inicial para as dietas pobres em gordura, a diferença costuma desaparecer em algumas semanas. Pesquisa feita na Universidade Rockefeller não encontrou nenhuma diferença no peso que os participantes da experiência ganharam ou perderam seguindo dietas líquidas ricas ou pobres em gordura.

• Em resumo: a gordura saturada é ruim para a saúde; a gordura da carne vermelha e dos laticínios não fermentados é a pior. Gorduras insaturadas são perfeitamente ok. O azeite de oliva é provavelmente benéfico. É pouco provável que seu peso corporal seja afetado pela porcentagem de calorias totais que você consumir na forma de gordura.

Se tudo isso é verdade, como foi então que começou o frenesi paranoico antigordura? O que mantém a coisa andando?

O HOMEM QUE COMEU DE

As culpas podem ser distribuídas amplamente. O volumoso e influente relatório de 1989 do National Research Council, *Diet and Health*, mirou acertadamente em alguns capítulos as gorduras saturadas, mas, em outros, interpretou a literatura médica de forma grosseiramente equivocada; lá se adverte, sem fundamento, contra um consumo total de gordura superior a 30% em calorias. A nova norma da FDA para que se faça a informação nutricional na embalagem dos alimentos estabelece que na linha 1 deve constar a quantidade total de calorias na forma de gordura e, na linha 2, a massa em gramas dessa gordura; gorduras saturadas e colesterol aparecem depois. Consultados, nutricionistas me dizem que o excesso de informação confunde o público e que, se as pessoas baixarem o consumo total de gordura, reduzirão automaticamente o consumo de gorduras saturadas. Isso pode ou não ser verdade. Mas pedir que as pessoas restrinjam sua dieta de forma mais severa do que precisam reduz as chances de que acompanhem a recomendação, reforça a noção de que a privação e o ascetismo são fundamentais para uma vida feliz, aumenta o nível ambiente de paranoia da sociedade em relação a coisas tanto naturais quanto artificiais e propaga a desinformação — algo que costumava ser considerado ruim por si só.

E há figuras que são objeto de culto, como o dr. Dean Ornish e Susan Powter. Dean Ornish ganhou notoriedade no início dos anos 80, ao demonstrar, a despeito do ceticismo de muitos médicos, que um programa de interrupção do fumo, exercícios moderados, redução do estresse (inclusive pela meditação), apoio social e dieta muito pobre em lipídios seria capaz de reverter o processo de arteriosclerose e minorar o risco de moléstia coronariana — tudo isso sem cirurgia ou drogas. Suas credenciais como médico dietista são muito menos impressionantes. Seu muito lucrativo *Eat More, Weigh Less* (HarperCollins) é um livro de receitas vegetarianas pobres em gordura, precedidas de 81 páginas de meias verdades. Uma vez que, em sua pesquisa anterior com pacientes cardíacos, ele jamais se preocupara em isolar os benefícios relativos da dieta, do exercício, da interrupção do fumo e assim por diante, o trabalho realizado pelo próprio Ornish é irrelevante no que se refere à dieta draconiana que ele receita (10% de gordura). Em suas notas de rodapé, abundam referências a matérias de jornal que dão conta de pesquisas realizadas por outras pessoas.

O programa "Escolha de Vida" de Ornish "adota uma nova abordagem científica, baseada no tipo de comida, e não na quantidade". É claro que isso corresponde à mesma "nova abordagem" propalada pelas centenas de livros de receitas pobres em gordura que entopem o mercado. A diferença está no fanatismo da dieta de Ornish: é preciso evitar as carnes de todos os tipos (inclusive peixe), todos os óleos (saturados, monoinsaturados e poli-insaturados — para Ornish, isso não importa), abacate, azeitonas, frutas secas e sementes, laticínios pobres em gordura, álcool e todos os demais produtos que apresentem mais que dois gramas de gordura por porção. "Não importa o que você possa ter ouvido", ele escreve, "o azeite de oliva não faz bem." Lembro-me de que, alguns anos atrás, assisti a um debate sobre nutrição em Boston, com a presença de Ornish. Um painel de especialistas se debatia com a questão, séria e difícil, de saber se o azeite traz de fato benefícios que outros óleos vegetais não trazem. E, como se ele não quisesse ou não conseguisse assimilar as complexidades da discussão, Ornish não conseguiu contribuir com nada além de exclamar que o óleo de oliva deve ser prejudicial porque é gordura. Ele parece ter uma fixação.

A aparente falta de familiaridade de Dean Ornish com a literatura médica não reduziu sua influência. Uma das vítimas é Sarah Schlesinger e suas *500 Fat-Free Recipes* (Villard Books), que vendeu bastante no ano passado [1994]. Recorrendo a Ornish e, mais vagamente, a estudos de "sociedades de todo o mundo", a sra. Schlesinger se convenceu de forma irracional de que o câncer e as doenças cardíacas (mais acne, erupções cutâneas, vertigem e "desequilíbrios" hormonais) decorreriam automaticamente do consumo de "gordura em excesso", o que, para ela, corresponde a qualquer tipo de gordura. A autora nos oferece a seguinte dica, para que sejamos capazes de seguir sua dieta mesmo quando em viagem ao exterior:

> Aprenda as frases de que precisa para expressar suas necessidades. Pode, por exemplo, dizer "Minha comida não pode ter gordura" ao redor do mundo num dos seguintes idiomas:
>
> Espanhol: *Es necesario que mi comida no tenga grasa.*
>
> Alemão: *Mein Essen darf kein Fett enthalten.*
>
> Francês: *Tout doit être préparé sans gras.*
>
> Italiano: *Niente douvebbe essere fritto.*

O HOMEM QUE COMEU DE

Com certeza, a sra. Schlesinger merece receber de volta o dinheiro que pagou por suas aulas de italiano.

Se, ao contrário do que dizem Ornish e seus epígonos poliglotas, não se ganha grande coisa cozinhando com pouca gordura, então é melhor que o sofrimento correspondente seja muitíssimo pequeno. A ausência de sofrimento é o principal critério que usei ao cozinhar durante um mês com base em meia dúzia de livros de receitas pobres em gordura. Escolhi *Butter Busters* por causa de sua popularidade. Mas a dor que se sofre ao usar esse livro — ou mesmo ao apenas lê-lo — é tão aguda que nenhum benefício, talvez nem mesmo a imortalidade, o torna digno de ser seguido. Dois dos seis livros mereceram análise séria e levaram a experimentações. *Provençal Light* (Bantam), de Martha Rose Shulman, pareceu-me um dos mais atraentes e autênticos entre os livros disponíveis de receitas pobres em gordura. E *Chocolate and the Art of Low-Fat Desserts*, de Alice Medrich (Warner Books), é a abordagem mais metódica do tema da culinária pobre em gordura, por motivos que explicarei adiante.

O que essas autoras querem dizer com culinária pobre em gordura? Tanto a American Heart Association quanto o relatório de 1988 da ministra da Saúde dos EUA urgem que não consumamos mais que 30% de nossas calorias na forma de gordura. Esse, portanto, parece ser um bom ponto de partida. A maioria dos livros de receitas pobres em gordura mira esse patamar.

Dado que o americano médio ingere por volta de 37% de suas calorias em forma de gorduras, reduzir isso a 30% não parece um passo muito drástico — certamente não o bastante para ter estimulado o surgimento de toda uma nova indústria. Os 7% de um dia de 2500 calorias correspondem a 175 calorias de gordura, menos de duas colheres (sopa) de manteiga ou azeite. Por que o mundo precisa de uma inundação de livros de receitas dolorosamente militantes e mal escritos para nos ensinar como evitar duas colheres de sopa de manteiga por dia? Um motivo é que quase todos os livros de receitas pobres em gordura pretendem que todo prato — todo antepasto, todo prato principal, toda salada, toda sobremesa, toda mordida que você der — contenha menos de 30% de calorias provenientes de gorduras. Fica óbvio que isso é desnecessário. O objetivo de uma dieta pobre em lipídios deveria ser fazer que a *média* de nosso consumo fosse de 30% (ou qualquer que seja a meta), e não forçar todo prato a vestir a mesma camisa de força. No entanto, é isso o que a maioria dos livros de receitas

DOR SEM GANHO

pobres em gordura faz: assume uma meta demasiado modesta e a torna extremamente difícil e desagradável de atingir.

O problema de Alice Medrich é muito mais complicado. A gordura saturada tem proeminência nas sobremesas de chocolate — tanta proeminência quanto a sra. Medrich. Ela fundou e foi dona da hoje extinta Cocolat, uma loja de sobremesas e chocolates em Berkeley, Califórnia; autora, também, do premiado livro de receitas *Cocolat* (Warner Books), a sra. Medrich assumiu muito a sério a tarefa de criar sobremesas de chocolate com baixo teor de gordura. Em *Chocolate and the Art of Low-Fat Desserts*, ela tem sucesso em pelo menos metade dos casos, uma pontuação inacreditavelmente boa. Afinal de contas, sua meta é criar não só sobremesas "passáveis, levando em conta o baixo teor de gordura", mas sobremesas "verdadeiramente memoráveis", "sensacionais". A maioria de suas criações é nova, e não versões com baixo teor de gordura de suas receitas anteriores. A sra. Medrich não consegue evitar o tipo de comentário apocalíptico e autocomplacente que outros autores fazem. "Essas são as novas sobremesas do futuro", escreve orgulhosa, e se refere às pesquisas realizadas para produzir o livro como "uma viagem de descoberta". Mas, ao contrário da autora de *Butter Busters*, a sra. Medrich só usa ingredientes de alta qualidade e produtos naturais, sem lançar mão de nenhum sucedâneo. Ela deseja que suas sobremesas tenham sabor untuoso, e não leve, e usa gordura estrategicamente, em vez de substituí-la.

Gordura é bom. Gordura funciona. Como todos os cozinheiros de baixos teores de gordura descobrem, a gordura cumpre notável quantidade de funções: homogeneíza e suaviza os sabores, carrega-os para a boca e lhes dá permanência; na cocção, distribui o calor de forma mais eficaz que a água e permite temperaturas elevadas o suficiente para provocar a deliciosa reação de dourar; e contribui para a textura, tanto de modo óbvio quanto de maneiras não tão óbvias. De início, a sra. Medrich descobriu que suas musses não endureciam, os glacês não mantinham o relevo, a massa ficava encharcada e os recheios não retinham umidade sem "sangrar" ou escoar. E alguns sabores resultavam estranhamente agressivos. Embora o açúcar ficasse mais doce, sua eliminação levava a texturas mais secas, porque o açúcar retém água. A gordura sustém e estabiliza os sabores; as sobremesas de baixo teor de gordura podem se tornar insípidas se guardadas, mesmo que por breve período; a presença de qualquer ingrediente inferior é exposta.

O HOMEM QUE COMEU DE

Só às vezes a sra. Medrich recorre a duas soluções fáceis, comuns mas sensaboronas: substituir todo o chocolate (que contém entre 55% e 75% de calorias vindas de gorduras) por cacau pobre em gordura; e trocar gemas de ovo por claras. Ela também elimina boa parte da gordura das massas e musses, torna mais leves os bolos para poder usar coberturas mais untuosas, torra nozes para intensificar-lhes o sabor e as pica mais finamente, de modo que persistam mais; também admite uma exceção a seus princípios gerais ao incluir queijo cremoso "leve" em glacês. No final das contas, todo um conjunto de meios-termos cuidadosos e sagazes faz que suas sobremesas variem do aceitável ao delicioso.

Esse livro não é simplesmente uma coleção de receitas; é um manual para a criação de sobremesas de chocolate com baixo teor de gordura; diversos capítulos são dedicados à teoria e aos princípios gerais. A sra. Medrich acredita que a combinação entre o liso e o crocante é fundamentalmente satisfatória. Alguns sabores, como o de caramelo, têm gosto inerentemente untuoso, embora não contenham nenhuma gordura. Para conferir leveza, volume e cremosidade, a sra. Medrich usa o merengue como substituto do chantilly em algumas musses. No entanto, porque considera perigosa a clara de ovo crua, ela desenvolveu um procedimento útil mas laborioso para pasteurizá-la: ela mistura as claras com água, açúcar e cremor de tártaro e eleva sua temperatura a setenta graus em banho-maria. (Sem as adições, a clara coagularia.) Por vezes, desejei que a sra. Medrich tivesse visado uma gama de qualidades sensoriais mais variadas que apenas a untuosidade. O chocolate tem muitos rostos.

No tira-teima, preparei oito ou nove receitas de brownies e assemelhados. Ainda sob os efeitos da ressaca de meu repulsivo encontro com os brownies de *Butter Busters*, comecei com os brownies da sra. Medrich. Eles resultaram lustosos ao olhar e úmidos ao paladar, com um sabor untuoso de chocolate — muito melhor que todos os brownies industrializados pobres em gordura disponíveis que recebo pela UPS quase todas as semanas. Só depois de comê-los incansavelmente, fui capaz de descobrir neles as falhas que estragam as receitas menos perfeitas da sra. Medrich (e destroem as sobremesas pobres em gordura de cozinheiros menos hábeis): a textura era ligeiramente semelhante à da borracha, e não à de um bolo, o que decorre de substituir ovos inteiros por claras; o gosto traía um quê do caráter acre e granuloso do cacau; e o sabor não permanecia muito tempo na boca, um problema comum a muitos alimentos de baixo teor de gordura. No caso dos brownies da sra. Medrich, tais imperfeições eram secundárias, mas sugeriam os perigos que ela enfrenta todo o tempo ao fogão. Maior sucesso ainda tiveram sua Marquise de Chocolate Agridoce, uma sensacional terrina de chocolate congelado e uma versão de baixo teor de gordura de sua famosa Decadência de Chocolate (em essência, um bolo de chocolate sem farinha). Entre suas receitas menos admiráveis, estão o creme de confeitaria, que é borrachudo, o suflê de chocolate, seco, as *tuiles* de açúcar, desinteressantes, e diversos molhos.

Mesmo aqueles entre nós que percebem a falta de necessidade de uma dieta pobre em gordura deveriam levar em consideração o livro da sra. Medrich. O problema é que, nas sobremesas de chocolate, a gordura presente é principalmente do tipo saturado, aquele encontrado na manteiga, na gema de ovo, no creme de leite e, em medida menor, na manteiga de cacau — quer dizer, o tipo de gordura que faz mal, mutila e mata. Reduzir as sobremesas para 30% de gordura não satisfaz ao critério de ninguém, caso a maior parte dessa gordura seja *saturada*; tanto a American Heart Association quanto o Ministério da Saúde dos EUA limitam o total de gorduras saturadas a 10% das calorias totais. Estranhamente, os dados nutricionais que acompanham as receitas da sra. Medrich omitem os números relativos à gordura saturada. Duvido que isso tenha acontecido por inadvertência.

Martha Rose Shulman escreveu vários livros sobre culinária de baixo teor de gordura, mas é possível que *Provençal Light* seja o melhor deles — e, junto com o de Alice Medrich, o melhor livro de receitas pobres em gordura do último ano. Trata-se de uma representação calorosa e bem informada sobre o Sudeste da França, assim como um bom livro de receitas; folclore e comida se entrelaçam elegantemente neste livro bem projetado e bem editado.

A sra. Shulman morou na Provença e viajou muito pela região; no livro, você encontrará versões de todos os seus pratos provençais prediletos — da *bouillabaisse* (a dela é a lendária sopa do restaurante Bacon, de Cap d'Antibes) aos maravilhosos gratinados e ragus daquela parte da França. Ela não proíbe o ovo por completo, umedece a *brandade* com leite, para eliminar parte do óleo (uma substituição perigosa), "estica" habilmente seus *aïoli* alternativos com purê de batatas e assa a berinjela em vez de fritá-la. Mas omite a *bourride* (outra grande sopa de peixe, da qual a autora não conseguiu remover a gordura com arte) e

O HOMEM QUE COMEU DE

todos os pratos que contenham carne vermelha (a região é famosa por seu cordeiro e, com frequência, emprega um pouco de toucinho como condimento, mas a sra. Shulman não come carne vermelha); e, ainda, de forma totalmente insatisfatória, faz todas as suas *tartes* com finíssima massa grega do tipo *phyllo*, que contém muito pouca gordura.

Trata-se de comida de verdade, toda feita com ingredientes naturais. Mas várias receitas de Shulman poderiam ser muitíssimo melhoradas pela adição de um pouco de azeite. E o único motivo de omiti-lo é o medo da gordura, um medo patológico, ainda que financeiramente compensador. "Da mesma forma que as demais culinárias mediterrâneas, a cozinha da Provença é inerentemente saudável", escreve a autora na introdução ao livro. Mas, se isso é verdade, por que fazer experiências com a comida?

Veja-se, por exemplo, sua Sopa de Legumes com Pistou. Ferve-se uma seleta de legumes durante 1 ¹/₂ hora; juntam-se feijões brancos cozidos e alguns legumes frescos, para dar "mordedura"; cozinha-se por mais 10 minutos, distribui-se pelos pratos e se adiciona 1 colher (sopa) do intensamente aromático *pistou* — a pasta provençal de manjericão, azeite, alho e queijo. Sozinho, o caldo é robusto, suave e ligeiramente doce; o *pistou* o transforma numa das maiores sopas do mundo. A receita de Shulman é muito semelhante àquelas que comparecem em livros de receitas provençais tradicionais (três boas versões saíram do prelo recentemente, uma por Robert Carrier e duas por Richard Olney), a não ser pelo fato de omitir a maior parte do azeite, cerca de 1 colher (sopa) para cada porção. Sem isso, o caldo resultou deficiente em sabor, o alho ficou cáustico, o manjericão grosseiro com um quê de hortelã, o feijão sem caráter — até que, como um maestro de orquestra, uma boa dose de azeite dourado uniu esses instrumentos num caloroso concerto vegetal. Pelos meus cálculos, a Sopa de Legumes com Pistou tem apenas 12% de gordura; juntar 2 colheres (chá) de azeite de oliva para cada porção ainda manteria as calorias de gordura abaixo dos 30%. Por que omiti-las?

E tenho uma objeção ao título do livro de Martha Rose Shulman. De acordo com os regulamentos da FDA aplicáveis a alimentos industrializados, a palavra *light* só pode ser usada num rótulo quando o alimento contiver 50% menos gordura que a versão normal. Creio que *Reduced-Fat Provençal* seria um título mais preciso, porque isso significa 25% menos gordura que o normal, uma caracterização mais justa de muitas das receitas de Shulman. Ou ainda, considerando que ela evita toda e qualquer carne vermelha, tradicionalmente usada como condimento indispensável em carradas de pratos provençais essencialmente vegetarianos, a autora deveria ter intitulado seu livro *The Pollo-Ovo-Lacto-Vegetarian Reduced-Fat Provençal Cookbook* (Bantam Books). Uma anomalia: a análise nutricional que ela fornece de cada prato omite a porcentagem de calorias correspondentes a gordura. Será que sua motivação teria sido o desejo de contrabandear o que parece ser uma receita magnífica de Sopa Untuosa de Peixe, talvez a glória da culinária provençal da costa mediterrânea, sopa que, na versão pobre em lipídios da sra. Shulman, contém 60,4% de gordura, mais do que há nas batatinhas fritas? Mal posso esperar para experimentar.

abril de 1995

Doces assassinos

De acordo com pesquisas recentes, os consumidores americanos se mostram mais preocupados com o açúcar que com qualquer outra coisa em suas dietas, excetuado o colesterol.

Nosso medo nacional do açúcar branco refinado atingiu um ápice febril em 1979 e, desde então, permaneceu alto. Foi nesse ano que Dan White, julgado pela morte a tiros do prefeito de San Francisco, George Moscone, e de seu auxiliar, Harvey Milk, foi condenado por lesões corporais e não por assassinato em primeiro grau depois que seu advogado recorreu à "defesa Twinkie", ou seja, à alegação de que o cérebro de White fora de tal modo bagunçado pelo consumo de Hostess Twinkies e outros doces que ele não poderia ser completamente responsabilizado por seus atos. A alegação foi que os Twinkies o teriam induzido a cometer o crime.

O açúcar refinado também já foi responsabilizado por doenças cardíacas, diabetes, obesidade, anemia e hiperatividade em crianças. Sempre suspeitei dessas imputações. Os seres humanos nascem com uma única preferência de gosto — a atração pelo doce, pelo açúcar. A ideia de que a natureza nos projetou de forma a sermos atraídos poderosamente em direção àquilo que nos prejudica me parece ilógica, ímpia e muitíssimo improvável. Por isso, procurei

DOCES ASSASSINOS

os fatos médicos sobre o açúcar e, felizmente, descobri que quase todas as acusações são infundadas.

Açúcares simples são os tijolinhos com os quais se fazem todos os carboidratos complexos, e todos os carboidratos complexos se decompõem em açúcares simples em nosso aparelho digestivo antes de serem absorvidos pela circulação. Nesse sentido, todos os carboidratos se equivalem em termos nutricionais, porque, antes de poderem ser usados, todos precisam ser convertidos em glicose, o açúcar mais simples de todos. A glicose é o açúcar do sangue, a principal fonte de energia do corpo; sem ela, nossos músculos e nosso cérebro não teriam uso para o macarrão, os doces, as frutas, o leite, o amido, a sacarose, a frutose ou a lactose. Se não é glicose, não é comida.

Todas as autoridades em nutrição, do National Research Council à American Heart Association, recomendam que aumentemos nosso consumo de carboidratos para até 55% das calorias totais — em especial, dos carboidratos complexos, como o amido. Estes são favorecidos em relação aos açúcares simples porque costumam ocorrer em comidas ricas em fibras, vitaminas ou minerais, como macarrão, batata, feijão e pão, por exemplo. O açúcar branco não proporciona nada além de calorias e muito prazer. Mas considerar isso perigoso é outra história.

O estranho na afirmação de que comer açúcar torna as pessoas hiperativas ou mesmo violentas é que a ingestão de qualquer carboidrato tem, seguramente, o efeito oposto. Na circulação, os carboidratos elevam o nível do aminoácido triptofano, substância que o cérebro emprega para sintetizar serotonina, um neurotransmissor relacionado ao sono, à analgesia, à calma e, mesmo, ao alívio da depressão. Trata-se do exemplo mais bem documentado (e talvez o único) que os cientistas já descobriram a respeito de como um alimento altera o funcionamento de nosso cérebro. Os Twinkies fazem que fiquemos contentes.

Alguns pais acreditam que seus filhos se tornam indisciplinados e intratáveis após comerem sacarose; sabe-se de crianças que são enviadas às festas de aniversários de amiguinhos portando seus próprios minibolos, confeccionados com frutose ou aspartame. Mas a maioria das pesquisas que testou tais crianças em laboratório — na ausência dos pais — refutou essas alegações.

O mecanismo que, supostamente, funcionaria nesses casos é conhecido como hipoglicemia reativa. A teoria é que o corpo reagiria ao consumo de gran-

O HOMEM QUE COMEU DE

des quantidades de açúcar mediante a produção de um excesso de insulina, a qual reduz drasticamente o açúcar no sangue e provoca confusão, ansiedade, fraqueza muscular e mudanças de personalidade. A ideia de que prisioneiros e crianças indisciplinadas são afetados por essa anomalia parece ter surgido em 1977, quando Barbara Reed, agente de liberdade condicional do estado de Ohio, relatou a uma comissão do Senado americano que, após ter lido um folheto intitulado *Low Blood Sugar*, alterou as dietas dos ex-detentos sob seus cuidados e, com isso, observou melhoras notáveis em seu comportamento.

Mas a hipoglicemia reativa é uma afecção rara; pesquisas controladas cientificamente não têm documentado sua presença em pessoas hiperativas ou violentas. Um estudo de 1986 do National Institute of Mental Health não determinou a ocorrência de nenhuma consequência cognitiva ou comportamental decorrente da ingestão de açúcar. Um estudo feito com crianças hiperativas na Universidade de Toronto descobriu que elas reagiam da mesma forma à sacarose, ao aspartame e à sacarina. E, em 1990, uma equipe da Universidade de Wisconsin determinou que um café da manhã repleto de sacarose até melhorava o desempenho do grupo de delinquentes juvenis brancos (58) e negros (57) que a pesquisa acompanhou.

O açúcar refinado faz engordar? Um grama de açúcar tem as mesmas quatro calorias por grama de qualquer outro carboidrato ou qualquer grama de proteína. Todos os carboidratos levam vantagem significativa sobre as gorduras dietéticas, as quais, com nove calorias por grama, têm mais densidade energética e podem com mais facilidade ser convertidas em gordura corporal. A conversão de excessos de calorias provenientes de carboidratos — *simples ou complexos* — em gordura consome energia, chegando a gastar até 20% das calorias do carboidrato no processo. Mas carboidratos complexos apresentam uma vantagem calórica apenas secundária em relação a açúcares simples; a energia adicional que o corpo queima para decompô-los é baixíssima.

Corre por aí a ideia de que, de algum modo, o açúcar refinado enganaria os mecanismos reguladores do corpo e nos induziria a comer demais. Tal noção tem sido contestada repetidamente. Num estudo, pó artificial para refresco foi elaborado de dois modos: com açúcar ou com aspartame. As duas amostras foram ministradas a crianças uma hora antes do almoço. Aquelas que beberam o refresco com açúcar compensaram as calorias extras comendo menos no almo-

DOCES ASSASSINOS

ço que aquelas cujo refresco continha o adoçante não calórico. O corpo reconhece o açúcar.

Os gorduchos têm pendor pelo que é doce? Não. Na verdade, adultos obesos consomem menos açúcar que adultos magros. E testes de degustação mostraram que nenhum dos dois grupos apresenta mais pendor pelo açúcar que o outro.

O açúcar refinado provoca doenças cardíacas, diabetes, anemia e outras enfermidades degenerativas? Não. O volumoso relatório *Diet and Health* (1989), que foi publicado pelo National Research Council e reúne tudo o que se conhecia sobre doenças e nutrição, resume centenas de estudos sobre o assunto e conclui que "não se determinou que o consumo de açúcar (por aquelas pessoas com dietas saudáveis) represente fator de risco para alguma doença crônica em seres humanos, excetuada a cárie dentária". Estudos de populações de Porto Rico, do Havaí e de Framingham, Massachusetts, verificaram que homens saudáveis consumiam mais carboidratos que aqueles que contraíram doença coronariana; o tipo de carboidrato não era relevante. A maioria das autoridades recomenda que o açúcar adicionado aos alimentos se limite a 10% ou 11% das calorias totais; nosso consumo médio atual é apenas ligeiramente superior a isso. Mas em pessoas com triglicerídeos elevados, em especial diabéticos, a ingestão isolada de excesso de *frutose* pode agravar o problema; a sacarose é feita de uma unidade de frutose e uma de glicose.

O açúcar refinado provoca cáries? Certamente. Mas não mais que qualquer outro carboidrato fermentável. O mais importante é a forma assumida pelo carboidrato. Carboidratos grudentos, como xaropes, méis e passas, por exemplo, agarram-se aos dentes e, com isso, têm mais tempo para causar danos. Crianças e adultos com propensão a cáries devem escovar os dentes vigorosamente depois de comer qualquer tipo de carboidrato dessa espécie.

Quem conduziu os EUA ao pânico do açúcar refinado foram nutricionistas dos anos 70. Em consequência disso, consumimos vastas quantidades de adoçantes artificiais (embora diversas marcas tragam rótulos nos quais advertem que provocam câncer em animais de laboratório). E, com danos maiores à gastronomia americana, comemos desagradáveis sobremesas "sem açúcar" e geleias adoçadas com suco de maçã ou de laranja concentrado, ou ainda com maçãs secas em pó, coisas que contêm tantas moléculas de açúcar quanto a sacarose, mas que têm o gosto de suco de fruta fervido, e não o da pureza cristalina que desejamos. Hoje, muitos nutricionistas se preocupam com o fato de que as pessoas se tornaram tão irracionalmente fixadas no medo do açúcar que esqueceram os problemas sérios de verdade em nossa dieta, sobretudo nosso pródigo consumo de gordura animal. É isso o que eu chamo de doce vingança.

outubro de 1992

Uma gordura sem consequência

Sobrevoando Cincinnati em minha viagem de volta a Nova York, retorci-me em minha poltrona procrustiana e refleti sobre a Segunda Idade do Homem. Pois foi nisso, justamente, em que você e eu embarcamos a 24 de janeiro de 1996 — o dia em que a FDA aprovou o Olestra.

A Primeira Idade do Homem, a Idade Material, transcorreu desde 100 000 a.C. até a noite de 23 de janeiro de 1996 d.C. Tem o nome Idade Material porque, enquanto durou, a consciência humana esteve encerrada em sua moradia física primitiva, o corpo, e ao prazer se seguiam inevitavelmente consequências caras e dolorosas. Então, em 24 de janeiro, tudo mudou. A Segunda Idade do Homem, a Idade Virtual, começou com a legalização do primeiro prazer virtual quase completo — um alimento virtual —, o Olestra. A invenção do controle da natalidade apareceu perto do fim da Idade Material e constituiu só meio passo.

O Olestra é a gordura que passa inalterada, incólume e não absorvida pelo corpo humano. É a gordura sem calorias, sem colesterol, sem doença cardíaca, sem câncer. O Olestra é a gordura sem consequência. É uma imitação molecular, quase uma paródia, da gordura.

Todas as gorduras e óleos que comemos têm o nome triglicerídeos, porque consistem em três cadeias de ácidos graxos, cada qual ligada por uma extremidade à mesma molécula de glicerol. O Olestra é bastante semelhante, exceto pelo

O HOMEM QUE COMEU DE

fato de possuir seis ou oito cadeias de ácidos graxos no exterior e uma molécula de sacarose (açúcar) no meio. (Por isso, o nome genérico do Olestra é poliéster de sacarose.) As enzimas de nossos intestinos responsáveis pela decomposição das gorduras, acostumadas a desmontar triglicerídeos para fácil absorção na corrente sanguínea, não conseguem entender o que fazer com essa Medusa, e assim o Olestra continua a viajar através do trato digestivo até sair do corpo. Tal trânsito fácil também pode causar problemas, os quais abordaremos mais adiante.

Comparado ao Olestra, os sucedâneos de gorduras, como o Simplesse, por exemplo, são impostores. Não se parecem nem um pouco com gorduras, constituindo-se apenas de carboidratos ou proteínas enrolados mecanicamente para que sejam sentidos como gorduras pelo paladar. Ao comer ou aquecer esses sucedâneos, a ilusão se esvai. O Olestra é diferente. Parece gordura, age como gordura na cocção e tem gosto igual a gordura — untuoso e bom. Mas, uma vez consumada sua magia na frigideira e no paladar, simplesmente sai pelo ralo. Você alguma vez provou um prato de sorvete falso feito com Simplesse? Quem quer que tenha inventado esse troço deveria ser obrigado a comer um prato daquele sorvete falso.

Acompanhei a história do Olestra praticamente desde que aprendi a ler. A molécula foi inventada em 1959; a ideia era que todo aquele excesso de ácidos graxos e sacarose conseguisse superalimentar bebês prematuros. Alguém deve ter ficado muito desapontado ao descobrir que a nova substância não proporcionava nenhuma nutrição, porque não podia ser decomposta e absorvida. Assim, passaram-se anos antes que o fabuloso potencial do Olestra fosse compreendido.

Eu lera os artigos científicos e médicos sobre o Olestra e acompanhara os ataques e contra-ataques em torno de eficácia e segurança. Conversara com funcionários que participaram de audiências da FDA e obtivera todas as transcrições, vários milhares de páginas contidas em quatro disquetes. E *há* um bom motivo para a preocupação com o Olestra: ingeri-lo pode causar efeitos colaterais, que variam de moderados a severos incômodos gastrointestinais até problemas com a absorção de nutrientes. Mas, antes de me esquentar e me aborrecer com tudo isso, eu precisava desesperadamente cozinhar com Olestra, usá-lo com carne, frutos do mar, frutas e pão, em molhos e em doces — refogado, frito, grelhado e assado — em todas as suas ilimitadas formas e encarnações. A FDA só aprovou o

UMA GORDURA SEM CONSEQÜÊNCIA

uso do Olestra em salgadinhos, e eu não recuo um milímetro sequer em minha admiração pela boa batatinha frita. Mas não foram os salgadinhos que fizeram que eu me apaixonasse pelo conceito do Olestra.

Porque eis o cerne da questão: o Olestra não é simplesmente algum tipo de substituto de gordura, como uma garrafa de óleo de amendoim ou uma lata de gordura hidrogenada Crisco. O Olestra é um *processo* de transformar qualquer gordura — *qualquer gordura!!* — num poliéster de sacarose que passa direto pelo corpo. Poderão fazer manteiga de Olestra e assar croissants dourados com as calorias de gordura equivalentes às de um pedaço de torrada seca. Poderão fazer gordura de carne bovina Olestra (ou de ganso) para cozinhar batatinhas fritas verdadeiramente perfeitas, saborosas e crocantes, mas com o nível zero de gordura de uma batata simplesmente assada, sem mais nada. Poderão fazer banha de Olestra para confeccionar massas tão leves que você terá de pregá-las à mesa da cozinha para impedir que saiam flutuando. Poderão fazer manteiga de cacau Olestra e moldar barras de chocolate liso, untuoso, escuro, com os 3 ou 4 g de gordura presentes em $^1/_4$ de xícara (chá) de pó de cacau seco. Ou, pelo menos, acredito que eles poderão fazer tudo isso.

Eu também sabia que era politicamente incorreto gostar do Olestra, ao menos no mundo da nutrição. A Procter & Gamble (P&G) enviara centenas de reluzentes pacotes de batatinhas fritas Olestra aos editores e escritores de culinária de todo o país. Alguns deles — amigos meus! — tinham se recusado a abrir os pacotes. Quanto a mim, rasguei as embalagens antes mesmo que o mensageiro deixasse minha casa. Eu sabia que aqueles saquinhos prateados continham pequenas lascas de história. E o gosto era bom.

Devo reconhecer: uma das razões mais prazerosas para gostar do Olestra é que o óleo faz a maioria dos nutricionistas se retorcer de incômodo. Durante quase uma década, levaram uma boa vida nos assustando ao fazer crer que o consumo de qualquer gordura provoca doenças cardíacas, derrames, diabetes, obesidade e vários tipos de câncer. A verdade científica é que nem toda gordura é ruim para nós, só a gordura saturada — sobretudo a de origem animal.* Mas, seja por ignorância, seja pelo deleite que sentem em nos controlar, as forças

---

* Para mais detalhes, por favor volte ao capítulo "Dor sem ganho", mas só depois de terminar a leitura deste. (N. A.)

O HOMEM QUE COMEU DE

antigordura tentaram nos convencer de que toda gordura é veneno. E, agora, estão numa enrascada. Pois, se gordura é veneno, então qualquer coisa que nos impeça de consumir gordura — mesmo uma dieta composta integralmente de petiscos sem gordura feitos com Olestra — será uma dádiva divina. O Olestra desmascara o blefe dos nutricionistas!

Se o Olestra cumprir seu potencial, em breve a taxa de desemprego dos nutricionistas e escritores antigordura atingirá 100%.

O que você estava fazendo em 24 de janeiro de 1996? Quanto a mim, pensava em gordura. Na verdade, pensava em comida, que é o mesmo que pensar em gordura, a menos que você considere que pensar em alface equivalha a pensar em comida. Logo de manhã, como se tivesse recebido uma mensagem telepática, eu telefonara ao departamento de relações públicas da P&G para pedir uma banheira de Olestra com a qual pudesse fazer experiências. Não disseram nem sim nem não. Deixaram de responder a minha chamada.

Isso porque foi naquela mesma tarde que a FDA anunciou sua decisão favorável ao Olestra, e o departamento de relações públicas da P&G virou uma barafunda. Alguns dias depois, uma voz da empresa se ofereceu para vir a minha cozinha em Nova York fazer uma demonstração do Olestra. Dois relações-públicas e uma excelente consultora culinária, chamada Marilyn Harris, estavam viajando para Nova York para percorrer as revistas e críticos gastronômicos mais poderosos e influentes da cidade. Quando terminassem sua ronda, viriam me visitar. Furioso, respondi que não aceitaria nada menos que acesso livre e completo ao Olestra, e não uma demonstração ensaiada, disponível para qualquer repórter foca. Eles recusaram, e eu cedi, irritado.

O dia chegou e, com ele, os representantes da P&G. Estavam apressadíssimos, vindo atrasados para minha visita e tendo apenas meia hora para chegarem à *Allure*, alguma espécie de revista de beleza. Montaram duas minúsculas e fundas fritadeiras elétricas em minha cozinha; numa, verteram óleo de soja e, na outra, Olestra, um líquido muito espesso e dourado; ligaram as fritadeiras na tomada; fritaram alguns salgadinhos de milho; tiraram as máquinas da tomada. O resultado foi bom de comer, não importando se feito no Olestra ou no óleo de soja. Quando pedi para ficar com o Olestra, a resposta foi um peremptório não. Perguntei se poderia fritar algumas batatinhas que eu cortara antes. De novo, a resposta foi não. Mas, quando os dois relações-públicas da P&G foram

224

UMA GORDURA SEM CONSEQÜÊNCIA

dar um telefonema, Marilyn Harris e eu ligamos sub-repticiamente as fritadei-ras e fritamos as batatas. Embora os relações-públicas tivessem ficado furiosos, as batatinhas resultaram deliciosas e tão livres de gordura quanto um copo de água, o que fez meu apetite por Olestra aumentar mil vezes. Fiquei frenético por cozinhar com Olestra.

Fiz uma enxurrada de ligações telefônicas para a P&G. No início eles me ignoraram, mas, com a ajuda de Marilyn Harris, que se tornara minha aliada, por fim recebi um convite para ir a Cincinnati para cozinhar quanto eu quisesse com qualquer tipo de Olestra que tivessem disponível. Eu estava prestes a me tornar o primeiro jornalista da Idade Virtual, o primeiro a quem se permitiria brincar com o Olestra quanto quisesse para depois contar ao mundo o que descobrisse, inclusive as falhas. Assim, eu estava para ingressar nas páginas da história.

Por que fui o escolhido, e não outros? Não sei, mas não descartaria a influên-cia de meu puro magnetismo animal.

Os dias voaram como se fossem minutos. Juntei um pacote de boas recei-tas — nenhuma *junk food* — e enviei um fax para Marilyn Harris com uma lista de compras: maçãs, limões, baunilha, polvilho, açúcar, leite, batata, alho, alecrim fresco, tomilho, sálvia, orégano, 1 dúzia de ostras sem casca, quiabo, abobrinha, 2 frangos, $^1\!/_2$ quilo de camarões e vários potes de sabores variados do sorvete Graeter's. Os naturais de Cincinnati sempre dizem que o Graeter's é o melhor sor-vete do mundo, e havia muito tempo eu queria determinar se eles tinham razão.

Embarquei no avião carregando diversos termômetros de fritura (que fizeram disparar o detector de metais), vários pares extras de pinças e um paco-te de farinha de *chapati*, para fazer *pooris* [uma variedade de bolinho frito india-no]. Algumas horas chuvosas mais tarde, Marilyn e eu chegamos ao estaciona-mento do Winton Hill Technical Center, da P&G, nos arrabaldes de Cincinnati. O centro culinário da P&G consiste em quatro cozinhas e várias centenas de livros de receitas, no piso térreo de uma modesta estrutura de tijolos chamada Food Building. Três das cozinhas são pequenas instalações domésticas, provi-das de equipamento-padrão; outra é uma grande cozinha profissional, onde passamos a maior parte do dia. Dois ou três quilômetros adiante, em Ivory-dale, estão as unidades de produtos de limpeza da P&G, e, em dias chuvosos, quando o vento sopra na direção certa, o ar fica cheio de um cheiro enjoativa-mente adocicado de sabão.

O HOMEM QUE COMEU DE

Primeiro, tive de assinar um compromisso legal. O motivo pelo qual a FDA restringira o Olestra à produção de porcarias foi limitar a quantidade provável de Olestra que as pessoas comerão enquanto estuda seus efeitos de longo prazo. Sem nenhuma dúvida, a FDA não aprovara o Olestra para o tipo de culinária doméstica em que eu estava a ponto de embarcar. Rapidamente, dispus duas panelas grandes e pesadas sobre os queimadores e enchi uma com óleo de amendoim e a outro com o Olestra-padrão, aprovado pela FDA, feito de óleo de soja ou algodão; em cada panela, submergi um de meus termômetros; acendi o fogo. Logo, o cheiro de sabão se viu expulso pelo aroma jovial de filhós (que fritamos e depois cobrimos de açúcar de confeiteiro, para tomar com o café da manhã), palitos de abobrinha (imersos antes na excelente massa de água e farinha de Marcella Hazan), quiabo frito em maisena (receita de Marilyn), batatas fritas e minhas excelentes batatinhas chips.

Enquanto isso, preparei duas versões da (para ser absolutamente franco) milagrosa massa de torta publicada na *Vogue* de novembro último (ver a página 464); a primeira foi feita com gordura hidrogenada Crisco e a outra com uma forma hidrogenada de Olestra fabricada já faz algum tempo pelo laboratório e escamoteada por Marilyn exatamente para uso num momento como aquele. Só reclamando um pouquinho, Marilyn descascou cinco quilos de maçãs, e nossa talentosa ajudante, Cindy Young, enrolou minha massa e elaborou duas belas tortas — que só ela sabia distinguir. Em certa altura, Marilyn fez seu brownie Olestra sem gordura, biscoitos sulistas e grossos pedaços de peito de frango frito, conforme uma receita *cajun* [ou seja, dos descendentes de franceses da Louisiana].

Durante minha visita, mostraram-me muitos tipos de Olestra, inclusive a versão Crisco e a versão sebo, para fazer batatas fritas. É aqui que o gênero humano de fato precisa do Olestra — como substituto totalmente satisfatório das gorduras que nos causam dano de verdade, as gorduras completamente saturadas ou hidrogenadas que deveríamos evitar, mas que tornam deliciosas muitas comidas tradicionais. Em especial, eu estava ansioso para pôr as mãos em manteiga de Olestra, mas não consegui encontrá-la em nenhum lugar em toda Cincinnati. Sei que fizeram um pouco dessa manteiga. Alguém poderia ganhar um Nobel por isso.

UMA GORDURA SEM CONSEQÜÊNCIA

Nós três nunca estivemos sós na cozinha. A todo instante, algum executivo, cientista ou engenheiro da P&G aparecia para um lanchinho, para compartilhar com generosidade seus conselhos culinários, para responder a minhas perguntas científicas ou conversar sobre restaurantes de Nova York. Essas pessoas têm mordiscado diariamente Olestra durante os últimos cinco anos. Ao que parece, nenhuma sofreu efeito nocivo — ou sobreviveu para contar a história.

E, agora, o veredicto gastronômico: a torta de maçã Olestra foi universalmente considerada superior à versão Crisco — a massa resultou consideravelmente mais escamosa e tão macia quanto a outra. Os biscoitos de Olestra de Marilyn pareciam mais quebradiços que os de Crisco, mas também mais untuosos. Os *pooris* feitos com a receita de Madhur Jaffrey se estufaram tão bem no Olestra quanto no óleo de amendoim, e o gosto era semelhante. Os brownies de Marilyn estavam bons, mas prefiro o gosto de chocolate e ovo dos brownies de verdade.

Pouco havia no gosto e na textura que distinguisse os alimentos fritos em Olestra dos preparados em óleo de amendoim, contanto que fossem comidos ainda muito quentes. A diferença, se havia, era que as versões Olestra pareciam mais quebradiças, com sabor mais neutro, o que realçava o gosto subjacente dos alimentos, muitas vezes de forma inesperada.

Contudo, assim que a temperatura caía, diversos dos acepipes preparados com Olestra deixaram meu céu da boca repulsivamente gorduroso, em especial quando não os deixáramos escorrer bem. O motivo é que a atual versão do Olestra foi feita para permanecer bem espessa à temperatura ambiente — seu aspecto é de vaselina, até ser aquecido —, razão pela qual a P&G sempre faz demonstrações usando Olestra derretido.

Por que formularam o Olestra desse modo? Porque as versões anteriores, mais líquidas, causavam problemas gastrointestinais. Um desses problemas (o "vazamento anal", ou, conforme prefiro designá-lo, a "perda passiva de óleo") ocorre quando o Olestra completamente líquido se separa da comida com que foi cozido e escorrega ao longo das paredes internas dos intestinos, ultrapassando tudo em seu trajeto. Gotas de Olestra aparecem na roupa íntima, ou flutuando na privada. (Na verdade, a FDA abrevia isso como OIT, abreviatura inglesa de "óleo na privada".)

A P&G descobriu que a perda passiva de óleo, bem como alguns dos demais efeitos gastrointestinais (cãibras e diarreia, por exemplo), mas não todos eles,

O HOMEM QUE COMEU DE

podiam ser quase de todo eliminados fazendo-se que, à temperatura ambiente, o Olestra se apresentasse quase tão espesso quanto a maionese. Isso evita que ele se separe da comida nos intestinos. É a única forma de Olestra que a FDA aprovou. Mas fatias de batata recobertas de uma camada de gordura com consistência de maionese não vão sair das prateleiras dos supermercados. Assim, as batatinhas fritas Olestra que a P&G produz em caráter experimental são cuidadosamente secas a vapor, num modelo-miniatura de fábrica de batatinhas montado em outra área do Food Building. É por isso que, em algumas das degustações informais publicadas nas seções gastronômicas de diversos jornais, as batatas Olestra não tinham gosto suficientemente gorduroso.

Antes que o Olestra possa ser usado em casa, algo drástico deve ser feito. De fato, algo drástico foi feito. Fui o primeiro estranho a quem se mostrou uma forma experimental de Olestra que é maravilhosamente líquida à temperatura ambiente e à temperatura de fritura, mas que, de alguma forma, endurece dentro do corpo. O pessoal da P&G permaneceu irritantemente lacônico a respeito desse Olestra que dava a impressão de ser perfeito, leve e dourado; o receio, conforme afirmaram, era alertar a concorrência. (Mas, obviamente, queriam que eu escrevesse sobre aquilo, pois caso contrário não me teriam mostrado — não descobri sua existência em algum armário de vassouras.) Permitiram-me fazer frituras durante horas a fio com o produto, e os resultados foram excelentes — batatinhas quase tão firmes e muito menos gordurosas, com gosto leve e translúcido. A P&G não tem planos imediatos de solicitar aprovação da FDA, porque, suspeito, isso exigiria uma série volumosa de testes adicionais com animais e seres humanos. Caso contrário, a P&G não hesitaria em comercializá-lo.

No voo de volta de Cincinnati, ainda inebriado pela promessa do Olestra, pensei em algumas das questões mais sombrias.

Será que o Olestra fará que as pessoas se tornem magras demais? Ao menos oficialmente, a FDA nem mesmo considera esse problema. Quando alguém solicita permissão para introduzir uma nova substância na despensa americana, a FDA tem uma única responsabilidade legal: descobrir se o novo produto alimentício oferece segurança ao comer, e não se é eficaz, delicioso ou desejável. (Os *remédios*, estes sim, são também avaliados no que se refere à eficácia.) A pesquisa de perda de peso da P&G é promissora, mas seus efeitos só foram verificados em curtíssimo prazo.

UMA GORDURA SEM CONSEQÜÊNCIA

Quanto aos efeitos gastrointestinais, posso testemunhar que, após um dia inteiro de culinária com Olestra, mastigando os resultados e consumindo cinco vezes a quantidade prevista pela FDA, e ainda recorrendo regularmente aos pacotes de salgadinhos de milho e batata Olestra que repousam ao lado de meu computador, não enfrentei a menor dificuldade. Minha mulher, que sempre afirma possuir estômago mais delicado que o meu, também não teve nenhum problema, e adorou o gosto e a textura crocante. Não há nenhuma dúvida de que, aparentemente, algumas pessoas (um número pequeno) sofre cãibras, diarreia ou perda passiva de óleo. Mas a FDA nos assegura que qualquer sintoma gastrointestinal desaparece assim que se deixa de comer os produtos — sem desconforto duradouro.

Há uma consequência potencial muito séria de comer Olestra, um assunto que a FDA evitou, mas que pode voltar a assombrá-la.

Algumas das vitaminas nos alimentos que comemos são solúveis em gordura — sobretudo as vitaminas A, D, E e K. Quando ingeridas ao mesmo tempo que se come Olestra, algumas se dissolvem no óleo e atravessam nosso corpo sem ser absorvidas. De forma imprecisa, a imprensa tem descrito esse efeito como um "enxágue", "aspiração" ou "varredura" das vitaminas de nosso sistema. Mas o Olestra só leva embora uma parte das vitaminas solúveis em gordura que são consumidas num período de duas horas antes ou depois da ingestão do óleo. Caso você coma batatinhas Olestra à tarde, as vitaminas de seu jantar permanecerão inalteradas.

A P&G e a FDA calcularam a quantidade de vitaminas de substituição que precisariam ser adicionadas ao próprio Olestra ou às comidas feitas com ele para acertar as coisas, mesmo tratando-se de pessoas que ingerem grandes quantidades de porcarias. A P&G adicionou essas vitaminas ao óleo. Os resultados me parecem sensatos. Se você ainda está preocupado, leia o resumo de pesquisa da FDA no *Federal Register* (vol. 61, nº 20, 30 de janeiro de 1996, "Rules and regulations"). Qual o nível de suplementação vitamínica necessário para compensar o consumo de Olestra todos os dias, durante o dia inteiro, em todos os lanches e todas as refeições — como tenho esperanças de que venhamos a fazer? A resposta mais fácil é tomar uma pílula de vitaminas todas as manhãs, uma ou duas horas antes ou depois de recobrir seu biscoito Olestra com a dourada manteiga Olestra.

Mas há um problema muito mais espinhoso: como faremos para substituir todos os nutrientes sobre os quais ainda não conhecemos o bastante? Os carotenoides são um grupo de mais de quinhentas substâncias inter-relacionadas e encontradas em frutas e legumes, das quais as mais famosas são o betacaroteno e o licopeno (do tomate). Cinquenta estudos epidemiológicos respeitáveis mostram que populações que consomem grandes quantidades de frutas e legumes têm taxas mais baixas de incidência de câncer; baixos níveis de carotenoides na circulação se relacionam a doenças cardíacas, derrames e certas afecções oculares em idosos.

Os carotenoides são solúveis em gordura, havendo pouca dúvida de que a ingestão de Olestra provoca decréscimo agudo de alguns deles. Mas será que os carotenoides são os nutrientes cruciais nas frutas e legumes? Ou será que esse papel é desempenhado por alguma outra coisa? (Outras possibilidades são os flavonóis e os polifenóis, que não são solúveis em gordura.) E o que se deve medir é mesmo o nível de carotenoides na circulação? Ou esse nível é, simplesmente, um indicador de outros processos que ocorrem no corpo? Ninguém sabe, e, por conseguinte, o governo americano nunca baixou uma norma relativa ao consumo de carotenoides. Como resultado, a FDA não exigiu que o Olestra fosse enriquecido com nenhum um dos quinhentos carotenoides cuja existência se conhece. O dilema é este: como poderemos substituir nutrientes que estão além de nossa capacidade de nomear e medir?

O risco do Olestra vale a pena? Certamente sim, se gordura é veneno. Mas e se não for...?

Caso o Olestra venha a ter o efeito histórico que espero, caso o Olestra de fato inaugure a Segunda Idade do Homem, ele poderá passar a compor 30% de nossa dieta. Seria possível criar uma forma de Olestra que não solubilizasse nutrientes? Essa pode ser nossa única esperança. Confio em que o pessoal da P&G esteja trabalhando nesse problema noite e dia. Caso contrário, a Idade do Prazer Virtual será adiada *sine die*. E ficaremos apenas com algumas reluzentes embalagens de salgadinhos.

maio de 1996

QUARTA PARTE
UMA JORNADA DE MIL REFEIÇÕES

Chucrute de verdade

Quando despertei, o ar matutino era tão cristalino quanto o toucinho e tão doce quanto uma salsicha de fígado. Eu estava atado ao banco do passageiro de um carro europeu pouco familiar, sozinho e abandonado na beira de uma estrada montanhosa e deserta. As chaves não estavam na ignição. Será que, mais uma vez, eu fora burlado por minha própria mulher?

Desprendi o cinto de segurança e me espremi para fora do carro. Em outras circunstâncias, a cena a meu redor teria parecido sublime. Vinhedos verde-amarelados escalavam as colinas íngremes, e manchas de cores outonais se mostravam através dos pinheiros prateados. No amplo vale lá embaixo, era possível divisar um fazendeiro minúsculo num trator minúsculo, puxando uma carreta minúscula abarrotada de *quintal d'Alsace*, os enormes repolhos brancos que logo seriam despedaçados, adicionados de sal e zimbro e fermentados para formar chucrute, palavra que vem do alemão *Sauerkraut*, ou "erva amarga". Cozido com vinho, especiarias e tudo com que um porco alsaciano pode contribuir para o bem-estar humano — seus joelhos robustos, seus pés delicados e queixadas carnudas, sua barriga opulenta e paleta musculosa —, o *quintal* é elevado ao estonteante e quase inconcebível ápice gastronômico conhecido como *choucroute garnie à l'Alsacienne*. Durante dez anos, eu fora assombrado pelo sonho de descobrir o chucrute perfeito. Mas agora, sozinho e abandona-

O HOMEM QUE COMEU

do na Alsácia, minha meta parecia tão distante quanto o fazendeiro pequenino que labutava no fundo do vale.

Uma jornada de mil refeições começa com uma simples mordida. Minha obsessão pelo chucrute se estabelecera desde a primeira versão que provei, uma receita de Julia Child. O caldo de galinha, a cebola e a cenoura o tornavam doce, o cravo e o zimbro lhe davam aroma. As carnes eram salsicha e carne de porco assada, toucinho e presunto, tudo extravagante e familiar. Eu adorara até o último restinho, e imaginava que um chucrute absolutamente autêntico seria a mesma coisa, de modo ainda mais acentuado. E, assim, minha busca se iniciou.

Anos depois, em Paris, num dia de junho particularmente quente, almocei numa das *brasseries* da cadeia Baumann, que alguns julgam ter o melhor chucrute da cidade. Foi a refeição mais desmoralizante de minha vida, não porque o chucrute fosse fraco, o que ele era, nem porque minha mulher tivesse me forçado a comer do lado de fora sob o sol ardido e um pombo tivesse sujado meu terno, coisa que ambos fizeram, mas porque pela primeira vez me ocorreu que o que eu procurava não era uma autêntica *choucroute garnie à l'Alsacienne*. O repolho era duro, acre e borduroso; parte da carne de porco era tão permeada de gordura branca e macia que parecia moralmente errado comer mais que uma ou duas garfadas; dois pedaços eram tão magros e secos que minha faca se entortou quando tentei cortá-los. No dia seguinte, minha confiança se restabeleceu em parte, graças a refeições consumidas na Brasserie Flo e no Chez Jenny. Jurei que, algum dia, eu iria à Alsácia e descobriria a verdade.

Sempre que vou à França, gosto de começar a comer imediatamente, mas nessa viagem minha urgência era até mais intensa que de hábito — uma breve semana na Alsácia mal daria para que eu conseguisse experimentar catorze chucrutes autênticos. Durante a viagem para Estrasburgo, eu passara uma noite e uma manhã insones — dois voos e uma espera infinita por conexão num aeroporto —, enquanto minha mulher dormia a meu lado como um bebê. Prevendo que eu perderia a consciência assim que alugássemos nosso carro, minhas instruções para ela tinham sido um modelo de clareza: dirija direto desde o aeroporto até Ittenheim, nos arrabaldes de Estrasburgo, evitando a dupla armadilha da paisagem inefável e das igrejas medievais. Estacione no Hôtel-Restaurant au Boeuf e faça uma reserva para o almoço. Divirta-se muito discretamente durante

234

CHUCRUTE DE VERDADE

as duas horas seguintes. Desperte-me à uma da tarde para nosso primeiro prato fumegante de chucrute verdadeiro.

Sem sucesso, tentei achar alguma lacuna nessas instruções. Apesar disso, lá estava eu, sozinho e imobilizado, perdido nos montes Vosges, entre pequenas e adoráveis cidadezinhas com casas medievais, igrejas de altos pináculos, ruas estreitas e imaculadas e ferozes cães pastores presos por frágeis trelas.

Pesquei no porta-luvas um dicionário, um rolo de papel milimetrado e uma pilha de postais. Na França, à diferença de outros países, vendem-se postais com fotografias de pratos regionais num lado e as respectivas receitas do outro. Eu localizara cinco no aeroporto de Estrasburgo, enquanto, por divisão de trabalho, minha mulher cuidava da bagagem. Três postais traziam *choucroute garnie à l'Alsacienne*. Sentei num toco de árvore e retomei minha obra-prima — um gráfico de análise de todas as receitas autênticas de chucrute nas quais eu pusesse as mãos.

Nesse instante, uma figura emergiu das sombras da floresta e ganhou a luz do sol. Era minha mulher, com o olhar que assume quando acredita ter sido enobrecida pela proximidade da natureza. Demasiado orgulhoso para trair a mais leve preocupação com sua ausência, adivinhando que um interrogatório não me levaria a lugar algum e lembrando-me de que as chaves do carro ainda estavam com ela, sorri despreocupado, enrolei meu gráfico e exclamei: "Rumo a Ittenheim!".

Uma hora depois, estacionávamos no pátio do Hôtel-Restaurant au Boeuf, três andares de estuque branco e madeira escura com gerânios vermelhos e rosados em todas as jardineiras das janelas, como acontece à maioria dos edifícios da zona rural alsaciana. Eu escolhera o Au Boeuf porque sua *choucroute garnie à l'Alsacienne* vencera o Concours de la Cuisine Régionale de 1985, evento promovido por uma associação de modestas pousadas rurais francesas. A Alsácia tem suprimento mais que suficiente de restaurantes com ambições internacionais. Mas eu imaginava ser mais provável encontrar um bom chucrute num estabelecimento familiar, que servisse suas refeições num ambiente descontraído, usando travessas marcadas pelo tempo.

Após agradável interlúdio com uma lisa fatia de *foie gras* — outra especialidade alsaciana —, o chucrute foi trazido a nossa mesa. No centro de uma travessa oval de cerâmica, erguia-se uma montanha de chucrute dourado; apoiados contra essa montanha, encontravam-se nove cortes diferentes de porco e embutidos; ao redor, oito batatas amarelas. Quatro salsichas vermelhas, mais altas que as demais, elevavam-se até a crista do montículo, onde pareciam apoiar o joelho de um porco robusto, ainda com a pele. Amontoamos o chucrute em nossos pratos e escolhemos as carnes ao acaso, uma meia salsicha aqui, uma costeleta ali, tudo ajudado por um Riesling local.

Comemos até estar satisfeitos, continuamos a comer até nos enchermos e prosseguimos até ficar repletos e sonolentos — não porque o prato fosse isento de defeitos, mas porque, dentre as muitíssimas *choucroutes garnies à l'Alsacienne* que eu comera em restaurantes ou preparara em minha própria cozinha, aquele era o primeiro espécime que eu sabia ser absoluta e comprovadamente autêntico. Era um troféu para levar para casa na forma de recordações sensoriais, aumento de peso e uma receita que Jean-Jacques Colin, o chef premiado, compartilhou generosamente comigo. Eu teria usado mais cebola que Colin, e um vinho menos ácido para deixar o chucrute mais doce. Mas quem sou eu para bulir com uma genuína obra-prima regional?

Depois do almoço, recolocamos nossos cintos de segurança e rumamos para Colmar, ao sul, que usaríamos como nossa base do chucrute nos dias seguintes. Saímos de novo em busca de duas *Weinstuben* — tavernas ou bares de vinho alsacianos — em Niedermorschwihr, uma chamada Morakopf (Cabeça de Mouro) e outra cujo nome uma mancha de chucrute obliterou de minhas anotações. Lembro-me de que, na segunda, compartilhamos a mesa com um jovem casal mal-humorado que morava ali perto; também me lembro de que, como em muitas *Weinstuben*, tudo o que havia no lugar fora originariamente alguma outra coisa. Os tamboretes do bar tinham sido barris de vinho; um sapato de madeira se tornara porta-vinho; uma cangalha oval estava montada na parede com oito lâmpadas atarraxadas dos lados; um tripé de ferro para panela fora colocado de cabeça para baixo e trazia em cada perna um pequeno abajur; rústicas rodas de carroça serviam de lustres, e assim por diante. Quando conheci minha mulher, ela tentava transformar em luminárias todos os objetos inanimados que encontrava, e por isso pensei que ficaria cativada pela decoração. Mas ela estava ocupada demais, tentando esconder o terceiro toucinho cozido do dia sem que o dono do restaurante percebesse que ela nem tocara naquilo.

Não importa muito qual tenha sido o nome do restaurante. Poderia ter sido o Caveau d'Eguisheim, em Eguisheim; o Au Lion d'Or, em Kayserberg; o refina-

CHUCRUTE DE VERDADE

do Flory, em Colmar; ou meia dúzia de outros que visitamos. Mas não poderia ter sido a Ferme Auberge Deybach.

Em sua forma ideal, uma *ferme auberge* é uma fazenda, situada nas montanhas, cujos donos hospitaleiros recebem de braços abertos para o almoço ou o jantar, amontoando comida campestre tradicional sobre longas mesas comunais. O dono de nosso hotel nos avisou de que toda *ferme auberge* da lista que lhe mostramos colhia seus ingredientes no supermercado e ganhava seu sustento alimentando turistas, e não animais. Nós o apertamos para obter o nome de um estabelecimento autêntico, e uma hora depois, bem em tempo para o almoço, ele indicou a Ferme Auberge Deybach, nas proximidades de Schiessrothried.

Salivando, dirigimo-nos para as montanhas frias e nubladas, parando a cada dois ou três quilômetros para perguntar como chegar a Schiessrothried. Só quando nosso carro alugado empacou sob a chuva gelada, num ângulo de 65 graus no alto de uma trilha à beira de um desfiladeiro, percebemos que Schiessrothried não é uma cidade, mas um lago no alto dos Vosges. Recuamos devagar várias centenas de metros até uma área pavimentada, viramos e seguimos uma série de placas até a Ferme Auberge Himmel-Qualquer-Coisa, para perguntar. Do lado de fora, encontravam-se dois esqueléticos cavalos amarelos, várias toneladas de implementos agrícolas enferrujados e quatro galinhas que ciscavam a terra em volta das patas dos cavalos. A parte de dentro se constituía de uma grande sala sombria iluminada por duas pequenas velas, uma *tarte aux pommes* (a torta de maçã que é outra especialidade alsaciana) assada no mês anterior e um casal de fazendeiros amargos que, relutantemente, nos redirecionaram à Ferme Auberge Deybach.

Acontece que a Deybach não era muito longe da área pavimentada que ficava no pé daquela trilha que quase nos fora fatal. Não o percebêramos antes porque não estávamos à procura de uma choça de madeira dilapidada perto de um telesqui, guardada por dois cães pastores histéricos.

Lá dentro, havia 75 estudantes alemães numa excursão a pé, apertados em torno de mesas improvisadas, e uma imensa proprietária que usava camiseta masculina sem mangas. De início, recusou-se a conversar conosco, para depois falar apenas em alemão, ao passo que só se dirigia em francês aos estudantes alemães. O almoço parecia ser uma espessa sopa de batatas, seguida por uma

O HOMEM QUE COMEU

fatia de dois centímetros de grossura de toucinho cru, pregada a uma tábua. Deixamos que os três estudantes de nossa mesa praticassem inglês conosco ("A wonderful man is president John Kennedy"), enquanto compartilhávamos uma jarra morna de vinho branco local e esperávamos que todos os 72 colegas deles fossem servidos. Por fim, a proprietária arremessou um Münster (o afamado queijo alsaciano) completamente verde sobre a mesa e grunhiu em alemão: "Já passou da hora do almoço".

Corremos de volta a Colmar, compramos cinco livros de receitas alsacianas e mais postais com receitas e nos aconchegamos em nosso quarto de hotel, onde trabalhei em meu gráfico até a hora do jantar. Nenhum dos livros trazia receita alguma de fatia de toucinho cru pregado a tábua.

Hoje, as recordações do chucrute estão embaralhadas em minha cabeça, mas as variações cruciais foram preservadas em papel. Depois de algum tempo, eu me tornei capaz de comer apenas alguns bocados, fazer ao chef uma ou duas perguntas e, com isso, entender como se elaborara a versão dele. Isso nos deixava com o grave problema de dispor dos cinco quilos de *choucroute garnie à l'Alsacienne* que restavam na travessa toda vez que jantávamos. Um pesquisador mais impiedoso teria meramente empurrado o chucrute para o lado e se voltado para a riqueza de outros acepipes alsacianos mencionados no cardápio. Um pesquisador cortês levaria consigo um saco de lixo, para dentro do qual empurraria o chucrute quando ninguém estivesse olhando. Um investigador culpado como eu, criado com preocupações sobre as crianças famintas da Ásia, livra-se de um excesso de cinco quilos de chucrute comendo metade dele e organizando artisticamente o resto para que pareça tão pequeno quanto possível.

À medida que passavam os dias, descobrimos um importante princípio médico que, até onde sei, ainda não fora documentado: quando comemos *choucroute garnie à l'Alsacienne* duas vezes ao dia durante cinco dias, o rosto de nossa esposa fica verde, ela afirma que o nosso também assumiu a mesma coloração, e ambos permanecemos deitados imóveis durante as dezoito horas seguintes, num torpor entre o sono e a vigília. Depois, conseguimos comer novamente. Os franceses dariam a isso o nome de ataque de fígado, mas é um nome que dão a tudo.

Quando nos recuperamos, fugimos rumo ao norte, para as luzes brilhantes de Estrasburgo e suas lendárias *delicatessen*, *pâtisseries* e lojas de chocola-

CHUCRUTE DE VERDADE

te. Desviávamos o olhar sempre que passávamos pelo restaurante Maison du Lard [Casa do Toucinho], que ficava em frente à garagem do hotel; em vez disso, nos divertíamos com a cozinha alsaciana moderna de dois brilhantes chefs, muitíssimo louvados pelos guias Michelin e Gault-Millau: Antoine Westermann, do Buerehiesel, na adorável Orangerie de Estrasburgo; e Michel Husser, da Hostellerie du Cerf, em Marlenheim. Que alívio comer comida que foi inventada só ontem!

Westermann não oferece chucrute em seu restaurante. Só existe um verdadeiro chucrute, ele brincava, e passou sua receita familiar, atualmente confiada à avó, Cécile. Husser serve um magnífico chucrute modernizado. O *Sauerkraut* é brevemente refogado com três carnes tradicionais, para dar sabor. As carnes são retiradas (e servidas no almoço ao pessoal do restaurante), e o *Sauerkraut* é guarnecido com *foie gras*, que foi defumado em madeira de carvalho por duas horas e depois refogado, e com leitão, algumas partes do qual são assadas em molho de mostarda e outras secas com sal por um dia, cozidas em caldo e douradas em mel e vinagre. O prato é um triunfo.

Quando voltamos para Nova York, nevava e fazia frio, o clima perfeito para compartilhar com amigos uma *choucroute garnie à l'Alsacienne*. Decidi elaborar minha própria receita, acompanhando esta conveniente definição de "autenticidade": se o chucrute pode ter sido feito na Alsácia por um cozinheiro tradicional, é autêntico. Quando meu gráfico permitia, eu escolhia aquilo que mais agradava a meu gosto, que tem pendor pelo picante, crocante, doce e sumarento. Mas eu não avançava além dos sabores, texturas e métodos que encontrara na Alsácia. A autenticidade parece mais questão de âmbito e limite que de prescrições inequívocas.

Em toda receita tradicional, inclui-se chucrute, água, zimbro (que lhe dá seu sabor característico, lembrando o gim), cebola (por seu sabor e doçura), pimenta-do-reino em grão, cravo, alho, gordura de ganso ou banha de porco e batata. Às vezes se mistura caldo de galinha na água, às vezes não. A maioria das receitas leva vinho e louro; tomilho fresco e sementes de coentro aparecem com menor freqüência; manteiga e óleo de cozinha, nunca. Maçãs e cenouras, que adoçam o chucrute, só aparecem de vez em quando, o mesmo acontecendo com o cominho e a alcaravia — esses são ingredientes mais alemães que franceses. Os tem-

O HOMEM QUE COMEU

pos de cocção variam de uma a doze horas; no fogão, há muito favorecimento dos queimadores à custa do forno.

Livros de receitas costumam indicar que o *Sauerkraut* deve ser posto de molho e depois arduamente espremido, punhado a punhado. (Demoli um secador de salada na tentativa de automatizar o processo.) Isso talvez fizesse sentido na zona rural alsaciana, onde o repolho e o nabo em conserva eram os únicos legumes disponíveis durante os longos meses de inverno; quando abril chegava, o *Sauerkraut* já ficara escuro e muitíssimo ácido. No entanto, quando os alsacianos usam *choucroute nouvelle* (fermentada durante apenas três semanas e usada de imediato, tal qual o chucrute que se encontra nos EUA), o máximo que fazem é tirar a salmoura com água, de modo apressado e não muito meticuloso.

As carnes mencionadas em quase todas as receitas são toucinho defumado, toucinho salgado e joelho (*jarret* ou *jambonneau*) defumado ou salgado. Quase tão constantes são a *palete de porc* defumada, as salsichas de Estrasburgo e o lombo salgado, embora alguns cozinheiros prefiram a costelinha, que Cécile Westermann e outros favorecem à custa da paleta, por causa do sabor. Carne bovina, nem pensar. Toda receita leva três ou quatro tipos de salsicha; a metade requer *quenelles* de fígado de porco, refogadas no último minuto. *Les joues* (queixadas) e *l'épaule* (paleta) são encontrados de quando em quando, às vezes frescas e às vezes defumadas. Surpreendentemente, a maioria desses termos é por demais técnica para os dicionários de bolso, como o que eu levara para a França; no fim, precisei que todos os quatro volumes do *Harrap's standard French and English dictionary* permanecessem próximos a minhas panelas. De todo modo, uma tradução literal seria insensata, porque os porcos franceses são cortados em pedaços diferentes dos norte-americanos e depois tratados de forma diferente.

Localizei diagramas dos métodos de abate francês e norte-americano e alinhei um sobre o outro contra a luz, para verificar onde os cortes franceses recaem sobre um porco norte-americano. Com minha mão livre, telefonei para o açougueiro e perguntei se ele serraria a parte da paleta que fica perto do pescoço, mantendo a coluna vertebral e as primeiras costeletas e, ainda, se a peça poderia ser salgada. Minha meta eram as costelinhas. Tentei a mesma coisa com o *jambonneau*, que se estende da parte de cima do joelho (também conhecido em círculos porcinos como jarrete) até quase o pé. Em resposta, ele fingiu estar recebendo um telefonema interurbano na outra linha. Assim, telefonei para quatro açougues de colônias — dois italianos, um polonês e um alemão. Eles poderiam fornecer alguns dos cortes baratos, como joelho e pé, mas não as queixadas e o pescoço; ninguém tinha paleta, lombo ou toucinho não defumado e salgado. O método de salgar a carne foi inventado como conservante, mas hoje o empregamos para aprofundar e concentrar o sabor dos alimentos.

Antes que se passasse muito tempo, eu me encontrava num táxi rumo ao Harlem, com um diagrama de porco em meu bolso. Pelo que eu sabia sobre as carnes salgadas do Sul dos EUA, suspeitava que a resposta poderia estar lá. Um amigo me pusera em contato com Aubrey Foster, gerente-geral da Pan Pan Coffee House, na esquina da 130th Street com a Lenox Avenue, onde, no porão, ele defuma todos os dias carnes de porco em madeira de hicória [árvore norte--americana também chamada nogueira-da-califórnia]. Encontrei-me com Foster no Pan Pan, a tempo de almoçar suculentas costeletas grelhadas e um excelente sanduíche de picadinho de carne de porco grelhada. Concentramo-nos em meus diagramas porcinos e depois percorremos a Lenox até a Clarence & Sons Prime Meats. Fiquei tentado pela carne congelada de sariguê e guaxinim norte--americanos, mas não deixei que minha atenção se desviasse; descobri toucinho salgado branco como a neve e queixadas defumadas (listradas como o toucinho, mas com gosto mais profundo); queixadas frescas são disponíveis em torno do Natal, quando os clientes de Clarence compram cabeças de porcos inteiras. Disseram-me que seria impossível obter o *jambonneau* de meu diagrama, porque os presuntos norte-americanos são cortados até o joelho, deixando apenas a parte inferior da canela.

Enquanto eu estava no bairro, fui de ônibus até o La Marqueta, no Spanish Harlem, sob os trilhos elevados da Park Avenue, entre a 112th e a 116th Street, onde, se meu domínio do espanhol me serve, encontrei um pouco de carne de pescoço fresca e aquilo que, provavelmente, era um *jambonneau* desossado e não defumado; contudo, a peça era muito maior do que eu esperava e era chamada de "ferradura". Não havia lombo salgado; disseram-me que isso é o que se come no Harlem. Comprei um lombo fresco e o salguei de acordo com uma receita de *The Art of Charcuterie*, de Jane Grigson (Knopf). Consumiu vários dias de trabalho.

O HOMEM QUE COMEU

Na melhor das hipóteses, a *choucroute garnie à l'Alsacienne* exige tanto que, depois de duas experiências meticulosamente autênticas, baixei minhas expectativas alguns milímetros e me limitei a carnes que pudessem ser encontradas em Nova York numa saída às compras de, no máximo, duas ou três horas. Às vezes, enfeito o chucrute com uma perna de faisão ou pato assada, codorna grelhada ou *confit* de ganso — tudo isso possível na Alsácia —, e gosto de substituir as batatas cozidas por bolinhos de batata fritos e fatiados ou por *Spätzle* [espécie de talharim caseiro].

Não há nada de notável na receita que segue. Acredito que seja simplesmente deliciosa, de um jeito alsaciano autêntico e cotidiano.

CHOUCROUTE GARNIE À L'ALSACIENNE

Pelo menos 3 horas antes do banquete, derreta uma modesta ¹/₂ xícara de gordura de pato ou ganso numa caçarola refratária pesada com capacidade de 9 a 12 litros, adicione 5 xícaras de cebola amarela fatiada bem fininho; cozinhe de 10 a 15 minutos, mexendo, até que a cebola perca a rigidez e fique translúcida, mas sem dourar. Enquanto isso, coloque 2,5 kg de *Sauerkraut* novo, fresco e seco num coador grande, verta 2 litros de água fria por cima, pressione com firmeza para expulsar a água e deixe secando. Enxágue em água morna uma peça de tecido de algodão com 15 centímetros de lado e, sobre ela, disponha 25 grãos de pimenta-do-reino, 1 ¹/₂ colher (chá) de sementes de coentro, 5 cravos e 15 bagas de zimbro; junte os cantos e amarre com barbante. Faça um ramalhete com 6 ramos de salsinha, 4 ramos de tomilho fresco e 2 folhas de louro; prenda o ramalhete pelo meio com 1 folha de alho-poró ou 1 tira de papel-manteiga e amarre firmemente com barbante.

Quando a cebola estiver pronta, misture 1 ¹/₂ xícara de vinho seco alsaciano (Riesling ou Sylvaner), 2 xícaras de caldo de galinha caseiro e 2 xícaras de água fria. Junte uma peça bem enxaguada de 700 g de toucinho salgado a seco ou em salmoura, sem o couro, e cortado na transversal em dois pedaços iguais; uma peça de 700 g de toucinho defumado, também dividida transversalmente; 2 joelhos ou pés de porco salgados a seco ou em salmoura, bem enxaguados; 500 g de paleta de porco defumada, da qual se deve retirar a rede de gordura que a envolve, caso esteja presente; a bolsa de condimentos,

CHUCRUTE DE VERDADE

o ramalhete de ervas e 3 cenouras descascadas e lavadas. Depois, espalhe por cima $1/4$ de xícara de alho picado fininho e 2 colheres (chá) de sal grosso; coloque tudo sobre o *Sauerkraut*, afofando com os dedos.

Adicione água fria em quantidade suficiente para fazer o líquido subir até uma altura 2,5 centímetros abaixo do topo do *Sauerkraut*. Cubra e leve à fervura em fogo médio. Reduza imediatamente o fogo e mantenha em fervura baixa durante 75 minutos, mexendo o *Sauerkraut* a cada 20 minutos. No fim desse tempo, o *Sauerkraut* ainda deve estar firme. Retire do fogo e deixe esfriar, o que deve demorar entre 30 e 90 minutos. Comece então o preparo final, que exige 45 minutos de trabalho frenético, mas gratificante.

Descasque 4 batatas médias, corte-as pela metade e cozinhe em 1 xícara do líquido do chucrute, até ficarem macias.

Pré-aqueça a grelha do forno. Coloque 4 litros de água em fogo alto; quando subir a fervura, a água será usada para cozinhar as salsichas. Enquanto isso, com pinças longas, retire tudo da caçarola, menos o chucrute e seu líquido. Coloque os 2 pedaços de toucinho defumado numa travessa. Coloque o toucinho salgado, a paleta defumada e os joelhos numa assadeira grande, umedecida com líquido do chucrute, cubra com um pano de prato molhado e mantenha o conjunto quente num forno em fogo baixo, ou sobre água em baixa fervura. De vez em quando, torne a umedecer o pano de prato. Descarte as cenouras, a bolsa de condimentos e o ramalhete de ervas. Coloque a caçarola com o chucrute em fogo médio, descoberta, mexa bem e deixe em fervura baixa.

Quando a água das salsichas ferver, coloque lá dentro 4 salsichas brancas de vitela (*Weisswurst* ou *Bockwurst*) e 4 linguiças defumadas (*Bauernwurst*), reduza e deixe em fervura baixa. Depois de 5 minutos, transfira as salsichas brancas para uma caçarola untada com 1 colher (sopa) de gordura de ganso ou pato. Passados mais 5 minutos, ponha na água 4 salsichas de Estrasburgo (*Knackwurst*), retire imediatamente do fogo, cubra e deixe assim durante 15 minutos. Doure as salsichas brancas em fogo médio.

Enquanto isso, fatie transversalmente o toucinho defumado e o salgado em tiras de 1 centímetro de espessura e os leve à grelha até ficarem firmes e profundamente coloridos, mas com o interior ainda úmido.

O HOMEM QUE COMEU

Escoe o chucrute e o amontoe numa travessa muito grande, pré--aquecida. Fatie a paleta em 8 partes. Retire as salsichas da água; tanto estas quanto as salsichas brancas douradas devem ser cortadas pela metade, transversalmente. Organize as salsichas, as carnes fatiadas e as batatas ao redor do chucrute e coloque um joelho de porco no cume. Para 8 pessoas.

novembro de 1989

Ave Cesare!

Quando voltei para casa após uma semana passada na cozinha de Cesare, em Albaretto della Torre (sessenta habitantes), estava tomado por um irresistível impulso de cozinhar. Comecei por amontoar 1 quilo de farinha e polenta em minha mesa de madeira; abri uma cratera funda no centro do monte, despejei 20 gemas de ovo lá dentro e passei a mexê-las com um garfo.

Todos os dias, em toda a Itália, incontáveis cozinheiros e cozinheiras fazem justamente isso para preparar o macarrão — exceto que usar apenas as gemas é algo que eu aprendera de um dos vizinhos de Cesare, e exceto que deparei com um problema. Quando comecei a incorporar a farinha da parede interna da cratera, uma onda de ovo espirrou por cima do topo e causou uma erosão profunda; quando tentei transferir um punhado de farinha do lado estável do montículo para estancar o fluxo, a cratera desmoronou. Uma torrente de gema, agora espessada com farinha, correu pela mesa, carregou consigo uma pilha de alho picado e, tal qual a lava fundida que engole um conjunto habitacional havaiano, deixando um rastro de morte e destruição, ela tomou o rumo de minhas anotações. Tão logo resgatei dessa sina o caderno, a enxurrada seguiu seu curso, levando consigo dois ramos de alecrim como se fossem fósforos e cascateando pela borda da mesa para dentro de uma gaveta de talheres que estava aberta.

Cesare não me alertara dos perigos de fazer macarrão perto de uma gaveta aberta. Ele sugeriu que talvez eu me desse melhor com um processador elétrico para formar a massa e só depois esticá-la à mão. Entre outras coisas, minha mulher sustentou que, se eu houvesse lavado os talheres de imediato, eles não teriam adquirido ao tato a sensação de lixa industrial. Respondi que, caso meu objetivo fosse a ciência da lavagem, eu não teria viajado milhares de quilômetros até uma longínqua colina do Piemonte.

"Uma refeição consumida na ira envenena o estômago", lembrei minha mulher quando o jantar ficou pronto, citando um tradicional provérbio sufi. Mas o perigo já passara, e, quando os sabores dos Langhe se esparramaram diante de si, ela se tornou dócil como um cordeiro e amigável como um cabrito que gira devagar sobre um fogo de acácia.

Cesare é o dono e cozinheiro de um restaurante chamado Dei Cacciatori (Os Caçadores), ou Da Cesare, ou ambos. Albaretto fica a meia hora de estrada ao sul da antiga cidade de Alba, na parte do Piemonte chamada Langhe; para mim, é a zona montanhosa mais encantadora de toda a Itália. No outono, após a colheita das uvas e das avelãs, quando as trufas amadurecem no subsolo das encostas e os cogumelos silvestres crescem entre os salgueiros e carvalhos, os Langhe se tornam um hospício epicurista. Alemães, suíços e italianos acorrem para lá em busca dos *tartufi bianchi d'Alba*, as intensas trufas brancas de Alba; do Barolo e do Barbaresco, os mais nobres vinhos tintos italianos; e das melhores vitelas, caças, frutinhas silvestres, *porcini*, avelãs e castanhas que se possam comer. Alba fica a apenas duas horas de carro de Milão, uma hora de Turim ou meio dia de viagem ao norte de Nice. Passar alguns dias ao redor de Alba representa uma das mais fabulosas férias gastronômicas que se pode gozar em qualquer lugar do mundo. Mesmo assim, são raros os que vêm dos EUA, talvez porque Alba não esteja no caminho de nenhum outro lugar.

Foi numa noite chuvosa de novembro que comi minha primeira refeição no Da Cesare. A sala de jantar era rústica e calorosa, a madeira escura contrastava com as paredes brancas, e havia altas prateleiras repletas de garrafas de vinho que imploravam para ser abertas. Na lareira de pedra, situada numa das extremidades da sala, um pedaço de carne girava lentamente sobre o fogo. O frenesi da estação de trufas brancas dominava o ambiente, e a sala continha mais pessoas que sua lotação habitual de 25 lugares.

AVE CESARE!

Elisa e Filippo, filhos de Cesare, nos trouxeram pratos de tripa e *porcini* frescos, mais uma verdura minúscula, do tamanho de um trevo, tudo escondido sob fatias de trufa branca da espessura de uma folha de papel. Seguiram-se um peito de pato selvagem, temperado com um molho doce de castanha e trufas brancas, uma grande cebola assada sobre uma cama de sal, escavada e cheia de trufas brancas, caldo de carne, purê de cebola e queijo. Cada prato era a variação de Cesare em torno de um tema piemontês, ao mesmo tempo robusto e refinado, a comida de sonho de um menino do interior. Cesare tem 42 anos, cabelos castanhos que começam a rarear, nariz grande, bigode cheio e olhos cinzentos e alertas. É filho de um fazendeiro que foi o primeiro dono do Dei Cacciatori, antes situado pouco mais abaixo na mesma rua onde hoje está instalado o De Cesare (Cesare transformou o estabelecimento em hospedaria), e que às vezes também trabalhava como barbeiro. "Gostaria de ser lembrado apenas como um bom cozinheiro que usou a imaginação para dar sequência às tradições de sua terra", afirma Cesare. Alguns consideram Cesare o melhor cozinheiro do Piemonte, e um dos melhores de toda a Itália. "Cesare é também um pouquinho doido", disse-me um grande fabricante de vinhos, cujos vinhedos ficam nas proximidades e que me apresentou pela primeira vez ao Dei Cacciatori. "Mas o que se pode esperar de um gênio?"

Silvana, a mulher de Cesare, trouxe uma batata assada encharcada em *grappa* e um creme de lebre com trufas brancas (algo entre uma musse e um patê) e perguntou se gostaríamos de começar nosso jantar. Ficamos confusos, até que a etimologia viesse nos salvar: o italiano *antipasto* significa literalmente "antes da refeição", e não "antes da *pasta*". O Piemonte é famoso por seus antepastos; certo restaurante de lá serve uma procissão de dezessete antepastos, cada qual apresentado em separado ou em pequenos grupos, e nunca juntados numa travessa enorme.

A refeição começou com uma variedade de macarrões tradicionais piemonteses. Alguns de nós comemos *tajarin*, um tipo incrível de *tagliatelle* ou talharim feito apenas com as gemas cor de laranja dos ovos da região. Outros escolheram *agnolotti*, pequenos raviólis recheados com carne e repolho ou com espinafre (ou, como hoje à noite, com abóbora), fechados manualmente um a um. Ambos os pratos vieram com o *sugo d'arrosto*, um molho magro de manteiga dourada, sálvia e caldo de carne, e ambos estavam recobertos com trufas brancas raladas.

247

O HOMEM QUE COMEU

Em seguida, tivemos de escolher entre javali selvagem assado no forno, uma galinha-d'angola assada em barro tirado da terra do próprio Cesare ou uma perna de cabrito assada no espeto, no fogo da lareira. O cabrito foi o mais perfeito pedaço de carne que jamais entrara em minha boca. Seu exterior era escuro, crocante e pungente, com o odor de ervas e fumaça de acácia; o interior era doce e suculento, praticamente se desmanchando sozinho, algo semelhante aos melhores churrascos de porco da Carolina do Norte. Agora entendo por que, certa vez, James Beard escreveu que assar no espeto em fogo de madeira é o modo ideal de cozinhar a carne. (Cesare, que em geral manifesta típico desprezo por medidas precisas na cozinha, insiste em que a camada de madeira deve ficar exatos quarenta centímetros abaixo do espeto. Usa madeira de acácia porque, no ano passado, comprou uma enorme quantidade dela quando o governo abriu uma estrada através do terreno de um amigo, mas afirma que seriam preferíveis o carvalho ou as aparas de vinhedo.) Fiquei obcecado pelo conceito de assar no espeto, e estou pensando em me mudar para um apartamento onde possa montar um espeto motorizado numa lareira de verdade, mesmo se o lugar não tiver janelas nem água corrente.

A sobremesa era composta de uma pera cozida em Barolo com molho de *mirtilli* (minúsculos mirtilos) e uma travessa enigmática cheia de ramos de avelã. As folhas eram bastante bonitas, mas a hora parecia pouco propícia para uma mudança na decoração da mesa; as avelãs se mostraram impenetráveis sem um quebra-nozes. Por fim, descobrimos que Cesare substituíra uma avelã de cada grupo por um biscoito dourado e doce.

Quando a inspiração o abandona, Cesare simplesmente fecha o restaurante durante algum tempo. Não tem muita paciência com críticos gastronômicos. Anos atrás, quando o guia Michelin para a Itália (que não está entre as realizações mais notáveis daquela companhia) o agraciou com sua primeira estrela, Cesare pendurou um cartaz na porta de seu restaurante: se você chegou até aqui só porque viu meu nome no Michelin ou no Veronelli, por favor não entre. Mais pragmática que Cesare, Silvana bateu pé, e o cartaz desapareceu.

Mas os críticos têm sido simpáticos com Cesare. Ele foi descoberto em 1972 por Nino Bergese, o mais célebre dos chefs italianos deste século e cozinheiro do rei Humberto; Bergese falou dele a Luigi Veronelli, autor do guia-padrão dos restaurantes italianos, *I ristoranti di Veronelli*, e em pouco tempo Cesare se cele-

248

AVE CESARE!

brizou. "Pessoal, inventivo e refinado. [...] Um grande cozinheiro, ao mesmo tempo intérprete fiel da culinária tradicional dos Langhe e capaz de criar novos pratos excepcionais", é como traduzo a avaliação de Sandro Doglio em *Mangiare & bere in Piemonte e Valle d'Aosta*, o guia mais abrangente dos restaurantes do Piemonte. "Inspirado, [...] temperamental, [...] extravagante, [...] às vezes estranho", são os adjetivos que Faith Willinger aplica à culinária de Cesare em seu indispensável *Eating in Italy* (Hearst Books, edição muito atualizada de 1998).

Pousamos aquela noite na pequena e aconchegante casa de hóspedes de Cesare. Nevava um pouco de manhã, de modo que não saímos e reunimos energias para nossas aventuras noturnas. Cesare persuadira seu amigo Bernardo, fazendeiro aposentado e, desde os dez anos, *trifulau* (caçador profissional de trufas), a nos levar à noite a uma caçada de trufas.

No final da tarde, o céu clareou e revelou uma vista que se estendia por quilômetros ao redor — íngremes colinas verdes elevando-se a média distância até montanhas baixas, e ao longe, em dois lados, os Alpes nevados e um por do sol róseo e alfazema, um espetáculo de tirar o fôlego. Em pouco tempo, Cesare apareceu trazendo um grande pacote envolto em papel de embrulho e uma garrafa de excelente vinho espumante italiano. "Para o *trifulau*", ele riu, enquanto desembrulhava o papel e revelava uma travessa de *crostini* quentes — fatias de pão frito besuntadas de manteiga e recobertas de trufas brancas raladas. Seu perfume pungente e almiscarado encheu a sala. E, depois, seu gosto pungente e almiscarado encheu nossas bocas. Rossini as chamou "o Mozart dos cogumelos".

Cesare fala uma mistura de italiano e dialeto dos Langhe, mais próximo ao provençal que ao italiano. O alfabeto italiano possui apenas 21 letras, mas não sou proficiente em mais que metade disso. Por sorte, minha mulher e eu encontráramos Eugenio Pozzolini, um toscano que administra o setor de importados da mercearia Dean & DeLuca, de Nova York. Eugenio estava viajando pelo Piemonte em busca de novas coisas para desfrute dos norte-americanos. Ele atuou como bom e abnegado tradutor.

Encontramos Bernardo e sua cadela, Lola, numa estrada de terra que saía da cidade. Ele nos conduziu ladeira abaixo até um pomar de avelaneiras. As melhores trufas brancas do mundo crescem nesse subsolo, entre outubro e janeiro, numa área que vai dos montes dos Langhe, ao sul de Alba, até as colinas do Roero, ao norte. Elas crescem entre as raízes de carvalhos, tílias, salgueiros e avelaneiras. O padrão e a cor do miolo das trufas indicam qual tipo de árvore foi sua "mãe". (Raias rosadas, por exemplo, indicam as raízes do carvalho.) A maioria das trufas brancas de Alba tem a superfície lisa e levemente bronzeada e é muito perfumada. Mais ao norte, no Piemonte, na zona ao redor de Asti, as trufas crescem retorcidas, com depressões, porque lá a terra é mais densa e as trufas têm de lutar por espaço para crescer. "Aquelas trufas crescem zangadas", explicou Bernardo. E o que ele achava das trufas da Toscana e da Úmbria? "Só um degrau acima das batatas."

Caminhamos lentamente de árvore em árvore. O céu crepuscular era agora de um azul brilhante, e minúsculas luzes apareciam nas casas e igrejas situadas nas colinas ao redor de nós. Bernardo falou suavemente com Lola, como um pai delicado que tenta transmitir disciplina e concentração. A cadela tinha apenas onze meses, era brincalhona e impulsiva, e lhe faltava a dedicação da mãe, que Bernardo não trouxera. Essa era a primeira estação de caça às trufas de Lola, mas já com três meses ela era capaz de reconhecer o odor. Quando Lola ganhar experiência e se tornar competente, valerá 4 mil dólares. Mas Bernardo jamais a venderia. Bernardo a conduzia para certas árvores, insistia em que esperasse antes de se mover para a próxima e a chamava de volta quando ela se afastava em meio ao pomar.

Lola começou a cavar a base de uma avelaneira, e Bernardo se acercou depressa; afastou Lola com suavidade do buraco raso que ela cavara, apartando um pouco da terra com as mãos. Não achou nada e deixou que Lola cavasse um pouco mais. Então ele cavocou a terra com o pequeno *sapin* metálico que trazia ao cinto e descobriu o topo de uma trufa branca. Muito cuidadosamente, cavou em seu redor e a arrancou da terra. Minha pulsação se acelerou.

Nossa primeira trufa era pequena, com diâmetro de certa de 2,5 centímetros, mas era lisa e bem formada, e seu perfume encheu o ar. Bernardo deu um biscoito para Lola, repôs a terra no lugar, alisou a superfície e espalhou algumas folhas secas por cima. Bernardo informou que, se as raízes da árvore ficassem protegidas e a terra cuidada, uma trufa amadureceria nesse mesmo lugar exatamente um ano lunar depois. Além disso, um buraco exposto alertaria outros *trifulau* de que ali era lugar de trufa.

Passamos a trufa de nariz em nariz. Imediatamente, os banquetes de trufas dos dias anteriores desfilaram ante nossos olhos: trufas brancas em talharim verde com *fonduta*; musse de trufas brancas e fígado de galinha-d'angola; lombo de coelho frio com trufas raladas; flã de aspargo num banho de creme de trufas; polenta recoberta com trufas brancas, gema de ovo crua e queijo regional *rubbiolo di murazzano*; risoto de morango e ervas com trufa branca fatiada; e *tajarin* feito a mão com gemas de ovo e farinha, mergulhado em manteiga derretida, temperado com sálvia fresca e coberto com trufas brancas finas como papel. Esse último prato é o mais simples e, sem nenhuma dúvida, o melhor modo de desfrutar as trufas brancas, sendo servido em quase todo restaurante do Piemonte, do mais humilde ao mais pretensioso.

Os *trifulau* trabalham principalmente após o cair da noite, e ao luar do outono é mais fácil enxergar um cão branco que um cão preto. Além disso, caso se colhessem trufas durante o dia, outros *trifulau* descobririam os lugares secretos. "Trabalho melhor entre as duas e as seis da manhã, a vários quilômetros daqui", disse Bernardo. "Mas nunca levaria ninguém junto comigo."

Encontramos mais duas trufas menores no pomar de avelaneiras e depois descemos um desfiladeiro barrento até um bosque que ficava do outro lado. Agora o céu estava escuro, e, quando a neblina de outono encobriu a lua, a única luz passou a vir da lanterna de Bernardo. Lola descobriu no bosque mais três trufas pequenas e lisas.

Quando voltamos para a casa de Bernardo, ele relembrou sua maior trufa, com peso de mais de quinhentos gramas, com tamanho de uma grapefruit e com valor de mais de mil dólares, a preços de hoje. Dez anos atrás, Bernardo abandonou a caça às trufas porque ficara possuído por elas. Saía de casa logo depois do meio-dia e, um dia e meio nos bosques úmidos e frios e dois maços de cigarros depois, voltava doente e exausto. Como muitos outros, ele se viciara em trufas — até que, um dia, simplesmente deixou o hábito, exceto como atividade moderada e controlada, para complementar sua pequena aposentadoria. "Meu sonho", disse Bernardo, "é ver todas as trufas que encontrei na vida reunidas num lugar só."

O restaurante de Cesare não abria aquela noite, e ele nos levou para uma noitada de comilanças com seus amigos, entre eles Matteo, um *trifulau* aposentado famoso por encontrar mais trufas brancas que seus cães. "É possível *ver* as trufas", ele nos disse. "No solo aberto, elas empurram a terra e, quando o sol está quente, a terra racha. À noite, pode-se sentir a elevação com a sola dos pés, caso se esteja usando sapatilha. A grama que cresce acima de uma trufa fica marrom e perde a rigidez, porque a trufa perturba as raízes. E, se você golpear o solo com a ponta de uma vara, poderá ouvir o som oco de uma trufa. Mas é preciso saber distinguir esse som do som de uma pedra, ou da raiz de uma árvore."

O melhor cachorro de Matteo entrou na sala e sorriu, enquanto Matteo prosseguia: "A trufa branca leva entre 44 e 48 dias para crescer; depois disso, amadurece no espaço de quatro horas. Caso não seja descoberta, continuará a viver por apenas doze dias, se a terra estiver muito úmida, ou até 35 dias, na terra seca. A partir daí, a trufa fica encharcada e esponjosa, perdendo o atrativo. Caso seja colhida antes de amadurecer, nunca desenvolverá seu perfume, e sua raiz, sua mãe, terá sido destruída, e no ano seguinte não crescerá ali uma trufa nova.

"Durante as quatro horas de amadurecimento, a trufa emite três aromas distintos — o primeiro é azedo e almiscarado, como o fundo de um barril; depois, fica com o cheiro de *porcini* frescos; finalmente, com o perfume estupendo da trufa branca. Se a trufa for colhida em qualquer ponto dentro dessas quatro horas, continuará a amadurecer, porque é uma coisa viva. Mas, se você esperar até o terceiro perfume, será possível que outro *trifulau* a descubra antes. Muitos cachorros são capazes de sentir o último perfume, mas só um cachorro em mil consegue cheirar o primeiro aroma".

Nós lhe mostramos nossas seis pequenas trufas. "Meu belo cachorro nunca teria perdido tempo com essas", riu Matteo. A maior trufa que Matteo encontrou pesava 650 gramas. "Era tão grande que despontou da terra", contou Matteo, "e tropecei nela."

Cesare anunciou que, às cinco e meia da manhã seguinte, ele nos levaria à feira de trufas de Ceva, a meia hora de carro. Com a ajuda de diversas garrafas de Barolo e Barbaresco, *grappa* (destilada do mosto das mesmas uvas) e água fresca com propriedades diuréticas, proveniente de uma fonte à beira da estrada, a noite se transformou em madrugada. Os amigos de Cesare cantaram canções sobre as moças dos Langhe e fizeram troça de nós quando manifestamos preocupação em dormir algumas horas antes de ir à feira de trufas.

Algumas horas depois, transformamo-nos em comerciantes de trufas. Chegamos a Ceva pouco depois das seis horas e estacionamos num espaço grande, deserto se excetuarmos quinze *trifulau* que se ajuntavam em grupos de dois ou três na manhã fria. Em algum ponto de seu corpo, era possível distinguir uma

AVE CESARE!

protuberância causada pelas trufas, nos bolsos dos paletós de tweed ou debaixo dos pesados suéteres.

Cesare precisava de cinco quilos de trufas para passar a semana e, a fim de comprá-las, levava consigo 7 ou 8 milhões de liras em dinheiro vivo, cerca de US$ 5 mil ou 6 mil. Outras cidades têm feiras mais famosas, como a de Alba, mas atraem turistas que pagam demais e vendedores que não têm escrúpulos e trazem trufas da Úmbria, da Toscana ou mesmo da Bulgária e da Romênia, perfumando cada punhado com um *tartufo bianco d'Alba* genuíno. A feira de Alba é boa para fixar o preço das trufas brancas, mas a de Ceva é a preferida de Cesare.

Quando nos aproximamos de um grupo de *trifulau*, afastaram-se para os cantos mais distantes da feira, imaginando que Cesare estava acompanhado de fiscais da Receita. Quando Cesare os tranquilizou de que éramos apenas norte-americanos, abriram seus pacotes de papel pardo e nos deixaram cheirá-los. Cesare pagou 420 mil liras por um punhado de quatrocentos gramas, ou quase US$ 1,00 o grama, um preço muito bom. Os restaurantes do Piemonte costumam adicionar US$ 16,00 à conta para cada prato que contenha trufas. Em certo restaurante fino, há, logo na entrada, uma pequena mesa com uma balança, uma pilha de dez grandes trufas brancas sob uma cúpula de vidro — no total uns US$ 2 mil — e um aviso cuidadosamente escrito a mão: TARTUFI BIANCHI, 3200 LIRE PER GRAMMA. Cada mesa escolhe sua própria trufa, que pesam antes e depois da refeição. A conta é ajustada pelo peso consumido, à base de US$ 2,47 o grama. Os atacadistas de trufas de Alba cobram entre US$ 1,41 e US$ 1,76 o grama de espécimes respeitáveis. Tome cuidado com mercearias norte-americanas que cobrem menos de US$ 2,00 o grama de trufas brancas frescas. Se fossem *tartufi bianchi d'Alba* genuínos, a casa estaria perdendo dinheiro em todas as vendas.

Durante uma hora, Cesare correu apressado ao redor do estacionamento, puxando cada *trifulau* para um canto e comprando tantas trufas brancas quanto pudesse, antes da chegada dos compradores comerciais. O odor de trufas lhe permeava as roupas e a caminhonete. Às sete horas, o sol começou a se mostrar por entre a neblina, e as lojas em torno da feira começaram a abrir. Paramos num bar durante trinta segundos para um pouco de café e de calor e, novamente, nos apressamos para comprar mais trufas. Devagar, o restante da feira de Ceva foi se animando, com barracas de carne de caça, cogumelos, legumes, verduras e pro-

O HOMEM QUE COMEU

dutos secos, e Cesare por fim voltou sua atenção para os enormes sacos de nozes e avelãs e os caixotes de *porcini* frescos.

Quando voltamos a Albaretto della Torre para o café da manhã, Cesare limpou e pesou suas compras. Adquirira 4,6 quilos de trufas brancas, cerca de 10% delas demasiado pequenas para ser usadas senão em patês e molhos. Nas últimas quatro horas, Cesare trabalhara tão febrilmente quanto qualquer operador da Bolsa de Mercadorias de Chicago. Parecia exausto.

Quando partimos na manhã seguinte, tendo os braços cheios com a geleia de Silvana e uma gigantesca trufa branca fechada hermeticamente dentro de um jarro com arroz, Cesare me convidou para voltar a Albaretto e aprender a fazer pratos tradicionais dos Langhe e algumas de suas próprias invenções. Mas o segredo de seus biscoitos nos ramos de avelaneira permaneceria só dele. "Tive febre durante dois dias depois de inventar esse prato", ele me contou.

Quando voltei à remota colina de Cesare, era primavera. Fileiras de avelaneiras e árvores frutíferas floresciam ao longo das estradas, e um quadriculado de velhas vinhas cobria as colinas. Contudo, a vida de Cesare está na cozinha, e, durante a maior parte da semana que se seguiu, foi isso o que também ocorreu comigo, exceto quando me mudava para a sala de jantar para comer o que cozinháramos. Bianca, uma jovem prima de Cesare e que fala bem inglês (e cujo pai era um *trifulau* famoso), nos fazia companhia e intercedia sempre que minha confusão se tornava evidente, ou quando Cesare recaía no dialeto dos Langhe. "Sou um homem da Provença", Cesare anuncia, de modo inexplicável, quando bebe demais. Recusa-se a aprender uma única palavra de inglês.

Cesare deu início a nossa primeira manhã pegando ovos das galinhas e da gansa que vivem atrás do restaurante. De volta à cozinha, dois dos ovos se transformaram em meu café da manhã, junto com pão, mel de castanheira e tomilho e uma geleia escura de cerejas azedas, que Silvana prepara no início do verão. Nas quatro horas subsequentes, Cesare foi um vendaval. Catorze milaneses ricos vinham até Albaretto para almoçar, e Cesare preparou sozinho seis pratos, mais os caldos e molhos que os acompanhariam, alternando-se apressadamente entre a mesa de corte, a geladeira e as panelas no fogão abarrotado. A tarefa final de Cesare antes da chegada dos convivas foi cozinhar uma alentada tigela de espaguete com molho de tomate para uma cadela são-bernardo chamada Freida. Freida é vegetariana.

QUANDO FOI QUE A ITÁLIA CONHECEU O MACARRÃO?

P. Foi mesmo Marco Polo quem introduziu o macarrão na Itália, trazendo-o da China?

R. Claro que não. Em 827, séculos antes de Marco Polo ter ou não navegado até a China, os árabes conquistaram a Sicília e levaram o macarrão consigo. Alguns sicilianos têm nomes árabes.

Charles Perry, linguista e crítico culinário de Los Angeles, encontrou pistas do macarrão na Grécia antiga, em duas palavras latinas emprestadas do grego e no Talmude. (O macarrão é fermentado ou não?) Ele conclui que a Itália conhecia o macarrão muito antes da chegada dos árabes.

Jane Grigson, a falecida crítica culinária do *Observer* londrino e autora de muitos e maravilhosos livros de receitas disponíveis nos EUA, acreditava que a história de Marco Polo fora inventada nos anos 20, num anúncio de um fabricante canadense de espaguete.

Um dia, quando o restaurante estava fechado, embarcamos no Lancia de Cesare para uma viagem de compras que durou doze horas e setecentos quilômetros. Atravessamos as montanhas até Recco, para além de Gênova, na costa mediterrânea, até a prensa de azeitonas dos irmãos Cafarate; Cesare manda transportar para lá azeitonas vindas de Oneglia, que fica mais acima na costa, em direção a Monte Carlo. "De que outro modo posso ter certeza de que as azeitonas vêm da Ligúria, e não do Sul, ou mesmo da Espanha?", ele pergunta. Cesare seca seus próprios cogumelos, fermenta seu próprio vinagre de Barolo, colhe sálvia e alecrim em seu próprio quintal e fabrica seu próprio salame, copa e salpicão *cotechino*. Visita com frequência os fazendeiros que criam seus coelhos e *vitello albese*, uma criatura bovina branca própria do Piemonte, a meio caminho entre o vitelo e o novilho castrado.

Almoçamos em Portofino, onde Cesare fica algumas semanas durante o verão, cozinhando para um nobre milanês que passa seus invernos na Argentina. Daí, atravessando os Apeninos, fomos até Sassuolo, nos arrabaldes

O HOMEM QUE COMEU

de Modena, onde Cesare pechinchou queijo parmesão feito por um pequeno produtor que também lhe vende presunto de Parma, o qual, por sua vez, é defumado por um bom amigo. "Ao prová-lo, é possível dizer o mês em que o parmesão foi feito e até o pasto que as vacas usaram", explicou Cesare. Eu não consigo. Na exaustiva viagem de volta pela *autostrada*, paramos num posto de gasolina, onde comprei para Cesare um pacote de *tortilla chips* norte-americanas. Ele foi muitíssimo cortês.

Nos últimos dias que passei com Cesare, consegui reduzir sua velocidade o suficiente para acompanhar o que ele fazia na cozinha. Sua primeira tarefa a cada manhã é preparar o *fondo bruno*, o rico caldo de carne que está na base de muitos pratos piemonteses. Comparado com o caldo francês, é magro e límpido: a versão de Cesare contém pedaços dourados de *vitello albese*, aos quais ele acrescenta alecrim e legumes, mas não osso, contrariamente a muitas receitas italianas de caldo. "Ossos são para cães", ele diz. Depois que o caldo ferve durante duas horas, Cesare retira um pouco sempre que precisa; quando a hora do almoço se aproxima, ele coloca a panela na parte de trás do fogão, onde o calor sustenta uma levíssima fervura.

Cesare me mostrou como cozinhar um *gran bui*, ou *bollito misto*, o banquete rural piemontês feito de carne bovina, galo, vitela, língua, *cotechino* e meia cabeça de bezerro, tudo fervido em três panelas e depois combinado; vários risotos (no Piemonte se cultiva mais arroz que na Lombardia); uma deliciosa *pasta sfoglia* de maçã, a massa folhada italiana; e sua *torta di nocciole*. Os Langhe são conhecidos pelas avelãs, bem como pela *torta di nocciole* feita com elas — um bolo fermentado repleto de avelãs. A versão de Cesare é como um enorme biscoito, crocante e amanteigado, do tamanho de um prato.

Cesare é também um mestre do *zabaione*, a sobremesa mais famosa do Piemonte — uma espuma de gemas de ovo, açúcar e vinho, na qual Cesare usa Moscato d'Asti, um vinho doce local cintilante com gosto de laranja, em vez do Marsala tradicional. O *zabaione* foi inventado graças a um feliz engano em Turim, no século XVII, e batizado em homenagem a s. João Baylon, padroeiro dos doceiros. Cesare aprendeu a técnica com um padre paupérrimo, don Camera, que tinha uma igreja minúscula, mas que fazia um divino *zabajone*, como chamam nos Langhe. O segredo, Cesare me contou, é bater um número *ímpar* de gemas de ovo em fogo *alto* (ao contrário do que dizem todos os livros de receitas), e não em banho-maria. Por que isso funciona, só s. João Baylon saberia dizer, mas funciona.

Não tivemos tempo de fazer o famoso *misto fritto* de Cesare, que leva vinte ingredientes, mas ele me ensinou quatro versões de *bagna cauda*. Três delas contêm muito Barolo (ou Barbaresco muito envelhecido), pois foram passadas a Cesare por um ancião de oitenta anos que estava sempre bêbado. A *bagna cauda* é um tempero quente piemontês para legumes crus, feito à maneira típica, com manteiga, azeite, alho e anchovas — a manteiga e o azeite se combinam no Piemonte como em nenhum outro lugar da Itália. É servido num prato aquecido ou em tigelinhas individuais de cerâmica, mantidas sobre velas acesas, para que permaneça borbulhante; os legumes crus são mergulhados no molho — coalhaleite, pimentão, aipo, repolho e erva-doce —, segurando-se um pedaço de pão por baixo para aparar os pingos durante a jornada até a boca. Depois se come o pão.

Seguem-se as receitas prediletas de Cesare para *bagna cauda*; *fondo bruno*, o delicioso caldo de carne temperado que ele usa em muitos molhos e sopas; e *sugo d'arrosto*, o tempero líquido usado no Piemonte para acompanhar muitas massas. Antes, porém, passo-lhes uma bela receita de *tajarin* com trufas brancas, que finalmente consegui acertar. É o melhor modo de desfrutar as trufas brancas, não sendo mais difícil de preparar do que qualquer outro macarrão. O *tajarin* é feito diariamente em quase todo restaurante piemontês que visitei. Nunca o encontrei nos EUA, nem mesmo nos restaurantes italianos mais caros e pretensiosos, que se orgulham em servir as primeiras trufas brancas da estação. O molho é simples e suave, para não abafar as trufas.

TAJARIN AL BURRO E SALVIA CON TARTUFI BIANCHI
Talharim de gemas de ovo com manteiga, sálvia e trufas brancas

A estação de trufas brancas começa em novembro e termina no início de janeiro. Aperte e cheire a trufa antes comprá-la. Trufas frescas são *muito firmes* e aromáticas. Trufas esponjosas são velhas e cansadas. Muitos apreciadores acreditam que os espécimes grandes têm gosto ainda melhor que os pequenos. Um aroma forte não dá nenhuma garantia de sabor, mas, se você conhece alguma loja

O HOMEM QUE COMEU

de comidas que deixe o cliente provar os *tartufi* antes de pagar, por favor me avise.

Em dialeto piemontês, a palavra *tajarin* corresponde ao rico e delicioso talharim feito com gemas de ovo, em vez dos ovos inteiros empregados no resto da Itália (mas alguns cozinheiros do Piemonte misturam gemas e ovos inteiros). É preferível consumi-lo após nosso exame rotineiro de colesterol, não antes. Em Alba, são amassados com rolo de macarrão e cortados à mão, numa largura de 3 milímetros. Não encontrei nada parecido, fresco ou seco, em nenhuma loja de massas que conheço. A gema dos ovos piemonteses é vermelha, e não amarela, fazendo que o *tajarin* adquira um dourado profundo. Sua versão ficará mais empalidecida.

Talharim feito à mão costuma ser confeccionado com farinha não alvejada, em lugar de semolina, porque o alto conteúdo de glúten dessa última dificulta o trabalho manual. O método fornecido aqui emprega uma máquina para esticar a massa e uma faca para cortá-la em tiras. Se você é bom em trabalhar a massa com as mãos, o que não é meu caso, vá em frente; o resultado será mais leve e mais macio. Mas lembre-se de que fazer massa de macarrão não é a mesma coisa que fazer massa de torta. A massa deve ser estirada para formar uma folha delgada, e não comprimida. Se sua técnica apenas comprime a massa, é melhor usar máquina. Mas não esses caros extrusores elétricos com bocais intercambiáveis, que não se prestam a isso.

O molho combina manteiga dourada com sálvia, o frescor da manteiga fresca e do queijo parmesão e caldo de carne, tudo isso apenas suficiente para contribuir com uma base de sabor que intensifique o gosto das trufas brancas. Caso se consiga identificar facilmente o parmesão ou o caldo de carne, isso significará que se usou demais.

500 g de farinha branca

Sal

20 gemas de ovos extragrandes

12 colheres (sopa) de manteiga sem sal, à temperatura ambiente

12 folhas grandes de sálvia, cortadas em pedaços grandes, e mais 6 a 8 para decoração

AVE CESARE!

Pimenta-branca moída na hora

1 boa colher (sopa) de parmesão recém-ralado

2 colheres (sopa) de caldo de carne (a receita de Cesare está na página 261)

60 g de trufas brancas

Coloque toda a farinha, menos 1 xícara, sobre a superfície de trabalho (ou numa tigela grande e rasa, se você tiver receio de repetir minha desastrosa primeira tentativa), borrife com $^1/_2$ colher (sopa) de sal, faça uma depressão no centro e despeje as gemas. Mexa-as com um garfo e incorpore gradualmente toda a farinha em torno, até obter uma massa pegajosa. Para polvilhar meticulosamente as mãos e a superfície de trabalho, use a xícara de farinha que ficara reservada; sove a massa até obter uma bola lisa e suave, que já não grude mais em seus dedos; se necessário, adicione um pouco de farinha para obter esse resultado. Cubra com uma toalha e deixe descansar por 30 minutos. Você também pode usar o processador de alimentos, até a massa formar uma bola, e terminar o trabalho à mão.

Divida a massa em 6 pedaços aproximadamente iguais e passe cada um deles 8 ou 9 vezes por uma máquina de macarrão com os cilindros regulados na posição mais aberta, dobrando a massa e virando-a após cada passagem. Vá reduzindo a abertura dos cilindros até obter folhas um pouco mais espessas que o macarrão comum (em geral, isso acontece na posição 5) e com cerca de 50 centímetros de comprimento. Disponha as folhas sobre uma superfície ligeiramente polvilhada com farinha, espalhe um pouquinho de farinha sobre a massa e deixe secar até que a superfície comece a ficar coriácea, mas antes de se tornar quebradiça. O tempo total de secagem será entre 15 e 30 minutos.

Dobre várias vezes cada uma das folhas no sentido longitudinal, até obter uma forma compacta com cerca de 7,3 centímetros de comprimento; apare as extremidades com faca de lâmina plana e depois vá cortando tiras de 3 milímetros. Desdobre os talharins e ponha-os para secar antes de passar a trabalhar nas outras folhas. Deixe tudo secar durante algumas horas.

Imediatamente antes do jantar, verta 6 litros de água fria numa grande panela coberta e submeta a fogo alto. Derreta 8 colheres (sopa) de manteiga (uma barra) numa caçarola pequena em fogo médio e, quando deixar de chiar, baixe o fogo e acrescente a sálvia cortada. Deixe a manteiga infundir ligeiramente durante 20 minutos, até dourar. Coe para eliminar a sálvia. Adicione 1 colher (chá) de sal, pimenta-branca correspondente a duas ou três voltas do moedor, o parmesão e o caldo de carne; mantenha quente. Esquente no forno uma grande tigela refratária e os pratos que receberão o macarrão.

Quando a água ferver, acrescente 4 colheres (sopa) de sal, deixe a água ferver de novo e coloque os talharins na panela, mexendo até a fervura voltar. Cozinhe os talharins em plena fervura até que percam sua textura elástica mas ainda sejam resistentes à mordida — isso pode chegar a 5 minutos, dependendo de quanto tempo o macarrão secou. Depois de 2 minutos, teste-os a cada 30 segundos, pescando um talharim e comendo-o.

Escoe muito bem o macarrão e o coloque na tigela grande. Verta o molho por cima do macarrão e misture. Corte as 4 colheres (sopa) restantes de manteiga em pedaços pequenos, adicione ao macarrão e misture. Divida o macarrão entre 6 a 8 pratos, decore cada porção com uma folha de sálvia e, o quanto antes, raspe as trufas sobre cada porção, em fatias delgadas; para isso, utilize um ralador de trufas ou a lâmina mais larga de um ralador de verduras. De 6 a 8 pessoas.

A BAGNA CAUDA *FAVORITA DE CESARE*

Esse famoso molho do Piemonte é mantido borbulhante à mesa; mergulham-se nele legumes crus. Muitos restaurantes piemonteses servem *bagna cauda* sobre tiras largas de pimentões vermelhos e amarelos, descascados e assados.

Corte todos os dentes de uma cabeça grande de alho em fatias, no sentido transversal. Ferva 1 xícara de Barolo numa caçarola pequena, acrescente o alho e cozinhe por 2 minutos. Acrescente 50 g de filés de anchovas (entre 8 a 10) e $1/2$ xícara de azeite extravirgem, deixando cozinhar por mais alguns instantes. Acrescente 4 colheres (sopa) de manteiga e deixe reduzir muito devagar durante 45 minutos, até que as anchovas se dissolvam. A *bagna cauda* pode ser preparada com antecedência, mas o molho não deve ser resfriado. Simplesmente o reaqueça à mesa.

Cesare faz uma versão mais suave, cozinhando o alho em 1 xícara de leite durante 2 minutos e eliminando o leite antes de acrescentar o Barolo, as anchovas, o azeite e a manteiga. Esse é o especial Dei Cacciatori.

SUGO D'ARROSTO
Molho de carne e sálvia para talharim, agnolotti *e outras massas*

Derreta 1 colher (sopa) de manteiga numa caçarola, acrescente 6 grandes folhas de sálvia fresca e 1 dente de alho descascado; doure levemente a manteiga em fogo médio. Retire o alho, acrescente 1 $^1\!/_2$ xícara de caldo de carne, deixe cozinhar por um momento e retire do fogo. Cozinhe macarrão suficiente para 6 pessoas (de 400 a 500 g como entrada leve) em água fervente salgada, até ficar *al dente* — a massa cozinhará um pouco mais quando receber o molho. Devolva o molho ao fogo, acrescente a massa e 1 xícara fofa de parmesão ralado e deixe cozinhar durante 3 ou 4 minutos, mexendo até o queijo desaparecer e o macarrão se aquecer de novo. Divida o macarrão entre 6 pratos aquecidos, rale um pouco de parmesão sobre cada porção (incluindo a casca, se quiser) e sirva. Para 6 pessoas.

FONDO BRUNO
Caldo de carne piemontês

Cesare usa a carne rosada do peito de uma criatura bovina branca própria do Piemonte, a meio caminho entre o vitelo e o novilho castrado. Esse caldo de sabor profundo pode ser usado como base para qualquer sopa italiana vigorosa, é indispensável para o *sugo d'arrosto* e acrescenta fundo saboroso à sálvia e à manteiga do *tajarin* com trufas brancas.

Azeite extravirgem

1,2 kg de vitello albese *ou carne de peito de boi, cortado em pedaços de 8 centímetros*

3 ramos de alecrim fresco, cada qual com 15 centímetros de comprimento

1 talo de aipo

1 dente de alho descascado

O HOMEM QUE COMEU

1 cebola com diâmetro entre 7 e 10 centímetros, descascada e cortada em 8 partes

2 colheres (sopa) de sal grosso

2 tomates maduros pequenos, sem as sementes

3 $^{1}/_{2}$ litros de água fria

Coloque uma panela de 9 a 12 litros em fogo alto, adicione azeite suficiente para formar apenas um filme no fundo e doure muito bem a carne de todos os lados; reduza o fogo, se os sucos da carne ameaçarem queimar. Depois que os pedaços de carne tenham dourado de um lado, comece a adicionar o alecrim, o aipo, o alho, a cebola e o sal, aguardando 30 segundos entre cada ingrediente enquanto a carne continua a dourar. Quando os sucos de carne começarem a dourar no fundo da panela, acrescente os tomates.

Quando a carne estiver bem dourada, acrescente a água. Deixe a água ferver, baixe o fogo e reduza durante 3 a 4 horas. Durante os primeiros 30 minutos, vá retirando a espuma branca que se forma na superfície. Depois, cubra parcialmente e desnate de vez em quando. Coe. Guarde na geladeira o caldo que você não precisar naquele dia; ele se manterá de 3 a 4 dias; ferva durante 15 minutos antes de usar. Rende 3 litros de caldo.

fevereiro e setembro de 1989

Onde está o Wagyu?

Wagyu no valor de US$ 300 tremia e suava no balcão de minha cozinha. Eu o observava, paralisado pela indecisão e ignorância.

A olho nu, parecia um bife de costela comum, desossado, com peso de um quilo e espessura de seis centímetros. Mas a meus olhos, auxiliados por resmas de desinformação, ali estava a carne de Kobe, a mais famosa, cara e deliciosa carne do mundo, proveniente de uma antiga raça de gado negro japonês alimentada com uma dieta de cerveja e grãos empapados de saquê e paparicada ao longo da vida com massagem e acupuntura. Em japonês, *Wa* significa "japonês", e *gyu*, "gado".

Agora, pela primeira vez na história, o bife Wagyu estava sendo importado pelos EUA; por uma sorte incrível, era vendida com exclusividade por Charlie Gagliardo, açougueiro da Balducci, no Greenwich Village, a trezentos dólares o quilo. Minutos após ter ouvido a notícia, corri até a Balducci, negociei um preço ridiculamente baixo de cem dólares o quilo e voltei para casa com um maço de press-releases e um quilo de Wagyu. A superfície de meu Wagyu exibia um intricado padrão de veios gordurosos esbranquiçados — medido em laboratório, o Wagyu tem *três vezes* mais gordura entremeando a carne que os bifes norte-americanos de primeira, embora contenha um pouco menos de colesterol. É essa gordura que tornou o Wagyu famoso — untuoso, tenro, suculento e suave, o *foie gras* das carnes de vaca.

O HOMEM QUE COMEU

Mas, faltando apenas duas horas para o jantar, como era que eu deveria preparálo? Sentia-me como um lapidador de diamante — um só escorregão, e uma fortuna em Wagyu seria desperdiçada.

Sentei ao lado do balcão para vigiar o Wagyu, enquanto lia do princípio ao fim meus livros de receitas japonesas e os artigos e materiais promocionais que reunira. Descobri que há muito pouca informação fidedigna facilmente disponível em inglês sobre esse tesouro culinário. Li que o melhor modo de preparar o Wagyu é grelhá-lo, ou fritá-lo, ou cozinhá-lo em *shabu shabu* ou *sukiyaki*, ou não cozinhá-lo e servi-lo cru, como se fosse *sashimi* de carne, fatiado em pedaços de meio centímetro de espessura, chamados *tataki*. Quando preparado como bife, deve ter cinco centímetros de espessura, ou talvez um centímetro; o fogo deve ser muito alto ou muito baixo, o tempo deve ser mais longo ou talvez mais curto que no caso dos bifes norte-americanos, a gordura externa deve ser retirada ou mantida, o estado ideal é malpassado, ou quiçá a meio caminho entre no ponto e bem passado, e a porção perfeita é um bifão de 350 gramas ou uma fatiazinha de 85 gramas.

Agora, restando apenas uma hora para o jantar, telefonei para o bipe do sr. Nishi, que é atacadista de carnes japonesas em Nova York. O sr. Nishi respondeu a minha chamada quase de imediato, ligando do telefone de seu carro enquanto atravessava a ponte de Queensboro em direção a Manhattan. Ele me disse que, em casas de carne japonesas, o Wagyu é ou frito, ou grelhado na brasa, em porções de 250 gramas por pessoa; com frequência, apresenta-se de médio a bem passado e é servido com legumes e arroz. É crucial conseguir que a carne ganhe uma boa crosta marrom.

Meu modo predileto de grelhar um bife realmente espesso — que adaptei anos atrás de um dos livros de receitas de Christopher Idone — parecia o ideal. Assim, eliminei toda a gordura externa de meu Wagyu; dividi-o transversalmente em dois bifes grossos (para fins de experimentação); salguei-os alguns minutos antes de levá-los ao fogo, de modo a fazer que um pouco de seus sucos subisse à superfície, para dourar bem; deixei-os por breve tempo sob uma grelha muito quente, até o exterior formar uma crosta, mas sem queimar; transferi o Wagyu para um forno a 350°C, para terminar de cozinhar o interior; com meu termômetro instantâneo para carnes, media a temperatura a todo momento; retirei um bife quando atingiu 120°C (malpassado) e o outro quando chegou a 140°C

ONDE ESTÁ O WAGYU?

(no ponto); moí um pouco de pimenta sobre eles e os deixei descansar por 10 minutos. Chamei minha mulher para vir à mesa, cortei cada bife em dois e começamos a comer.

O bife malpassado estava duro, e sua gordura marmórea não derretera na carne; o gosto indicava uma riqueza doce, mas não era forte o bastante para que fizesse diferença. O bife no ponto estava fibroso, farinhento e quase incomível.

Ou eu arruinara o resgate de um rei em forma de Wagyu, ou o Wagyu é uma brincadeira de mau gosto. Tinha de descobrir a verdade. Pegamos um avião para Hong Kong, subimos a bordo de um navio que ia para o Japão e, duas semanas depois, chegamos a Osaka. (Essa é uma rota absurda para ir a Osaka, mas minha mulher tinha negócios no caminho.) Escolhemos Osaka porque seus habitantes são famosos por comer ao ponto do que os japoneses chamam *kuidaore*, ou seja, "colapso por excesso", algo que coincide com minhas próprias aspirações — e, também, porque Kimio Ito, generoso irmão de um amigo japonês de Nova York, estava pronto para nos brindar com o melhor banquete de Wagyu da cidade, num restaurante chamado Devon Steak.

Na entrada, passamos por uma geladeira repleta de pedaços de carne ainda mais completamente marmorizados que meu Wagyu; sentamos numa baia junto a uma imensa grelha de aço inoxidável e pedimos um antepasto de carne crua, um bife como prato principal, cerveja, saquê e sorvete de melão. Após comermos os aveludados retângulos de Wagyu cru (seu gosto se parecia mais com atum cru que com carne bovina), seguiu-se uma versão granulosa de *vichyssoise*, uma salada de alface iceberg e uma pequena batata de Hokkaido assada divinamente. Enquanto isso, o chef, de pé do outro lado da baia, cozinhou nossos bifes.

Ele untou a chapa com manteiga, dispôs ali cubos de gordura e cabeças de alho, colocou por cima de tudo um volumoso bife com quase 8 centímetros de espessura e cobriu com uma redoma de cobre durante 1 ou 2 minutos, aparentemente para derreter a gordura e infundir a carne de boi com o mais sutil dos perfumes de alho. Depois de retirar a redoma, ele raspou o alho e a gordura para um lado, banhou a carne com conhaque e em seguida manteve-a durante mais 1 ou 2 minutos sob a redoma.

Foi aí que o trabalho começou de verdade. Com uma concentração visível, o chef retirou até a última partícula de gordura superficial e retirou a capa do osso, colocando tudo de lado, menos o núcleo da carne. Ele perguntou a Kimio, que nos indagou como gostaríamos que nossa carne fosse preparada — dissemos respectivamente malpassada e meio malpassada; então ele salgou só um pouquinho a carne, virou-a sobre a chapa para dourá-la por igual e moeu pimenta por cima. Várias vezes ele cortou a carne pela metade, dourou os lados correspondentes aos cortes e reservou para a borda da chapa uma das metades, enquanto trabalhava na outra.

Por fim, a maior parte do bife descansava de lado enquanto ele trabalhava em quatro pequenos pedaços, cada qual com 5 × 2,5 × 1 centímetros. Ele testou sua consistência interna diversas vezes, apertando-os com pauzinhos e, quando sentia que estavam prontos, colocava-os sobre um quadrado de alumínio que ficava à frente de cada um de nós, raspava a chapa para limpá-la da gordura e passava à próxima porção. Ele trabalhava lenta e cuidadosamente, sem os malabarismos de espadachim samurai que se vê no Benihana.

No final, cada um de nós recebeu dez tiras de bife, deliciosamente dourados e quase crocantes por fora, rosados por dentro e transbordantes de suco. Por último, o chef cozinhou a capa do olho e os cubos de gordura de Wagyu, tornando-os crocantes como gordura de ganso. Em cada lugar à mesa, havia uma tigelinha com molho, feito de soja, alho, mel, missô e um tempero secreto, cuja identidade só é conhecida do Devon Steak.

Enquanto minha mulher visitava o toalete, roubei dois de seus pedaços de Wagyu, com o objetivo científico da comparar o malpassado dela com o meu meio malpassado. O meu venceu. Não lhe faltava nada da maciez e umidade que o bife é capaz de perder quando grelhado ao ponto; como ocorre com a maioria das carnes sangrentas, faltava ao bife malpassado um gosto rico e corpulento.

O Wagyu não é brincadeira de mau gosto. É a melhor carne bovina que já comi. É tão macio e tem textura tão fina quanto o melhor filé mignon, dotado da suculência da carne de costela e do sabor de cortes mais baratos, mas com caráter mais doce e mais delicado. Foi também a refeição mais cara que já comi. É evidente que Kimio não nos deixou olhar o cardápio, mas do lado de fora do Devon Steak havia um cartaz do qual deduzi um preço por pessoa de 40 mil ienes, mais serviço e imposto, ou US$ 340. Isso faz Paris parecer uma pechincha fantástica.

Alguns dias depois, de volta a Nova York, lá fui eu outra vez até a Balducci, em busca de mais Wagyu. Dessa vez, comprei também um bife de costela de primeira para fins de comparação, idêntico ao japonês, exceto na marmori-

ONDE ESTÁ O WAGYU?

zação, bem mais modesta. Improvisei uma chapa com uma grande frigideira de aço inoxidável dotada de um espesso fundo de cobre; desajeitadamente, tentei seguir o procedimento que observara em Osaka. O Wagyu saiu maravilhoso, a meio caminho de seu primo do Devon Steak. Em comparação, o gosto do bife norte-americano malpassado era sangrento, quase selvagem, exigindo muito esforço de mastigação; quando preparado ao ponto, ficou fibroso, áspero e seco.

Finalmente consegui localizar alguém conhecedor dos fatos a respeito do Wagyu. Trata-se do dr. David Lunt, superintendente do McGregor Research Center da Universidade Texas A&M, que há vários anos tem criado Wagyu. A esperança deles é que os fazendeiros dos EUA, que trabalham com custos de produção de apenas 30% a 50% da média japonesa, exportem Wagyu para o lucrativo mercado japonês, onde essa carne atinge entre US$ 60 e US$ 150 o quilo no atacado, dependendo do corte e da qualidade.

A raça Wagyu foi provavelmente levada ao Japão como animal de carga, proveniente da Manchúria e da península Coreana. Isso aconteceu no século II d.C., época em que o cultivo de arroz foi introduzido no Japão. Durante pelo menos mil anos, o Wagyu trabalhou nos campos de arroz, antes de ter passado a ser consumido como alimento. A maioria do gado Wagyu é criada de modo caseiro, em pequenas fazendas familiares em todo o Japão, embora também existam grandes criadores; muitos fazendeiros transportam seu gado até a região ao redor de Kobe, para concluir a engorda e processar a carne, porque a carne com o nome de Kobe ainda consegue um preço mais alto. O gado Wagyu não pasta livremente; usa-se massagem para relaxar seus músculos, e não para dispersar a gordura; ocasionalmente, é alimentado com cerveja, para manter uma população saudável de micróbios em seu rume, e não para adicionar sabor a sua carne ou mantê-lo relaxado. O gosto próprio e a textura marmórea do Wagyu são em parte genéticos e em parte resultado da alimentação; sua gordura contém uma alta proporção de ácido oleico, monossaturado (também encontrado no azeite de oliva), que responde pelo gosto amanteigado e pelo colesterol moderado.

O McGregor Research Center acaba de produzir seu segundo corte, e os japoneses voaram até lá para avaliar a carne. Enquanto os técnicos norte-americanos usam uma série de fotografias coloridas para comparar o marmoriza-

O HOMEM QUE COMEU

do de um pedaço de carne, os técnicos japoneses empregam bifes de acrílico, parecidos com as simpáticas comidas de plástico que se veem nas vitrines dos restaurantes japoneses. O Wagyu do Texas foi um sucesso total — os peritos japoneses lhe deram a nota máxima.

agosto de 1991

A cozinha de Kyoto

Enquanto esperava que o sinal abrisse na esquina da Takakura-dori com a Shijo-dori, eu me dei conta de que poderia comer aqui para sempre.

Estava no centro de Kyoto, atualmente minha cidade favorita, o "berço do espírito japonês", como alguém a descreveu, capital do Japão durante onze séculos, local de nascimento de sua arte, literatura e artesanato tradicionais e, mais importante que qualquer dessas coisas, fonte de sua cozinha mais refinada, contida e elegante. Só mesmo meus amigos de Osaka julgam que sua própria comida é melhor.

Dispondo de apenas algumas horas no Japão, fui às lojas de departamentos Takashimaya e Daimaru, que visitara minutos após chegar a Kyoto. Em todo o Japão, as lojas de departamentos dedicam o subsolo a uma exposição de alimentos que rivaliza com os grandes estabelecimentos europeus. Neles se encontram doces japoneses luxuosamente embrulhados ao lado de marcas de chocolates europeus; comida chinesa para viagem e mantimentos vindos de Milão; café jamaicano Blue Mountain a US$ 100,00 o quilo e melões de US$ 75; acepipes e *delicatessen* de Munique. O orgulho da Daimaru é um café e padaria administrada por Paul Bocuse, com modelos plásticos de cafés da manhã franceses e uma tela de TV que mostra padeiros trabalhando ao vivo em algum lugar nas entranhas da loja.

O HOMEM QUE COMEU

Mas eu estava cansado de olhar e perdera interesse na comida ocidental, um estado potencialmente perigoso em meu tipo de trabalho. Fiquei cismando em como conseguiria me alimentar quando voltasse para casa. Será que alguma coisa diferente da *Kyo-ryori* ("cozinha de Kyoto") me satisfaria? Joguei toda a culpa no sr. Shizuo Tsuji e na tigela de sopa do sr. Nagata.

Caminhei por dois quarteirões para dizer adeus à Nishikikoji. Nessa rua-mercado medieval com quatrocentos metros de comprimento, recoberta por toldos vermelhos, verdes e amarelos, enfileiram-se 141 casas especializadas, que vendem comidas cruas e cozidas, algas, arroz e tofu de todos os tipos, chá recém-torrificado, facas de *sashimi*, uísque, conservas e mais peixes do que existem num oceano de tamanho médio — cem espécies em caixotes e tanques, em conserva, secos e salgados, em barris e bandejas, peixes sendo grelhados na brasa, fritos como tempurá ou cortados em *sushi*. No início da manhã, os chefs de restaurante vão à Nishiki escolher suas matérias-primas; à tarde, avós e donas de casa acotovelam quem esteja à frente para montar seus jantares.

Durante duas semanas antes de termos chegado a Kyoto, minha mulher e eu percorremos a metade meridional do Japão, a bordo de um transatlântico de luxo: desde Okinawa até a ilha de Kyushu e depois, atravessando o mar Interior, de Hiroshima a Osaka. Em troca de nossas passagens, minha mulher se comprometera a fazer seis apresentações sobre a arte japonesa e fingir que a comida de bordo era quase comestível. Meu trabalho era fazer o papel de cônjuge resmungão, um papel tão estranho a minha natureza que se passou toda uma hora até que eu conseguisse entrar completamente na personagem. A mudança foi estimulada pelo surgimento de um tufão inesperado no mar da China, o qual sacudiu nosso navio durante vários dias como se fosse um pedacinho de tempurá num caldeirão de óleo fervente. Mas, depois que o tufão passou, abandonávamos o navio sempre que suas máquinas paravam misericordiosamente e, junto com um pequeno grupo de passageiros audazes, experimentávamos a culinária regional japonesa.

Nosso companheiro constante era *Gateway to Japan*, de June Kinoshita e Nicholas Palevsky (Kodansha, 1990), um guia incrivelmente abrangente sobre a história, a cultura, as compras, as vistas, a comida e os hotéis daquele país. A redação é compacta e espirituosa, e os autores incluíram tudo o que você precisa saber, desde diagramas de trânsito até uma lista anotada das casas de sexo de

A COZINHA DE KYOTO

Tóquio, ordenadas segundo a "ordem de dificuldade". *Gateway* não é simplesmente o melhor guia de viagem para o Japão — é o melhor guia para qualquer país que já visitei. E as sugestões de restaurantes que seguimos — em especial de cidades provincianas, para as quais nos faltavam recomendações pessoais — foram muitíssimo gratificantes.

Eu me preparara para o Japão lendo *Japanese Etiquette* (Tuttle), compilado em 1955 pela ACM de Tóquio. Aprendi que, no Japão, há três modos de fazer mesura e um modo de tomar sopa. Primeiro, você retira a tampa da tigela de sopa com a mão direita, coloca a tampa de cabeça para baixo sobre a bandeja ou mesa, ergue a tigela com a mão direita, coloca-a sobre a palma da esquerda e bebe um pouco do líquido. Depois pega seus pauzinhos com a mão direita, arruma-os com a esquerda e come um pouco do conteúdo da tigela. Em seguida, come um pouco de arroz. Aí, finalmente, pode comer qualquer outra coisa que quiser. Mas, por favor, não encoste nas conservas até que tenha terminado a sopa.

A primeira vez que tentei isso, a sorte me conduziu para além do enredo esboçado pela ACM de Tóquio. Quando tentei erguer a tampa de minha tigela de sopa, a tigela inteira veio junto. Não se trata de um fenômeno desconhecido: se você gastar tempo demais organizando seus pauzinhos, a sopa resfriará e formará um vácuo sob a tampa. Assim, segurei a tigela firmemente com uma mão, não me lembro qual, e tentei soltar a tampa com a outra. Quando isso não deu certo, espremi a tigela com ambas as mãos (a madeira laqueada é flexível), imaginando que a tampa saltaria. Aí, rezando para que ninguém notasse, segurei a tigela na dobra de meu cotovelo, para maior firmeza, e tentei torcer a tampa com a mão esquerda. Por fim, prendi a tigela entre meus joelhos e usei ambas as mãos para abri-la. Isso funcionou muito bem. Mas a tampa escorregou de minhas mãos, girou e se estatelou dentro da tigela, espirrando a sopa branca e espessa num círculo perfeito por sobre o tatame, a mesa, o arranjo de flores e em mim mesmo. Aposentei meu livro de etiqueta japonesa e, daí por diante, fiz o papel do ocidental trapalhão e desconhecedor das boas maneiras locais. Simplesmente tentei não ofender ninguém.

Costumava-se dizer que é impossível comer mal em Paris. É um erro. Por outro lado, embora tivéssemos tentado, não conseguimos encontrar uma comida japonesa verdadeiramente ruim no Japão. (Encontramos uma grande variedade de comidas ocidentais medíocres, sem nem mesmo nos esforçar.)

O HOMEM QUE COMEU

Consegue-se comer copiosamente, e bem, por US$ 6 por pessoa numa casa de macarrão, por vinte dólares em lugares que servem tudo grelhado no espeto, por sessenta dólares por um jantar de sete pratos em sala privativa num belo restaurante da província e por quatrocentos dólares por pessoa no banquete *kaiseki* mais refinado de Kyoto, provavelmente a comida mais cara do mundo. O ambiente, o custo dos ingredientes e o nível artístico podem variar, mas a preocupação quanto ao frescor e o compromisso de fazer o melhor possível parecem quase universais.

Em Naha, na ilha de Okinawa, conhecida como o Havaí do Japão por causa das praias e do clima tropical, a culinária exibe influência chinesa nos molhos untuosos e no uso entusiástico de porco e amendoim — uma versão japonesa e crocante de orelhas de porco rasgadas com pepinos, tofu de amendoim e uma deliciosa sopa de tripa de porco. Em Kagoshim (Kyushu), a Nápoles japonesa, assim denominada por alguém que jamais esteve em Nápoles, fomos apresentados a um delicioso *sashimi* de sardinha com molho de mostarda, peito de frango cru com moela — finamente fatiados, arrumados de forma atraente, quase sem gosto e muito difícil de mastigar. Ao menos não há sinal de salmonela no Japão.

Entre outras coisas, Hiroshima é famosa por suas ostras e seu time de beisebol eternamente perdedor, de nome Carpas. No Kakifune Kanawa — uma barcaça reformada, atracada no rio Motoyasu, na extremidade do parque da Paz —, servem-se ostras preparadas de dez modos diferentes. Em nosso banquete de ostras, incluíram-se sete deles: cruas, enormes e geladas, em meia concha; no espeto e grelhadas; tempurá firme e suculento; assadas em suas conchas sobre uma cama de sal; cruas e marinadas numa pequena xícara de vinagre e soja (as que mais gostamos); guisadas num caldo de missô; e fritas, cortadas, misturadas com arroz e arbitrariamente designadas como risoto. Um passeio de quinhentos metros rio acima através do parque nos leva ao esqueleto da única estrutura anterior à guerra que permaneceu numa cidade que foi completamente reconstruída. Em agosto de 1945, nada restava sobre o solo.

As comidas que consumimos antes de chegar a Kyoto pareceram melhores que a maior parte das refeições japonesas que eu comera nos EUA, embora sua superioridade fosse questão mais de grau que de espécie. Os frutos do mar eram universalmente frescos, os sabores notavelmente claros, as especiarias e ervas mais

A COZINHA DE KYOTO

delicadas e mais vívidas que na comida japonesa de casa. Mas, durante nossas primeiras duas semanas no Japão, e do mesmo modo que acontece quando consumo comida japonesa em Nova York ou em Los Angeles, depois do jantar eu ainda suspirava por um hambúrguer, batatas fritas e uma barra de Milky Way. Kyoto mudou isso.

Chegamos a Kyoto em maio. Era a época dos *tai*, o *kinome* estava em boa forma e o *takenoko* emergia da terra nos campos em torno de Kyoto. *Tai* é o goraz japonês, um peixe magro e firme, de carne branca, diferente dos gorazes de outras águas. Cru e fatiado, dá um bom *sashimi* (em maio, costuma ser guarnecido com um pepino novo, com dois centímetros de comprimento e ainda vestindo sua flor amarela); quando se embrulham fatias de *tai* ao redor de um longo cone de arroz temperado com vinagre e se amarra tudo com uma folha de bambu, o prato se chama *chimaki*. Maio é também o mês para comer sarda, linguado *karei*, guaraçuma e truta marinha. Os ocidentais sabem que ostras só devem ser comidas em meses frios; os chefs japoneses conhecem a época ideal para cem tipos de peixe.

Kinome é a folha verde brilhante, recentemente formada, do *sancho* (um parente do limão-pimentoso), a erva favorita dos chefs profissionais japoneses; é sempre usada fresca e, creio, não é comida em nenhum outro país. Em todas as refeições que consumimos em Kyoto, encontramos pequenos ramos de *kinome*, com forma de samambaia. Descrito habitualmente como leve e mentolado, pareceu-me que seu maravilhoso gosto adstringente lembra casca de limão e coentro. Algumas semanas antes de nossa visita, o *kinome* era minúsculo e insípido; algumas semanas depois, tosco e amargo. No período que estivemos em Kyoto, pudemos sentir a estação do *kinome* se esvair, à medida que a primavera se transformava em verão e as folhas se tornavam maiores a cada dia que passava.

Takenoko são brotos de bambu. A vida toda, procurei evitar aqueles brotos de bambu fibrosos, duros e amargos que se encontram na comida asiática dos EUA, e ficava imaginando por que alguém se daria ao trabalho de cortar a ponta de um bambu assim que emerge da terra, descascar a espessa capa lenhosa e comer seu coração dourado-pálido. Agora, pela primeira vez, provei-os frescos — doces, crocantes e tenros — num restaurante nos arrabaldes de Kyoto chamado Kinsuitei. Em pavilhões colmados dispostos à margem de um lago sombreado,

O HOMEM QUE COMEU

ali se serve um almoço de muitos pratos, todos feitos com bambu fresco: bambu grelhado em espeto de bambu, bambu picado com alga, bambu fatiado como *sashimi* com molho baseado em soja, bambu flutuando na sopa, bambu cozido em caldo, bambu frito como tempurá e bambu cortado com arroz. Talvez seja esse o problema da comida impecavelmente sazonal — durante um ano inteiro, aguarda-se pela chegada do momento passageiro e, então, exagera-se.

Kyoto é o berço do *kaiseki ryori*, talvez a variedade mais refinada e primorosa da culinária japonesa. Essa é a *haute cuisine* formal japonesa, composta por nove ou mais pratos servidos em antiguidades de porcelana e laqueados, normalmente numa pequena sala privativa. Uma refeição *kaiseki* cultiva todas as sensações; só se empregam ingredientes sazonais no ápice do frescor.

Nosso amigo Sunja viajou de Kobe a Kyoto e nos levou para um almoço *kaiseki* no famoso restaurante Hyotei. São cinco casas de chá ligadas entre si por passarelas de bambu que atravessam um jardim luxuriante, disposto em torno de um laguinho. Chovia quando chegamos ao portão, e cada um de nós recebeu uma cesta grande e leve de bambu, para proteger nossas cabeças na caminhada de sete metros até uma casa de chá com trezentos anos. Eu me sentia como se tivesse me transformado na personagem de uma gravura japonesa.

O ambiente de fim de primavera era enfatizado por um rolo de papel pendente e por íris purpúreas dispostas num nicho estreito, bem como pelos padrões e cores da cerâmica e dos laqueados no qual a comida era servida. Sentamos num tatame de grama tecida, algumas seções frescas e verdes, outras secas e crepitantes. A janela se abria para o jardim e a chuva gotejava do telhado colmado.

Ante cada um de nós, dispôs-se uma mesinha de madeira. Durante as duas horas seguintes, fomos servidos de uma refeição completa em grupos de pratos dispostos em bandejas laqueadas. Foram no total sete seções, seguindo essencialmente uma ordem tradicional que começou com antepastos, passou a peixe cru e sopa, daí a pratos grelhados, depois cozidos, escaldados e fritos. Começamos com um prato de peixes pequenos e suavemente dourados; fatias delgadas de *tai* cru guarnecidas com um pepino novo; sopa branca de missô; tofu de gergelim rodeado de *junsai*, uma planta que cresce no fundo de antigos lagos profundos de águas claras, como o Midorogaike, por exemplo, ao norte de Kyoto. No fim da primavera, seus brotos verdes imaturos são envoltos por uma bainha gelatinosa — o *junsai* é uma comida de textura.

A COZINHA DE KYOTO

A bandeja seguinte trazia um pequeno prato retangular com três favas descascadas; um ovo cortado pela metade (magicamente, a clara estava cozida e a gema, ligeiramente temperada, era líquida); um broto de gengibre, cuja cor passava da alfazema ao branco; um cubo de omelete de tofu num prato redondo; e dois *chimaki*, um com *tai* cru e o outro com enguia, amarrados firmemente em folhas de bambu. A bandeja era decorada com duas pequenas folhas verdes de bordo, lembrança de que era primavera, caso tivéssemos nos esquecido.

Na sopa clara encontramos um camarão embrulhado em *yuba* (casca espessa de queijo de soja), ervilhas novas, um cogumelo com três orelhas e uma raiz de lírio. Seguiu-se *suzuki* (garoupa, ou badejo) frito e pincelado com um molho de *teriyaki* suavemente doce e guarnecido com a flor do *sancho*; em seguida arroz e pepinos em conserva e outra sopa, contendo legumes verdes e brancos e haliote embrulhado num retângulo de peixe. Serviu-se chá verde amargo com uma fatia de melão e depois um doce japonês marrom-claro, que não pareceu mais explicável que os demais doces japoneses que já provara. Mas o melão era uma epifania de melões: a casca do cantalupo, a polpa verde e o tamanho de um melão-paulista e o perfume e doçura de uma floresta de madressilva.

Fico envergonhado quando me dou conta de quanto desse poema culinário me passou despercebido. Mas a ignorância tem suas próprias recompensas. Os gourmets japoneses sempre buscaram o misterioso e o exótico em seus ingredientes e texturas. Como conta Diane Durston em seu indispensável *Old Kyoto* (Kodansha, 1986), os chefes militares e comerciantes ricos do período Edo se divertiam com um jogo de adivinhação do que tinham acabado de comer no jantar. Nada poderia ser mais autenticamente japonês que ignorar o que se está comendo.

Um chef japonês tradicional trabalha sujeito a uma série de restrições rigorosas. Sua insistência em só preparar alimentos que estejam em seu ápice sazonal elimina três quartos das possibilidades em qualquer instante. E sua preocupação com o frescor elimina de cogitação a maioria dos ingredientes que sejam provenientes de outras partes do país. Suas receitas contêm apenas quatro ou cinco ingredientes; eu já preparei molhos franceses complexos que requeriam vinte componentes. Os sabores japoneses parecem trabalhar como complementos ou contrapontos uns dos outros; os nossos são imaginados para se misturarem e orquestrarem. Apesar disso, após uma semana em Kyoto, não se tem

275

consciência de qualquer limitação. O paladar deixa de procurar sabores ocidentais fortes e complexos, da mesma maneira que os olhos se ajustam à luz suave de uma casa japonesa tradicional.

O budismo chegou ao Japão no século VI, importado do continente asiático, onde a profusão de frutas e legumes semitropicais tornava fácil conviver com a regra budista contrária à matança de animais. Mas um período de colheita relativamente curto e a escassez de terras cultiváveis forçaram os japoneses a confiar na variedade e no engenho, em vez da abundância, em sua culinária. Muitos dos pratos que associamos ao Japão são relativamente recentes. Foram padres portugueses que ensinaram aos japoneses a fritura por imersão, no final do século XVI (e também introduziram a pimenta vermelha); como aconteceu com muitas outras coisas, os cozinheiros japoneses se transformaram nos maiores artistas da fritura por imersão do mundo, criando o incomparavelmente leve, crocante e translúcido tempurá. A forma mais comum de *sushi* — fatias de peixe dispostas sobre bocados de arroz com vinagre, adequadamente denominado *niyirizushi* — só foi inventada em 1818. No Japão, para os leigos, a regra budista de não matar animais se aplicava apenas no que se referia a quadrúpedes, tornando peixes e aves disponíveis para a cozinha. Mas vacas, ovelhas, porcos e cabras foram tabu até 1873, quando o imperador Meiji anunciou que a proibição budista era "irracional". O *sukiyaki* só apareceu no início do século XX, e li que o *shabu shabu* foi inventado depois da Segunda Guerra Mundial por um chef de Kyoto que desfrutara um ensopado mongol num restaurante chinês. Desses pratos, só o tempurá se enquadra numa refeição *kaiseki*. Trezentos anos é tempo suficiente para alguma coisa se tornar tradicional, mesmo no Japão.

Quatro ingredientes crus fundamentais estão na base de toda a cozinha japonesa — sabores que até hoje tinham me parecido monótonos e chochos — arroz, soja, *dashi* e peixe. O arroz é servido fervido ou cozinhado no vapor em toda refeição, não sendo jamais frito; dele também se produzem saquê, *mirin* e vinagre; sua casca é usada para fazer conservas. A soja produz o molho de soja e o tofu em todas as suas formas. E o *dashi* é um caldo simples e delicado, feito de kelp gigante (uma alga verde-oliva) e sarda (uma integrante da família da cavala) seca. O *dashi* é a base de quase todas as sopas; o caldo de galinha só aparece caso, entre os principais ingredientes sólidos da sopa, inclua-se o frango. *Todo prato japonês ou seu molho é temperado com soja ou* dashi, *ou ambos.*

A COZINHA DE KYOTO

Antes de ter chegado ao Japão, eu arranjara por intermédio de um amigo comum um encontro com o sr. Shizuo Tsuji, o renomado chef japonês cuja escola de culinária de Osaka — a École Technique Hôtelière Tsuji — é a maior e mais importante do Japão. (Há uma filial em Lyon, para seus estudantes avançados de culinária francesa; Tsuji escreveu uma notável enciclopédia ilustrada da culinária francesa, publicada numa edição japonesa limitada.) Seu *Japanese Cooking: a Simple Art* (Kodansha, 1980) é um dos melhores livros de receitas publicado em inglês sobre qualquer culinária. Escrito lindamente, sem um pingo de pretensão e claríssimo em seus ensaios, explicações sobre técnicas e ingredientes, desenhos a traço e 220 receitas.

Regulamentos aéreos draconianos e mesquinhos me impediram de conhecer o sr. Tsuji, mas, tão logo chegamos a Kyoto, sentimos que estávamos sob sua proteção e tutela. Ele recomendou diversos restaurantes e telefonou a um deles com antecedência, para especificar nosso jantar. Perto do fim de nossa estada, despachou até Kyoto seu chefe de gabinete, sr. Kazuo Nakamura, e um professor de culinária japonesa, sr. Kazuki Kondo, que nos levaram para jantar num restaurante chamado Chihana (Mil Flores).

O Chihana é um lugar minúsculo, tendo um balcão de madeira de sândalo e apenas duas mesas, tudo com acabamento de diversas madeiras aloiradas e acetinadas. É presidido pelo sr. Nagata, que, com 75 anos, é o chef e proprietário. A comida, semelhante à de um banquete *kaiseki*, é servida de modo diferente, popular em Kyoto. Você senta junto ao balcão e o sr. Nagata e seu filho mais velho lhe passam a comida assim que é preparada; em seguida, observam discretamente suas reações com o canto do olho. Primeiro havia uma série de antepastos minúsculos: uma xicrinha de *junsai* gelatinoso delicadamente aromatizado com *dashi*, soja e vinagre (foi a primeira vez que entendi o motivo de comer *junsai*); moluscos crus rechonchudos, com algas; polvo frio macio, guisado durante três horas em *dashi*, soja e saquê; truta marinha grelhada em sal com molho de *ume*, soja e sal (*ume* é chamada de ameixa, mas, na verdade, é o damasco); e vagens pouco cozidas com um retângulo branco de algo chamado filhos das nuvens. Trata-se de um eufemismo para esperma de peixe, com frequência bacalhau, mas neste caso *tai*. Seu sabor é suave e difícil de descrever, a não ser para dizer que não tem gosto de peixe; sua textura e aparência é a do tofu, ou de pudim.

O HOMEM QUE COMEU

Não acredito que os shopping centers dos EUA venham a ser invadidos por barraquinhas de venda de filhos das nuvens.

E, então, chegou o momento da sopa e do *sashimi*, "o teste da cozinha japonesa", como informa o sr. Tsuji, "os critérios pelos quais uma refeição se sustenta ou fracassa. [...] A sopa e o peixe cru são tão importantes que os demais pratos não passam de guarnições". O peixe revela imediatamente se o chef segue altos padrões de frescor e perfeição sazonal. Isso eu posso entender sem dificuldade. Mas uma tigela de sopa clara ser o centro de um banquete complicado? Esse é o prato que eu bebericava distraidamente nos restaurantes japoneses de Nova York ou de Los Angeles, isso quando encostava nele.

Do outro lado do balcão de sândalo, o sr. Nagata me entregou uma tigela coberta e disse: "Não faz mal começar". Traduzido do cortês idioma japonês, isso significa: "É melhor você começar agora mesmo, ou vai arruinar minha comida". Ergui a tampa e fiquei envolto por uma nuvem de vapor aromático, familiar mas intenso. Percebi que havia um cubo de tofu, um cogumelo shiitake e um ramo de *kinome*, e comecei a beber a sopa. Os sabores básicos eram um resumo do conceito japonês de *umami*: aroma, substância, apetite, o ponto sublime de qualquer comida. *Umami* é o quinto sabor japonês (nossos livros didáticos só mencionam quatro); sarda seca, kelp e shiitake têm, todos, uma dose concentrada de *umami*.

A caminho do aeroporto de Osaka, comprei outro exemplar de *Japanese Cooking: a Simple Art*, do sr. Tsuji, o qual li no voo de volta como se fosse um thriller. Os mistérios da sopa do sr. Nagata eram fáceis de resolver. "Se a sopa é boa", ensina o sr. Tsuji, "prova que o chef sabe preparar seu caldo de sarda — a base de sabor de todos os pratos subsequentes." Começa-se com um pedaço de kelp, um bloco denso de filé de sarda seca e boa quantidade de água. (O kelp gigante é colhido nas águas subárticas da ilha de Rebun, em Hokkaido, e é seco ao sol até que se torne marrom ambarino e mosqueado com um pó branco, no qual se concentra muito de seu sabor. A sarda é seca à sombra e ao ar livre, num processo complicado, que demora seis meses.) Coloca-se o kelp em água fria em fogo médio, retirando a panela imediatamente antes de a água ferver. Usando uma lâmina especial, montada numa armação de madeira, raspa-se a sarda em tiras estreitas e se acrescenta ao caldo. Leva-se novamente à fervura e se desliga o fogo. Um minuto depois, quando a sarda foi ao fundo, coa-se o *dashi*.

278

A COZINHA DE KYOTO

Para fazer uma sopa clara, adicione ao *dashi* um pouco de sal e molho de soja leve, aqueça sem ferver e verta em tigelas, junto com três ou quatro pequenos pedaços de alimentos sólidos. Cubra as tigelas imediatamente, pois caso contrário o aroma precioso do *dashi* se perderá; sirva dentro de trinta segundos.

Isso é tudo. O processo inteiro demora doze minutos. Mas só os restaurantes mais caros do Japão ainda preparam o *dashi* desse modo, e minhas papilas gustativas recentemente reeducadas não detectaram sua presença em Nova York. A maioria dos lugares usa *dashi* instantâneo em pó ou, na melhor das hipóteses, um saco plástico com fatiazinhas de sarda industrializadas. A sopa simples e sem defeitos do sr. Nagata resume um modo de vida tradicional japonês que se torna mais remoto a cada dia que passa. Muitos japoneses de hoje nunca provaram essa essência fundamental de sua própria cozinha.

Ou, mesmo, provaram *wasabi* de verdade. Trata-se da verde e pungente "raiz-forte" japonesa, que se adiciona a molhos e caldos, bem como ao arroz enrolado e ao sushi. O *wasabi* é uma raiz longa, que só cresce nas margens pantanosas de cursos de água frios e rápidos (e, parece, só no Japão). O melhor *wasabi* cresce na península de Izu, a sudoeste de Tóquio; é muito caro e deve ser ralado imediatamente antes de ser usado. O *wasabi* verdadeiro tem sabor jovial, mais doce que a pasta picante que nos dão nos EUA (e em boa parte do Japão), que é feita de um pó ou que vem dentro de um tubo como o de pasta de dentes, no qual há muito pouco *wasabi*.

Na introdução ao livro do sr. Tsuji, M. F. K. Fisher revela a dificuldade que ela teve em retornar à comida ocidental depois de passar várias semanas no Japão. Minha reação foi semelhante. A ideia de um frango grelhado inteiro disposto num grande prato redondo e prestes a ser desmembrado por armas metálicas me parecia repulsiva. Tentei alguns dos meus restaurantes japoneses prediletos de Nova York, mas senti falta do aroma do *dashi* verdadeiro e do gosto do *wasabi*, dos ramos de *kinome* e da textura sedosa do goraz. Durante toda uma tarde, perdi completamente o apetite. Um dia, saí à procura de fatiazinhas de sarda e voltei para casa com um saco de arroz japonês. O sr. Tsuji brinca que demora vinte anos para aprender a ferver arroz, e estou contando os dias até o ano 2011. Mas minha primeira tentativa não foi catastrófica.

Percebendo finalmente que não há jeito de conseguir comer como fizera em Kyoto, voltei devagarinho à normalidade. Comecei por comer uma colhe-

O HOMEM QUE COMEU

rada de *crème brûlée* de vez em quando, uma ou duas mordidas de pastrami com pão de centeio. Agora, várias semanas depois, consigo comer uma pequena refeição ocidental sem muita dificuldade. Mas, depois do jantar, ainda sinto falta de uma tigela de arroz e de duas ou três fatias de peixe.

setembro de 1991

Seres da lagoa azul

Para extrair o máximo de uma visita a Veneza, o viajante tem de dominar diversas palavras e frases locais. Duas das mais úteis são: *Senta, portrei avere un'altra porzione colossale di vongole veraci?* (Garçom, por favor, outra tigela gigantesca desses pequenos moluscos picantes e perfeitos?); e *Ucciderei por un piatto di cannocchie ai ferri* (Eu seria capaz de matar alguém por um prato dessas tamarutacas grelhadas, o crustáceo mais doce de toda a Criação).

Os frutos do mar de Veneza e da costa adriática, mais para o sul, são, facilmente, os melhores que já provei na vida. Numa viagem recente que fiz até lá, não comi outra coisa senão moluscos, crustáceos e peixes durante seis dias e noites. Eu poderia ter sustentado isso para sempre, não tivesse uma senhora da Pan Am mencionado palavras como "desistência com agravante extremo", quando tentei estender minha permanência. Eu argumentava que, *antes* de eu ter comprado o bilhete, as companhias aéreas deveriam ter me avisado que eu perderia completamente a estação de *seppioline*. *Seppioline* são filhotes de sépia do tamanho de uma unha, fritos por imersão até se tornarem crocantes e irresistíveis. Enquanto eu tentava explicar isso, a senhora da Pan Am respondeu com palavras como "Ciao!" e desligou o telefone.

Seria um exagero afirmar que, enquanto em Veneza, tudo o que fiz foi comer frutos do mar. Negligentes, os venezianos deixaram muitas pinturas

O HOMEM QUE COMEU

e mosaicos inestimáveis nas igrejas para as quais foram criados, em vez de reuni-los convenientemente em museus; mesmo uma pesquisa nada rigorosa das principais obras exige uma caminhada incansável de igreja a igreja. Isso, por sua vez, abre o apetite. É considerado desrespeitoso comer frutos do mar no interior de basílicas e museus, de modo que você deve levar consigo alguma outra coisa para reconfortá-lo. Recomendo o milho assado do mercado do Rialto e as pastilhas ardidas e coloridas de alcaçuz, à venda em qualquer loja de doces. Isso nos coloca no espírito certo para entender por que os pintores Carpaccio e Bellini de fato merecem ter seus nomes ligados a uma comida e a um vinho. Veneza possui também uma pletora de quadros representando refeições, entre os quais meu favorito é a *Ceia na casa do fariseu*, de Veronese, com seu cordeiro tentador e algumas côdeas de pão redondo. E não perca a *Criação dos animais*, de Tintoretto, que mostra onze espécies diferentes de peixes saltando dos oceanos que Ele criara dois dias antes.

Marcella Hazan me informa que o estilo italiano não é o de comer coisas aos pedacinhos; ela é o motivo pelo qual fui a Veneza. Eu ansiara conhecer Marcella desde que percorrera seu *Classic Italian Cookbook*, de 1973, e seu *More Classic Italian Cooking*, de 1978. (Ainda estou trabalhando no *Marcella's Italian Kitchen*, de 1986.) Foi Marcella quem nos forneceu a primeira instrução detalhada em inglês para fazer macarrão fresco, bem como nossa primeira porção generosa da culinária caseira do Norte da Itália. Junto com um punhado de outros, ela inspirou o florescimento de culinária italiana que transformou o modo de alimentação norte-americano. Você se lembra de como era a maioria dos restaurantes italianos em 1973? Você se lembra do espaguete com almôndegas?

Quando, em janeiro passado, surgiu a oportunidade de conhecer Marcella, corri ao apartamento dos Hazan em Nova York. Nossa conversa chegou a Veneza, onde Marcella e seu marido, Victor, vivem durante a maior parte do ano, e onde, entre abril e outubro, Marcella dá suas aulas. Eles contaram histórias sobre os seres notáveis que moram na Laguna veneziana e no Adriático: falaram de moluscos do tamanho de moedas e camarões tão pequenos que quatro deles cabem dentro de cada molusco; de tâmaras marinhas que moram debaixo de rochas submarinas e de pescadores que levam as pedras para o seco e as rompem, para colher os pequenos moluscos; de trufas marinhas comidas cruas e frias, de caranguejos de concha mole com cinco centímetros de largura, de sabor

282

SERES DA LAGOA AZUL

cativantemente doce; de enguias grelhadas devagarinho na brasa, até que a gordura fique crocante e a pele rache. Marcella se ofereceu para me ensinar tudo sobre frutos do mar do Adriático, caso eu fosse me encontrar com ela em Veneza. Seu plano didático teria três partes: comprar, cozinhar e comer.

Três meses depois, Marcella, Victor e eu atravessamos a ponte do Rialto e entramos na azáfama do mercado. Ele é rodeado de água por dois lados; no início da manhã, pequenos barcos repletos de frutos do mar e de verduras flutuam pelo Grande Canal e convergem para o mercado. A Pescheria se distribui sob uma cobertura aberta, uma estrutura gótico-veneziana erigida em 1907 sobre 18 mil pilares de madeira. Por volta das nove horas, trinta ou quarenta peixeiros esparramam suas ofertas sobre longas mesas, para inspeção de donas de casa e restaurateurs. Em Veneza existem poucas peixarias, porque todo mundo faz suas compras no Rialto; trata-se de um dos melhores lugares do mundo para comprar frutos do mar. Embora alguns críticos considerem o mercado carente de todo charme arquitetônico, para mim é "o edifício que ocupa o centro da imagem que Veneza deixa em nossa mente", como Bernard Berenson escreveu equivocadamente a respeito da igreja de Santa Maria della Salute.

Rabisquei furiosamente enquanto Marcella e Victor recitaram os nomes de todos os peixes visíveis, cerca de cinquenta no total: sardinhas iridescentes e anchovas brilhantes de prata e turquesa, peixes-voadores com bicos afilados e caracóis rastejando para lugar algum em suas brilhantes conchas pintalgadas, minúsculos camarões cinzentos saltando como grilos e enormes camarões azuis, solenes demais para se mover, mariscos com conchas pintadas com motivos Navajo e penteolas do tamanho de aspirinas, delicados linguados para grelhar ou fritar e peixes ossudos para sopas ou risotos, rodovalhos com forma de losango e grandes leques de arraias, sépias, polvos e lulas. Assistimos a um peixeiro limpar e desossar uma pilha de sardinhas à mão, enquanto outro retalhava um cação-anjo para vender a cauda como *coda di rospo*, as cabeças para fazer molho de macarrão e a cabeça grotesca para fazer sopa. Ali perto, um menino brincava com uma enguia coleante em seu tanque, enquanto o pai assistia ao peixeiro esfolar outra, que ainda se mexia. Os italianos são de opinião de que enguias devem permanecer vivas até minutos antes de serem cozidas, da mesma forma que nos comportamos com as lagostas.

O HOMEM QUE COMEU

Deixando a Pescheria, caminhamos ao longo uma longa fileira de vendedores de produtos vegetais. Marcella admirou as cestas de ervilhas, apontando para os talos e folhas presas às vagens; as folhas murcham depressa depois que as ervilhas são colhidas e, portanto, funcionam como um sensível barômetro de seu frescor. Pela mesma razão, na Itália as alcachofras são vendidas com talos e folhas exteriores, os tomates ainda se mostram presos a suas gavinhas e a abobrinha comparece com suas flores intactas. (Estas costumam ser removidas antes de cozinhar. Folhas grandes, para recheios e para fritar, são cultivadas separadamente.) Nos açougues e lojas de comida, os frangos são dependurados ainda com pés e cabeças — os pés escurecem com o tempo, e a cabeça informa se se trata de galo ou galinha.

Para minha primeira lição de comer, andamos até o Da Fiore, provavelmente o melhor restaurante de frutos do mar de Veneza. A cozinha é simples e austera, os ingredientes são de qualidade incomparável e o peixe sequer é lavado até que seja pedido.

Pratos de *gamberetti* apareceram quase imediatamente — camarões com um centímetro de comprimento, crocantes, fritos inteiros na casca, com um leve empanado de farinha; quando, mecanicamente, estendi a mão para uma fatia de limão, Marcella propôs que eu experimentasse os camarões dos dois jeitos, e fizesse a comparação. O ponto que ela queria frisar era que o limão pode se sobrepor à delicadeza de um impecável fruto do mar. Sem sombra de dúvida, ela estava certa; alguns restaurantes chegam a se recusar a fornecer limão.

Em seguida veio minha primeira experiência com *cannocchie* — crustáceos rosa-cinzentos encontrados apenas no Adriático e no Japão, com cerca de cinco centímetros de largura, vinte de comprimento, achatados como uma fita, olhos falsos na cauda e a carne mais doce que se possa comer. Eles são organizados em camada numa frigideira rasa com apenas um pouquinho de água, a qual é coberta com um pano de prato molhado e uma tampa apertada, para que o vapor não escape; a cocção é breve. Meia concha é retirada na cozinha e você extrai a carne branca da outra metade à medida que come.

"Poppa", disse eu orgulhosamente quando polvos jovens quentes foram trazidos à mesa, para demonstrar que aprendera um pouco de italiano durante a manhã no mercado. *"Poppa* é o seio da mulher", corrigiu Marcella, enquanto olhava para os lados para verificar se alguém me ouvira. "Polvo é *polpo*. Polvos

jovens são *folpeti*." Quando os Hazan namoravam, vendia-se polvo na rua, que era comido direto da panela, banhado em azeite e num pouco de vinagre.

A nossa frente, colocaram-se tigelas com pequenos moluscos, *vongole veraci* — amêijoas compridas e ligeiramente róseas, com apenas 2,5 centímetros de largura, doces, picantes e incrivelmente macias. Como tudo o mais, haviam sido cozidas de forma muito simples: doura-se ligeiramente alho num pouco de azeite, adiciona-se salsinha picada e depois os moluscos; a panela é coberta, o fogo é aumentado e, dentro de um ou dois minutos, as *vongole veraci* se abrem e deixam escapar seu suco, compondo um molho junto com o azeite e o alho. Não se acrescenta sal ou pimenta, vinho ou caldo, nem alguma erva. "Na Itália existe um ditado", disse Marcella. "O que se deixa de fora é tão importante quanto o que se põe dentro."

Nossa lição continuou com risoto de sépia, que brilhava com ervilhas e trazia o escuro da tinta, pratos de *granzeola* picada (o caranguejo-aranha local) e enguia grelhada. Com essa experiência, aprendi que a tinta da sépia é mais moderada e mais doce que a da lula, que o limão também é por demais assertivo para o caranguejo perfeitamente fresco, mas que um pouco de azeite é ideal e que, neste verão, todo mundo nos EUA deveria grelhar enguias em seus churrascos.

Passadas apenas algumas horas desde seu início, minha aula de comer no Da Fiore terminou, e fizemos planos para a aula de culinária, a partir das dez da manhã seguinte.

O apartamento dos Hazan ocupa a cobertura de um pequeno palazzo construído em 1520 por um ramo da família Contarini, cujo Ca' d'Oro, situado no Grão Canal e inaugurado em 1424, era a melhor casa de Veneza. A cozinha de Marcella é branca, com vigas de madeira escura ao longo do teto e superfícies de granito cinzento polido, do tamanho certo para as classes de seis alunos com que ela trabalha — mas, como Marcella assinalou depois que fiz uma grande bagunça naquela manhã, um tantinho pequena para pessoas como eu.

O HOMEM QUE COMEU

GLOSSÁRIO DE FRUTOS DO MAR VENEZIANOS

Copie este glossário e se dirija ao Adriático tão logo lhe seja conveniente. O glossário chega muito perto de incluir tudo o que existe de comestível nas águas e restaurantes de Veneza. É organizado segundo os nomes italianos, com os nomes venezianos entre parênteses. Usei o plural para coisas que se comem aos grupos, como *cozze*, e o singular para seres que se comem um por vez. Os nomes venezianos farão que você soe como um nativo num raio de 25 quilômetros em torno de San Marco e como um marciano fora desse perímetro. Se você acha que surrupiei essas informações de algum livro, tente encontrar um. Depois de ter esgotado minhas anotações do mercado do Rialto, o manual *La Pesca Nella Laguna di Venezia* (Amministrazione della Provincia di Venezia, 1981), o livro *Mediterranean Seafood* (Penguin, 1981), de Alan Davidson, e um gigantesco dicionário italiano, Victor Hazan fez a gentileza de voltar aos peixeiros do Rialto para ajudar a preencher as lacunas.

ACCIUGHE (*sardoni*): anchovas, chamadas *alici* em torno de Roma.

AGUGLIA: peixe-agulha, encontrado às vezes nos melhores bares de sushi.

ANGUILLA (*bisato*): enguia

ARAGOSTA: lagosta de pedra, a *langouste* francesa.

ASTACO (*astise*): como a lagosta do Maine; importada da Iugoslávia ou da França; *astice* em italiano vernacular.

BIANCHETTI: filhotes de arenque; também conhecidos como *gianchetti*.

BRANZINO (*bransin*): na França, *bar* ou *loup de mer*; Marcella o compara com o labro-listrado; outros dizem que é uma garoupa ou badejo de uma espécie diferente (*Labrax lupus*) da nossa; em Roma, *spigola* ou *spinola*; delicioso em qualquer idioma.

(CAGNOLETO): tubarão muito pequeno, freqüentemente guisado com molho de tomate.

CALAMARETTI: lulinhas com quatro centímetros de comprimento, fritas inteiras, incríveis.

CALAMARO: lula.

CALAMARONE: lula grande.

286

SERES DA LAGOA AZUL

CANESTRELLI (*canestreli*): penteolas minúsculas, que são menores que as vieiras e têm gosto picante; os primos americanos mais próximos são as vieiras *Peconic* e *Digby Bay*; nesse caso, como em outros (por exemplo, *schile*), os venezianos não pronunciam o *i* final.

CANNOCCHIA (*canocia*): tamarutaca encontrada apenas no Adriático e no Japão, cinza-rosada, achatada, cinco centímetros de largura e vinte de comprimento; grelhada ou cozida em vapor, o crustáceo mais tenro que se possa comer; também *pannoccia*.

CANNOLICHI (*capelonghe*): solenídeos.

CAPITONE: uma espécie de enguia longa e gorda.

CAPPE SANTE (*capesante*): penteolas grandes, doces e macias.

CARPA: carpa.

CEFALO (*lotregan, verzelata, bosega, caustelo, volpina*): diferentes variedades de tainha, entre as quais a mais apreciada é o *cefalo durato* (*lotregan*).

CODA DI ROSPO: cauda de cação-anjo; literalmente, rabo de sapo, embora a porção maior desse peixe seja uma cabeça feíssima; formalmente, *rana pescatrice*.

COZZE (*peoci*): mexilhões; também chamado *mitili*.

DATTERI DI MARE: tâmaras marinhas, parentes dos mexilhões; comidas em sopas ou em molho de espaguete; se introduzem em pedras, que precisam ser tiradas do mar e partidas para colher as tâmaras.

DENTICE: goraz.

FOLIPETTI (*folpeti*): filhotes de polvos, fervidos e servidos quentes, com uma gota de vinagre.

GAMBERETTI: pequenos camarões cinzentos que saltam como grilos nas bandejas do mercado.

GAMBERI (*gambari*): camarões; *gamberi di fiume* são pitus.

(GO): amarelo e preto, usado em sopas e como base para risoto.

GRANCEVOLA (*granzeola*): caranguejo-aranha, delicado e doce; os caranguejos são cozidos e a carne meticulosamente retirada da casca.

(GRANZOPORO): um caranguejo cada vez mais raro; pequeno, ligeiramente peludo, com pinças fortes; muito procurado no Sul da França.

LATTERINI (*anguela*): peixe-rei, semelhante a uma sardinha comprida e prateada.

LUMACHINE (*bovoleti*): pequeninos caracóis marinhos, parecidos com pervincas.

MAZANETTE (*masanete*): caranguejos pequeninos, um pouco maiores que a unha do polegar; fervidos, cortados em dois ou três pedaços e servidos com alho cortado; mastigam-se as conchas para extrair a carne e o suco.

MAZZANCOLLE: camarão grande, azul-cinzento.

MAZZOLA: tordo-marinho, cinza-rosado, usado em sopas; Marcella diz que o caldo é tão apreciado quanto caldo de capão; jogado fora nos EUA; chamado *gurnard* na Inglaterra e *pesce capone* na Ligúria.

MERLUZZO (*merluso*): merluza, pequena e cinzenta.

(MOLECHE): caranguejos de casca mole, quatro centímetros de largura, parecidos com os espécimes americanos menores e mais apreciados; encontrados apenas em Veneza.

MORMORA: pequeno goraz de listras, prata e negro, excelente quando grelhado.

MOSCARDINO: pequeno polvo enrolado, que costuma ser levado para Veneza da Ligúria; maravilhoso quando frito por imersão.

MURICI (*garusoli*): caracóis que vivem numa concha de múrex, diferentes dos caracóis franceses e dos *lumache* italianos.

ORATA (*orada*): dourada, *daurade* na França; a maior realização da família das bremas.

OSTRICHE (*ostreghe*): ostras, hoje raramente pescadas em Veneza.

PAGANELLO (*paganelo*): pequeno e cinza-creme, usado para sopas e caldos, como o *go*, que é maior.

PAGELLO: pargo avermelhado.

PAPALINA: um arenque pequeno, a meio caminho entre a sardinha e a anchova.

PESCE SPADA: peixe-espada.

POLPO (*folpo*): polvo.

RAZZA (*raza*): arraia.

ROMBO CHIODATO: rodovalho, com forma de losango e protuberâncias semelhantes a cabeças de prego; disputado por causa da carne delicada.

ROMBO LISCIO (*soaso*): outro rodovalho, como o *rombo chiodato*, mas menos apreciado.

SAN PIETRO (*sampiero*): peixe-de-são-pedro; na França, chamado de *saint-pierre*; em seu flanco ficou uma marca escura, no lugar em que s. Pedro o pegou; também chamado *sampietro*.

SARDINA (*sardela, sarda*): sardinha, lisa e prateada, com reflexos turquesa.

SERES DA LAGOA AZUL

SCAMPO: lagostim; *langoustine* na França, *Dublin Bay prawn* na Inglaterra, não disponível nos EUA; cinza-rosada ou rósea, com pinças e antenas como as de uma pequena lagosta; está entre os crustáceos mais fenomenais do mundo; ao contrário do que informam os cardápios italianos nos EUA, os *scampi* não são camarões grandes.

(SCHILE): camarões minúsculos; permanecem cinzentos após serem cozinhados; cada vez mais raros; chamados às vezes *gamberetti grigi*.

SCORFANO: peixe-escorpião, ossudo, avermelhado, usado em sopas; *racasse rouge* na França, indispensável para a *bouillabaisse*; *scorfano* é gíria para "pessoa feia".

SEPPIE (*sepe*): sépias; oito tentáculos, mas mais tenras que os polvos; a tinta é mais doce e mais láctea que a das lulas; usadas em risotos e nhoques; encontram-se seus ossos largos dependurados em gaiolas de passarinho ao redor do mundo.

SEPPIOLINE: filhotes de sépia, do tamanho da unha do polegar; irresistíveis quando fritas inteiras por imersão; a estação começa em agosto.

SGOMBERO: cavala.

SOGLIOLA (*sfogia, porato*): o melhor linguado do mundo; de acordo com Marcella, indisponível nos EUA.

TARTUFI DI MARE: trufas marinhas, uma espécie de mexilhão que se costuma comer cru.

TINCA: tenca, um tipo de carpa.

TONNO: atum.

TRIAGLIA DI SCOGLIO (*tria*): salmonete, chamado *rouget* na França; maior e mais profundamente colorida que a *triaglia di fango* (*rouget barbet*), às vezes chamada *barbon* em dialeto veneziano.

UOVE DI SEPPIE (*latticini*): ovas de sépia.

VONGOLE (*bibarase*): pequenos moluscos redondos, com quatro centímetros de diâmetro, cuja concha é decorada com um padrão em ziguezague que lembra a cerâmica nativa americana; maravilhosamente tenro e doce; às vezes chamadas *vongole gialla*.

VONGOLE VERACI (*caparozzoli*): amêijoas um pouco maiores e mais alongadas que as *vongole*, com linhas finas em ambas as direções da concha; o músculo tem dois pequenos chifres, como a mioa americana; consideradas melhores que as *vongole*, mas essa é uma competição que se trava no Olimpo; conhecidas como *palourde* na França.

Nosso cardápio era composto de sardinhas e anchovas fritas, *cannocchie* grelhados, spaghettini com *vongole*, cação-anjo com vinho tinto e legumes, salada de tomate verde e gelato de limão. Meu primeiro dever foi descascar dois limões com um descascador de legumes. Não demorou muito para que eu tivesse descascado meu dedão e aberto profundos vales na casca do limão, retirando junto a parte branca amarga, o que corresponde a meu desempenho normal quando executo essa tarefa. Marcella me mostrou como retirar a parte exterior da casca passando o descascador de um lado a outro, num movimento de serra. (Um dos alunos de Marcella lhe disse que só esse truque já valia o preço da viagem até Veneza; eu concordaria, caso se incluísse um ou dois *fritto misto di pesce*.)

As aulas de Marcella não se dedicam a truques de cozinha, mas, quando se trabalha a seu lado, aprendem-se muitos deles. Quando doura cebola ou alho, Marcella não espera que a manteiga ou o azeite parem de borbulhar, como usualmente nos ensinam; e ela não consegue pensar em motivo algum para que se faça isso; uma vez que a manteiga tenha deixado de borbulhar, está tão quente que o alho queima imediatamente. Depois de cozinhar mexilhões ou moluscos, Marcella não descarta aqueles que não se abriram. Se isso constituísse um teste infalível, como é que alguém comeria moluscos crus abertos com uma faca?, pergunta ela. Quando ferve abobrinhas, Marcella só corta a extremidade arredondada; caso se remova também a outra ponta, o legume absorverá água demais. Quando prepara um molho de macarrão que contenha azeite, Marcella adiciona um pouco de azeite no final, para refrescar o gosto do prato; em molhos feitos com manteiga, adiciona um pouco de manteiga.

Marcella me mostrou como limpar sardinhas frescas a mão, como o peixeiro do mercado fazia. (Eis os detalhes: segure a sardinha de modo que ela fique paralela à mesa e, com a outra mão, quebre a cabeça por trás das brânquias, puxando horizontalmente para extrair as vísceras. Depois, introduza o polegar entre a coluna vertebral e um dos lados da carne e deslize a ponta da unha contra o osso por toda a sua extensão, até o rabo. Quebre o osso quando chegar à cauda e separe-o com cuidado do outro lado da carne. Por fim, abra a sardinha e, com uma tesoura, corte as barbatanas e todas as bordas afiadas;

lave o peixe em água fria corrente.) Depois, Marcella aprontou os *cannocchie* para grelhá-los, usando uma tesoura para cortar as partes sem carne da concha e abrindo-a longitudinalmente ao longo do topo, para ajudar a marinada e a cocção. Ela colocou os *cannocchie* em azeite, farelo de pão, sal e muita pimenta, e deixou descansar durante uma hora.

Juntos, destripamos as anchovas e Marcella cozinhou os pequenos moluscos (para os spaghettini) e os legumes (para o cação-anjo), uma receita saborosa de seu terceiro livro. Nosso preparo demorou quase duas horas.

Marcella começou a fritar as sardinhas, segurando cada uma pela cauda, imergindo-as em farinha e fritando imediatamente 4 ou 5 delas em 2 dedos de óleo vegetal numa caçarola. Elas se enrolaram imediatamente, por serem muito frescas. Logo se criou um ritmo: quando uma sardinha ficava pronta e era retirada para ser seca, salgada e comida com as mãos, outra era polvilhada com farinha e colocada no lugar, o que mantinha constante a temperatura do óleo. Marcella é muito exímia na fritura.

Victor se juntou a nós para ajudar a comer as sardinhas. Depois ele foi trabalhar nos *cannocchie*, arrumando-os numa grelha em sanduíche, que depois seria posta sobre o carvão. Fomos para o terraço do lado sul, junto à cozinha, onde os Hazan têm uma maravilhosa grelha feita por uma empresa de Rimini chamada Bartolini, e que fornece equipamentos para muitos dos melhores restaurantes de peixe do Adriático. Enquanto Victor trabalhava, sentamos ao sol bebendo vinho e contemplando os telhados de Veneza; quando os *cannocchie* ficaram prontos, levamo-los para dentro e os comemos na mesa de jantar com as mãos, maravilhando-nos com sua doçura, com a pungência da pimenta e com o amargor carbonizado das cascas.

Minha próxima aula de comer foi convocada para o dia seguinte, no restaurante Barbicani, onde se incluíram no programa pequenas lulas inteiras grelhadas, nhoque preto num molho profundamente rosa feito de quatro peixes e quatro ervas e linguado grelhado com um molho que o garçom preparou na mesa, triturando a cabeça e a pele do peixe com azeite e um pouquinho de alho e depois passando tudo por um coador, para extrair os sucos. Marcella observa que, à diferença dos franceses, os cozinheiros italianos raramente preparam molhos separados para qualquer outra coisa que não o macarrão. Eles fazem que o ingrediente principal produza o próprio molho. Marcella julga que o linguado adriático é o melhor do mundo, muito superior ao que, nos EUA, passa por linguado. Seu peixe atlântico favorito é o labro-listrado, devido a sua textura compacta e gosto delicado.

Depois de deixar os Hazan, pratiquei minhas aulas de comer tanto quanto possível. Mencionarei dois outros restaurantes de peixes de alta qualidade: o famoso Corte Sconta, onde, sobre tapetes feitos de jornal, comi *uova di seppie* e um perfeito misto grelhado de peixes; e a Osteria al Ponte del Diavolo, na ilha de Torcello, distante cinquenta minutos de vaporeto de Veneza e que só abre para o almoço, exceto aos sábados. Depois de comer dessa forma durante vários dias, o contraste é insuportável quando se esbarra num lugar que ferve caranguejos e *cannocchie* com várias horas de antecedência.

Por falar em contrastes insuportáveis: na viagem de volta para Nova York, voando sobre o Atlântico, comecei a sofrer de síndrome de abstinência de frutos do mar do Adriático, cujos sintomas são horrorosos demais para descrever.

Minutos depois de depositar minhas malas em casa, saí de táxi e visitei as principais peixarias de Manhattan, um lugar conhecido como excelente para se comprar frutos do mar. Vinte dólares de táxi mais tarde, voltei para casa abatido e de mãos vazias — a escolha era limitada, os camarões eram congelados, o linguado não era linguado, os moluscos eram enormes, as penteolas maiores e as enguias estavam mortas.

Alguns dias depois, quando minha depressão se aliviou, revisei as partes dos livros de Marcella que mostram como cozinhar frutos do mar do Atlântico da maneira adriática, lembrei-me do que aprendera em Veneza e preparei um prato razoavelmente autêntico:

GRIGLIATA MISTA DI MARE
Grelhado misto de camarões, enguia e sardinhas

Cada peixe é manejado diferentemente, e cada qual é delicioso. As sardinhas e os camarões são adaptados de *More Classic Italian Cooking*, bem como do terraço de Marcella e Victor. Quando cozinhamos juntos, Marcella não estava com vontade de esfolar nada, e não preparou uma enguia para mim, mas assisti a dois chefs gre-

SERES DA LAGOA AZUL

lharem enguias lentamente na brasa e consegui repetir o procedimento em casa.

Você pode tanto usar um pequeno hibachi ou uma churrasqueira completa, mas, seja como for, o combustível deve ser carvão vegetal, e não briquetes. Estes são feitos de pequenas partículas de carbono aglomeradas junto com substâncias químicas desagradáveis, e podem conter madeiras resinosas que fazem a comida ficar com gosto de aguarrás. Para os três componentes desse prato, os frutos do mar são arranjados numa grelha em sanduíche; isso os impede de se enrolarem, permite virar tudo de uma vez e não prejudica a pele, ao menos até o último minuto. Mesmo se você grelhar os peixes no forno, o suporte em sanduíche é muito útil.

Imediatamente antes de iniciar o grelhado, jogue algumas folhas de louro sobre as brasas. Compre o melhor azeite italiano extravirgem que você conseguir encontrar. Para 6 pessoas, como prato principal.

CAMARÕES GRELHADOS COMO CANNOCHIE

Compre 700 g de camarões médios (cerca de 50 por kg), ainda na casca mas sem as cabeças; se possível, frescos. Enxágue-os em água fria e seque com toalhas de papel. Insira um palito resistente em cada camarão, ao longo do dorso e entre a casca e a carne, para mantê-los retos. Coloque os camarões numa tigela grande, adicione $1/3$ de xícara de azeite extravirgem e vire-os, para empapá-los bem. Adicione 1 colher (chá) de sal, 1 colher (chá) de pimenta moída na hora e $1/4$ de xícara de farelo de pão caseiro tostado. (O farelo de pão sustenta os demais ingredientes dentro das cascas, durante a marinada e a cocção.) Vire os camarões novamente e deixe marinar de 1 a 2 horas. Arrume os camarões numa grelha em sanduíche, sacuda suavemente para retirar o excesso de farelo de pão e deixe grelhar perto do carvão durante 2 minutos de um lado e 1 $1/2$ minuto do outro, até que as cascas fiquem parcialmente queimadas. Coma-os imediatamente com as mãos, retirando as cascas e chupando a carne.

O HOMEM QUE COMEU

ENGUIA GRELHADA

Peça ao peixeiro para desossar um longo pedaço central de enguia, ou faça isso você mesmo, cortando a carne ao redor da coluna vertebral e removendo essa última. No final deve restar um bom pedaço retangular de carne, com pele de um lado e descarnado do outro. Corte-o transversalmente em porções de 100 g e o disponha numa grelha em sanduíche, cuidando para prendê-lo bem. Grelhe lentamente o lado da pele, a boa distância das brasas (a temperatura que medi era 150°C) até que fique bastante firme e borbulhante e a gordura sob a pele tenha derretido e escoado; isso demora de 20 a 30 minutos. Coloque um pouquinho de sal e de pimenta na face da pele e cozinhe o outro lado durante 5 minutos, desta vez junto às brasas, até dourar. Coloque sal e pimenta desse lado e sirva. Limão: optativo.

SARDINHAS GRELHADAS

"Existem alguns cheiros que têm o poder de relembrar, intacto, todo um período da vida das pessoas", escreve Marcella. "Para mim, é o aroma de sardinhas assando lentamente na brasa [...] e uma imagem da mãe de meu pai num invariável vestido longo e negro e com um lenço preto, dobrando o corpo sobre uma instável grelha de tijolos montada em nosso quintal, abanando as brasas com uma ventarola de penas de rabo de galo."

Marcella afirma que os peixes prateados vendidos nos EUA como sardinhas são, provavelmente, pequenos arenques ou grandes anchovas do Atlântico, mas para certas receitas esses peixes funcionam bem. Ou você pode usar eperlanos jovens. Seja como for, limpe e destripe 1 kg de "sardinhas" frescas, cada qual com cerca de 15 centímetros de comprimento, ou peça para seu peixeiro fazer isso. Lave as cavidades da barriga, fazendo que toda a água escoe bem. Seque com toalhas de papel e as disponha numa travessa. Borrife com $1/2$ colher (chá) de sal, $1/4$ de colher (chá) de pimenta moída na hora e $1/4$ de xícara de azeite, deixando marinar por 20 minutos; vire-as uma ou duas vezes. Ponha as sardinhas numa grelha em sanduíche e grelhe perto das brasas durante 2 ou 3 minutos, fazendo isso dos dois lados. Para comer, segure a cabeça e separe a carne da espinha puxando com os lábios e dentes.

agosto de 1989

SERES DA LAGOA AZUL

NOTA DO AUTOR

O Da Fiore ainda é o melhor restaurante de peixes de Veneza, especialmente bom na hora do almoço. O Barbacani mudou de mãos e, conforme Victor e Marcella, não vale mais a pena. O quarto livro de Marcella, *The Essentials of Italian Cooking*, foi publicado pela Knopf em 1993. Indispensável e fundamental, combina os dois primeiros livros, acrescentando cinquenta receitas novas e aperfeiçoando diversas das antigas.

Alecrim e feijão lunar

Era uma das últimas sessões do Oxford Food Symposium de 1998, e Lourdes March dava um seminário sobre a paella, que significa tanto o prato quanto a panela rasa e larga onde é preparado. (Lourdes escreveu *El libro de la Paella y de los Arroces*, publicado em Madri em 1985, e está colaborando com Alicia Ríos num livro sobre azeitonas e azeite.) Ela começou com a história e a etimologia da paella, e seu simbolismo como "rito ancestral da fecundação cíclica da terra, conduzido longe da cozinha e, assim, longe de mãos femininas". Depois, atacou as falsas paellas e sua confusão de ingredientes, que "não têm nada a ver com a fórmula equilibrada e verdadeira", a qual ela em seguida passou a revelar.

A paella valenciana verdadeira é um almoço tradicional para trabalhadores dos vinhedos. Seu preparo deve seguir quatro regras. Deve ser cozinhada ao ar livre, por um ou mais homens, num fogo de aparas de vinha e madeiras de árvores cítricas. Tem de conter frango e coelho (sem lagostas rastejando por todo lado). Os grãos de arroz devem ter 3 milímetros de comprimento, como o arroz de risoto. E é preciso usar 12 caracóis ou 2 ramos de alecrim, mas não ambos simultaneamente.

Nós, na plateia, manifestamos ceticismo sobre diversos pontos. Poucos haviam encontrado uma paella de que tivessem gostado. E como é possível que dois ramos de alecrim possam tomar o lugar de doze caracóis?, perguntamos,

ALECRIM E FEIJÃO LUNAR

imaginando que Lourdes, que só agora está aprendendo inglês, devia ter confundido "ou" com "em" ou "caracóis" com "alecrim", ou algo assim. Como aconteceria frequentemente durante as próximas horas, Lourdes humilhou os céticos que havia entre nós. Em Valência, quando se apanham caracóis para fazer paella, eles são alimentados com alecrim durante alguns dias, para purgá-los e lhes dar sabor. As ervas dos ensolarados jardins espanhóis são tão intensas que doze caracóis contribuem com todo o sabor de alecrim necessário.

Por que o detalhe das aparas de vinhas e da madeira cítrica? Lourdes explicou que, à medida que o líquido da cocção evapora da superfície ampla da panela, mistura-se com a fumaça e se condensa de volta, dando ao prato um sabor indispensável. Aparas de vinhas e de laranjeiras têm alto teor ácido, que dá um fogo mais quente. Sua fumaça contribui com um aroma absolutamente indispensável para a verdadeira paella de Valência.

Paul Levy, um norte-americano transplantado que é editor de comida e vinhos do *Observer* de Londres, autor do muito engraçado *Out to Lunch* (Harper & Row) e um dos sustentáculos do mundo culinário britânico, mora numa casa de fazenda seiscentista a quinze quilômetros de Oxford; com ele vivem a mulher, Penny, editora de livros de arte, e as duas filhas do casal. Quando o simpósio terminou, Paul e Penny convidaram dez de nós para ir até a fazenda deles e, junto com Lourdes e Alicia, adaptar o rito ancestral de fecundação cíclica ao terreno de Oxfordshire. Paul tinha um bom suprimento de frangos rechonchudos alimentados com milho, mas o único coelho à vista era Leonard Woolf, de estimação da família. Quando Penny defendeu Leonard Woolf contra nossas sugestões de prepará-lo para a panela, Lourdes se conformou com os pombos congelados de Paul. Paul não recolhera caracóis de seu jardim, nem os alimentara com ervas, e assim Lourdes enviou um de nós para arrancar alguns ramos do pungente canteiro de alecrim de Paul.

Juntamo-nos em volta de Lourdes e Alicia enquanto elas nivelavam meticulosamente a churrasqueira *made in USA* de Paul para que o óleo e o caldo ficassem perfeitamente nivelados na panela; depois, acenderam o fogo com aparas de vinha, ramos de damasco e, por fim, num ato de desespero, um caixote velho. Durante as duas horas seguintes, compuseram a paella, o tempo todo despachando-nos para incumbências vitais em outros lugares do jardim e da casa. Primeiro, os frangos foram dourados de todos os lados, em azeite. Acrescentaram-se feijões verdes e tomates, os quais foram fritos durante alguns minutos, depois do que se baixou o fogo. Dizer que o fogo foi baixado é resumir um processo complexo, durante o qual Lourdes nos fez entrar na fumaça densa que engolfafa a paella, a churrasqueira e a maior parte de Lourdes para arrancar e, de alguma forma, pôr fora enormes pedaços de madeira inflamada. Um tedioso microgerenciamento do fogo prosseguiu pelas intermináveis horas de cocção. Minhas calças e paletó só perderam seu perfume de Valência-sobre-o-Tâmisa depois de duas lavagens a seco em Nova York, um lugar em que o fogo é regulado girando um botão.

Agora, a panela recebeu páprica, grandes feijões brancos junto com o líquido em que foram cozidos e mais água. Lourdes trouxera feijões secos da Espanha, e Alicia os fervera no fogão normal antes de o fogo ter sido iniciado. Lourdes e Alicia os chamaram limas, mas ninguém concordou. Discutimos se se tratava mesmo de favas secas, feijão-manteiga ou outros, até que Lourdes nos calou com a classificação latina deles: *Phaseolus lunatus*, que Paul traduziu como "feijão lunar". À noite, quando voltei para o hotel, abri o *Oxford Book of Food Plants* e percebi que Lourdes nos enganara, uma vez que *Phaseolus lunatus* abrange todos os candidatos.

Após uma hora, quando o frango e os pombos ficaram macios, Lourdes e Alicia acrescentaram os 2 ramos de alecrim, um pouco de açafrão em pó e um pouco de sal, misturaram e retiraram cerca de 2 xícaras do caldo escuro, de forma que o líquido restante ficou no nível dos arrebites internos das alças da panela de paella. Todas as paellas são fabricadas de modo que os arrebites indiquem quanto caldo usar para cozinhar o arroz; este logo passa a se assemelhar a um risoto denso e avermelhado. Alimentou-se o fogo com aparas de vinhas e 1 quilo de arroz foi espalhado uniformemente sobre a superfície do caldo. Depois de 10 minutos de cocção vigorosa, o fogo foi amainado e a fervura baixa continuou por mais 10 minutos, até o arroz ficar *al dente*. Durante todo esse tempo, pequenas doses do caldo reservado foram sendo acrescentadas à medida que o arroz inchava.

Estávamos todos famintos, mas Lourdes deixou que a paella marrom-avermelhada descansasse durante 5 minutos, para permitir que os grãos de arroz absorvessem mais sabor e se soltassem uns dos outros. Nossa conversa, que degenerara para uma comparação cultural entre os métodos de cozinhar úberes de ingleses, romanos, mexicanos e judeus iemenitas (os quais, além de tudo, ainda precisam prepará-los da forma kosher), cessou assim que começamos a

ALECRIM E FEIJÃO LUNAR

compartilhar a verdadeira paella valenciana. O arroz que cobria o fundo da panela era dourado e crocante; a carne era tenra e profundamente aromatizada. Tudo estava saturado com a fumaça da madeira e o aroma do alecrim, e os *Phaseoli lunati*, bem, estavam incomparáveis.

Max Lake, um médico australiano transformado em vinicultor, abriu uma caixa de seu melhor tinto; ainda não bebêramos a metade quando uma das colunistas britânicas revelou que, quando tinha dezesseis anos e passava férias no Sul da Espanha, fora cortejada por El Cordobés, o maior toureiro que já existiu.

novembro de 1988

Porco inteiro

O táxi de Raymond chacoalhou pela noite úmida e me levou do aeroporto internacional de Memphis ao East Memphis Hilton.

"Acredito piamente que o molho e a guarnição são importantes nesse assunto", Raymond dizia.

"Concordo", respondi, "mas um mero molho ou guarnição não pode alterar a grandeza, ou a falta de grandeza, de uma pilha de costeletas." Com apenas algumas perguntas sagazes, eu descobrira que Raymond era natural de Memphis e perito em comer *barbecue*; o assunto de nossa viagem de meia hora estava escolhido. Raymond sacudiu a cabeça. Momentaneamente, estávamos em completo acordo sobre *barbecue*.

Sempre que viajo para o Sul dos EUA, a primeira coisa que faço é visitar o melhor restaurante de *barbecue* que se encontre entre o aeroporto e o hotel. Uma ou duas horas depois, visito o melhor restaurante que fique entre o hotel e o lugar do jantar. Em Memphis, não é fácil fazer essas escolhas. Nas páginas amarelas da área metropolitana, há 61 destes restaurantes; na verdade, há provavelmente mais de duzentos.

O relógio marcava nove e meia quando Raymond saiu da via expressa e entrou na Poplar. O tempo voava. Se eu agisse depressa, conseguiria cobrir dois restaurantes antes da hora de fechar. Mas qual escolher?

PORCO INTEIRO

Eu não viera a Memphis só para me dedicar a alguma comilança dissoluta. Sem dúvida como recompensa por alguma ação nobre que cometera numa vida anterior, este ano eu fora convidado para ser um dos juízes do campeonato mundial de *barbecue* Memphis in May! Quando recebi o telefonema de Memphis, pensei ter morrido e ido para o Céu. No entanto, antes mesmo de meu avião ter pousado, a terrível responsabilidade começou a pressionar dolorosamente meu cérebro. Memphis é a capital mundial do *barbecue* de porco, e seu concurso é o principal evento de *barbecue* conhecido no universo. O *Guinness Book of Records* de 1990 informa que é o maior. Mas, quando os apreciadores de *barbecue* chamam a competição de Memphis de "a Grande", estão se referindo tanto a sua autoridade moral e estética quanto a seu tamanho. Será que eu estaria à altura da missão?

Decidi suprimir esses pensamentos solenes até a manhã seguinte, ou ao menos até depois que eu tivesse comido um par de jantares. O raciocínio de Raymond era o seguinte: o melhor *barbecue* que ele já comera foi em Terre Haute, Indiana, distante oito horas e uma elevada conta de táxi, circunstâncias essas que levei em consideração por quinze segundos a mais do que deveria. O restaurante predileto dele em Memphis é o Jim Neely's Interstate, na South Third, do outro lado da cidade em relação a meu hotel; perto, em segundo lugar, estava o trio mundialmente famoso do Leonard's, do Corky's e do Charlie Vergo's Rendezvous. Nos bairros negros da zona sul de Memphis, Raymond me indicou as costeletas tenras e suculentas do Hawkins Grill, na altura do número 1200 da McLemore, e o Al's Tasty Burger Inn, na esquina da McLemore com a College. Raymond recomendou que, se eu conseguisse comer em todos esses lugares, deveria tentar a Raines Haven Rib House, na East Range Road; o Comissary, em Germantown; e o Brown's Barbecue, na South Third, perto do Neely's Interstate.

O paladar de Raymond se mostrou tão seletivo quanto os melhores, ao menos se julgarmos pelo punhado de restaurantes que consegui experimentar. Tanto na forma de sanduíche quanto na de costeleta, o Neely's Interstate Bar-B-Q Restaurant serve o melhor produto comercial que já provei. (Os verdadeiros apreciadores de *barbecue* costumam se referir a sua comida predileta como "produto".) E, quando deixei Memphis quatro dias e quatrocentas costeletas depois, já acrescentara algumas de suas outras indicações a minha lista permanente de santuários de *barbecue*. Naquele meio-tempo, anotei dez outros lugares para visi-

301

O HOMEM QUE COMEU

tar quando a oportunidade surgisse — entre eles, o Cozy Corner, o Payne's, o Gridley's e o Bar-B-Q Shop Restaurant, todos em Memphis — e mais outros, situados em povoações distantes demais para essa visita: o Bozo's em Mason e o Bar-ba-rosa's em Millington (Tennessee); o L. C. Murry's BBQ em De Valls Bluff e o Freddie's B-B-Q em Stuttgart (Arkansas); o universalmente venerado Dreamland Bar-B-Q Drive Inn de Jerusalem Heights, nos arrabaldes de Tuscaloosa, Alabama; e o Freddie's, um barzinho a cem quilômetros de Little Rock, Arkansas. Essa última sugestão surgiu de uma exaustiva conversa com Jerry (J-R) Roach, que dirige a School of Southern Barbecue e cuja J-R Enterprises promove concursos de cozinheiros. "O melhor sanduíche que já pus na boca", ele me confidenciou. Agora que voltei de Memphis, mantenho sempre arrumada uma valise para caso se apresente uma inesperada oportunidade de voar até Stuttgart ou Jerusalem Heights.

Meus deveres oficiais começaram logo cedo, na quinta-feira, quando eu e 25 outros nos apresentamos no velho e arruinado New Daisy Theater, na Beale Street, para um dia exaustivo de instruções sobre como julgar *barbecue* conforme as regras de Memphis. O Memphis in May World Championship Barbecue Cooking Contest tem três divisões principais — Costeletas, Paleta e Porco Inteiro. Quando me convidaram para servir como juiz, inscrevi-me em Costeletas, porque me sentia completamente incapaz de julgar os outros dois itens. Imaginei que costeletas seriam fáceis. Oferecer-me para Porco Inteiro teria sido o cúmulo da irresponsabilidade.

Antes de ter viajado para Memphis, eu sabia quatro coisas a respeito de *barbecue* sulista: (1) a origem da palavra, (2) a diferença gritante entre grelhar carne e fazer um *barbecue*, (3) o caos dos tipos de *barbecue* do Sul e (4) quanto adoro comer qualquer tipo de *barbecue* de verdade.

1. Se você imagina que a palavra *barbecue* vem do francês *barbe à queue*, "da barba à cauda", então você é um daqueles idiotas que o *Oxford English Dictionary* acusa de alimentar uma "conjetura absurda". Vindas do *OED*, essas são palavras fortes. *Barbecue* deriva do espanhol *barbacoa*, ou do francês *babracot*, ambas adaptações do taino e do arauaque, idiomas indígenas do Haiti e das Guianas. A palavra indígena se refere a uma armação de varas montadas em suportes, usada para dormir ou para sustentar carne sobre um fogo. Embora a palavra possa ter sido inventada pelos índios do Caribe, a técnica provavelmente não

PORCO INTEIRO

o foi: Waverly Root considera que se trata de "um método culinário tão natural em circunstâncias primitivas que seria inventado praticamente em todos os lugares, em especial em sociedades acostumadas a viver ao ar livre a maior parte do tempo".

2. O *barbecue* de verdade não tem absolutamente nada a ver com grelhar. Os índios tainos grelhavam ou faziam *barbecue*? A técnica do *barbecue* verdadeiro era conhecida dos índios norte-americanos? Ou foi desenvolvida por escravos do Mississippi? As respostas estão perdidas na névoa e no chuvisco do tempo. Grelhar carne no quintal (que quase todo mundo fora do Sul dos EUA denomina *barbecue*) é cozinhar rapidamente sobre intenso calor seco (frequentemente 250°C ou mais) em braseiro aberto. Já o *barbecue* verdadeiro é cozinhado lentamente em atmosfera fechada, a temperaturas delicadas e em fumaça de madeira úmida. Um porco inteiro costuma demorar 24 horas numa cova de churrasco ou fogão, uma paleta leva de 12 a 14 horas, e as costeletas, uma média de 5 a 6. A maioria das pessoas grelha a carne de forma que fique malpassada e suculenta. O *barbecue* de verdade é sempre bem passado. Qualquer sinal de sangue, qualquer rastro de gordura não derretida, constitui falha séria. Todo tecido conjuntivo duro deve ser dissolvido. A carne precisa se destacar toda do osso, separando-se em fragmentos longos e úmidos. O *barbecue* de verdade nunca chia; só fica lá, quieto, atingindo lenta e imperceptivelmente o que Boyd Atkinson me descreveu como um plano mais elevado de existência. O próprio Boyd cozinha uma costeleta muitíssimo boa.

O fogão (também conhecido por diversos outros nomes, entre eles "cova" ou mesmo "grelha") deve ser coberto, e a atmosfera interna precisa ser úmida. A temperatura deve variar entre 75°C e 120°C. (Alguns especialistas defendem temperaturas ainda mais baixas. Mas eles avisam que, "se as moscas começarem a pousar sobre sua carne, você saberá que não está quente o bastante".) Às vezes, o único combustível é a madeira; às vezes, queimam-se grandes pedaços de madeira junto com carvão, ou até mesmo (mas nunca em Memphis) gás. Especialmente quando se cozinham cortes grandes, o calor costuma ser indireto, gerado por carvão e grandes pedaços de madeira queimados numa câmara separada, chamada fornalha; o calor e a fumaça são aí transportados para o compartimento principal. Pode-se usar uma panela de água para umedecer o ar no

O HOMEM QUE COMEU

interior do fogão e recolher os pingos, mas, quando dentro de um fogão fechado hermeticamente, a carne gera sua própria umidade.

Nenhum churrasqueiro respeitável cozinha a carne de antemão, coisa que, com toda a certeza, deixa a carne cinzenta e elimina o gosto de porco. Molhos podem ser empregados para marinar a carne crua, injetar sabor num porco de 50 quilos, regar, dar acabamento quando o produto está quase terminado e servir de molho de mesa. Alguns churrasqueiros de campeonato usam vários molhos; outros, nenhum, preferindo logo de início esfregar apenas uma camada de gordura seca na peça. O milagre do *barbecue* é que esse antigo processo, por si só, amacia e dá sabor à carne. Os maiores churrasqueiros usam molho com moderação ascética.

3 e 4. O *barbecue* verdadeiro é uma das comidas mais deliciosas já inventadas pela humanidade. Assume vários tipos e formas. Em Memphis, um sanduíche de *barbecue* de carne de porco consiste em fatias de paleta (ou fatias picadas) no pão de hambúrguer (ou naquilo que nos EUA é chamado pão italiano, uma baguete achatada com extremidades afiladas e coberta de gergelim), mergulhadas num molho à base de tomate que é penetrante, moderadamente doce e ligeiramente picante, cobertas por uma camada de salada de repolho cru e, por fim, com a metade de cima do pão. Em Memphis, a salada de repolho cru é elevada a um nível que, embora não atinja as alturas habitadas pelo porco, em minha experiência não tem igual. Não posso dizer o mesmo do *barbecue* de espaguete, outra especialidade de Memphis.

Em Saint Louis, a salada de batatas substitui o repolho cru, sendo servida em prato separado. No Kentucky, o porco vira pernil. Em algumas partes do Sul, usa-se pão industrializado branco e fofo, muitas vezes torrado. Na Carolina do Norte, os condimentos moderadamente picantes do Tennessee são substituídos pelo poder corrosivo do vinagre, e na Carolina do Sul a base de molho de tomate é substituída por mostarda não adulterada. Dirija 150 quilômetros até o Missouri, e a paleta do porco cede lugar ao traseiro. Em alguns lugares da costa sudeste, o presunto fresco substitui a paleta e, se você viajar para mais longe em direção ao oeste e ultrapassar o Arkansas central, o porco desaparece em favor da carne bovina e do frango. Mas o porco reina em Memphis e em sua esfera de influência culinária, que abrange o Norte do Mississippi, o Oeste do Tennessee e o Leste do Arkansas.

PORCO INTEIRO

Tudo isso eu sabia. O seminário realizado durante o dia inteiro no teatro escuro da Beale Street se concentrou mais nos aspectos práticos da seleção e nos pormenores do porco. Nossos excelentes professores eram Mike Cannon (presidente do júri do Memphis in May World Champioship) e Steve Gray (presidente do Memphis in May Sanctioned Contest Network, um circuito de concursos de *barbecue* de porco conduzidos segundo as regras de Memphis). Começamos por responder a cinquenta perguntas de múltipla escolha. Pode-se cozinhar porco inteiro em dois ou mais pedaços? O que é a capa vermelha sob a superfície de um pedaço de *barbecue*? Que corte de carne produz uma paleta aceitável? Qual é a maior dificuldade que se enfrenta ao cozinhar o porco inteiro? Pode-se usar gás natural ou propano como combustível no campeonato mundial de Memphis?

Depois de todos termos fracassado no teste — a intenção de nossos professores —, sentamos no New Daisy durante o resto do dia e prestamos atenção nas palestras deles, assistimos a um filme sobre um frigorífico e fizemos um julgamento simulado de uma paleta de porco. Só uma pequena porcentagem dos juízes de Memphis comparece a esse seminário, mas não percebo como alguém pode esperar ser um juiz bom e coerente sem aquilo. Por fim, fizemos a prova de novo — as mesmas perguntas, mas em ordem diferente. Todos passamos, menos dois. Tirei 96.

Na sexta de manhã, já que minha mulher chegara, fizemos a visita obrigatória a Graceland, onde consumimos o Platinum Tour completo. Isso abarcou a mansão, o Elvis Presley Automobile Museum, o Sincerely Elvis Museum e os dois aviões de Elvis. Chegamos cedo, de modo a ter tempo para um *brunch* de *barbecue* no Cozy Corner, em preparação para um churrasco completo no Payne's, na hora do almoço. Mas o Platinum Tour era tão dolorosamente completo que perdemos o *brunch* e fomos obrigados a adiar o almoço até as três da tarde. Dois dias de raiva e depressão se dissiparam quando li nos jornais de Memphis que, no mesmo instante em que minha mulher me arrastava ao redor de Graceland, a Comissão da Comarca de Shelby entrara na Justiça para reabrir as investigações sobre a morte de Elvis. Os guias de Graceland não mencionam em lugar algum que o Rei tinha queda por substâncias proibidas. Ou que seu lanche favorito era sanduíche frito de manteiga de amendoim e banana. *Barbecues* não são mencionados nem uma única vez.

305

O HOMEM QUE COMEU

No final da tarde de sexta, minha mulher e eu fomos de carro até o Tom Lee Park, no centro da cidade, onde todas as 241 equipes de *barbecue* já tinham se instalado para o campeonato mundial. Os concorrentes se espalhavam por setecentos metros ao longo da margem leste do Mississippi, e o ar estava carregado com uma fumaça amadeirada e perfumada de porco. Cada equipe erigira em seu lote uma barraca, bangalô, cabana, abrigo, choupana, reboque, pavilhão, quiosque e até mesmo uma casa pré-fabricada inteira. Algumas estruturas ficavam junto ao solo; outras se elevavam três andares em direção aos céus. Algumas eram toscas e simples, outras magníficas, com terraços e sacadas dando para o grande rio.

Cada equipe levara ao menos um fogão de *barbecue*. A maioria era pintada de preto, mas havia alguns vermelhos e um cor-de-rosa; a maior parte das equipes tinha dois ou três fogões; alguns eram feitos de grandes botijões de propano, outros tinham a forma de grandes esquifes, outros ainda eram bulbosos, com chaminés altas. Uma churrasqueira era feita de um Datsun 1975 com a fornalha no compartimento do motor e grades para carne no assento do motorista. Os US Porkmasters, patrocinados pelos Correios, montaram sua churrasqueira numa caminhonete de entrega postal. O estande dos Paddlewheel Porkers era o maior de todos, uma réplica de barca fluvial do Mississippi com treze metros de comprimento, tombadilhos e uma roda de pás que funcionava. Cada equipe tinha um nome — Adribbers, Big Dawg Hawg, Crispy Critters, Great Boars of Fire, Not Ready for Swine Time, Party Pigs, Super Swine Sizzlers, Hazardous Waist. (Este ano, o Swine Lake Ballet não participou.) Um conhecedor me explicou que, das 241 equipes, cem são concorrentes sérias, especialistas que participam de dez a vinte competições por ano e viajam pelo Sul com seus fogões de US$ 5 mil e grandes reboques de oito rodas de US$ 20 mil. "Este é nosso country club", disse-me o chefe de uma equipe, "é nosso *bass boat*." (Aparentemente, *bass boat* é uma lancha sofisticada e cara ao extremo, com sonar e outros brinquedos dispendiosos, usada em competições pesqueiras no delta do Mississippi.) Concursos de *barbecue* são essencialmente coisa de homem e de branco; entre as equipes, não havia mais que vinte nas quais predominassem negros ou mulheres. Ainda assim, o primeiro campeonato de Memphis, realizado há dezesseis anos, foi vencido por uma negra chamada Bessie Louise Cathey.

Cada uma das equipes sérias tinha uma mesa comprida, curvada sob o peso dos vinte ou trinta troféus mais importantes conquistados pelo grupo. O exem-

PORCO INTEIRO

plo mais espalhafatoso era feito de três colunas metálicas altas e lustrosas, sustentando uma plataforma triangular preta, na qual havia três porcos de metal rosa, cada qual de pé sobre um retângulo dourado. No centro, entre os três porcos, ficava uma taça dominada por uma figura alta e dourada com o jeito da *Vitória de Samotrácia*, não acéfala e danificada como a versão do Louvre, mas completamente formada e dotada de corpo mais esbelto e mais moderno, as asas brilhando com reflexos de azul e rosa, os seios insolentes forçando passagem por um véu translúcido, um braço erguido para segurar uma tocha cuja chama era de um esplendor rosado.

O dia do julgamento era o sábado. O céu estava azul, o ar se enchera de fumaça e tensão, e o chão ia ficando empoeirado. Quando chove durante um Memphis in May World Champioship Barbecue Cooking Contest, o Tom Lee Park se transforma numa pocilga. Hoje, porém, o evento transcorria com benigna precisão militar. Muitos entre o público e os concorrentes usavam no rosto focinhos de borracha cor-de-rosa; não foi o caso deste que vos fala. Também havia diversos imitadores de Elvis. O preço de ingresso para o público era quatro dólares; a frequência foi, depois, calculada em 80 mil pessoas.

As equipes tinham chegado de dezessete estados norte-americanos diferentes, para competir por prêmios totalizando US$ 25 mil, a maior parte dos quais divididos entre os vencedores e segundos colocados nas três categorias de *barbecue*: Costeletas, Paleta e Porco Inteiro. Alguns juízes visitam as instalações de cada equipe, e alguns participam de uma degustação cega, na qual o produto de cada equipe é levado numa caixa de isopor numerada até o estande dos juízes, onde quatro deles avaliam (em ordem de importância) o sabor, a maciez e a aparência (ou ponto) dando notas de cinco a dez. No julgamento *in loco*, três juízes fazem visitas independentes às instalações de cada equipe e dão pontos para a qualidade da comida, a limpeza do local e o que se denomina apresentação da equipe, um longo discurso em que se expõe a história da equipe; suas teorias sobre como fazer *barbecue*; as fontes de sua carne, combustível e maquinaria; os segredos de seu molho. A verdade não é elemento indispensável. Ao estilo sulista, desde que a fala seja coerente e inteligente, permite-se que a equipe declare qualquer coisa que possa impressionar o júri. "É como sentar em torno de uma velha cova tarde da noite e trocar histórias", um de nossos professores explicara. Nunca me sentei em torno de uma velha cova à noite, mas consigo imaginar o

O HOMEM QUE COMEU

que ele tinha em mente. A aparência e a apresentação têm peso secundário. A carne vem primeiro, e seu atributo mais importante é o sabor. Guarnições não contam, nem mesmo a salada de repolho cru de Memphis.

Adverte-se aos juízes *in loco* que não se embebedem antes de visitar todas as três equipes sob sua responsabilidade, mas não vi nenhum juiz que não estivesse sóbrio como uma rocha. Entrega-se a cada juiz *in loco* um avental (cores diferentes para cada categoria de churrasco) e um assistente para guiá-lo ao redor do parque abarrotado, até os locais de suas três equipes, tudo isso num intervalo preciso de sessenta minutos. Depois, os cartões com as notas são processados pela Price Waterhouse e seus computadores. As três equipes com pontuação mais elevada em cada categoria são as finalistas. Todas as nove finalistas são visitadas mais tarde por um grupo de quatro juízes especiais, que decidem o vencedor em cada categoria e o campeão geral.

Cada corte de porco define seu próprio desafio particular para o chef de *barbecue*. Conforme nos disseram durante o seminário no New Daisy Theater, as costeletas são o patrimônio mais delicado de um porco. É a parte mais difícil de cozinhar, tanto por causa de sua delicadeza, quanto porque "qualquer pessoa que já possuiu uma churrasqueira Weber pensa que é capaz de cozinhar uma costeleta verdadeiramente boa". Só podem concorrer dois cortes de costeleta: a seção gordurosa e densa da barriga do porco e as costeletas mais leves da parte de trás do dorso; quando provenientes de um porco jovem, estas recebem o nome *baby ribs*. Não podem concorrer costeletas à moda do campo, que ainda têm preso um pedaço de lombo, quase como uma bisteca. Uma peça de lombo ou de *baby ribs*, cujos ossos estreitos são separados por carne etérea, pesa menos de 1 quilo; é favorecida em competições de *barbecue*. Quando se usam costeletas de dianteiro com 2 ou 2,5 quilos, elas costumam ser submetidas ao corte de Saint Louis — toda a gordura visível é removida junto com a bainha cartilaginosa que percorre obliquamente o dorso da peça.

Algumas equipes esfolam as costeletas, algumas não; todas discutem qual seria a melhor política. A membrana dura que reveste a face inferior dos ossos ajuda a reter a umidade, mas, ao mesmo tempo, previne a penetração de fumaça e tempero. Quando qualquer corte de porco é exposto durante muito tempo à fumaça, sua camada externa assume uma rica coloração rosada, que chega a penetrar 2,5 centímetros na carne. No Texas, os concorrentes são julgados pela

308

PORCO INTEIRO

profundidade e cor desse "anel de fumaça". Em Memphis, sua presença sinaliza apenas que se trata de carne saborosíssima. Por algum motivo estranho e inexplicável, a gostosa parte crocante de uma costeleta grelhada não conta. "O gosto pode ser ótimo", explicou-me o juiz principal, "mas não é *barbecue* de Memphis."

À medida que o porco é cozido, passa de duro a tenro e, depois, esponjoso; caso não seja cozido em ambiente úmido, pode ressecar. Muitas vezes, os cozinheiros de competição usam uma cobertura espessa para mascarar um concorrente esponjoso ou seco. Quando na churrasqueira, as costeletas só permanecem no ponto ideal durante quinze minutos. Se os ossos deslizam para fora da carne, as costeletas estão esponjosas; se a carne se recusa a separar-se dos ossos, estão duras. Como acontece com todo *barbecue* de porco, a carne precisa ter corpo, mas deve separar-se facilmente de si própria, quando puxada com delicadeza. A maioria das equipes coloca no fogo um novo conjunto de costeletas a cada vinte minutos durante duas horas, de modo que, seis horas mais tarde, cada um dos três juízes experimentará uma peça perfeita. Uma ou duas horas depois, às vezes numa churrasqueira auxiliar, começam de novo — para o caso de a equipe atingir as finais e precisar de costeletas frescas para o segundo round.

Um porco inteiro precisa pesar pelo menos 38,5 quilos (em Memphis, leitões não contam), sendo cozido inteiro ou cortado pela metade ao longo da espinha. A peça fica no fogo de frente ou de costas durante um período que vai de vinte a 26 horas, com ou sem cabeça e pés, esfolada ou não. (A pele de um porco maduro é espessa e dura demais para ser comida.) As equipes de Porco Inteiro ficam acordadas toda a noite anterior ao dia do julgamento, assando, avivando e ajustando o calor. O desafio de assar um porco inteiro é fazer que a paleta enorme e espessa (a massa muscular situada na parte superior da pata dianteira) e o presunto (a parte superior da pata traseira) fiquem prontos ao mesmo tempo que as porções centrais delicadas do lombo e das costeletas — assegurando-se, ao mesmo tempo, que o sabor dos temperos e da fumaça penetrem fundo o porco. O juiz de Porco Inteiro precisa provar no mínimo pedaços da paleta, do presunto e do lombo. Também pode experimentar o delicioso toucinho e a seção das costeletas, mas esses cortes não contam.

Quando crua, uma paleta de porco pode pesar até dez quilos; nesse estado, é permeada de gordura. O truque é cozinhá-la lenta e demoradamente sem secar

309

O HOMEM QUE COMEU

a carne, até que toda a gordura desapareça e os sabores penetrem em todos os pedacinhos. Isso é mais difícil de conseguir sob as regras de Memphis que em outros lugares, porque aqui a paleta oficial é bem maior, correspondendo a uma vasta quantidade de carne e ossos. O juiz *in loco* deve desconsiderar a facilidade com que o osso do pé desliza para fora da carne; a equipe pode tê-lo recortado antes. O juiz precisa provar um pedaço de carne do centro e um outro da superfície quebradiça e saborosa, chamada casca. Os juízes da degustação cega não têm como determinar se uma paleta foi cozida corretamente, porque, se a peça cozinhou de menos, a equipe pode acondicionar em sua caixa de isopor apenas os pedaços mais tenros.

O julgamento da divisão de Costeletas começou logo após o meio-dia. A primeira equipe que me coube visitar era a Sporty Porkers, de Viena, Geórgia (pronuncia-se "Vai-ana", sede do Big Pig Jig, o campeonato oficial da Geórgia), patrocinada pela Pitts Gin Company. Seu estande era atapetado com grama artificial e rodeado por uma cerca de madeira. O capitão, Danny Cape, recebeu-me na entrada, apresentou os demais integrantes da equipe, todos arrumados imaculadamente com camisetas amarelas dotadas de inscrições em preto. "Do fundo do coração", Cape me disse enquanto me conduzia para sua enorme churrasqueira preta, "achamos que vamos lhe servir uma costeleta de primeiríssima. Tem grande chance de ganhar o campeonato mundial." Em 1991, os Sporty Porkers ficaram com o terceiro lugar em Costeletas; no ano passado, não se classificaram.

Cape explicou que suas costeletas tinham sido compradas de um fazendeiro da Geórgia. A parte inferior tinha sido esfolada com um instrumento largo e cheio de dentes, feito de osso de peixe; depois, as costeletas foram esfregadas com especiarias secretas (uma combinação de tempero *cajun*, limão-pimentoso e sal grosso com alho) e colocadas na churrasqueira. Os Sporty Porkers usam como combustível lenha de *Carya* e carvão Natural Glow, feito da mesma madeira; a temperatura fica entre 93°C e 107°C, e o fogo é iniciado às quatro de manhã; o tempo total de cozimento é de 9 ou 10 horas. Durante as primeiras 8 horas, as costeletas ficam apoiadas sobre sua borda num suporte em ângulo, disposto 84 centímetros acima das brasas. Como a churrasqueira não tem chaminé, a umidade da atmosfera é mantida pelo vapor criado quando os sucos da

carne pingam sobre o braseiro. Durante a última hora de cozimento, pincelam-
-se as costeletas com uma camada de molho.

"Estamos mesmo apostando nestas costeletas", disse-me Cape ao abrir a
churrasqueira para revelar uma peça perfeita de costeletas. (De acordo com as
regras de Memphis, o primeiro contato do juiz com uma peça de costeleta, paleta ou porco inteiro deve ser ainda na churrasqueira.) Depois, Cape me conduziu
até um toldo listrado, decorado com samambaias e dois vasos de margaridas
amarelas. No centro estava montada uma pequena mesa com um só lugar. Ele
colocou uma única costeleta em meu prato, junto com uma tigela de molho —
conforme ele explicou, o resultado de seis anos de experiências com catchup
Hunt's, pimenta vermelha e preta, pimenta chili em pó e mostarda francesa,
mais pimenta-de-caiena, açúcar mascavo e vinagre de sidra. "Julgamos que essa é
a melhor costeleta que já cozinhamos", prosseguiu Cape. Ele me ofereceu suco,
chá, cerveja, vinho ou água. Sobriamente, escolhi água.

Levei à boca uma garfada da carne de costeleta. A costeleta fora seccionada
conforme o "corte de competição", ou seja, apresentava-se na forma de um osso
flanqueado por largas tiras de carne. Se a equipe está especialmente confiante na
maciez de seu produto, serve o que se chama "dois ossos com bastante carne dos
dois lados", e você é convidado a separar os ossos. Numa costeleta perfeitamente
preparada, a carne entre os ossos deve separar-se ao longo do centro, e não dos
ossos. O corte de competição frustra essa oportunidade; é uma escolha conser-
vadora, mas menos reveladora.

Raramente experimentei costeletas tão boas quanto as dos Sporty Porkers
— suculentas e tenras; a carne ainda estava bem presa ao osso, mas era fácil
separá-la. Qualquer falha que pudessem ter, limitava-se a serem um pouquinho
brancas e gordurosas, sinal de que estavam abaixo do ponto; uma costeleta perfeitamente cozida teria se apresentado mais seca e mais permeada de fumaça.
Rodeado pelos seis membros da equipe, tentei exprimir minha admiração sem
violar o decoro judicial. Eles permaneceram ansiosos. Mas eu não iria decidir
quantos pontos atribuir aos Sporty Porkers em cada um dos seis critérios antes
de visitar as duas outras equipes que me haviam cabido. Lembrei-me da advertência de uma das dirigentes do concurso: "Quando vêm até aqui, os nortistas se
impressionam facilmente com *barbecues* mais ou menos, porque lá de onde vêm
não conseguem nada decente".

O HOMEM QUE COMEU

Sentei-me em devaneio debaixo do toldo dos Sporty Porkers, comendo costeletas e bebendo água, até que meu assistente se aproximou e me disse que já haviam se passado quinze minutos. Eu tinha cinco minutos para chegar à próxima equipe, a Ol' Hawg's Breath, de Memphis, patrocinada pela Schering-Plough. E, depois, a M&M Cooker de Francisco, Indiana.

"Um grande *barbecue* faz você querer dar um tapa na cabeça da sua avó", afirma um ditado sulista. Só os Sporty Porkers fizeram que eu me sentisse desse jeito. As costeletas da M&M eram excelentes, mas não alcançavam o nível artístico da Sporty Porkers. Ao voltar para a tenda dos juízes com meu assistente, preenchi as três cartelas de pontuação, atribuindo uma maioria de notas 10 aos Sporty Porkers, 9 e 10 à M&M e 8 para a Ol' Hawg's Breath.

No fim do dia, depois da última rodada de julgamento, enquanto o sol baixava sobre o rio poderoso e banhava a multidão em tons de bronze, os vencedores foram anunciados. Uma equipe chamada Apple City BBQ, de Murphysboro, Illinois, venceu Costeletas; os Delta Smokers, de Cleveland, Mississippi, ficaram em segundo; e os Backwoods Boys BBQ, de Trenton, Tennessee, em terceiro. O grande campeão do evento, vencedor na categoria Paleta, foi a Other Side, de Poplar Bluff, Missouri; o nome da equipe saiu do negócio de seu capitão, Mike Clark: Other Side Dental and Medical Supply. O prêmio de Porco Inteiro foi ganho pelos muito visíveis e dedicados Padwheel Porkers.

Minha primeira reação foi me deprimir por conta dos Sporty Porkers, que ficaram apenas com o oitavo posto em Costeletas. Eles tinham gastado US$ 7 mil para participar do concurso.

Minha segunda reação foi ficar tonto com o pensamento de que, a poucos passos, existiam inúmeras costeletas melhores do as que eu jamais provara.

Minha terceira reação foi agarrar um mapa do Tom Lee Park e correr até a barraca do Apple City BBQ, para conseguir um pedacinho de costeletas campeãs mundiais. A barraca listrada de vermelho e branco do Apple City, atapetada com grama artificial e rodeada por uma cerca de piquete branca, era um oásis imaculado por entre o pó e a fumaça que se estendiam por centenas de metros a seu redor. Em contraste, sua churrasqueira parecia uma bomba de hidrogênio carbonizada — um enorme cilindro negro deitado de lado, com grandes extremidades esféricas e duas chaminés curtas e largas por cima. No caos e empurra-empurra da multidão congratulatória, nem sequer cheguei perto de

PORCO INTEIRO

uma costeleta do Apple City. Minha mulher tentou me interessar por uma exibição de dança campestre. Mas eu só conseguia pensar no que o futuro me reservava.

Três dias depois, de volta a Nova York, telefonei para Mike Mills, o simpático capitão do Apple City, que nessa altura já retornara a Murphysboro. Eu estava com sorte. Enquanto a maioria das equipes de competição só faz *barbecue* de porco dez a vinte vezes por ano em concursos pelo Sul afora, Mills cozinha quase diariamente em seu Bar and Grill da Seventh Street. Em breve, três peças de costeletas estavam a caminho de minha casa, via Federal Express.

O Apple City BBQ cozinha suas costeletas sem pele, com o osso voltado para baixo, entre seis horas e seis horas e meia; as costeletas ficam numa roda giratória que revolve no interior de sua churrasqueira ameaçadora, recebendo calor indireto dos lados e calor direto por baixo, ambos gerados pela queima de lenha de *Carya* vinda de Crossville, Tennessee, onde fica a maior floresta dessa árvore do país. O Sul de Illinois tem muitos pomares de macieiras, e, antes de toda competição, a equipe Apple City acumula aparas de madeira verde provenientes da poda de macieiras, as quais produzirão uma fumaça aromática em sua churrasqueira. A equipe considera que, se levasse madeira seca e depois a umedecesse, isso reduziria seu aroma; troncos de macieira adulta contêm excesso de resinas e alcatrão.

Antes de serem colocadas dentro da churrasqueira, as costeletas são esfregadas com uma mistura secreta, feita com dezoito ingredientes. Às vezes Mills afirma que cada um dos seis integrantes de sua equipe conhece apenas três ingredientes; não se permite que dois membros da equipe permaneçam simultaneamente dentro da cozinha. Outras vezes, Mills diz que teria prazer em me dizer quais são os ingredientes, mas que depois teria de me dar um tiro.

"Seguimos a teoria do baixo, lento e longo", explica Mills. A temperatura da churrasqueira é mantida próxima a 38°C, de modo que, durante as primeiras duas horas, os poros da carne se abrem e absorvem fumaça e tempero, "como a mãe Natureza recebe uma semente na primavera". Depois se acrescenta mais combustível, e o calor sobe a 85°C ou 95°C, sendo mantido assim até a última hora, para então ser novamente elevado, desta vez até 120°C, quente o bastante para formar uma casca quebradiça na parte externa e derreter as últimas porções de gordura. A costeleta "sua" pelo menos duas vezes, ocasiões em que a superfície se abre e os sucos naturais vêm à tona; é nesse ponto que a equipe da Apple City rega seu tempero. Passadas duas ou três horas, as costeletas são regadas com suco de maçã fresco, sempre que comecem a parecer secas, o que costuma acontecer a cada meia hora. Nos trinta minutos finais, Mills e seus companheiros aplicam duas demãos leves de molho, que depois secam esfregando mais das especiarias secretas e um pouco de sal. O resultado é conhecido como costeleta seca úmida.

A equipe Apple City ficou com o primeiro lugar em Costeletas e, também, com o primeiro prêmio geral tanto em 1990 quanto em 1992. "Mas 1991 não era nosso ano", diz Mills. No ano passado, a Apple City venceu treze das dezessete competições de que participou.

Bem cedo na manhã seguinte, antes de eu ter me vestido, surgiu em minha porta um bem alinhado funcionário da Federal Express, carregando uma embalagem de papelão que protegia uma caixa de isopor, dentro da qual havia três peças das costeletas campeãs mundiais da Apple City. As instruções de Mills eram para submeter cada peça ao micro-ondas na regulagem baixa, apenas para aquecer as costelas, sem cozinhá-las mais. Fiz isso sem incidentes. Então, ainda em meu roupão de banho, sentei-me à mesa da cozinha com um rolo de toalhas de papel do lado esquerdo e um copo alto com água à direita. À minha frente repousava a expressão mais elevada da arte culinária vernacular mais orgulhosa dos EUA. Lembrei-me da observação recente de Jane Grigson, de que toda a civilização se funda sobre o porco. Agradecendo silenciosamente à espécie, dei uma mordida.

As costeletas da Apple City eram diferentes de tudo o que eu já experimentara. Peguei dois ossos e os puxei. A carne firme se separou imediatamente, soltando uma nuvem de vapor com o aroma de madeira queimada e a doçura inefável do porco. A carne estava quase vermelha em toda a sua profundidade, úmida e completamente livre de gordura, aromatizadíssima com especiarias e fumaça. (Tanto quanto carne de porco, sua cor e textura se assemelhavam ao pastrami ou ao peixe defumado prolongadamente.) E eram muitíssimo deliciosas, satisfazendo todas as necessidades que o corpo e a alma tenham de comida, a menos que você considere que verduras frias e escorregadias constituam comida.

No piscar de um olho, jazia em meu prato um osso completamente limpo, depois três e logo uma dúzia. Considerei a possibilidade de preparar outra peça,

PORCO INTEIRO

ou mesmo ambas, mas me lembrei de minha mulher, que já saíra para o trabalho. Considerando que é uma moça, ela tem um apetite notavelmente saudável por *barbecue* de porco de verdade, feito de acordo com as regras de Memphis.

setembro de 1993

Ingredientes à procura de uma cozinha

Devagar, o piloto levou nosso pequeno hidroavião através do lago Union, em Seattle, apontou para a ilha de Vancouver, a 130 quilômetros dali, acelerou os motores e ganhamos o ar. Em breve sobrevoávamos a cidade, com Puget Sound mais além. Era um dia raro na costa noroeste — o sol brilhava. O piloto me deu um par de protetores de ouvidos verdes para bloquear o rugido dos motores, enquanto eu tentava entender por que o aquecedor estava derretendo meus tênis.

Espiei as praias rochosas e as ilhas que pontilham a baía. Uma vez, em Nova York, um amigo me dissera que as ostras mais maravilhosas que ele já provara tinham sido apanhadas numa daquelas praias, na maré baixa. O guia dele foi buscar cebolas silvestres no mato, acendeu uma fogueira com madeira que catou na praia e assou as ostras; quando as conchas se abriam, ele incluía as cebolas.

Fora por isso que viajei para Seattle. Durante toda a viagem desde Nova York, eu saboreara em pensamento ostras rechonchudas cozidas em seu próprio sumo de água do mar, enriquecidas com a fumaça da madeira e a doçura das cebolas silvestres.

Procurei nas ilhas que passavam sob o avião por qualquer rastro de ostras sendo assadas, mas não encontrei nada. As ostras naturais do Pacífico estão hoje quase extintas; a maioria dos bivalves muito apreciados da região é cultivada;

INGREDIENTES À PROCURA...

as praias produtivas do estado de Washington são arrendadas para fazendas de ostras. E, com exceção do interlúdio ensolarado de hoje, chovera ou nevara sem parar durante minha viagem ao noroeste, um clima desencorajador para uma aventura na praia. Eu voltaria para Nova York tão distante de minha meta quanto estivera quando partira. Mas, durante dez dias, esbaldei-me com o que, sem dúvida, são os melhores peixes e frutos do mar da América do Norte.

Em meia hora, nosso hidroavião sobrevoava o mar aberto, no caso o estreito de Juan de Fuca, o qual, segundo minha pesquisa histórica revelou, toma seu nome emprestado de Juan de Fuca. Juan era um navegante grego que viajava sob bandeira espanhola e com pseudônimo espanhol. Em 1592, ele pode ou não ter descoberto o estreito que separa a ilha de Vancouver, no Canadá, da península Olympic, no estado de Washington. O avião perdeu altitude e planou até o terminal de hidroaviões da cidade de Victoria.

Não constituía coincidência que, justamente no mesmo momento, cinquenta quilômetros costa acima na ilha de Vancouver, um mergulhador canadense chamado Francis vestia apressadamente sua máscara e roupa de mergulho e pulava para dentro das águas agitadas e cinzentas da baía de Sooke, no estreito de Juan de Fuca. Tempestades recentes tinham agitado o fundo, e Francis só conseguia enxergar um metro a sua volta, em vez dos quinze de hábito, ao procurar por ouriços marinhos, penteolas vermelhas, cracas, pepinos marinhos e caranguejos laranja. Ele apanhou alguns ouriços e pepinos, mas não caranguejos; ao nadar pela curva da baía com a faca na mão para arrancar da rocha penteolas vermelhas, fortes correntes ameaçavam atirá-lo contra as pedras. Não percebendo a importância que atribuo ao almoço, Francis pensou em sua segurança pessoal e saiu da água.

Quando cheguei à Sooke Harbour House, naquela manhã, Francis se desculpou pelo fato de minha mesa não estar repleta de tantos frutos do mar locais quanto ele gostaria. Para Sinclair e Fredrica Philip, proprietários da estalagem, "local" significa retirado das águas que ficam em frente à janela da sala, uma ou duas horas antes do almoço ou jantar. Mergulhadores que usam aqualung descem mais fundo que Francis; trazem ouriços marinhos gigantes, penteolas cantoras cor-de-rosa, búzios, polvos, moluscos, *geoducks* (que se assemelham a um cruzamento entre um marisco gigante e um elefante), haliotes, cardiídeos e dezenas de espécies de caracol marinho. Nas mesmas águas, salmões de 25

O HOMEM QUE COMEU

quilos são pescados por barcos; apenas camarões, ostras e peixes oceânicos são comprados de pescadores comerciais, que ancoram no embarcadouro governamental vizinho.

Sinclair e Fredrica são economistas (eles se casaram quando eram estudantes de pós-graduação na Universidade de Grenoble) transformados em conservacionistas-hoteleiros-restaurateurs; sua dedicação ao frescor e época dos ingredientes locais é monomaníaca. As construções brancas de madeira da Sooke Harbour House são cercadas por surpreendentes jardins terraceados, onde, com a ajuda de Byron Cook, eles cultivam quatrocentas variedades de planta comestível, inclusive flores e ervas — mostardinha-do-mar e cebolas silvestres; canela, agrião-bravo e crisântemos silvestres; alho branco, azul-celeste e amarelo; todos os repolhos e seis tipos de alho-poró; cinco tipos de alecrim, seis de alfazema, quinze de hortelã, trinta de alface e quarenta outras verduras para salada. Cabrito, coelho, ganso e cordeiro são criados organicamente por fazendeiros distantes apenas alguns quilômetros. Catadores do local apanham frutinhas, cinquenta tipos de cogumelo, dez variedades de alga.

Visitando a cozinha, conheci meu almoço, uma tina cheia de assustadores ouriços marinhos gigantes, com trinta centímetros de diâmetro, e um pesadelo de pepinos marinhos, retorcendo-se e escorregando uns por sobre os outros como vermes marrons tumescentes e verrugosos, com trinta centímetros de comprimento e dez de diâmetro. Conheci também o chef, um jovem barbudo chamado Ron Cherry; pessoa tímida e discreta, recebeu treinamento clássico em alguns dos melhores restaurantes do Canadá. Os talentos de Ron são testados em toda refeição — a provisão do dia permanece um mistério até poucas horas antes da refeição, podendo abranger vinte espécies diferentes.

O almoço foi servido na sala quente e envidraçada, à frente de uma enorme lareira de pedra. Estava delicioso — sopa de ostras, ovas laranja-pálido de ouriço marinho e moluscos minúsculos; um *sauté* de haliote e pepino marinho (só as faixas musculares magras que revestem a cavidade do corpo tubular) com purê de abóbora Hubbard e folhas de aipo; ricas fatias de peito de ganso assado, uma com molho de uva do Oregon e outra com creme de alecrim e alho; salada de morrião, quenopódio e alface siberiana; e musse de salmão embrulhada em repolho de bengala (na ilha de Skye, o talo lenhoso é usado para fazer mobília) e guarnecida com caviar de truta *steelhead*, begônias e manteiga de raiz-forte.

INGREDIENTES À PROCURA...

Quase não notei a ausência das penteolas vermelhas; além disso, de acordo com Sinclair, o melhor modo de comê-las é debaixo da água, cortadas de sua concha antes que tenham tempo de se fecharem. Notei que limão, azeite e outras trivialidades culinárias estavam ausentes dos pratos de Ron. O interesse dos Philip em produtos locais elimina de consideração a maioria das plantas e animais que não crescem no Noroeste. Ron desenvolveu outras fontes de acidez para substituir limões como sidra ou suco de ruibarbo; os Philip descobriram um moinho que extrai óleo a frio de sementes locais. Especiarias asiáticas comuns, como pimenta-do-reino, por exemplo, são suspeitas. "E quanto à baunilha?", perguntei-me. Quando funciona, o resultado é a rejeição de todos os clichês culinários, um redescobrimento do mundo natural em toda refeição.

Estou querendo saber o que acontece com a baunilha, porque, ainda em Seattle, o horário do hidroavião me privara da sobremesa. Eu gostaria de ter passado a noite em todos os treze adoráveis quartos da pousada, com lareira e vista para o estreito e os picos nevados do lado norte-americano da serra Olympic. Mas eu tinha de cumprir um compromisso para o jantar e, depois disso, uma semana inteira de almoços e jantares. A costa noroeste transborda com comida de tamanha qualidade que é possível enlouquecer tentando morder tudo.

Minha viagem fora planejada para ocorrer no fim do inverno, porque essa é a melhor época para ostras. Na primavera, quando a água se aquece, as ostras se preparam para desovar e sua carne fica leitosa e mole. Como acontece com os homens, ostras que acabam de se reproduzir não servem para nada, até conseguirem reconstituir suas reservas de glicogênio. Mas, no inverno do hemisfério norte (quando, coincidentemente, os nomes dos meses contêm a letra R), as ostras são firmes, brilhantes e incomparáveis.

Minha base culinária era o mercado da Pike Place e a pousada do Market Hotel, que fica em frente. Como minha visita acontecia no momento ideal para ostras, isso significava renunciar às amoras-pretas silvestres e cerejas de junho; ao lagostim de água doce, apanhado em armadilhas entre abril e outubro; aos pêssegos e damascos do verão; e às debutantes de maio: beterrabas douradas e brancas, cebolas doces, couves vermelhas e brancas, cenouras brancas e vinte tipos de verdura para salada. Mas as peras locais (ao contrário da maioria das frutas, as peras melhoram depois de colhidas) eram as melhores que já experimentei. Os moluscos de Manila e os mexilhões de Race Lagoon e Penn Cove

O HOMEM QUE COMEU

eram uma delícia — doces, cremosos e moderados —, assim como o esturjão fresco e o bacalhau preto. E as ostras! Todos os dias eu montava um concurso entre ostras Shoalwater, Quilcene, Hamma Hamma, Kumamoto e Olympia. No fim, venceram as minúsculas Olympia oceânicas, fato que comemorei comendo setenta delas numa noite, antes do jantar.

Parece incrível que, *quinze anos atrás*, Seattle era um deserto culinário, mas é isso o que todo mundo diz. Os supermercados vendiam peixe congelado e os restaurantes o serviam frito. A indústria de ostras só produzia carne sem concha, acondicionada em galões, e minhas pequenas e primorosas Olympia começavam a ser trazidas de volta da quase extinção. Penteolas cantoras cor-de-rosa constituíam uma curiosidade não comida, o cultivo de mexilhões era desconhecido, os *geoducks* eram rejeitados por todo mundo menos alguns pescadores e o caviar de salmão era exportado para o estrangeiro. Restaurantes chiques importavam ostras, mexilhões e lagostas da costa leste.

Mas os habitantes de Seattle adoram pescar, catar mariscos e procurar frutinhas e cogumelos silvestres. Eles sabiam o que era fresco e sazonal, mesmo se os supermercados e restaurantes não compreendessem. Em 1980, Jon Rowley — que fora pescador no Alasca durante dez anos após abandonar o Reed College — começou a trabalhar com pescadores, supermercados e restaurantes para revolucionar a maneira pela qual o peixe do Pacífico era pescado, manuseado e fornecido à cidade. (Julia Child deu a Jon o título de Missionário do Peixe; sua empresa — chamada Fish Works! — funciona hoje em dez outras cidades.)

Conforme alguns relatos, a culinária americana de estilo surgiu quando Karl Beckley abriu o Green Lake Grill, em 1979. Os jovens chefs que o sucederam passaram a exigir ingredientes mais frescos e mais variados. Pequenos fazendeiros, fabricantes de queijo e defumadores de peixe reagiram. Em meados dos anos 80, o entusiasmo culinário de Seattle lembrava o que ocorrera dez anos antes na área da baía de San Francisco. Restaurantes inventivos surgiram como cogumelos, com chefs-proprietários jovens, que montavam travessas fantásticas com os produtos regionais mais impecáveis e caros; ofegantes, os frequentadores de restaurantes os acompanharam. Hoje, quase todo cardápio de restaurante lista a genealogia de seus ingredientes, até mesmo quando não existe. Num lugar, serviram-me uma alta taça de parfait de um bom caranguejo Dungeness sob várias xícaras de um molho vermelho de coquetel que o cardápio descrevia como "um molho caseiro de catchup Heinz, raiz-forte extraquente e limão fresco". Mas em que outro lugar se encontra uma garçonete — como a que me serviu na Ray's Boathouse — capaz de explicar por que ela prefere os mexilhões da Race Lagoon aos de Penn Cove, e por que certo método de pescar salmão é melhor que outro?

As colunas culinárias locais são tão ativas e alertas quanto as de qualquer outro lugar do país — e um prazer de ler. John Doerper, editor de comida da revista *Pacific Northwest* e um guia enciclopédico durante minha permanência em Seattle, explora incansavelmente a costa, desde o Oregon até a Colúmbia Britânica (sabe-se que ele chega a dirigir trezentos quilômetros para almoçar); seu livro *Eating Well* (Pacific Search) é um aperitivo essencial para as comidas do Noroeste. Schuyler Ingle agora está na revista *Washington*; seus ensaios, reunidos em *Northwest Bounty* (Simon & Schuster), constituem modelos para todos nós. O *Seattle Weekly* tem a cobertura de comida mais ardente e informada de qualquer semanário regional que eu conheça, bem como uma coluna assinada por Tom Douglas, dono do Dahlia Lounge e um dos chefs que começou tudo, oito anos atrás, no Café Sport. E Alf Collins, até pouco tempo atrás colunista de restaurantes do *Seattle Times*, agora tem sua própria newsletter empresarial, que traz o noticiário sobre comida mais informado que existe.

A costa noroeste tem tudo o que um apreciador de comida poderia desejar — com duas exceções. A primeira é o pão, a segunda, a culinária.

No Noroeste, todo mundo serve pão caseiro; e, em todos os casos, isso me fez ansiar pela versão de fábrica. O pão é de dois tipos: do estilo saudável feito em casa (com pouco fermento, farelento, com crosta fraca, ligeiramente doce e pintalgado de cenoura, ervas, azeitonas ou nozes) e pão de fôrma caseiro Parker House (norte-americano tradicional, doce, branco, fofo, às vezes divertido, mas não três vezes por dia e nunca junto com comida).

Pão ruim destrói minha perspectiva da vida. Os pães patéticos do mais orgulhoso dos restaurantes franceses de Seattle me tornaram paranoico a respeito de todo o cardápio, de todo mundo que me recomendara o lugar, por escrito ou pessoalmente, e de todos os demais clientes. Como é que eles conseguiam ficar lá sentados, sorrindo e comendo aquele impostor com forma de pão?

Mas o resgate está a caminho. Oito meses atrás — após uma transfusão de talento e depois de importar um forno italiano — a antiga padaria Grand Central de Seattle começou a produzir pães de verdade, mastigáveis, crocantes, fermen-

O HOMEM QUE COMEU

tados. Em poucos meses, já operava a plena capacidade, mil pães por dia. É certo que outros seguirão seus passos.

Antes de ter ido a Seattle, eu coletara um ano de resenhas de restaurantes, muitos dos quais visitei depois de chegar lá. Não direi onde você deve comer, porque não fui mais de uma vez a nenhum restaurante, deixei de visitar diversos dos principais e, além disso, não viajei para avaliar restaurantes. Eu queria entender como os chefs do Noroeste transformam em cozinha a incrível abundância de alimentos de que dispõem. Revelarei que minha boca ainda saliva quando rememora o bacalhau preto defumado cozinhado em vapor do Ray's Boathouse, o doce caranguejo Dungeness e as ostras Olympia do Elliott's, as ostras Quilcene do Emmett Watson's e a maior parte da produção de Barbara Figueroa no Hunt Club. Mas só essa última pode ser considerada culinária.

Será que a costa noroeste tem um estilo culinário próprio? As melhores mentes culinárias de lá se preocupam diariamente com essa questão, escrevem artigos e se encontram algumas vezes por ano para discordar a respeito. Mas a resposta é simples. Ou existe uma dúzia de diferentes culinárias do Noroeste ou existe uma só cozinha do Noroeste, mas ninguém consegue dizer qual seria.

É impossível mencionar um estilo culinário que não esteja representado lá. Há restaurantes clássicos franceses e italianos, embora a maioria dos chefs de Seattle não pareça ter chegado mais perto da Europa que um ou dois anos em Santa Monica. Alguns cardápios falam o idioma dominante da culinária regional norte-americana atual — novo Sudoeste, mesclado com algumas frases *cajun*. A culinária da Califórnia escorreu costa acima, o que normalmente significa cozinha francesa moderna com pouco sabor e pouco sal, escondida debaixo de flores comestíveis e frutas mexicanas. O ecletismo está em moda. Uma combinação estranha chamada variadamente Pacific Rim, Pan-Pacific ou o Pan-Asiatic se espalha rapidamente; isso combina todos os ingredientes e métodos culinários orientais conhecidos, menos o indiano e o japonês. Certo restaurante serve simultaneamente comida mexicana, caribenha, brasileira, de Santa Fe e a fantasia de alguém sobre o que seria a comida dos índios norte-americanos. O *Weekly* caracteriza isso como "mistura pós-étnica", "pós-pré-colombiana" e "neomaia--hispano-texana". Recentemente, uma colunista culinária de Seattle bateu o pé: "Insisto numa nacionalidade, indivisível, por prato".

INGREDIENTES À PROCURA...

A profusão de sabores e técnicas de todos os cantos do globo não confere aos chefs do Noroeste nenhum incentivo para explorar seu próprio nicho natural de forma tão intensa quanto fazem os Philip em Sooke Harbour House. O ritmo frenético das experimentações e empréstimos culinários frequentemente se superpõe à qualidade primorosa dos frutos do mar e produtos vegetais da região. Muitos dos modelos culinários étnicos foram desenvolvidos em lugares que não contam com ingredientes frescos impecáveis, e empregam métodos culinários e temperos que nada fazem para acentuar os sabores frescos e naturais. A reação de alguns chefs do Noroeste é seguir princípios como os seguintes, da Herbfarm (cujo restaurante aclamado estava fechado quando de minha visita):

• Para se manter fiel às raízes locais, fique longe de comida que só poderia ser cultivada ou criada em outros climas: laranjas, frutas tropicais, coco etc.

• Exemplos de alimentos que não devem ser usados: peixe-espada, manga, camarões-tigre, caranguejos azuis, grapefruit e lagosta...

• Alimentos que podem ser cultivados no estado de Washington, mas que devem ser evitados, por serem modismos impróprios: milho azul, molho doce de pimenta vermelha (talvez), feijão-preto, pimenta chili, abacate, polenta e outras manifestações explícitas de culinária da Califórnia, do Sudoeste e dos descendentes de franceses da Louisiana.

Quando as li pela primeira vez, essas diretrizes me soaram austeras, xenófobas, quase stalinistas. Mas me converti a elas numa noite em que gastei dez minutos para transferir a um cinzeiro a carambola e o marmelo que acompanhavam um pedaço perfeitamente agradável de peixe e, depois, quando tentei provar os pedaços de caranguejo fresco presentes na sopa *cajun*-tailandesa de minha mulher.

Ao dirigir do Canadá ao Oregon, os restaurantes que mais me interessaram foram aqueles que, mais ou menos, e muitas vezes de forma inadvertida, seguem os princípios da Herbfarm. O Raintree de Vancouver é um deles, embora o lanche que tenha comido lá à tarde só tenha fornecido um vislumbre de como Rebecca Dawson usa os produtos oferecidos pela região. O Salishan Lodge de Gleneden Beach, Oregon, está na lista de todo mundo, mas meu passeio costa abaixo a partir de Seattle foi interrompido por uma tempestade selvagem que todo mundo afirmou ser sem precedentes, mas que, suspeito, acontece todas as semanas.

O HOMEM QUE COMEU

Consegui chegar até a península de Long Beach, no Extremo Sudoeste do estado de Washington, para jantar no restaurante Shoalwater, do Shelburne Inn, dirigido por Ann e Tony Kischner. As restrições do chef Walker não são tão rigorosas quanto as da Sooke Harbour House, da Raintree ou da Herbfarm. Mas o menu é dominado por produtos provenientes de um raio de trinta quilômetros. Todo mês de fevereiro, produtores de hortaliças levam a Ann seus catálogos de sementes, para indagar o que ela gostaria que eles plantassem na primavera. Um pescador que mora a meia hora dali fornece salmão e caviar de esturjão, que ele prepara conforme um método que um emigrado russo ensinou ao pai dele. No verão, uma vizinha idosa colhe amoras-pretas de um arbusto que deu frutas para a mãe dela.

Comi deliciosas ostras Willapa Bay cozidas em uísque e servidas com caviar de esturjão do rio Columbia em molho *beurre blanc*; uma sopa de legumes e lentilhas italianas (lentilhas de Washington, é claro); esturjão assado com molho cremoso de saquê e cogumelos silvestres; e um *sorbet* de pera profundamente aromático, feito com Riesling do estado de Washington. Na manhã seguinte, Laurie Anderson e David Campiche (que morou lá a vida inteira), os donos do Shelburne Inn, montaram um de seus famosos cafés da manhã: caviar feito à mão por David, salmão defumado e bolos de batata; massas de Laurie e pãezinhos de massa azeda — cujo fermento deve ter cem anos — e litros de café quente da Torrefazione, de Seattle.

Depois, caminhamos até o farol que fica na foz do rio Columbia. A tempestade amainara pela primeira vez numa semana, e o sol matutino estava deslumbrante sobre o Pacífico. Contudo, uma tragédia culinária estava sendo engendrada.

A estação de pesca de salmão no Columbia começara à meia-noite, ou seja, dez horas antes. Os salmões não se alimentam durante a viagem que fazem rio acima até seus pontos de desova, e se encontram no auge da forma física quando entram na foz do rio, no início de sua corrida. Esse é o único lugar perfeito para pescá-los e a época perfeita para comê-los. Homens feitos têm vertigens ao descrever seu gosto. E eu viera até ali, não sem riscos para minha segurança e a de meu carro alugado, para provar aquela perfeição.

Mas não havia nem um único barco à vista. Seja porque tivessem receio de que a tempestade retornasse, seja porque estivessem cautelosos com as correntes que a borrasca deixara atrás de si, todos os pescadores simplesmente decidi-

324

INGREDIENTES À PROCURA...

ram ficar em casa. Um dia depois, eu deixaria a costa noroeste sem experimentar nem uma garfada de salmão fresco. Ao embarcar em meu avião de volta para casa, pensei amargamente que, se o Columbia ficasse em Nova York, às 12h01 da madrugada já estaria congestionado com barcos disputando o direito de pescar o primeiro e mais gordo salmão da temporada e entregá-lo em minha mesa. Decidi que os pescadores do Pacífico gostam de águas calmas. Não foi por acidente que o capitão Ahab partiu de Nantucket, e não de Santa Barbara, em sua busca por Moby Dick.

junho de 1990

Da África do Norte

Malsouka, masfouf, makfoul. Malsouka, masfouf, makfoul.

Malsouka é uma folha fina de massa. *Masfouf* é cuscuz marroquino finamente granulado. *Makfoul* é o fundo de um recipiente de fazer cuscuz. Não consigo imaginar por que as pessoas dizem ser impossível aprender árabe. *Zgougou* é um tipo de pinol. *Zgougou* é, de longe, minha palavra favorita.

Mas, às vezes, penso que, se eu tivesse aprendido como se pergunta "Onde está meu ônibus de excursão?" em árabe, teria me dado bem melhor. Eu estava na medina (cidade velha murada) de Sousse, terceira cidade da Tunísia em tamanho. No coração da medina estão os souks, o labirinto medieval de lojas e barraquinhas. E eu me perdera nos souks de Sousse. Inocentemente, eu estava à procura de certo tipo de pão sírio — magro, redondo, não fermentado, elástico, denso, com bastante trigo, tenro e pontilhado de inchaços escuros e bolhas provenientes do contato com a chapa de louça no qual é assado. Em vão, vagueei pelos souks e só encontrei uma versão pobre de pão francês e pães aerados semelhantes a biscoitos.

Foi então que descobri o que procurava. Infelizmente, o pão já estava sendo comido por alguém, um indivíduo sentado em frente a sua barraca de ferramentas. Perguntei em francês; a maioria dos tunisianos é pelo menos bilíngue. Ele engoliu, gesticulou em direção à rua estreita e sinuosa e me disse que andasse cinquenta metros e depois virasse à direita. Com a cabeça baixa, dei cinquenta passos e virei à direita — e quase trombei na enorme e peluda cabeça de uma vaca, que pendia na frente de um açougue e anunciava quão fresca era a carne oferecida. Após ter se recusado a me vender seu gigantesco cutelo triangular — eu nunca vira nada parecido —, o açougueiro também me orientou para andar cinquenta metros rua acima e virar à direita. Mas isso me levou a uma loja que vendia aparelhos de som portáteis; ao contrário dos aparelhos que existem nos EUA, os tunisianos têm um anel de luzes coloridas brilhantes em torno de cada alto-falante. De novo fui orientado a seguir cinquenta metros rua acima e depois à direita. No caminho, comprei um pão fermentado recém-assado recheado com *merguez*, a salsicha apimentada local, e com *harissa* verde, a famosa pasta africana feita de pimenta vermelha e especiarias, que, normalmente, é vermelha. Agora eu estava desesperadamente perdido. O tempo ia se esgotando, e eu estava preparado para desistir de meu pão.

"Leve-me à casbá", implorei a um passante. Eu sempre desejara dizer isso. Mas dessa vez era a sério. Caso eu pudesse encontrar a casbá — que, simplesmente, significa a fortaleza da cidade velha —, então encontraria o porto, onde estavam estacionados nossos ônibus de excursão. Se não achasse logo a casbá, me tornaria um morador permanente e involuntário de Sousse.

A sorte estava a meu lado, porque a casbá estava bem diante de meu nariz; isso me deu tempo de fazer um lanche com uma filhó prodigiosa (frita por imersão e embebida com calda de açúcar) antes de nosso ônibus partir para a cidade santa islâmica de Kairouan, o coliseu romano de El Jem e depois Túnis.

Era o quarto dia de uma viagem de duas semanas à Tunísia. Sempre suspeitei de países (ou subculturas) nos quais a maioria dos homens usa bigodes, mas a Tunísia é uma delícia. É o país mais tolerante e progressista da África do Norte, bem como o menor deles.

Eis as estatísticas vitais:

Prato nacional: cuscuz "marroquino".

População: 8 531 000, predominantemente muçulmana. (Mas as mulheres se veem estimuladas a adotar profissões, e as injunções muçulmanas sobre vestuário são desencorajadas.)

O HOMEM QUE COMEU

Área: 164 148 quilômetros quadrados — como se Inglaterra e País de Gales tivessem sido juntados e apertados desconfortavelmente entre uma Argélia volumosa, a oeste, e uma Líbia enorme, a sudeste.

Capital: Túnis.

Clima: mediterrâneo no Norte e no Leste, ao longo da costa de 1300 quilômetros; semiárido no interior; puro deserto no Sul saárico.

Taxa de crescimento econômico: 8,1%.

Renda per capita média anual: 1750 dólares, a mais alta da região, mas baixa para os padrões ocidentais.

Comidas: autossuficiente em frutas, pesca e azeite. (Os peixes são salmonete, sarda, pomátomo, garoupa e camarões. As frutas são as cítricas, tâmara, melão, damasco, figo, amêndoas e fruta de cactos.) A Tunísia é o quarto produtor mundial de azeite, com 55 milhões de oliveiras.

Especiarias favoritas: pimenta, coentro e alcaravia em quase todos os pratos, e mais cominho, erva-doce e canela.

Legumes favoritos: berinjela, cebola, alho, tomate e pimentão.

Cor favorita: azul.

A primeira semana da viagem fora organizada pela Oldways Preservation & Exchange Trust, uma fundação extraordinária que reúne — com frequência em românticos ambientes estrangeiros — nutricionistas, ecologistas, historiadores, antropólogos, chefs e críticos culinários dos EUA, Inglaterra, Austrália e Japão, para desfrutar e discutir modos tradicionais de comer que parecem muito mais saudáveis que a maneira pela qual nos alimentamos na maior parte do mundo industrializado. Então, depois da primeira semana, quando a maioria do grupo voltara para seus países de origem, resolvi permanecer, junto com minha boa amiga Paula Wolfert. Minha mulher viria de Nova York para se juntar a nós e exploraríamos Túnis e o interior tunisino à procura das melhores cozinhas caseiras tradicionais que pudéssemos encontrar.

Esse é o tipo do trabalho pelo qual Paula Wolfert é famosa, e eu quisera vê-la em ação desde 1983, quando li *The Cooking of South-West France*, seu terceiro livro de receitas e ainda meu favorito (ela escreveu seis ao todo). Lá estava Paula escarafunchando o Périgord e o Gers, as Landes e o Béarn, trabalhando com um chef em sua cozinha e batendo à porta de uma dona de casa, em busca incansável do cassoulet epifânico, descobrindo pratos que nunca tinham aparecido por escrito.

328

DA ÁFRICA DO NORTE

Paula é em parte antropóloga, em parte erudita amadora (ela raramente aborda um assunto antes de aprender os rudimentos do idioma e de coletar e digerir uma ou duas dúzias de livros de receitas escritos por nativos), em parte intérprete culinária: com frequência, ela incrementa um prato que comeu, mas sempre contando exatamente como o alterou. E Paula é uma cozinheira muito boa. Se sua comida não fosse deliciosa, eu estaria muito menos interessado no resto.

O mais surpreendente sobre as explorações de Paula é que ela não dirige automóveis. Foi reprovada no exame de motorista nos EUA por duas vezes e em Paris por quatro vezes. Foi só no Marrocos que lhe deram uma carteira de motorista, coisa que me deixou muito apreensivo sobre os motoristas da África do Norte.

Planejáramos nossa excursão pela Tunísia com tanto detalhe quanto possível, considerando que a Tunísia está do outro lado do mundo. Paula acabara de voltar da Turquia, onde passou duas semanas em Gaziantep, uma cidade provinciana remota, perto do rio Eufrates e da fronteira com a Síria. Paula me trouxe de lá *saç*, que se pronuncia "saj", um utensílio semelhante a um *wok* muito grande, sem alças. Ele é disposto invertido sobre um queimador de gás e, quando está quente, recebe massa de pão turco na superfície convexa. Sempre que telefonava para Paula em sua casa de Connecticut para uma sessão de planejamento (ela mora lá com o marido, William Bayer, conhecido escritor de romances policiais), ela estava praticando um ou outro prato que descobrira em alguma cidade turca minúscula, com um nome como Nizip. Paula é a única escritora de comida que conheço que gasta boa parte de seu tempo em cidades com nomes como Nizip.

Como eu nunca visitara a África, antes de ter deixado Nova York marquei consulta com um especialista em doenças infecto-contagiosas. Graças a uma enfermeira que pensou que eu dissera "Tanzânia" pelo telefone, o médico estava a ponto de me administrar uma série de injeções agonizantes contra meningite e febre amarela, e me forçar a tragar um frasco de pílulas contra a malária. Quando lhe disse que era só a Tunísia, ele recuou. Contanto que eu não comesse a comida ou bebesse a água, disse ele, eu não teria nada a temer.

Nossa viagem começou na ilha de Jerba, na costa sudeste da Tunísia, a ilha dos comedores de loto de Homero e abrigo de uma das comunidades judaicas mais antigas que existem, datada provavelmente dos anos posteriores à captura de Jerusalém e ao saque do tempo de Salomão pelo imperador babilônico

O HOMEM QUE COMEU

Nabucodonosor, em 586 a.C. A Oldways organizara um pródigo banquete para nossa chegada e, apesar da convicção inicial de Paula de que a melhor comida tunisina seria encontrada nas casas das pessoas, aquela foi uma das melhores refeições de nossa viagem de duas semanas.

Esparramadas ante nós estavam especialidades das regiões meridionais do país, desde a costa mediterrânea até a extremidade do Saara: uma variedade de saladas e pães tunisianos; calamares recheados; guisado de abóbora, grão-de-bico e cebola; um macarrão quadrado cozido em vapor, da cidade de Gafsa; um guisado de carne gelatinosa com folhas secas de malva, da cidade de Gabès; uma torta de semolina achatada e recheada, do oásis de Tozeur; uma sopa de verduras, da antiga Tataouine; um prato de tomates, ovos e salsichas, de algum outro lugar; e o onipresente *brik* de frutos do mar, feito de massa de *malsouka* maravilhosamente delgada, dobrada em triângulo em torno de um pedaço de atum cozido e um ovo cru, tudo frito por imersão até adquirir o ponto perfeito. A sobremesa eram tâmaras frescas, ainda com seus talos; romãs; diversas frutas cítricas; e *thé à la menthe*, chá forte, doce e mentolado com pinoles flutuando em sua superfície. A Tunísia cultiva as melhores e mais variadas frutas cítricas que já provei — clementinas e tangerinas, limões doces, também denominados bergamotas, e doze tipos de laranja colhidos ao longo das estações do ano.

Os dias subsequentes foram tomados por passeios, jantares suntuosos e seminários (tudo com tradução simultânea para o árabe, o inglês, o francês e o japonês). Em Jerba, Paula e eu procuramos nos souks por um *couscoussier* incomum, de três andares, feito especialmente para preparar o famoso cuscuz de peixe de Jerba; o recipiente recebe um caldo de peixe temperado no fundo, peixe no meio e os grãos de cuscuz na parte superior. Paula se divertiu com a profusão da feira, mas receava que tivéssemos chegado tarde. No Mediterrâneo, o primeiro cliente do dia consegue as melhores pechinchas; os comerciantes acreditam que, se perderem sua primeira venda, o dia inteiro irá mal. Jessica Harris, uma de nossas companheiras de viagem e especialista na África subsaárica, nos disse que no Senegal acontece a mesma coisa.

330

DA ÁFRICA DO NORTE

A ÚLTIMA COZINHA AINDA POR DESCOBRIR

P. Qual será a comida da moda no ano que vem?

R. Minha candidata, que reconheço ser um palpite arriscado, é a culinária visigótica. Os visigodos dominaram a Europa durante 250 anos, após a queda do Império Romano. Sua influência se estendeu de Gibraltar ao Ródano, até que os árabes os expulsaram da Espanha, em 711. A história foi injusta com os visigodos, apresentando-os como bárbaros toscos, ligados vagamente à destruição da civilização europeia. Decerto tiveram esse papel, mas considere suas realizações. Suas leis, escritas em latim, influenciaram fortemente a jurisprudência sul-americana. Eles se tornaram cristãos já no século VI, dando o exemplo à muito posterior Inquisição Espanhola ao obrigarem os judeus a aceitar o batismo, no ano 600. E, mais importante, sua cozinha agridoce deixou sua marca em todo o Sudoeste da França e na península Ibérica, em especial na Catalunha. No entanto, você procurará em vão por um livro de receitas, restaurante ou loja de comidas visigóticas. É a última cozinha ainda não descoberta da Europa, e seu dia pode ter chegado.

Paula parece respirar receitas do mesmo modo que eu respiro ar. Quando deixamos Jerba e fomos para o continente, seu caderno de anotações estava estourando. Em sua viagem anterior à Tunísia, Paula ouvira falar, na cidade de Sfax, de um prato feito de cuscuz marroquino sem carne, aromatizado com folhas de erva-doce, cebola e especiarias. Mas não era época de erva-doce, ao contrário do que acontecia dessa vez. Assim, quando chegamos à Tunísia, Paula passou imediatamente a indagar sobre o prato.

A minhas costas (creio que eu estava ocupado com um cochilo restaurativo), Paula conseguira entrevistar Aziza Ben Tanfous, curadora do museu Sidi Zitouni, de Jerba, de quem extraiu uma receita maravilhosa para o prato. Tanfous nos fizera uma conferência sobre a comida e a agricultura dos berberes. Estes eram os habitantes originais, que dominaram a África do Norte muito tempo antes das sucessivas migrações e invasões de fenícios (com quem chegaram os judeus), romanos e vândalos, árabes, turcos e franceses. Afirma-se que a invenção do cuscuz coube aos berberes; originariamente, era feito de cevada, e não do

O HOMEM QUE COMEU

trigo duro descoberto vários séculos depois na Abissínia ou na Eritreia. Nunca saberei como foi que Paula aprendeu que Tanfous tinha uma avó que preparava a versão perfeita de cuscuz com folhas de erva-doce. Mas, certamente, ela tinha uma avó com esse dom.

Por falta de melhor descrição, o cuscuz marroquino é um tipo de macarrão minúsculo. Quando formado a mão, o artesão coloca farinha de semolina grossa numa bandeja larga e redonda e vai acrescentando pequenas quantidades de água e farinha de semolina fina à medida que esfrega lentamente a superfície da mistura com as palmas da mão, num movimento circular contínuo. Logo a semolina fina e a água começam a se agregar em torno dos grãos de semolina grossa, e começam a aparecer pequenas bolas de cuscuz. Vinte minutos depois, quando o processo é completado e quase toda a farinha se transformou em cuscuz, as pelotas são peneiradas, para assegurar que todas tenham o mesmo tamanho. Elas são então cozinhadas em vapor, secas ao sol e guardadas para uso futuro.

Para preparar o cuscuz — artesanal ou industrializado —, ferve-se água ou um caldo temperado numa panela de dois andares; os grãos de cuscuz são empapados em água e colocados no andar de cima da panela (que é perfurado como um coador; no Marrocos, é mantido descoberto, ao passo que na Tunísia é geralmente tampado). O vapor e a umidade do cuscuz impedem que os grãos caiam na água; em pouco tempo, os grãos incham e se tornam leves e digeríveis. Nunca os cozinhe em água fervente, a menos que esteja seguindo uma das raras receitas que exigem isso (em geral feitas com um cuscuz muito fino, não disponível nos EUA).

Paula insiste em que, para preparar o melhor e mais leve cuscuz, é preciso passá-lo pelo vapor duas vezes. (O primeiro livro dela, produto de sete anos gastos no Marrocos, intitula-se *Couscous and Other Good Food from Morocco*; publicado em 1973, é ainda um dos livros de receitas-padrão sobre o assunto.) Depois da primeira cocção no vapor, os grãos são passados para uma travessa ou tigela larga. Ali os aglomerados de grãos são separados e afofados com os dedos, ao mesmo tempo que, sempre com as mãos, são umedecidos com água salgada e, às vezes, manteiga ou azeite. Depois disso, ocorre uma segunda e rápida fervura no vapor.

O cuscuz com folhas de erva-doce rompe algumas dessas regras: os grãos só são cozidos em vapor uma vez e o *couscoussier* permanece coberto. O resultado

DA ÁFRICA DO NORTE

é ao mesmo tempo bonito e delicioso, um dos melhores pratos que Paula trouxe de nossa viagem à Tunísia.

Como aprendemos no mercado central de Túnis, a erva-doce é um pequeno bulbo provido de uma enorme juba de folhas; como nos EUA será difícil encontrar folhas de erva-doce, pode-se usar endro como substituto. E outra coisa: os tunisinos usam massa de tomate na metade de seus pratos. Basta refogá-la brevemente em óleo para eliminar seu gosto metálico, preservado. Esse é um dos truques culinários tunisinos favoritos de Paula.

CUSCUZ COM FOLHAS DE ERVA-DOCE
Aziza Ben Tanfous e Paula Wolfert

250 g de folhas de erva-doce e endro

250 g de salsa

1 punhado de folhas de cenoura

250 g de chalotas misturadas com alho-poró

$^1/_2$ xícara de azeite

1 xícara de cebola picada

3 colheres (sopa) de massa de tomate

2 colheres (sopa) de alho esmagado

2 colheres (chá) de páprica doce

2 colheres (chá) de sal ou mais, a gosto

2 colheres (chá) de sementes de coentro moídas

1 colher (chá) de sementes de alcaravia finamente moídas num moedor de especiarias ou num pilão

2 colheres (chá) de flocos de pimenta vermelha

2 xícaras de água

2 $^1/_2$ xícaras de cuscuz marroquino

1 pimenta verde fresca ardida picada, sem talo nem sementes

1 pimentão vermelho sem talo nem sementes, cortado em 6 seções

6 dentes de alho descascados

O HOMEM QUE COMEU

Lave em água corrente as folhas de erva-doce, o endro, a salsa, as folhas de cenoura, as chalotas e o alho-poró e pique em tamanho grande. Encha com água o fundo de *couscoussier*, leve à fervura, disponha a parte superior em seu lugar, adicione as folhas e legumes, cubra e deixe cozinhar no bafo por 30 minutos. Retire do fogo e deixe esfriar, descoberto. Esprema o excesso de umidade das folhas e legumes e reserve.

Aqueça azeite em fogo médio, numa caçarola com diâmetro de 25 a 30 centímetros. Refogue a cebola no azeite durante 2 ou 3 minutos, para amaciá-la, e depois acrescente a massa de tomate; deixe cozinhar, mexendo sempre, até que a massa fique brilhante. Acrescente o alho esmagado, a páprica, o sal, o coentro moído, a alcaravia moída e os flocos de pimenta vermelha. Baixe o fogo e refogue lentamente, até que tudo fique bem misturado. Acrescente 1 xícara da água, cubra e deixe cozinhar durante 15 minutos.

Retire a caçarola do fogo e acrescente o cuscuz, mexendo. Acrescente as folhas e legumes cozidos no vapor e misture bem. Inclua a pimenta verde, o pimentão vermelho e os dentes de alho descascados. Leve a água do *couscoussier* à fervura, coloque o topo perfurado, acrescente o conteúdo da caçarola, cubra e deixe cozinhar no bafo durante 30 minutos.

Passe o cuscuz para uma travessa grande, pré-aquecida. Pesque os dentes de alho e as fatias de pimentão vermelho e reserve. Use um garfo longo para separar aglomerados de cuscuz. Acrescente a xícara restante de água fria, prove para verificar se o sal e a pimenta estão a gosto, cubra com papel-alumínio e deixe descansar num lugar quente durante 10 minutos antes de servir.

Decore o cuscuz com as fatias de pimentão, arranjando-as em forma de estrela, alternando com os dentes de alho inteiros. Alguns tunisinos bebem leitelho como acompanhamento para esse prato. Para 6 pessoas.

A cidade de Túnis traz uma surpresa a cada hora, com seus souks, casbá otomana, banhos públicos, hotéis modernos e, nos arrabaldes, a cidade antiga de Cartago, fundada pela rainha Dido em 814 a.C. Há também o Museu Nacional Bardo e suas belas antiguidades, inclusive a maior coleção de mosaicos do mundo. (A arte do mosaico pode ter sido inventada em Cartago, séculos antes de os romanos chegarem.) A Tunísia é o país mais setentrional da África — a cidade

DA ÁFRICA DO NORTE

de Túnis dista apenas 137 quilômetros da Sicília, do outro lado do Mediterrâneo, de modo que é mais próxima da Europa que de Argel, Trípoli ou Cairo. Os fenícios trouxeram especiarias da Ásia e a própria oliveira; os romanos trouxeram vinhedos e árvores frutíferas; os andaluzes contribuíram com técnicas culinárias refinadas; e os turcos trouxeram sobremesas de nozes e o delicioso *brik*. Durante séculos, a Tunísia foi o celeiro de Roma, abastecendo-a de trigo para alimentar os 200 mil cidadãos romanos que recebiam ajuda do Estado. Os tunisinos têm sido cosmopolitas há mais de 3 mil anos.

Um dia, em Túnis, um conhecido arranjou para que Paula se encontrasse com um grupo de mulheres numa casa modesta. Paula começou a sessão com uma pergunta: qual de vocês faz o melhor cuscuz? Todos os olhos se voltaram para uma das mulheres, famosa por seu cuscuz com passas. Enquanto ela explicava como preparava o prato, as outras mulheres sacudiam a cabeça, em concordância ou discordância. De vez em quando, Paula lhes perguntava como suas versões diferiam. Daí se seguiu uma discussão amigável, após o que a primeira mulher continuou seu relato. Paula saiu com os esboços de três novos pratos e muitas maneiras alternativas de cozinhá-los. A sessão terminou quando o homem da casa chegou. Ele estava usando sua melhor vestimenta sabática, um fez e sapatos que se enrolavam na ponta.

Quando o grupo da Oldways nos deixou em Túnis, ficamos sob a proteção de Lynn e Salah Hannachi, um casal generoso que Paula conhecera alguns anos antes, quando de sua primeira visita à Tunísia. Lynn vem de uma pequena cidade do Kansas e Salah cresceu em Jendouba, no Noroeste da Tunísia. Eles se conheceram quando ambos faziam pós-graduação nos EUA, onde os dois obtiveram seus doutorados. Lynn dá aulas de estudos norte-americanos e Salah é funcionário público; em seu cartão de visitas, lê-se: "Secretaire d'État, auprès du Ministre de la Coopération Internationale et de l'Investissement Exterieur". Creio que isso significa que ele é um vice-ministro.

Lynn e Salah tinham feito planos detalhados para quase todas as horas que passamos acordados, começando com uma longa viagem pelo Norte da Tunísia através de terras cultivadas, vinhedos e pomares de oliveiras até a cidade balneária de Tabarka e, depois, para Jendouba, cidade natal dos Hannachi, onde ainda vivem a mãe de Salah, Jamila, e alguns de seus irmãos. Na casa de Rashid, irmão de Salah, fizemos uma lauta refeição, não sem que antes a sra. Hannachi nos servisse um delicioso pão de massa fina recheado com cebola verde, pimenta verde, alho, salsicha, condimentos e gordura de cauda de ovelha (considerada um acepipe em muitos países árabes), cozido numa grelha de cerâmica. Eu passaria a receita, mas ainda não consegui replicar a massa em minha cozinha. Se tiver sucesso, darei outro nome ao prato. Em árabe, chama-se *khobs bisshham*, que significa "pão com graxa".

O clã dos Hannachi deixou que desorganizássemos sua vida durante vários dias. O primo Faisal nos levou a um passeio pelas belas casas romanas nas ruínas de Bulla Regia; sua mulher, Mona, e a mãe dela gastaram um dia inteiro para preparar o doce cuscuz de cordeiro de Béja, cheio de nozes e tâmaras. A comida de Béja é célebre por suas influências berberes e marroquinas.

A mãe de Salah nos passou a receita do que ela considera seu melhor prato; teme que sua versão se perderá depois que ela se for. Chama-se *chakhchoukha*, e consiste num pão de massa fina feito à mão, assado em grupos de três ou quatro numa grelha de cerâmica; o pão é depois cortado em pedaços pequenos e comido como macarrão, cercado por um molho de frango e tomate. O prato leva ao menos três horas para ser preparado por três mulheres.

Um dia, Lynn nos levou a Les Moulins Mahjoub, uma propriedade idílica na zona rural, distante cerca de uma hora de carro de Túnis. Lá se plantam, colhem e processam azeitonas, usando os mesmos métodos tradicionais que vi na Toscana e no Sul da França. Era dezembro, e a colheita começara dois dias antes; as primeiras azeitonas tinham sido levadas ao moinho e estavam armazenadas ao ar livre. Em alguns minutos, começaria a extração do ano.

Ficamos do lado de fora do edifício que abrigava o moinho, conversando sob o sol quente com Salah Mahjoub, um de três irmãos cuja família produz azeite desde 1492 e que mantinha aquela propriedade desde 1899. Observamos quando um empregado levou uma ovelha para um pátio interno, atrás do moinho, e ficamos bebericando café e comendo uma massa de tâmaras assada numa grelha que deixara marcas circulares. Mahjoub, que vestia um terno cinza, desculpou-se, saiu por alguns minutos e, quando voltou, entramos no moinho. Assistimos às primeiras azeitonas, verdes misturadas com pretas, serem empurradas para debaixo da enorme pedra de moinho. Uma menina entrou correndo, segurando o que parecia ser um pequeno balão branco translúcido, contendo um líquido escuro.

Mahjoub explicou que eles tinham acabado de sacrificar uma ovelha no pátio, para assegurar o sucesso da colheita e da extração. O sacrifício é feito a Deus, ele nos disse, mas a carne é distribuída por todos. Na mão da menina estava a vesícula biliar da ovelha; quanto mais bile contenha, mais dinheiro o futuro reserva. Corri até o pátio, mas tudo o que restava da ovelha era seu couro, parecendo um paletó manchado de sangue sobre o concreto.

Todos pareciam felizes com a mensagem das entranhas. Enquanto assistia à velha máquina girar a pedra por meio de uma longa polia, notei que, por via das dúvidas, uma ferradura fora presa à estrutura. O novo azeite extravirgem estava cru e amargo, como permaneceria durante alguns dias após a extração, mas uma amostra do azeite do ano passado era excelente.

Anos atrás, Paula lera sobre a *bkaila*, especialidade tunisiana na qual se cozinham enormes quantidades de acelga em azeite até que ela se reduza a quase nada, com sabor incrivelmente concentrado. De modo que, uma manhã, o motorista de Lynn levou Paula e eu até Cartago, para conhecermos Lola e Georges Cohen, professores aposentados que moram numa grande casa branca de esquina em frente às ruínas das termas romanas. Os antepassados de Georges chegaram à Tunísia no fim do século XV, quando judeus e árabes foram expulsos da Espanha; Lola acredita que sua família tem vivido lá há muito mais tempo, talvez desde antes de os árabes terem conquistado a África do Norte, no final do século VII. Os Cohen se mostravam desapontados pelo fato de seus três filhos terem abandonado a Tunísia pela França. Eles nos disseram que em 1956, quando a Tunísia conquistou sua independência, a comunidade judaica era composta de 60 mil pessoas. Hoje há menos de 2 mil.

A *bkaila* toma quase o dia inteiro para fazer, razão pela qual, conforme Lola, costuma ser reservada para *les grandes fêtes juives* e para casamentos. Assistimos enquanto ela preparou dois tipos de salsicha, ambos chamados *osban*, usando carne bovina moída, fígado bovino, tripa bovina, salsa, coentro, menta, endro, alho, cebolas vermelhas, *harissa* e arroz. As salsichas foram escaldadas e depois combinadas com a acelga reduzida, feijões brancos, pedaços de carne bovina e um pedaço espesso e gelatinoso de couro de vaca; cobertas e cozidas em fogo baixo por quatro horas, até que tudo se tornasse tenro e tivesse adquirido a cor verde-escura das folhas.

Naquela noite, que era a última do Hanukkah, voltamos a Cartago com Lynn e Salah e compartilhamos a *bkaila* e muitos outros pratos com cinco amigos dos Cohen. Usamos guardanapos de papel, porque a acelga reduzida mancha o pano de forma indelével; bebemos *boukha*, uma *eau-de-vie* feita de figo.

Provavelmente, não prepararei *bkaila* semanalmente. Mas, com certeza, farei tigelas infinitas de *mechouia*, um dos melhores e mais simples pratos tunisianos. Trata-se de uma salada de tomates grelhados cortados em cubinhos, pimentas doces e ardidas grelhadas, cebola grelhada e alho grelhado. Às vezes, é guarnecido com atum e ovo. Às vezes é batido e usado como molho para mergulhar o pão — a forma predileta de Paula. Há tantos jeitos de fazer *mechouia* quanto há pessoas na Tunísia — 8,5 milhões delas.

Levando em conta a moda atual nos EUA, que favorece legumes grelhados e pimenta ardida, constitui uma surpresa que o *mechouia* seja quase desconhecido nestas orlas. Mas é possível prever com segurança que, com a publicação desta receita, o *mechouia* logo passará a ser encontrado em toda lanchonete norte-americana. Confiei na fórmula presente na edição francesa do famoso livro de receitas de Mohamed Kouki, *La culinaire tunisienne*. Pode-se dizer que Kouki é o James Beard da Tunísia.

MECHOUIA, OU SALADE TUNISIENNE GRILÉE

4 tomates grandes (cerca de 250 g)

2 pimentões verdes (cerca de 150 g)

1 ou 2 pimentas chili poblano (cerca de 120 g)

1 cebola amarela ou vermelha, com diâmetro de cerca de 6 centímetros (120 g), descascada

1 dente de alho grande com casca

$^1/_4$ de colher (chá) de sementes de alcaravia moídas (talvez seja necessário que você mesmo as moa, usando pilão ou moedor)

$^1/_4$ de colher (chá) de sementes de coentro moídas

DA ÁFRICA DO NORTE

1 colher (chá) de sal grosso

Suco de $^1/_2$ limão

3 colheres (sopa) de azeite extravirgem

12 pequenas azeitonas verdes e pretas conservadas em azeite

$^1/_2$ colher (sopa) de alcaparras

Grelhe os tomates, os pimentões, as pimentas poblano, a cebola e o dente de alho numa grelha de carvão (ou sob a grelha do forno, ou ainda na chama do gás), mantendo-os próximos à fonte de calor e virando-os com frequência, até que fiquem bem chamuscados. Retire quando isso tiver sido feito. Coloque a pimenta e o pimentão num saco de papel, feche-o e deixe cozinhar em vapor por 10 minutos. (O método do saco de papel solta a pele da pimenta e do pimentão. A alternativa comum, de descascá-las em água corrente, dilui o sabor.)

Enquanto isso, descasque os tomates grelhados, corte-os em pedaços de 1,5 centímetro e coloque-os numa tigela de 2 litros. Retire a capa exterior carbonizada da cebola e corte o resto em pedaços de 0,7 centímetro; adicione à tigela. Retire a casca das pimentas e pimentões, remova a região de inserção do talo e retire as sementes. Corte os pimentões em pedaços de 1,5 centímetro e as pimentas poblano em pedaços de 0,7 centímetro; acrescente aos tomates.

Descasque o dente de alho e o esmague com as costas de uma colher de pau numa tigela pequena, junto com a alcaravia e o coentro moídos e o sal. Misture bem com os legumes. Misture o suco de limão e o azeite.

Para servir, coloque numa travessa rasa. Guarneça com as azeitonas e as alcaparras. Para 4 pessoas como prato auxiliar, mas as quantidades podem facilmente ser dobradas.

Minhas fotografias acabam de chegar do laboratório. Numa delas, um camelo vendado movimenta uma roda de moinho num assentamento dentro de uma caverna, na cidade berbere de Chenini. Minha predileta é uma foto de minha mulher com as mãos pintadas de hena, à moda das noivas tunisinas. Paula ainda está percorrendo sistematicamente os quarenta ou cinquenta pratos que trouxemos para casa da Tunísia. Ontem ela fez *kadid*, conserva de coxa de carneiro; como sobremesa, bolas doces de pão de semolina grossa recheados com nozes e tâmaras. Hoje à noite, a família dela se divertirá com cabeça de cordeiro com cevada. Creio que me contentarei com *mechouia*.

março de 1994

Variações em torno de um tema

O primeiro restaurante temático que conheci foi o Trader Vic's, há trinta anos; é provável que também teria sido o último, caso eu não tivesse recentemente me dedicado a decifrar o maremoto dos restaurantes temáticos que ameaça submergir minha cidade. Por que turistas viriam até Nova York para consumir comidas que podem encontrar em shopping centers dos subúrbios de classe média? Por que alguém compraria uma camiseta, boné de beisebol, jaqueta de brim ou calção em que está escrito o nome de outra pessoa? Por que frequentar um Planet Hollywood ou um Hard Rock Cafe em Nova York, quando é possível encontrar seu gêmeo idêntico em Atlanta, Aspen, Phoenix ou Tahoe? No verão, Nova York é mais quente e mais úmida que Aspen, no inverno mais fria que Atlanta, e mais suja que ambas. O metrô é confuso; para andar de táxi é necessário ter fluência em urdu e, no verão, um snorkel para aspirar um pouco do ar condicionado através daqueles buraquinhos praticados na espessa proteção de plexiglas à prova de balas que existe para proteger o motorista de você ou vice-versa. É impossível competir com Aspen em termos de ruas calmas, limpas, pessoas agradáveis e ar montanhoso. É preciso estar louco para vir até Nova York visitar o Hard Rock Cafe.

É fácil entender a atração de possuir um restaurante temático: ganha-se um pequeno lucro com os hambúrgueres e uma fortuna com as camisetas e outras

O HOMEM QUE COMEU

lembrancinhas. A margem de lucro de uma asa de frango de Buffalo ou de *fajita* é de 10%; de um boné de beisebol com logotipo, mais de 50%. Eis os números típicos de um restaurante temático de sucesso, situado no coração de uma grande cidade: o lugar custa US$ 5 milhões para construir e equipar (embora alguns já estejam se aproximando dos US$ 10 milhões). A receita bruta pode chegar a US$ 10 milhões por ano, dos quais aproximadamente um terço corresponde a lucro, US$ 1,75 milhão provém de mercadoria e US$ 650 mil de comida. O capital retorna em dois ou três anos. Por que investir em qualquer outra coisa? Por que não transformar até o último centímetro quadrado de terreno em restaurantes temáticos? Por que não transformar bairros inteiros, cidades inteiras? Foi isso o que aconteceu com Orlando.

Caso as quinquilharias temáticas bastassem para atrair clientes, esses lugares provavelmente deixariam de servir comida. Até mesmo o notoriamente atrapalhado instituto médico-legal de Los Angeles abriu uma loja de presentes, para aproveitar a moda das quinquilharias de celebridades. Além das habituais camisetas e shorts, o instituto vende correntinhas autênticas para etiquetas de dedão, prontas para serem personalizadas, e toalhas de praia decoradas com um fac-símile da silhueta em giz que a polícia traça na calçada ao redor de um cadáver. "Reserve seu lugar na praia", diz o panfleto. Quando este artigo ia para o prelo, o legista de Los Angeles não planejava se expandir até Nova York.

Mas, evidentemente, a Warner Brothers decidiu que comida e lembrancinhas são inseparáveis. Sua loja de três andares na esquina da 57th Street com a Fifth Avenue — a qual, por oferecer roupas e novidades decoradas com imagens do Patolino, do Piu-Piu e do Pernalonga, se tornou uma das lojas de maior sucesso do mundo — fatura US$ 100 milhões por ano. Consta que, na ampliação da Warner Brothers para uma área de 3700 metros quadrados, incluir-se-ão *três restaurantes*.

A 57th Street é o novo epicentro do mundo temático nova-iorquino. Para gerações, essa rua constituíra a estrada real para o Carnegie Hall, tendo já abrigado o Bergdorf's, o Bendel's, o Bonwit's, a Rizzoli e a Steinway, os condomínios Osborne e Hammacher-Schlemmer, o edifício Fuller. Então, em 1984, chegou o Hard Rock Cafe e, em 1995, o bulevar já adquirira o apelido Theme Street [rua Temática], em honra da chegada do Planet Hollywood, do Le Bar Bat, do Brooklyn Diner, EUA e da loja fabulosamente próspera da Warner Brothers, to-

VARIAÇÕES EM TORNO DE UM TEMA

dos bem ali na 57th; o Jekyll & Hyde Club e o Harley Davidson Cafe ficam um quarteirão adiante; e o Fashion Cafe, nas vizinhanças.

E há mais para vir. Em breve, serão abertos o Motown Cafe (que venceu o Dive!, de Steven Spielberg, na disputa pelo ponto da New York Deli, a qual, por sua vez, tomara o lugar das magníficas instalações art déco da Horn & Hardart Automat); o Dive! (a decoração é uma batisfera; a culinária, sanduíches submarinos "reinventados"); e o Nike (um parque temático de tênis com quatro andares, por trás de uma cópia da fachada do Ebbets Field, próximo à Fifth Avenue). Correm rumores de que Dolly Parton procura um local na 57th Street para instalar uma casa de sua cadeia de restaurantes *country and western*. E os abutres estão aguardando por um tropeço da Wolf Delicatessen, na esquina da Sixth Avenue. De repente, esse outrora obscuro pedaço de terra passou a fazer que o centro da cidade de Tóquio se assemelhe a uns trocados. Em pouco tempo, você se encontrará naquela esquina e não saberá dizer em que cidade ou, mesmo, em que país aterrissou.

Perto dali, no Rockefeller Center, a Television City abrirá seu restaurante temático, com loja; o (Ed) Sullivan's Restaurant and Broadway Lounge tem planos paralelos para um ponto na Broadway. Uma parada de metrô para o sul, na Times Square, aguarda a chegada de um enorme complexo Disney (para complementar sua loja de estúdio na Fifth Avenue, perto da Warner Brothers, vizinha à loja de presentes da Coca-Cola); da MTV e da HBO, de Robert Earl (gênio do movimento temático, executivo do Hard Rock Cafe nos anos 80, fundador do Planet Hollywood nos 90), da Marvel Mania e do All-Star Cafe, que espera obter financiamento de Shaquille O'Neil, Andre Agassi e Wayne Gretzky, todos, ao que consta, atletas famosos internacionalmente. Mal consigo esperar pelo restaurante temático porto-riquenho de 275 lugares de Tito Puente na City Island do Bronx, de algum modo combinando jazz latino e preços familiares. Puente (o gigante da salsa) escolheu a estimada Yvonne Ortiz (autora de *A Taste of Puerto Rico*) para dirigir a cozinha. Eles esperam que sua Frozen Mango Mambo se transforme na próxima piña colada. Há também boatos de que interesses de Las Vegas estão procurando um local para comprar e instalar sua cadeia temática *Saturday Night Live*. E a última notícia é que Madonna estaria procurando seu próprio lugar.

Mas por que um turista viria para Nova York para comer comida de shopping center nesta cidade de 15 mil restaurantes? Há um shopping em Manhattan, o South Street Seaport, à margem do East River, cuja praça de alimentação visi-

O HOMEM QUE COMEU

tei para aprofundar meu entendimento. Era um dia de sol brilhante, e a vista do rio a partir do terceiro andar do final do cais 17 tirou minha respiração: ao sul a estátua da Liberdade, ao norte a ponte do Brooklyn, ambas erigidas numa época de triunfos estupendos da engenharia, quando a cidade acolhia trabalhadores imigrantes de todas as partes do mundo e era rica além de qualquer medida.

Atrás de mim ficava a praça de alimentação. Provei alguma coisa de todos os balcões. A comida chinesa, de uma cadeia regional, era desagradável e pastosa — e isso a alguns passos do bairro chinês de Nova York, o maior ajuntamento de chineses fora da Ásia. O pão farinhento e esponjoso era uma desgraça, nesta cidade com o melhor pão a leste de San Francisco. A pizza era medíocre, a menos de dois quilômetros da ilha de Ellis, onde os EUA deram as boas-vindas aos primeiros imigrantes napolitanos, e a três quilômetros da primeira pizzaria dos EUA, na Spring Street, aberta noventa anos atrás. Mais doloroso foi um balcão de *delicatessen* que poderia ter prosperado em Saint Paul, Minnesota, ou Tucson, Arizona (pertence a uma cadeia de 450 lojas), e servia peito de peru úmido e reconstituído e presunto cozido albino desossado, nesta cidade que já foi uma megalópole de *delicatessen* de verdade e na qual a tocha do verdadeiro pastrami continua erguida.

Um nova-iorquino nativo deixa a cidade que ama quando entra no South Street Seaport. Quase todos os clientes são turistas, os quais poderiam estar em qualquer outro lugar no país, gastando e comendo na Body Shop, na Brookstones ou numa dúzia de redes de fast-food. No passado, eu me orgulhava de que estabelecimentos desse tipo não tinham conseguido penetrar em minha cidade prismática e sem igual. Agora, de pé no fim do cais 17 e mastigando ruminativamente uma pizza espessa e mole, senti que mordiscava o cadáver de uma grande metrópole.

Corri escada abaixo e tomei um táxi, na esperança de que as comidas da Theme Street fossem melhores que isso. Na maioria dos casos, os cardápios e a comida eram indistinguíveis entre o Fashion Cafe, o Planet Hollywood, o Hard Rock Cafe, o Jekyll & Hyde Club e o Harley Davidson Cafe. Caso o Planet Hollywood fosse sério quanto ao tema, serviria refeições famosas de filmes, como a ceia opulenta de *Tom Jones*, o jantar de *O poderoso chefão* quando Al Pacino assassina o policial irlandês corrupto representado por Sterling Hayden, e mil outras. As comidas prediletas de Elvis estão bem documentadas, mas o Hard Rock Cafe

VARIAÇÕES EM TORNO DE UM TEMA

parece ignorá-las. E o Harley Davidson Cafe poderia servir suas bebidas temáticas em miniaturas de calotas ou tanques de gasolina de motocicleta.

Mas a razão de ser desses estabelecimentos não é comida interessante. Acima de tudo, o cardápio deve ser familiar, inofensivo e barato. Uma família ou grupo de amigos com gostos diversos deve poder jantar confortavelmente, pedir muito álcool e então se concentrar nas quinquilharias. Qual melhor escolha poderia haver do que fast-food e bebidas temáticas que, por cinco ou seis dólares mais, vêm em canecas com logotipo que você pode levar para casa?

Algumas das comidas merecem menção especial. As costeletas do Hard Rock eram notavelmente boas (na maioria dos casos, as redes de fast-food cozinham as costeletas antes, tornando com isso carne e os ossos cinzentos e diluindo o sabor do porco); a maior parte da comida do Harley Davidson não era. Le Bar Bat tem comida de verdade e preços ligeiramente mais altos que os outros (alfaces tenras, pão e torta de bons pecãs, um delicioso cordeiro na brasa, mas um sanduíche de sorvete impenetrável). O Hard Rock é também o mais divertido, com mantras de anos 60 nas paredes, que trouxeram uma névoa nostálgica a meus olhos: ALL IS ONE. LOVE ALL, SERVE ALL. A maioria dos restaurantes temáticos não aceita reservas e faz o freguês esperar, mesmo quando não há nenhuma necessidade disso. Em nenhum lugar o café expresso tem camada de *crema* por cima. Expresso sem *crema* não é expresso.

Por que esses lugares fazem tanto sucesso? Gente que trabalha no negócio me diz que a maioria dos turistas tem necessidade de sentir-se segura e confortável. Marcas conhecidas fazem isso para eles, ao contrário das ruas de Nova York. Numa cidade em que a vida noturna é estratificada de acordo com tantas regras de inclusão e exclusão tortuosas e desconhecidas, o restaurante temático é democrático: entra-se numa fila e pode-se ter certeza de que se ingressará; uma vez dentro, sua mesa provavelmente será escolhida por um computador. Num país que se torna mais analfabeto a cada dia que passa, e no qual a cultura dominante se tornou Hollywood e Disney, qualquer coisa ligada a filmes — de fato, qualquer coisa remotamente *famosa*, mesmo que seja Kato Kaelin — atrai multidões. Assim, os turistas viajam de cidade a cidade e de país a país, colecionando camisetas do Planet Hollywood que são idênticas entre si, se excetuamos o nome da cidade de origem impresso sob o logotipo. É por isso que o Planet Hollywood e o Hard Rock Cafe se recusam a vender sua mercadoria pelo correio.

O HOMEM QUE COMEU

POR QUE JANTAR FORA EM NOVA YORK CUSTA US$ 75 POR PESSOA, EXCETO QUANDO CUSTA MAIS

Um chef célebre me explicou isso da seguinte forma: considere uma entrada de arraia com manteiga queimada. 400 g de arraia custam US$ 1,31 dólar. Os ingredientes para 1 litro de *nage*, no qual é cozido, custam US$ 1,92. O molho é feito com 120 g de manteiga (US$ 0,44), 30 g de alcaparras (US$ 0,26), 60 g de caldo de peixe (US$ 0,22), sal e pimenta (US$ 0,04) e 15 ml de vinagre (US$ 0,01). O custo total desses ingredientes é US$ 4,20; com mais 5% por conta de desperdícios e eliminação de material, isso dá US$ 4,41.

No cardápio, o restaurante atribui a cada prato um preço cinco vezes maior que o dos ingredientes, para cobrir o aluguel, os salários, juros de empréstimos bancários e lucro. *A resposta é essa*. É por isso que o que custa US$ 25,00 num restaurante de Nova York é vendido a US$ 8,00 num subúrbio de classe média do Meio-Oeste, isso caso o prato conste do cardápio. Por duas ou três horas, o freguês está alugando um pedaço de Manhattan de dois metros quadrados decorado de forma extravagante.

De modo que o preço da arraia será US$ 22,00. A entrada, a sobremesa e o café equivalem mais ou menos a isso, digamos outros US$ 22,00. Meia garrafa de um vinho modesto são US$ 15,00; meia garrafa de água com gás, US$ 2,50.

Até aqui, o total são US$ 61,50. O imposto corresponde a US$ 5,07; e a gorjeta de 15%, a US$ 9,99. Total geral: US$ 76,56.

E tudo começou com US$ 1,31 de arraia.

setembro de 1990

Essas cadeias nacionais, com suas lembranças toscas e superfaturadas, não são os primeiros nem os únicos restaurantes temáticos de Manhattan. Quando se procura, fica-se pasmado ao verificar como um novo espécime brota em todo lugar para que se olhe. Perto de casa, na Twelfth Street, fica o restaurante temático mais antigo de todos: o Asti, com setenta anos, em que o tema são garçons que cantam ópera. E, espalhados pela cidade, encontram-se o Mickey Mantle's, o Rusty Staub's e dezenas de pubs esportivos menores.

VARIAÇÕES EM TORNO DE UM TEMA

A 57th Street e a Times Square nem sequer ficam na área de expansão realmente quente dos cafés e restaurantes temáticos. A vizinhança em torno da St. Mark's Place, no Lower East Side, tornou-se sede do movimento cybercafé, em que se incluem o Internet Cafe, na Third Street; o Cyber Cafe, no número 273A da Lafayette Street, que oferece acesso Tl completo, oito computadores com multimídia e uma escassa escolha de muffins e refrigerantes; o Heroic Sandwich, na Fourth Street; e o mais aparatoso de todos, o @Café, no número 12 da St. Mark's Place, inaugurado nove semanas antes de minha visita.

O @Cafe (http://www.fly.net) é um lugar maravilhoso, cujo único problema é ter sido aberto com nove semanas de adiantamento. Apesar do acesso Tl completo, dez Power Macs, três Windows, dois Unix, duas enormes telas de projeção, Japanimation, uma adorável cyberfada loura para apoio técnico chamada Jessica e um cardápio ambicioso com tira-gostos asiáticos e pratos principais californiano-italianos, nada funcionou direito durante nossa visita. Ao menos as *farfalle* com espinafre e o sanduíche de frango grelhado eram gostosos, mas o pão estava inexplicavelmente mais próximo do Wonder [marca de um pão de forma bastante branco e esponjoso] que do verdadeiro. Ainda tenho elevadas esperanças para o @Café, e voltarei lá quando o restaurante tiver se ajeitado.

É provável que eu nunca volte ao Medieval Times. Embarcamos num ônibus de sete dólares para Lyndhurst, Nova Jersey, e vinte minutos depois estacionamos no The Castle, onde nos reunimos a diversas famílias numerosas de suburbanos em busca de diversão (entre eles a tropa 266 dos Lobinhos), que desembarcavam de suas peruas. O Castle é revestido com um material bege que imita a pedra. Uma vez lá dentro, nos entregaram uma coroa de papel (que quase todo mundo usou durante as próximas horas) e, a partir daí, fomos continuamente importunados por tentativas de aliviar as nossas carteiras antes do jantar e do início das justas. Entre as ofertas: três grandes lojas de presentes, dois compridos balcões de bar, um calabouço (pagamento extra para entrar) com uma dúzia de horríveis ferramentas de tortura medievais, a respeito das quais eu nunca sequer lera (US$ 1,50), computadores que investigam e imprimem símbolos heráldicos pessoais (de US$ 19,99 para cima), a oportunidade (US$ 7,00) de ser fotografado com o conde ou condessa (ela nasceu em Lyndhurst e tem sido condessa pelos últimos seis meses) e a rara chance de ser armado cavaleiro individualmente (US$

O HOMEM QUE COMEU

10,00) ou por casal (US$ 20,00), recebendo no fim rolos de imitação de pergaminho com caligrafia desajeitada.

Depois de uma hora e meia disso, que transcorria em salas grandes e sombrias, evocativas dos salões da Legião America, fomos por fim dirigidos para o Grand Hall of Dinner & Tournament. No centro havia uma arena oval de quinze por trinta metros, coberta de areia; em torno da arena, dispunham-se cinco andares em plataforma com mesas, às quais centenas de nós sentamos para comer e assistir ao espetáculo. Penduradas do teto, por entre tubos de ar condicionado, alto-falantes e conduítes elétricos, dispunham-se quadrados de pano vermelho e amarelo berrantes, que pretendiam dar o tom medieval. A única peculiaridade medieval da comida era a total ausência de utensílios com os quais manejar a sopa de legumes, a pizza de bagel, o frango assado inteiro, as costeletas e a torta de cereja. O show equestre (essencialmente adestramento ibérico) e o violentíssimo combate (com lanças, espadas, chicotes e maças) durou duas torturantes horas, não de todo vazias de interesse, embora coreografadas como uma luta-livre profissional com fantasias de *Ivanhoé*. Os cavalos eram incrivelmente velozes. As pessoas a minha volta manifestavam uma atitude muito mais positiva que a minha — perto de mim, uma mulher gritava e aplaudia de forma tão ensurdecedora que pensei em pedir que a gerência a acalmasse, até que olhei bem e percebi que se tratava de minha mulher. Perto do final, a moça que nos servira nos recordou que a gorjeta não estava incluída na tarifa paga antecipadamente (US$ 35,95) e, depois, passou de pessoa a pessoa apertando-lhes a mão. Vários grandes drinques temáticos gelados em copos novidadeiros teriam aliviado parte de minha dor, mas não havia nada para beber além de minúsculos copinhos de uma sangria fraca.

O que nos traz à minha teoria sobre o sucesso que fazem os grandes estabelecimentos temáticos dispostos ao longo da 57th Street e por todo o país. Lembro-me de minha primeira experiência com um restaurante temático, 1 milhão de anos atrás, quando eu tinha doze anos, no Trader Vic's do hotel Beverly Hilton. Ao menos para mim e para minha irmã, o Trader Vic's constituía a meta final da viagem de automóvel que nossa família realizou de Nova York à Califórnia em nosso Oldsmobile 98 turquesa e branco. E como o tema era exótico! Polinésia! Excetuados os nativos, quantas pessoas já tinham visitado a ilha de Samoa, ou o Taiti? Assim, o Trader Vic's podia tomar liberdades com suas cabanas de capim

348

VARIAÇÕES EM TORNO DE UM TEMA

e bambu, com suas travessas de Pu Pu repletas de delícias fritas aquecidas por odorosos fogareiros de Sterno e com suas bebidas geladas. O mais festejado, e merecidamente, era o Mai Tai — decorado com hortelã, limão e guarda-chuvas de papel laranja. Quem o criou pessoalmente foi o próprio Trader, em 1944.

É nessas recordações distantes do bulevar Santa Monica, na esquina com Wilshire, que descobri a razão fundamental para o fato de alguém ser atraído pelos restaurantes temáticos nacionais. O segredo está em suas longas listas de bebidas temáticas especiais. Foi decerto bebericando aquelas bebidas geladas que atingi meus momentos mais felizes nos jantares que suportei ao longo da 57th Street. Frutas frescas e rum, copos decorados, canudinhos de trinta centímetros — em que outro lugar se pode encontrar prazer igual? Se os restaurantes de verdade de Nova York — as antigas pizzarias, os lugares que vendem pastrami cortado à mão e os palácios de alta culinária — acrescentassem bebidas temáticas geladas a seus cardápios, tenho certeza de que, em pouco tempo, a 57th Street retomaria seu caráter histórico e aprumado. Eles poderiam tentar estas receitas originais de Mai Tai do Trader's Vic, do Frozen Mango Mambo de Tito Puente e do Dracurita do Jekyll & Hyde.

MAI TAI DO TRADER VIC'S
Adaptado de Frankly speaking: Trader Vic's own story

60 ml de rum jamaicano de 17 anos Wray & Nephew (pode ser substituído por rum Appleton Estate Dark)

15 ml de Curaçao

15 ml de orgeat ou outro xarope de amêndoa

$^1/_2$ xícara de xarope de açúcar cristal (feito dissolvendo-se açúcar cristal em igual volume de água)

$^1/_2$ litro de raspa de gelo

Sumo e 1 pedaço de casca de 1 limão fresco

Ramo de menta

Coloque a raspa de gelo num copo duplo antigo (ou algo mais festivo e evocativo) e derrame as bebidas e xaropes por cima. Acrescente metade do sumo do limão e a casca, enfeitando com o ramo de menta. (Se você não tiver como obter raspa de gelo, coloque $^1/_2$

litro de gelo em cubos no liquidificador, acrescente os demais ingredientes e bata até homogeneizar.) Optativo: um palito de madeira no qual estão espetados um marasquino e um cubo de abacaxi.

FROZEN MANGO MAMBO DE TITO PUENTE

85 ml de purê de manga congelado (Perfect Puree e Goya são boas marcas)

45 ml de rum preto Bacardi

¹/₂ colher (sopa) de sumo de limão-siciliano

¹/₂ colher (sopa) de sumo de limão

45 ml de xarope de açúcar (feito misturando-se 2 ¹/₂ colheres (sopa) de água quente com 1 ¹/₂ colher (sopa) de açúcar granulado)

130 ml de gelo moído ou cubos de gelo

Guarnição: 1 fatia de manga

Coloque os ingredientes no liquidificador e bata até homogeneizar. É o suficiente para encher um copo de 650 ml. Guarneça com a fatia de manga.

DRACURITA DO JEKYLL & HYDE CLUB

30 ml de tequila branca

15 ml de Chambord

15 ml de Triple Sec

1 espremida de limão

1 espirrada de sour mix

470 ml de gelo moído ou cubos de gelo

Junte tudo no liquidificador e bata até ficar homogêneo. Sirva num copo-furacão de ¹/₂ litro.

Observação: 1 colher (sopa) de líquido corresponde a 15 ml. E 1 xícara tem 240 ml. No liquidificador, cubos pequenos de gelo funcionam melhor que cubos grandes.

A Mãe de Todos os Sorvetes

Enquanto nosso avião sobrevoava Palermo, a crista nevada do monte Etna surgiu inesperadamente no campo de visão. "O Etna, da neve e dos ventos secretos cambiantes", eu disse à minha mulher enquanto apontava para a extremidade oriental da ilha. "Poucos homens podem realmente encará-lo sem perder a alma."

Na verdade, eu estava citando D. H. Lawrence. Não consigo entender por que Lawrence se mostrava tão histérico a respeito do Etna. É verdade que se trata do maior vulcão europeu, soturno, escuro e ameaçador. É verdade que suas erupções destruíram incontáveis seres humanos e cidades sicilianas inteiras. Mas, para mim, o Etna era algo mais. Para mim, a montanha era a Mãe de Todos os Sorvetes.

Ou assim pensava enquanto aterrissávamos em Palermo. Os colonizadores da Sicília — gregos, romanos, sarracenos e espanhóis — recolhiam a neve do Etna, armazenavam-na em cavernas ao longo de suas encostas e, no verão, recuperavam o tesouro gelado para preparar bebidas refrescantes e sorvetes de neve, embebidos com vinho e com essências de frutas adoçadas. "Nestas partes, a falta de neve é tão temida quando a falta de trigo, vinho ou azeite", informa um viajante francês do século XVIII. Os sicilianos ainda são loucos por coisas geladas, que tomam quatro ou cinco vezes por dia, a começar do café da manhã. Sua maior fama vem da granita.

O HOMEM QUE COMEU

O que me atraíra à Sicília fora a granita — produções puras e cristalinas meio congeladas, feitas de água e açúcar, aromatizadas com pétalas de rosa ou jasmim, café ou cacau, sucos de frutas frescas e xaropes. Nosso plano era percorrer a ilha no sentido anti-horário para aprender os segredos da granita e, então, escalar o cume nevado do Etna e experimentar as origens primevas de todos os sorvetes subsequentes.

O auge de Palermo, ao menos um de seus auges, ocorreu em torno de 965 d.C., quando, sob o domínio árabe, era a segunda maior cidade do mundo — cheia de palácios, feiras livres e trezentas mesquitas —, competindo com Bagdá e Córdoba como o maior centro árabe de conhecimento, cultura e culinária. Os árabes trouxeram a cana-de-açúcar, as amoras e as frutas cítricas (além de muitas coisas que não têm nada a ver com granita), bem como inúmeras receitas de *sharbat*, a bebida doce e aromática feita com frutas, flores e especiarias e, com frequência, resfriada com neve da montanha. Muitos escritores declaram descuidadamente que, quando na Sicília, os árabes deram o salto momentoso entre os pedaços de neve e as granitas e sorvetes, pelo expediente de congelar seus *sharbats*. Isso significaria que os árabes inventaram o congelamento artificial na Sicília (ou na Andaluzia, ou em Bagdá), ou trouxeram o método da China, muito antes de Marco Polo ter reivindicado essa descoberta. Mas, particularmente depois de imergir em dois livros que levara comigo — o excelente *Ices* de Weir e Liddell (Hodder & Stoughton and Grub Street, Londres) e *Harvest of the Cold Months*, de Elizabeth David (Michael Joseph) —, eu estava me tornando cético quanto a isso.

Nossa primeira manhã em Palermo começou numa pequena *gelateria* chamada Cofea, entre as mais antigas da cidade e, talvez, a melhor delas. Uma multidão de palermitanos estava no balcão e na calçada, tomando o café da manhã; na primavera e no verão, essa refeição consiste num brioche chato e doce, cortado quase até a metade, recheado com uma grande colherada de sorvete de café e coroado por creme batido; ou, então, de um copo alto de granita de café — na verdade, qualquer granita —, no qual se molham pedaços de brioches; e, claro, um expresso ou capuccino. O primeiro brioche molhado em granita é um prazer inesquecível. O mesmo quanto aos seguintes.

(O brioche siciliano, o qual Mary Simeti — que escreve tão memoravelmente sobre a comida e a história da Sicília — acredita ter sido introduzido no

A MÃE DE TODOS OS SORVETES

século XIX por confeiteiros suíços que haviam se deslocado para Catânia, é um pão fermentado achatado, redondo e doce, com uma bolinha de massa no topo, semelhante a um brioche francês achatado e tendo um terço da altura. A receita varia de cidade para cidade em torno da ilha, desde a combinação dourada de açúcar, farinha, ovo e manteiga ou banha até um espécime branco, massudo e desinteressante, feito com margarina e sem ovo.)

As granitas do Cofea eram maravilhosas e os ingredientes, a corporificação da simplicidade — ou assim parecia. Piero Marzo, o sorveteiro, demonstrou sua receita de granita de limão numa pequena construção branca e limpa atrás da sorveteria: espremeu limões, raspou sua casca e verteu o sumo numa solução de água e açúcar. De volta ao bulício da sorveteria, ele derramou a mistura numa tina cilíndrica de metal que, junto com duas dúzias de outras, ficava no longo e imaculado balcão-refrigerador de aço inoxidável. Quando o líquido começou a gelar, ele passou a agitá-lo de vez em quando. O líquido solidifica durante a noite, e, no dia seguinte, Piero o descongela ligeiramente durante dez minutos; para servir, ele raspa a superfície com uma colher de sorvete larga, chata e triangular e verte os cristais num copo com pé. Tudo isso parecia bastante simples.

Mas como eu logo viria a descobrir, os limões sicilianos têm gosto diferente dos nossos — são mais doces, mais complexos, menos ácidos, mais perfumados. Um confeiteiro siciliano nos contou que, quando da segunda vez que viajou a Nova York para dar aulas, levou consigo uma mala cheia de limões colhidos na sua cidade natal. A lição que as granitas sicilianas ensinam é a da simplicidade. Seu objetivo é enfatizar o sabor essencial, no momento perfeito do ano, de *uma* fruta ou flor — e não de demonstrar a inteligência do cozinheiro e sua habilidade em combinar e transformar sabores. Como é que eu conseguiria reproduzir essa granita simples quando voltasse para casa? Se usasse limões com menos perfume, teria de aumentar a proporção de suco de limão. Contudo, a acidez cresceria a ponto de me forçar a usar mais açúcar. E, quanto mais alto o teor de açúcar, menos a mistura congelará — mais de cerca de 22% de açúcar em peso torna a granita pastosa, não importa quanto tempo se mantenha no congelador. (Frutas com muita pectina, como morangos, pioram ainda mais as coisas.) Espremer mais do limão para incrementar o sabor pode aumentar seu amargor. E, depois de tantos ajustes, perde-se o sabor puro, transparente e etéreo.

O HOMEM QUE COMEU

Preocupados sobre o que o futuro nos reservava, deixamos Palermo e nos dirigimos para oeste, ao longo da costa norte da ilha. Estávamos no meio da primavera, e não vimos nenhuma das estradas poeirentas e campos calcinados pelo sol que povoam a imagem popular. A Sicília era um jardim fresco e abundante, e viajamos através de campos de flores silvestres e pomares de amendoeiras. Nosso primeiro destino na rota da granita era Erice, uma aldeia medieval de pedra perfeitamente preservada, situada no cume de uma montanha solitária, na extremidade ocidental da Sicília. Num dia claro, consegue-se ver a Tunísia, no Norte da África, a 130 quilômetros de distância. A deusa grega Afrodite, a quem os romanos chamavam Vênus, surgia das espumas do mar. E na via Vittorio Emanuele, próxima à praça central, ficava o estabelecimento de Maria Grammatico, uma das confeiteiras mais amadas da Sicília.

Quando Maria tinha onze anos, foi posta no Instituto San Carlo, um orfanato de Erice. A instituição abrigava dezessete meninas e quinze freiras, que se sustentavam assando massas, algumas com base em receitas datadas do século XV. O lugar era tocado como um convento, e não se permitia às freiras ou às meninas que tivessem muito contato com o mundo exterior. Os clientes apareciam numa janela gradeada e passavam os pedidos e o dinheiro para a figura escura, enclausurada lá dentro. Faziam-se sorvetes para padres visitantes e outras celebridades. Raramente se permitia que as órfãs os experimentassem. Para conhecer toda a história de Maria e de suas receitas de confeitaria, você deve ler *Bitter Almonds*, de Mary Taylor Simeti (Morrow, 1994).

Conhecemos Maria numa noite, e com ela tomamos uma taça de vinho doce, feito na cidade próxima de Marsala. Também recebemos uma aula de granita em sua bela cozinha antiga, feita de calcário, azulejos e madeira. Maria nos mostrou como fazer a famosa granita de amêndoa siciliana, com base em pasta de amêndoa, açúcar e água. Toda confeitaria artesanal produz sua própria versão de pasta de amêndoa (conhecida como *pasta reale*), moendo quantidades aproximadamente iguais de açúcar e amêndoas descascadas (as melhores vêm de Avola, na extremidade oriental da ilha) entre cilindros de mármore verde. Depois, a pasta é diluída em aproximadamente cinco vezes seu peso em água e, às vezes, aromatizada com uma pitada de canela; isso dá o leite de amêndoa, uma bebida popular siciliana que, muitas vezes, é preferida à Coca-Cola. (Uma versão mais refinada é feita colocando dentro de água uma bolsa de musselina cheia de pasta de amêndoa e apertando-a incansavelmente até a água ficar de um branco leitoso.) A granita de amêndoa de Maria é feita acrescentando açúcar ao leite de amêndoa, congelando o resultado segundo uma técnica parecida com a de Piero Marzo e raspando cristais da superfície, no dia seguinte. O resultado é um montículo refrescante de minúsculos cristais discretos e glaciais, que se desmoronam e implodem na língua como caviar pressionado contra o céu da boca. É delicado e muito delicioso.

As amêndoas de Avola — e as do Norte da África, da Sardenha e do Sul da França — contêm pequena porcentagem de amêndoas amargas, que dá ao marzipã e ao leite de amêndoa sua fragrância e gosto amargo característicos. Amêndoas amargas não podem ser importadas para os EUA, porque contêm amigdalina, um produto químico que, na presença de água, se decompõe em benzaldeído (o sabor predominante do marzipan e do extrato de amêndoa) e ácido prússico, o qual produz um veneno semelhante ao cianeto. Sequer se podem importar partidas de amêndoas estrangeiras que, inevitavelmente, contêm algumas amêndoas amargas entre elas. Os europeus parecem não se importar com o problema. Mas sem uma fonte de sabor de amêndoas amargas, como é que eu faria para reproduzir em casa a granita de amêndoa de Maria?

Depois de Erice, viajamos dois dias pela ilha, visitando Segesta e Agrigento, conhecida menos por sua granita que por seus estupendos templos gregos. Meu pulso se acelerou ao nos aproximarmos da cidade barroca de Modica, famosa por sua orgulhosa tradição de granita de amêndoas *torradas*. Lá descobrimos confeitarias que ainda fazem a empanada exótica chamada *mpanatigghi* (recheada com cacau, temperos, açúcar e carne moída — provavelmente inventada pelos espanhóis durante o período em que dominaram a Sicília, no fim da Idade Média); e mercearias que vendem o gergelim impenetrável conhecido como Cobaita, nome que vem da palavra árabe que designa a semente de gergelim. Mas em nenhum lugar encontramos granita de amêndoa torrada. Deixamos Modica bem alimentados, mas abatidos.

Naquela noite chegamos à cidade de Siracusa, na costa oriental da Sicília, a capital gastronômica do mundo ocidental e a maior cidade da Europa, rivalizando com Atenas em poder e prestígio — tudo isso no século V a.C. O grande matemático Arquimedes nasceu e trabalhou a vida toda em Siracusa; foi lá, no grande anfiteatro, que Ésquilo fez a estreia mundial de *Os persas* (ele fez também

O HOMEM QUE COMEU

o papel principal) e *As mulheres do Etna* [peça hoje desaparecida]; Safo e Píndaro visitaram a cidade. Mais importante que tudo isso, o primeiro livro de receitas escrito no mundo ocidental (o perdido *A arte da cozinha*, de Miteco) foi escrito lá, e lá se fundou a primeira escola de arte culinária profissional do mundo.

No século seguinte, Platão foi a Siracusa para ensinar ao tirano Dionísio como ser um rei-filósofo. Platão se insurgiu contra os excessos gastronômicos que encontrou: "A existência das pessoas é consumida engolindo comida duas vezes por dia e nunca dormindo sozinhas à noite, e todas as práticas que acompanham esse modo de vida", escreveu ele. Em pouco tempo, Dionísio pôs o irascível Platão à venda como escravo; seus amigos gregos se cotizaram e o compraram de volta.

Usando Siracusa como base, dirigimos por meia hora em direção ao sul, através de limoeiros e laranjeiras em flor até a joia em ruínas de Noto, destruída em 1693 por um terremoto e completamente reconstruída no estilo barroco siciliano-espanhol, com uma suave pedra rosa e dourada. Perto da praça central fica a confeitaria de Corrado Costanzo, provavelmente a mais famosa da Sicília. Experimentamos os sorvetes de Costanzo, aromatizados com pétalas de rosa, flores de jasmim e amêndoas de Avola, bem como suas alegres estrelas de marzipan, recobertas de chocolate escuro. Minha missão era aprender como fazer a granita de tangerina de Costanzo, que conquistara renome mundial. Para isso, Costanzo nos fez voltar na manhã seguinte.

Primeiro ele nos ofereceu o café da manhã, um expresso e uma tigela de *fragoline* — os doces e aromáticos morangos silvestres pelos quais Noto também é famosa — borrifados com açúcar e com o suco de meio limão e de meia laranja sanguínea. Tentei recordar se, alguma vez na vida, eu provara algo mais ambrosíaco. Depois assistimos a Costanzo preparar as tangerinas, espremendo-as à mão e congelando o sumo numa sorveteira elétrica, até que assumisse uma textura lisa. Costanzo não permitiu que eu medisse seus ingredientes, mas, quando ele saiu para atender a um telefonema, trapaceei um pouco. Os ingredientes são elementares (a fruta é parente da tangerina), mas o sabor da granita era etéreo, com camadas transparentes de perfumes doces e sutis. Será que nos EUA eu conseguiria encontrar qualquer coisa diferente de tangerinas?

Um concorrente em ascensão em disputa pela coroa de melhor granita de Noto é o Caffè Sicilia, com um século de idade, e os jovens irmãos Assenza, seus donos. Eles se especializam em geleias e cremes excepcionais, cozinhados brevemente, com pouquíssimo açúcar e muito modernos, feitos com os melhores produtos da Sicília: citrons, bergamotas, limões, tangerinas, amêndoas, mel de castanheiro e toranja rosa. Depois de provar tudo, notamos que o quadro-negro sobre o balcão anunciava prematuramente *gelso nero*, amora-preta, um dos sorvetes prediletos da Sicília. Como a estação dos *gelsi* não começaria até o solstício de verão, treinamos com *fragoline*. Foi lá também que descobri o segredo da granita de amêndoa torrada de Modica. O pai dos Assenza nascera e crescera em Modica, e voltava frequentemente para recuperar o sabor que reavivava suas mais caras recordações infantis. Parece que a granita de amêndoa torrada deixou de ser feita na Sicília, mas agora pode ser recriada em minha cozinha, tanto quanto na sua. O segredo de Corrado Assenza é assar as amêndoas descascadas durante *cinco horas*.

Alguns dias depois, dirigimo-nos para o Norte de Siracusa, passando por Catânia (a segunda maior cidade da Sicília, totalmente destruída por uma erupção do Etna em 1669 e o único lugar da ilha com tradição de granita de chocolate), pelas Isole dei Ciclopi — formações rochosas do mar Jônico junto à costa, lançadas ao mar muito tempo atrás por um ciclope enfurecido contra o Ulisses que fugia —, pelo monte Etna e até Messina, onde Shakespeare ambientou sua peça *Muito barulho por nada*. Olhamos brevemente para a água, para ver se enxergávamos Cila e Charibdis, a primeira o monstro feminino que, segundo Homero, devorava marinheiros gregos antigos, o segundo o poderoso redemoinho que tragava seus navios; viramos à esquerda na costa norte da Sicília; e passamos a noite em Milazzo. Na manhã seguinte, embarcaríamos num hidrofólio para visitar o arquipélago Eólico e a ilha de Salina, conhecida pelas sereias da mitologia, por seu vinho Malvasia e pela cidadezinha de Lingua, onde, disseram-me, um dono de *caffè* chamado Alfredo faz a melhor granita de café do mundo.

A viagem de hidrofólio demorou 85 minutos, mesmo na chuva e mesmo com uma parada na ilha de Vulcano, em cujo vulcão assustador o deus Vulcano mantinha sua forja. Em Salina, paramos no restaurante Portobello para fazer reservas para um almoço tardio, e pegamos um dos dois táxis da ilha para nos levar até Lingua, distante dez minutos. Atravessamos uma ruela estreita entre casas e lojas, passamos por dentro de um vinhedo e chegamos de novo à beira-mar, onde, entre outros estabelecimentos, ficava o bar e café de Alfredo Oli-

O HOMEM QUE COMEU

veri, o único ponto comercial que não estava fechado. Experimentamos suas excelentes granitas de limão e de morango, discutimos suas versões de granitas de figo branco, de melão e de kiwi e, por fim, provamos a de café. Era perfeita, não por causa da perfeição dos ingredientes (nesse caso, fáceis de duplicar nos EUA), mas por causa da alquebrada máquina de fazer sorvete Carpigiani, um aparelho que já tinha cinquenta anos de serviço; com sua lâmina amassada e temperatura irregular, a sorveteira produz a textura perfeita de granita: cristais de gelo pequenos, regulares, úmidos e aromatizadíssimos. Mesmo sem contar com a Carpigiani de Alfredo, sua receita — bastante simples — produz uma granita de café deliciosa, cristalina. Em Salina, o creme acompanha todas as granitas, exceto a de limão.

No dia seguinte, levantamo-nos ao amanhecer para a viagem de quatro horas até o Etna e o aeroporto de Catânia, ali perto. Uma chuva pesada e escura começou a cair. Nosso plano fora subir até o cume do Etna e recolher neve suficiente para fazer um Sorvete Primevo Autêntico com o vinho e as tangerinas que leváramos conosco. Mas, quando a enorme massa escura do Etna assomou por entre as nuvens e a chuva, nossa disponibilidade em realizar esse feito se evaporou de repente. Isso não se deveu ao tempo horrível ou à perspectiva de tomar diversas granitas de chocolate em Catânia durante o tempo que economizaríamos, ou ainda pelo fato de a tangerina ter sido introduzida apenas em 1805, vinda de Cantão, na China, chegando à Inglaterra e daí à Itália e ao resto do Mediterrâneo — uma data tão recente que transformaria nosso sorvete de neve em qualquer coisa menos primevo.

Não, o verdadeiro motivo era que minhas pesquisas e leituras tinham produzido uma revelação fundamental: *o Etna não é a Mãe de Todos os Sorvetes*! Os romanos podem ter bebido vinhos gelados, e os árabes podem ter gelado seus *sharbats* com montículos de sua neve, mas nenhum desses povos poderia ter feito granitas e sorvetes de frutas verdadeiros, porque eles não conheciam o segredo científico do congelamento artificial.

Décadas atrás, quando as freiras de Erice ensinaram a Maria Grammatico como fazer granita de leite de amêndoa, elas despedaçavam um bloco de gelo numa ampla bacia de pedra, borrifavam o gelo com sal grosso ou salitre, colocavam lá dentro um recipiente de cerâmica cheio de leite de amêndoa e raspavam e misturavam aquilo enquanto endurecia. O sal baixa o ponto de fusão do gelo;

A MÃE DE TODOS OS SORVETES

uma mistura de sal e gelo derrete numa massa muito fria — mais fria que o ponto de congelamento da água —, capaz de solidificar outro líquido por condução. Essa era a técnica mais antiga de congelamento artificial, chamada efeito *endotérmico*. Quando se adicionam sucos, xaropes etc. ao segundo líquido, mexendo de vez em quando, logo se produz a granita. Quando se mexe a mistura constantemente, descobre-se o picolé e o *sherbet*.

A menção mais antiga do efeito endotérmico é encontrada num livro indiano do século IV, *Pancatantra*; nele há um verso em que se informa que a água só pode ficar realmente fria quando contém sal. E a primeira descrição técnica conhecida da fabricação de picolés vem de Ibn Abu Usaybi'a, o grande historiador árabe da medicina (1230-70), que atribui o processo a um autor mais antigo, Ibn Bakhtawayhi, do qual nada se conhece. A primeira menção europeia aparece em 1530, quando o médico italiano Zimara escreveu seu *Problemata*.

Mas, durante séculos, o congelamento artificial parece não ter sido muito mais que um truque — ninguém pensou em fazer granitas, picolés ou sorvetes desse modo até que, no início da década de 1660, começaram a aparecer picolés em Nápoles, na Sicília, em Paris, em Florença e na Espanha. Não há menção anterior a eles em lugar nenhum, seja em cartas, seja em livros, receitas ou cardápios. Viajantes italianos que visitaram a Turquia muçulmana deram conta de uma rica variedade de *sharbats* líquidos e resfriados, mas nenhum com gelo. A receita mais remota apareceu em Paris em 1674, e a primeira receita napolitana, vinte anos depois. O primeiro livro sobre picolés, o *De' sorbetti*, de Baldini, surgiu noventa anos mais tarde.

Assim, as lendas do século XIX, segundo as quais Catarina de Médici levou sorvetes para a França quando se casou com o duque de Orléans em 1533 — bem como a noção de que Marco Polo teria trazido o sorvete da China —, não podem ser verdadeiras. Não apenas Marco Polo não menciona nenhum fascínio chinês pelas atividades de recolher, armazenar e usar a neve e o gelo para preparar alimentos refrescantes, como também alguns historiadores suspeitam que o mais perto da China a que ele chegou foi o interior de uma prisão persa.

A Mãe de Todos os Sorvetes é, na verdade, o efeito endotérmico. E o monte Etna não passa de mais um vulcão velho e sinistro.

O céu sobre Catânia e o Jônico ficara de um azul deslumbrante, e dirigimos pela cidade quase vazia naquela manhã de domingo. Procuramos confeitarias,

O HOMEM QUE COMEU

algumas renomadas, outras ao acaso, para provar suas granitas de chocolate e conversar sobre receitas. Depois, fomos para oeste, para uma última olhada no Etna e uma breve leitura de D. H. Lawrence, e quase perdemos nosso avião.

De certa forma, talvez tivesse sido melhor se tivéssemos perdido o avião, porque, de volta a Nova York, tentar duplicar as granitas sicilianas se mostrou quase tão difícil e demorado quanto eu temera. Mas as receitas seguintes tornarão fácil o trabalho. Sirva sua granita numa taça, num copo de sorvete ou numa taça de martíni. Sirva-a sozinha, com outras granitas, com creme e um brioche ou junto com sorvete do mesmo sabor.

COMO FAZER GRANITAS

Todas as receitas terminam com a frase: "Cubra, resfrie e congele". Há diversas maneiras de transformar um líquido aromatizado, adoçado e resfriado numa excelente granita; abaixo, forneço três. Como descobrimos na Sicília, não existe uma forma oficial de congelar a granita. A textura desejada parece variar de cidade para cidade. Em Palermo e na costa ocidental, a granita é corpulenta e granulosa; no Leste, é quase tão lisa quanto o *sorbetto*; e no Noroeste e nas ilhas Eólicas, fica a meio caminho. A granita pode ser raspada de dentro do recipiente, lascada ou raspada de um bloco de gelo aromatizado, feita num esmagador, ou produzida numa máquina de sorvete.

Meu modo favorito de fabricação de granita é verter a mistura num recipiente plástico forte, raso e com tampa; medidas de 20 × 20 × 5 centímetros funcionam bem. Coloque no congelador. Passada 1 hora, e depois a cada $1/2$ hora, raspe com um garfo a beirada congelada que se forma na borda interna do recipiente; bata, triture e afofe o gelo, para conseguir textura uniforme. Após 3 a 5 horas disso, os cristais de gelo se separarão e adquirirão uma aparência um tanto seca.

O preparo dos líquidos da granita ocupa cerca de $1/2$ hora. O tempo de congelamento é de aproximadamente 4 horas; o trabalho real ocupa 5 minutos ou menos, a cada $1/2$ hora. O rendimento é de cerca de 1 litro.

A granita pode ser tomada de imediato ou armazenada no congelador por até 3 dias. Para reavivar a granita, deixe o recipiente na geladeira durante $1/2$ hora, para descongelá-la ligeiramente; depois, bata e afofe com um garfo e, por fim, recongele durante mais ¹/₂ hora.

Esse método foi adaptado do livro *Ice*, de Liddell e Weir. Eis aqui três alternativas que você pode tentar. Métodos que usam processador de alimentos não funcionam bem.

1. Verta a mistura em uma ou mais bandejas metálicas rasas e coloque-as no congelador. Depois de passada entre ¹/₂ e 1 hora, quando começam a se formar cristais de gelo, misture-os com o líquido. Repita ¹/₂ hora depois. Deixe congelar durante a noite. Remova, deixe à temperatura ambiente durante mais ou menos 5 minutos e raspe a superfície com os dentes de um garfo. Pegue os cristais com uma colher e sirva em pratos previamente resfriados.

2. Faça como Tara, minha assistente: circule pelo Lower East Side de Manhattan de bicicleta e procure alguma sorveteria hispânica. Pergunte ao dono onde ele comprou seu raspador — um instrumento que se parece com uma plaina de madeira, feito de alumínio fosco e dotado de um compartimento para recolher o gelo raspado. Compre um. Congele completamente a mistura de granita, descongele-a brevemente e raspe o topo do bloco congelado.

3. Compre o incrivelmente eficaz mas excessivamente caro Hawaiice Ice Scraper (modelo S-200), que se encontra no catálogo Back to Basics, telefone (800) 688-1989.

GRANITA DE LIMÃO
Corrado Costanzo, de Noto

Como eu receava, quando se usam limões de supermercado comuns e se acrescenta açúcar para compensar a acidez, fica difícil atingir o equilíbrio correto.

Então, descobri que os limões Meyer, da Califórnia, são bons substitutos para os limões verdes de verão sicilianos. (Receberam o nome limões Meyer do aventureiro agrícola Frank N. Meyer, que os descobriu em 1908 crescendo perto de Pequim, num vaso ornamental. É possível que sejam um cruzamento entre o limão e a tangerina, mas ninguém sabe ao certo.) Mesmo se você não encontrar limões Meyer, consegue-se uma granita satisfatória com limões comuns, diluindo seu suco com água e usando muito pouco da casca. Quando Corrado Costanzo raspa o limão, passa-o por um ralador

O HOMEM QUE COMEU

manual com tal delicadeza que retira apenas a pele externa da casca amarela da fruta, jamais se aproximando da parte branca e amarga.

$^1/_4$ de xícara de açúcar de confeiteiro

3 xícaras de água mineral sem gás

4 limões Meyer (veja Nota, abaixo) cultivados organicamente, ou, do contrário, cuidadosamente lavados

Dissolva o açúcar na água, numa tigela de 2 litros. Raspe a casca dos limões com grande delicadeza, usando um ralador manual disposto sobre a tigela. Mergulhe o ralador no líquido para recuperar os fragmentos de casca que tiverem permanecido.

Esprema os limões. Verta 1 xícara de suco de limão na tigela e misture bem. Passe a mistura por um coador grosso o bastante para deixar passar um pouco da casca e das bagas de limão.

Cubra, resfrie e congele.

Nota: Se você não conseguir encontrar limões Meyer, use 3 limões amarelos normais (devem render $^3/_4$ de xícara de sumo), 3 $^1/_2$ xícaras de água e 1 $^1/_2$ xícara [menos 2 colheres (sopa)] de açúcar. A granita congelará mais devagar, mas o sabor resultará excelente.

GRANITA DE AMÊNDOA DE MARIA GRAMMATICO

A busca pelo autêntico gosto amargo da amêndoa me levou a diversos extratos de amêndoa (naturais e artificiais), pastas comerciais de amêndoa (no passado, as marcas europeias continham amêndoas amargas verdadeiras, que só podem ser importadas para os EUA no caso de constituírem um ingrediente secundário da pasta; as amêndoas amargas em si não podem ser importadas) e caroços de damasco e de pêssego, que também contêm amigdalina. Esse produto se decompõe em benzaldeído — o sabor essencial da amêndoa amarga — e ácido prússico, um veneno. Conversei com diversos cientistas da indústria de sabores e aprendi bastante sobre as diferenças entre o benzaldeído "natural", o "puro" e o artificial.

Preparei onze versões de leite de amêndoas e organizei uma sessão de degustação cega. Houve três claros vencedores: (1) a versão

A MÃE DE TODOS OS SORVETES

feita diluindo-se uma pasta de amêndoas que trouxéramos do Caffè Finocchiaro, de Avola, perto de Noto, cheia de amêndoas amargas; (2) minha própria pasta de amêndoas caseira, contendo caroços de pêssego e de damasco, por segurança fervidos e torrados; e (3) a mesma pasta caseira, aromatizada com o "extrato puro de amêndoas" da McCormick. Extratos artificiais ou imitações de amêndoa, inclusive o da McCormick, são maus substitutos; contêm apenas benzaldeído sintético, estando ausentes as demais combinações de aromas encontradas no verdadeiro óleo de amêndoas amargas.

Conforme os padrões de rotulação da FDA, o óleo de amêndoas amargas "natural" e o extrato de amêndoas podem ser feitos de casca de *caccia*, cujo resultado fica a meio caminho entre o benzaldeído artificial e o produto de verdade. O óleo e o extrato "puros" devem ser feitos de amêndoas amargas ou caroços de pêssego, ameixa ou cereja, os quais, embora possam ser quimicamente distinguíveis das amêndoas amargas, chegam muito perto. A maioria das pastas de amêndoa disponíveis no mercado hoje em dia — mesmo quando feitas na Europa — emprega um óleo de amêndoas amargas artificial de qualidade inferior, em lugar de amêndoas amargas verdadeiras.

Preparar uma autêntica granita de amêndoa é brincadeira de criança — procure no rótulo do extrato de amêndoas a palavra "puro", e não "natural". Ou, então, faça seu próprio extrato, usando caroços de pêssego.

$^1/_2$ colher (chá) de extrato puro de amêndoas ou 30 caroços de pêssego ou damasco

$^2/_3$ de xícara de amêndoas descascadas cruas, sem pele

$^1/_2$ xícara de açúcar cristal

1 xícara e mais 4 colheres (sopa) de água quente

3 xícaras de água mineral sem gás

Se você usar caroços de pêssego ou damasco, coloque cinco por vez num saco plástico, quebre-os com um martelo e retire os núcleos. No total, você deve trabalhar com cerca de $^1/_8$ de xícara [2 colheres (sopa)] de núcleos. Escalde os núcleos em água numa panela descoberta durante 1 minuto e retire as peles. Pré-aqueça o

O HOMEM QUE COMEU

forno a 150°C e torre os núcleos de 10 a 15 minutos, até que fiquem marrom-claros. Reserve. Esse procedimento elimina o ácido prússico, mantendo muito do gosto das amêndoas amargas.

Coloque as amêndoas descascadas, o açúcar e o extrato puro de amêndoas (ou, em vez deste, os núcleos de pêssego ou damasco que você preparou) num processador de alimentos e bata até obter um pó fino; alterne 30 segundos de moagem pulsada com 30 segundos de moagem constante, até um total de 6 minutos ou mais; a partir da metade do processo, raspe o fundo e as paredes internas do recipiente. Depois, ainda com o processador funcionando, acrescente as 4 colheres (sopa) de água quente, uma colher de cada vez, deixando a máquina funcionar continuamente durante um minuto após cada uma. O resultado será um creme de amêndoas inacreditavelmente delicioso.

Para dissolver o creme, acrescente aos poucos a xícara de água quente. Verta numa tigela de 2 litros, raspando para aproveitar tudo e acrescente as 3 xícaras de água mineral. Cubra, resfrie e congele.

GRANITA DE AMÊNDOAS TORRADAS DE MODICA

Siga a receita anterior, mas em vez das amêndoas sem pele, use amêndoas apenas descascadas; torre-as, da seguinte forma: espalhe-as numa assadeira pesada (ou em várias assadeiras leves empilhadas umas sobre as outras) e asse no forno pré-aquecido a 150°C durante 5 horas, mexendo de hora em hora para evitar que as amêndoas do fundo se queimem. Deixe esfriar antes de prosseguir com a receita.

GRANITA DE TANGERINA DE CORRADO COSTANZO, DE NOTO

5 tangerinas (ou mais, caso sejam pequenas)

3 xícaras de água mineral sem gás

1 xícara de açúcar cristal superfino

Sumo de 1 ½ limão (aproximadamente 6 colheres (sopa), ou ³/₈ de xícara)

Rale com vigor as cascas das frutas (diferentemente do limão, a parte branca da casca não é amarga) numa tigela de 2 litros que já contenha a água e o açúcar. Passe o ralador por dentro do líquido, para recuperar toda a casca ralada. Esprema as frutas num medidor e verta $^1/_4$ de xícara na mistura de água e açúcar. Acrescente o sumo de $^1/_2$ limão, misture bem e prove. Lembre-se de que o gosto da granita será muito menos doce quando ela estiver gelada; o sabor do limão não deve ser proeminente, mas deve contribuir com acidez suficiente para equilibrar o açúcar. Acrescente sumo de limão até quase poder sentir seu gosto.

Coe o líquido num coador médio ou grosso, de modo a permitir a passagem de apenas um pouco da casca e da polpa da fruta. Cubra, resfrie e congele.

GRANITA DE AMORAS-PRETAS OU MORANGOS SILVESTRES
Caffè Sicilia, Noto

As *gelsi neri* — "amoras-pretas" — dão em árvores grandes, e não em arbustos; raramente a fruta é comercializada, porque é frágil, esmagando-se com facilidade. E, em diversas regiões dos EUA, só dá no verão. A princípio isso não me preocupou, porque eu só precisava encontrar *uma* região do país em que fosse época delas. No dia em que voltei da Sicília, no meio da primavera, telefonei para os mais confiáveis caçadores de frutas frescas e outros acepipes, mas sem sucesso. Então telefonei para um amigo de Tucson, cidade famosa por suas amoreiras e pela precocidade de suas colheitas. O que aprendi deveria tornar a cidade famosa por sua crueldade para com a amora: esta é uma fruta em extinção nos limites de Tucson, ameaçada pela vaidade humana. Existe uma lei que proíbe o cultivo de amoreira macho, porque seu pólen é um alérgeno poderoso e Tucson ganha dinheiro como refúgio para pessoas alérgicas e hipocondríacas. As amoreiras fêmeas devem ser mutiladas e esterilizadas todos os anos com produtos químicos, para evitar que frutifiquem (caso sejam de alguma forma fecundadas mesmo sem o pólen masculino), porque os habitantes de Tucson não gostam que amoras maduras caiam sobre seus carros estacionados e os manchem de vermelho. Estou planejando processar os lobbies da alergia e dos estacionamentos de Tucson por me privarem de meus *gelsi neri*. Mas, por enquanto, voltei-me para os morangos silvestres, e logo

O HOMEM QUE COMEU DE TUDO

encontrei um importador de caras mas excelentes *fraises de bois* provenientes do Périgord. Ainda sou capaz de me lembrar do gosto e do aroma do resultado.

250 g de amoras-pretas ou fragoline (*morangos silvestres, chamados na França* fraises de bois; *ver a Nota)*

2 xícaras de água mineral sem gás (ver a Nota)

$^1/_2$ xícara de açúcar cristal superfino

Sumo de $^1/_2$ limão

Bata as amoras-pretas ou as *fragoline* no processador até obter um purê. Você precisará de $^2/_3$ de copo-medida de purê. Raspe numa tigela e misture bem com os outros ingredientes. Passe a mistura por um coador grosso o suficiente para deixar passar algumas sementes e um pouco da polpa da fruta. Cubra, resfrie e congele.

Nota: Amoras-pretas são disponíveis no Oregon, durante o verão. Uma pequena quantidade de *fraise de bois* é cultivada nos EUA; entre maio e outubro, podem ser compradas excelentes frutas importadas do Mushroom Man, de Los Angeles, (800) 945-3404. Só use as frutas se estiverem completamente vermelhas, suculentas e cheias de aroma.

Tentei uma receita semelhante, que indica 3 xícaras de água em vez de 2. Apesar de menos intensa em sabor que a versão do Caffè Sicilia, era mais transparente e refrescante. Embora no passado eu tivesse buscado a intensidade do sabor como meta final das granitas, descobri que uma quantidade maior de água aumenta a firmeza dos cristais de gelo e lhes dá outra perspectiva panorâmica de sabor — como dar um passo para trás diante de um quadro.

GRANITA DE EXPRESSO, DA ILHA DE SALINA

0,7 litro de espresso lungo

1 xícara rasa de açúcar cristal

A MÃE DE TODOS OS SORVETES

Um expresso "longo" contém mais água que o normal. Você terá de preparar 7 ou 8 xícaras de expresso na máquina. Use uma dose normal de café a cada vez (7 g, ou 1 $^1/_2$ colher de (sopa)), mas verta numa xícara maior, deixando que o fluxo de água quente complete de 90 a 100 ml (6 ou 7 colheres (sopa), ou $^1/_2$ xícara rasa). Verta numa jarra-medida de 1 litro e repita até obter 0,7 litro, ou 3 xícaras cheias. Se usar máquina de perfusão, substitua sua marca habitual por café torrado escuro e triplique a quantidade de café que você usaria normalmente para obter 3 xícaras cheias.

Deixe que o café esfrie durante 15 minutos numa tigela de 2 litros. Misture o açúcar. Cubra, resfrie e congele.

GRANITA DE CHOCOLATE, DE CATÂNIA

Nenhuma das granitas de chocolate que experimentamos a caminho do aeroporto de Catânia era perfeita, mas alguns dias depois, de volta a Nova York, e seguindo as orientações de *Scienza e tecnologia del gelato artigianale*, de Luca Caviezel, fui capaz de transformar as receitas que obtive numa boa granita, adicionando-lhes um pouco de leite. Caviezel foi um mestre-confeiteiro de Catânia, famoso por seus sorvetes.

50 g de cacau "holandês" ($^1/_3$ de xícara se compactado muito densamente, $^3/_4$ de xícara se muito fofo)

2 $^3/_4$ xícaras de água

$^3/_4$ de xícara de açúcar cristal superfino

$^1/_2$ xícara de leite integral

1 pitada de canela moída (optativa)

Peneire o cacau sobre a água numa panela, leve à fervura em fogo médio, mexendo frequentemente, reduza o fogo e deixe em fervura baixa durante 5 minutos, mexendo constantemente e raspando o fundo da panela para evitar que queime. Verta numa tigela de 2 litros, raspando a panela para aproveitar tudo, e deixe esfriar por 30 minutos. Acrescente o açúcar e mexa até que dissolva. Acrescente o leite e mexa bem. Acrescente a canela, caso o gosto lhe agrade. Resfrie na geladeira por várias horas, ou durante a noite.

O HOMEM QUE COMEU

Depois, transforme o líquido em granita usando um dos métodos explicados no texto.

Caso você queira transformar sua granita na famosa guloseima do século XVIII chamada chocolate *in garapegra*, um "elixir vital nobre e sagrado", acrescente baunilha, casca de laranja e algumas gotas de jasmim destilado.

junho de 1996

Hauts bistrots

Usando um guardanapo creme de linho engomado, minha mulher enxugou um pouco de cogumelo silvestre e de crepinette de cordeiro de seu queixo cinzelado, tragou meia taça de vinho Bordeaux de US$ 14,00 e, ao que creio referindo-se ao jantar de seis pratos que acabávamos de compartilhar, disse: "Poesia é tradição comprimida".

Minha concordância não poderia ser maior, embora eu talvez o exprimisse de forma ligeiramente distinta. Mas uma coisa aprendi após trinta visitas a Paris: considerando a inebriação decorrente da diferença de fuso horário, da atmosfera romântica parisiense e de sua metade da garrafa de vinho, nunca confie em suas reações ao primeiro jantar. Tais distorções desaparecem passada uma noite. Depois de beber duas garrafas de vinho por dia, descubro que se assume um estado de alcoolismo temporário. Sabe-se que isso aconteceu quando se acorda de manhã e, sem pensar, procura-se na mesa de cabeceira por uma taça de vinho. Dali por diante, o julgamento só será questionável entre as refeições.

E a comida *era* de fato notável.

Não me lembro em qual restaurante estávamos na noite em que minha mulher teve sua revelação. Naqueles dias eu estava comendo na periferia de Paris, porque é lá que se encontra minha comida predileta, *la cuisine moderne*, nos *bistrots modernes*. Poderia ter sido La Verrière, ou La Régalade, L'Épi Dupin ou mesmo Chez Michel. Mas suspeito que era o L'Os à Moëlle, porque lá o jantar tem sempre seis pratos e a carta de vinhos oferece principalmente garrafas de setenta francos, ou US$ 13,60 à taxa de câmbio de 5,15 francos por dólar — algo que, suspeito, só melhorará até as eleições de novembro. Por outro lado, se eu pudesse prever taxas de câmbio, seria rico o suficiente para comprar esta editora. E aí, sim, você veria mudanças acontecerem! Mas mesmo se fosse rico *como* Creso, ainda assim eu comeria nesses cinco *bistrots modernes*, e em outros como eles.

O jantar custa em média 170 francos (US$ 33,00), mais o vinho — o almoço custa menos —, e a comida é deliciosa e mapeia um novo caminho para o futuro da culinária francesa. Caso você não tenha prestado atenção, a alta culinária da França está beirando a calamidade.

A origem dessas coisas é sempre obscura, mas podemos começar em 1992, com Yves Camdeborde, então com 26 anos e um dos quatro *sous-chefs* no Les Ambassadeurs, restaurante formal e às vezes transcendente do Hôtel Crillon, com duas estrelas no guia Michelin. Yves chegara a Paris ainda adolescente, vindo do Béarn, no Sudoeste da França, para ser aprendiz nas grandes cozinhas do Hôtel Ritz, do Relais Louis XIII e do Tour d'Argent, antes de ter sido contratado como *sous-chef* por Christian Constant, o chef do Crillon. Constant é um professor excelente, mas após seis anos Yves estava pronto para seguir seu próprio caminho. Em outra época, ele poderia ter permanecido na *haute cuisine* como segundo em comando de algum dos principais santuários gastronômicos franceses, ou ainda como chef do restaurante de um hotel vistoso. Em vez disso, resolveu abrir seu próprio bistrô no Quatorzième Arrondissement, ou, como ele agora o considera, um pequeno restaurante do tipo que se poderia encontrar nas províncias, atraindo clientes do bairro e do resto da cidade. Seu cardápio é limitado, baseado nas receitas do Sudoeste francês, o preço é apenas 165 francos (US$ 32,00) para todos os pratos, e o nome, La Régalade, refere-se à antiga prática da Espanha e do Sudoeste da França que consiste em esguichar direto na boca vinho contido numa bolsa de couro. Suponho que esse era o modo de eles se divertirem, da mesma forma que fazer um touro pisar em seu pé em Pamplona.

Yves estava fazendo um jogo bastante arriscado. Seus colegas *sous-chefs* do Crillon o ajudavam de vez em quando e ficavam observando para ver se teria sucesso. E ele teve, completa e celebremente, tanto no que diz respeito à quali-

HAUTS BISTROTS

dade de sua comida quanto de sua clientela. Logo se tornou impossível conseguir uma reserva para jantar no La Régalade, a menos que se telefonasse com três semanas de antecedência. O negócio de Yves nunca caiu.

Visitei o La Régalade, com suas paredes altas pintadas de creme e sua cozinha de 2 × 3 metros. O cardápio muda um pouco toda semana, de modo que no fim de um mês nada é o mesmo, exceto quanto a determinadas especialidades cujo desaparecimento poderia causar tumulto entre os clientes cativos — como a *cochonnaille*, tábua de madeira com salames, salsichas, patê e *comichons*, parte disso feita pelo pai de Yves. E os pequenos e perfeitos suflês de Grand Marnier que Yves aprendeu a fazer no Tour d'Argent.

Comi seus *sweetbreads* de cordeiro com um robusto molho de panela, agudamente temperado com pimenta; as picantes rodelas de salsicha de sangue, arrumadas sob um círculo de purê de batatas, tudo depois gratinado; lagostins crocantes embrulhados em casca de rolinho primavera vietnamita e servidos com pedacinhos de alho, junto com a minúscula e atraente salada chamada *mouron des oiseaux*; batatas recheadas com barbela e tutano de vaca refogados; e seu cassoulet positivamente magistral. A maior parte disso tudo consiste em comida regional robusta, talvez atualizada na aparência ou na guarnição, mas sempre fiel à origem e cozinhado com a mestria que Yves aprendeu em quatro das grandes cozinhas francesas. E parte é massa de rolinho primavera. Eu adoro massa de rolinho primavera.

Em 1995, os demais *sous-chefs* do Crillon tinham decidido acompanhar Yves no negócio dos *bistrots modernes*, da mesma forma que ocorrera com outros jovens cozinheiros por toda a cidade, muitos deles também treinados nos restaurantes mais sofisticados. Uma interminável recessão econômica na França reduzira suas chances de progresso na *haute cuisine*, bem como baixara o preço do aluguel de espaços para restaurantes. E Yves mostrara aos amigos o que poderiam conseguir por si sós. Durante algum tempo, o cardápio de 160 francos de Yves estabeleceu um máximo para os chefs que o seguiram; agora, alguns já se aproximaram dos 180 francos. Quando, num restaurante caro, pede-se algo do cardápio econômico, a sensação é de que se é um cidadão de segunda classe; certa vez, num bistrô antigo e famoso, disseram-me que me serviriam sorvete de supermercado, enquanto minha mulher e todos os demais presentes na sala

O HOMEM QUE COMEU

receberiam a versão feita à mão. No La Régalade, não há jeito de um milionário gastar mais que o estudante da mesa ao lado.

Enquanto isso, a *grand cuisine* francesa decaía a um estado próximo ao colapso. Se há vinte anos prosperavam cinquenta ou cem grandes estabelecimentos, agora se tornava difícil listar mais que uma dúzia deles. O mundo culinário borbulhava com boatos de que diversos grandes chefs agraciados recentemente com a terceira estrela Michelin — a mais importante distinção francesa — se encontravam em apuros financeiros. Cada pedido de US$ 60,00 das pernas de rã com purê de alho e molho de salsinha de Bernard Loiseau lhe rendia apenas US$ 1,20, depois de cobrir os salários de cinquenta empregados e pagar seu investimento em pratarias suficientemente notáveis para impressionar os inspetores Michelin. O lucro de Loiseau vinha da butique e da pousada ligadas ao restaurante. A realidade econômica diferia apenas ligeiramente da alta-costura, um espetáculo deslumbrante destinado a atrair o público para as produções mais modestas e mais lucrativas do figurinista.

Três anos atrás, voei de Orly a Lyons em meio à chuva, esperei duas horas até que a companhia aérea encontrasse minha bagagem, aluguei um carro, voltei quinze minutos depois para arranjar limpadores de pára-brisa que funcionassem e dirigi durante uma hora e meia até Saint-Étienne, uma cidade provinciana chata e moribunda onde Pierre Gagnaire tem seu restaurante. Gagnaire recebera havia pouco tempo sua terceira estrela Michelin, algo que, no passado, já fora garantia de fama e, ao menos, de uma pequena fortuna. A memória que tenho de cada bocado é indelével — na época, pensei que Gagnaire elevara o gênero humano a novo patamar alimentício.

No último verão, um amigo que visitava Saint-Étienne informou que, numa noite de sábado no final de julho, numa hora e época em que a demanda por uma mesa deveria ser avassaladora, o Gagnaire estava com apenas dois terços de suas mesas ocupadas. Naquela mesma noite teria sido impossível forçar a entrada no La Régalade, mesmo com um rifle de assalto. Eu soube, então, que algo estava horrivelmente errado com Saint-Étienne, com a França e com o cosmo. Soube que a renda de Gagnaire caíra a mais da metade desde minha primeira visita, e que ele despedira metade de seus empregados. E na primavera, depois que uma greve de trabalhadores do governo paralisou o sistema de transportes

HAUTS BISTROTS

do país e tornou ainda mais difícil a viagem até Saint-Étienne, o restaurante de Pierre Gagnaire fechou.

Tratava-se de um desastre inconcebível, não menos grotesco do que se o próprio Louvre tivesse mergulhado no Sena. Os jornais franceses não falavam de outra coisa. Gagnaire culpou a Michelin, cujos padrões o tinham forçado a fazer empréstimos de milhões para comprar e restaurar uma espetacular casa art déco em Saint-Étienne. A mulher de Gagnaire, Chantal, culpou quase todo mundo, inclusive o povo francês. Se posso viajar de Manhattan para provar a comida do marido dela, por que os franceses não podem se deslocar um décimo da distância? Pierre Gagnaire é um gênio num tipo de arte que a nação francesa adora, um dos maiores cozinheiros de todo o mundo, o produto final de um sistema de aprendizagem venerável e impiedoso, cujo objetivo é identificar, como lamas encarnados, os três ou quatro cozinheiros divinos que nascem a cada geração.

Provavelmente, a maior parte do problema é o preço. Uma refeição num lugar como o Gagnaire custa US$ 200,00 por pessoa, e muito mais caso se beba um vinho muito bom. Embora a economia francesa estivesse no buraco durante a maior parte dos anos 90, os preços dos restaurantes estrelados pelo Michelin aumentaram 900% desde 1974, mais que o dobro da elevação dos preços para o consumidor. Em 1994, a loucura parou. Pela primeira vez em mais de 25 anos, a conta dos melhores restaurantes subiu menos que a inflação.

Autoridades gastronômicas mencionam outras causas para o colapso dos hábitos tradicionais franceses de alimentação: dias de trabalho mais longos, *le stress*, horas de almoço e períodos de férias menores, dietas, *le cocooning*. E há uma possibilidade ainda mais ominosa e sinistra. Como as mulheres têm menos tempo para cozinhar em casa e como os preços dos restaurantes ficaram fora do alcance, os franceses estão se esquecendo de como comer.

Mas não se Yves Camdeborde e os demais jovens chefs dos *bistrots modernes* continuarem com seu trabalho. Eles não miram em nada menos que a revalidação da cultura francesa. Pelo menos foi o que Camdeborde me disse sobre um prato de *sweetbreads* refogados.

Esses jovens chefs começam com pratos regionais clássicos, cheios dos sabores fortes e profundos da França provinciana. Sobre isso eles aplicam seu treinamento na culinária francesa moderna — na verdade, as descobertas da *nou-*

velle cuisine dos anos 70, antes que esta tivesse feito seu desvio desastroso rumo ao detalhismo, ao luxo, à decoração pela decoração e à pretensão intelectual. Molhos de panela substituem molhos de carne e de creme. Na maioria das vezes, o creme e a manteiga são usados como condimentos, e não como ingredientes principais. O vinagre toma o lugar do açúcar em pratos saborosos, e as sobremesas ficam menos doces. Boa parte da cocção é terminada no último instante. E os pratos foram simplificados para conter três elementos: o ingrediente principal, um molho e uma verdura ou duas, como guarnição. O objetivo da arte culinária voltou a ser provocar prazer.

Ao cobrarem trinta dólares por refeição, os jovens chefs atraem uma mescla de trabalhadores, artistas, mulheres de negócios, aposentados que contam cada tostão e gourmands capazes de esbanjar qualquer quantidade de dinheiro para obter uma comida daquelas. Para controlar seus custos, eles tiveram de reinventar os métodos da *cuisine moderne*. Alguns desses chefs me disseram ser mais fácil agradar com um pote de caviar do que com um prato de batatas. Quando vão ao mercado central, todas as manhãs, eles insistem em obter os produtos mais frescos — nada congelado, pré-cozido ou empacotado. Mas, em vez de procurar os melhores cogumelos *ceps* e as melhores trufas, nossos chefs buscam as melhores cenouras e batatas. Usam os melhores açougueiros, mas só compram os cortes mais baratos — rabo, jarrete e barbela de boi. Compram pães excelentes, mas normalmente baguetes grandes em vez de pãezinhos que envelhecem em meio dia e são desperdiçados. Eles usam os talos de ervas para fazer caldos e molhos de panela, e reservam as folhas tenras para sopas, molhos e guarnições. Ao oferecerem um único queijo — um Brie ou Camembert perfeitos, ou um queijo de ovelha que pode ser facilmente dividido sem desperdícios —, evitam cobrar mais pelo prato de queijo. Eles fazem compras no mercado central, não porque tenham olhos mais agudos que os principais fornecedores, mas porque só conseguem obter os ingredientes mais caros, como *langoustines*, aspargos e queijo se esperarem por pechinchas. E trabalham o tempo todo, mantendo os empregados da cozinha num mínimo. Isso significa que eles têm de saber precisamente o que precisa ser cozinhado de manhã e o que deve ser feito no último minuto.

Ao longo dos dois últimos anos, comi em 25 *bistrots modernes* parisienses. Além do La Régalade, os cinco melhores são La Verrière, L'Os à Moëlle, L'Épi

HAUTS BISTROTS

Dupin, Chez Michel e Le Bamboche, todos inaugurados neste ano ou no ano passado. Três deles são de jovens chefs que haviam trabalhado junto com Camdeborde sob Christian Constant, no Crillon.

O último a deixar Constant foi Eric Fréchon. Ele conquistara o título de Meilleur Ouvrier de France — a mais insigne realização de um artesão francês —, e ascendera ao posto de imediato de Constant. Contudo, em novembro de 1995, com 32 anos, ele abriu o La Verrière num local amplo e alegre do 19ème Arrondissement, na região Noroeste de Paris. Todos os pratos que comi no La Verrière constituíram como que uma revelação. Ostras assadas em suas conchas ou frias, com pequenas fatias de *foie gras*; peito de porco salgado, laqueado com temperos e servido junto com um montículo de "chucrute" feito de tiras de nabo; um círculo de purê de batata gratinado por sobre um rico cozido de rabo; bacalhau assado no interior de uma crosta de ervas — todos os pratos de Fréchon são profundamente satisfatórios e fiéis tanto a tradições regionais francesas quanto à própria imaginação de Fréchon. As sobremesas são ao mesmo tempo tradicionais e modernas, como a manga assada em massa folhada com creme de amêndoa e um *sorbet* de limão com manjericão — técnica francesa com passagem pelos trópicos, tudo por 180 francos.

L'Os à Moëlle quer dizer "tutano", que é como Thierry Faucher simboliza os sabores robustos e essenciais que transforma com sua mágica quase de *haute cuisine*. O terceiro dos *sous-chefs* do Crillon, Faucher traz algo da *menu dégustation* de um palácio gastronômico para um bairro residencial do 15ème. E ele tem sucesso com quase todos os pratos que experimentei. Quando se entra em seu restaurante, um velho estabelecimento construído sobre um terreno triangular, com janelas em duas faces, vem a lembrança de que é por isso que as pessoas vêm a Paris — ou, pelo menos, é por isso que venho a essa cidade, nascido que sou com imunidade contra lojas de calçados: uma sala feliz, grupos de todas as idades em conversa animada, as pessoas comendo muito, muito bem.

O almoço, de três pratos, custa 145 francos (US$ 28,00), com diversas escolhas para cada prato; e o jantar tem seis pratos por 190 francos (US$ 37,00), mas sem escolhas. A comida de Faucher sofre uma mutação contínua e incrível, com ideias novas em todos os cardápios. A sopa pode ser de alcachofras de Jerusalém ou de aspargos com fungões [variedade de cogumelo]; no verão, melão frio com gengibre e presunto. O segundo prato, uma salada de coelho escondida sob uma

O HOMEM QUE COMEU

roseta de batatas crocantes, ou uma fricassê de cogumelos silvestres — *pleurotes* e *qirolles* — com molho de galinha e, de alguma forma, um ovo de codorna. Depois vem o peixe, um pedaço generoso de arraia em manteiga queimada e vinagre; ou peixe-escorpião assado e aromatizado com ramos de erva-doce seca, cercado por uma poça de molho picante de crustáceo, algo que não é fácil de esquecer. Em seguida vem a carne e, depois, uma salada, com uma fatia de queijo. Para a sobremesa, você pode ser brindado com a mais sedosa quenelle de chocolate com um molho asiático de açafrão, anis-estrela e canela; ou bolo de avelã com *crème brûlée*. Você é capaz de imaginar um restaurante americano com cardápio fixo, um lugar que ignore as fobias e hipocondrias de seus clientes, onde todo mundo come alegremente os mesmos pratos? Será que na França não existe intolerância à lactose, ou alergia a ervilhas?

François Pasteau, 34 anos, não trabalhava no Crillon antes de abrir seu L'Épi Dupin, na rue Dupin, Sixième Arrondissement, pertinho da veneranda padaria de Poilâne. Mas ele fez seu aprendizado no Faugeron, no Duc d'Enghien e em La Vieille Fontaine, nos subúrbios de Paris (todos com duas estrelas Michelin). Uma terrine fria com camadas de todos os pequenos tesouros de um pot-au-feu e servida com uma surpreendente compota de pêra e tomate; pequenos pedaços de cordeiro temperado guisado com berinjela, chamados *capitolade*; uma galinha-d'angola aromatizada com erva-doce e anis; um quadrado firme de *phyllo* e maçã, que esconde pedaços de salsicha escura e picante; um generoso, fofo e flamejante crepe *soufflé* de castanhas; uma profunda e escura *dariole* de chocolate escuro, que nada numa brilhante piscina verde de pistache; um Brie perfeito — é isso o que Pasteau lhe oferece em troca de seus 153 francos (US$ 30,00), quase tudo delicioso, preparado com inteligência e servido com extrema generosidade.

Você tem desejos de um pouco de *kig ha* ou de *kouingaman*? Trata-se de um termo em dialeto bretão para queixadas de porco guisadas com recheio e uma incomum massa folhada caramelizada. Um dos poucos chefs que ousam trazer para a capital a verdadeira comida da Bretanha se chama, apropriadamente, Thierry Breton, o que nos leva de volta aos Quatro do Crillon (ou Cinco, caso se contabilize também o chef Christian Constant, que inaugurou seu Le Camelot, na rue Amelot, e cobra impossíveis 120 francos por jantar). O Chez Michel de Breton, perto da Gare du Nord, nada tem a ver com algum

Michel, se é que já teve, mas com um jovem chef agraciado, no passado, com o título de Aprendiz do Ano; ele trabalhou no Ritz, no Tour d'Argent, na equipe de Joël Normand que cozinhava para o presidente Mitterrand e no Crillon. Agora, ele toca um lugar tão provinciano-retrô que quase parece proposital. Essa é a comida rural do Norte — muito peixe, e mais *la cuisine d'Armorique*, a cozinha bretã, pratos como *ceps* recheados com rabo e *terrine d'andouille* (tripa defumada), servidos com pequenas panquecas fritas em manteiga salgada — e mais viagens ocasionais ao reino da fantasia —, com todas as filigranas de técnica e *méthode* que se pode esperar dessa turma.

Um dos melhores pequenos restaurantes novos é Le Bamboche, no Septième, pertencente ao excelente jovem chef David Van Laer, que se tornou conhecido no Apicius, restaurante de *haute cuisine* de vanguarda. Conquanto seu estilo de culinária seja semelhante aos demais (embora um pouco mais complicado), Le Bamboche não pode ser confundido com um bistrô. Tem uma bela decoração e, provavelmente, custa 50% mais e é 30% mais vistoso que os outros. O menu econômico especial de 180 francos é excelente e honesto, mas não é a mesma coisa que os *bistrots modernes*, em que todo mundo come a mesma comida pelo mesmo preço. Sempre que fico com o menu de 180 francos de Van Laer, fico imaginando o que estaria perdendo.

Esta é uma época maravilhosa para comer em Paris, uma cidade na qual me refugio sempre que posso. No entanto, ao longo dos dois últimos anos, enquanto mastigava ruminativamente meu saboroso *jarret de porc* e meus *joues de veau*, fiquei imaginando que aquilo a que Yves Camdeborde deu início pode ser autolimitador. Seu talento, bem como o dos Quatro do Crillon e dos demais jovens chefs, foi reconhecido, aperfeiçoado e disciplinado nas cozinhas vastas e povoadas da *haute cuisine*. Onde é que a próxima geração de cozinheiros receberá sua educação culinária avançada, se a *haute cuisine* se transformar em triste lembrança?

Passei muitas tardes felizes nas minúsculas cozinhas de meus *bistrots modernes* prediletos, e aprendi truques, técnicas e receitas. Eis um de meus pratos favoritos, de Eric Fréchon.

O   HOMEM   QUE   COMEU

POMBO ASSADO COM LENTILHAS VERDES
La Verrière

4 pombos, cada qual com cerca de 450 g

6 colheres (sopa) de óleo de cozinha

2 colheres (sopa) de alho cortado não muito finamente

¹/₄ de xícara de chalotas fatiadas

3 ramos de salsa de folha lisa fresca

3 ramos de tomilho fresco

1 folha de louro

8 xícaras de caldo de galinha caseiro ou enlatado

Sal e pimenta-do-reino recém-moída

1 xícara (cerca de 220 g) de lentilhas, preferivelmente as pequenas e verdes lentilles du Puy *francesas*

1 cebola média-grande, descascada e cortada ao meio, cada metade com um cravo

2 cenouras, descascadas e cortadas ao meio segundo a transversal

3 fatias (cerca de 70 g) de toucinho defumado

2 colheres (sopa) de manteiga amolecida

4 ramos de tomilho fresco, como guarnição

Lave os pombos em água corrente fria, reservando os pescoços, moelas e corações. Abra cada pombo como se segue (ou peça para o açougueiro fazê-lo para você): usando uma tesoura de trinchar ou uma faca afiada, retire (e reserve) a coluna vertebral, cortando ao longo de seus lados. Corte e reserve as duas primeiras articulações de cada asa. Com a pele para cima, pressione o pombo para achatá-lo. Voltando agora o lado da pele para baixo, retire as costelas e os ossos do peito, inserindo uma faca estreita e afiada entre ossos e carne. Retire com os dedos algum osso que tenha permanecido. Lave e seque os pombos, embrulhe-os em plástico e refrigere.

Pelo menos 4 horas antes do jantar, prepare o *jus* de pombo: corte as partes reservadas em pedaços de 2,5 centímetros: colunas vertebrais, pescoços, rabos, articulações de asas, costelas, ossos

HAUTS BISTROTS

do peito e moela. Doure por 10 a 15 minutos os pedaços de pombo numa caçarola em fogo alto, usando 2 colheres (sopa) de óleo. Despeje o óleo (sem descartar nenhum dos pedacinhos dourados da panela, que são o objetivo de todo este procedimento), acrescente o alho, as chalotas, a salsa, o tomilho, a folha de louro e 4 xícaras de caldo de galinha; leve a fervura e depois deixe ferver em fogo baixo, com a panela coberta parcialmente, durante 2 horas, desnatando a espuma que aparecer e adicionando água fervente para impedir que o líquido se reduza a mais da metade. Passe por um coador fino para dentro de uma caçarola de 1 litro e reduza em fogo médio-alto até 1 xícara. Tempere bem com sal e pimenta-do--reino recém-moída. O *jus de* pombo deve estar agora inacreditavelmente delicioso.

Uns 75 minutos antes do jantar, pré-aqueça o forno até 260°C. Retire os pombos da geladeira e tempere-os bem em ambos os lados com sal e pimenta. Cubra e deixe que atinjam a temperatura ambiente.

Enquanto isso, prepare as lentilhas: lave-as em água fria, retire pedras eventualmente presentes e coloque-as numa panela de 3 litros junto com a cebola, as cenouras e o toucinho. Acrescente as 4 xícaras de caldo de galinha que restaram, leve a fervura em fogo alto, reduza a fogo baixo, cubra parcialmente e cozinhe entre 40 minutos e 1 hora, mexendo a cada 10 minutos. As lentilhas ficam prontas quando tiverem absorvido todo o líquido e estiverem macias na boca; elas não devem estar *al dente*. Retire e descarte as meias cebolas, as cenouras e o toucinho. Misture a manteiga e metade ($1/2$ xicara) do *jus* de pombo. Tempere com sal e pimenta--do-reino moída. Ferva em fogo baixo por mais 5 minutos; depois mantenha aquecido, coberto, no fogo mais baixo possível. As lentilhas devem ficar incrivelmente saborosas.

Cozinhe os pombos 15 minutos antes do jantar: coloque-os numa assadeira metálica pesada (ou em duas grandes caçarolas resistentes ao forno) grande o suficiente para que os pombos possam ser arranjados numa só camada; cozinhe em fogo alto. Acrescente as 4 colheres (sopa) de óleo restantes e comece a dourar os pombos, com o lado da pele para baixo, achatando-os com uma espátula. Depois de meio minuto, transfira a assadeira para o forno pré-aquecido e asse durante 8 minutos (malpassado) ou 10 minutos (ao ponto), ainda com a pele voltada para baixo. Confira depois de 5 minutos:

O HOMEM QUE COMEU

se a pele tiver adquirido uma tonalidade marrom profunda e perfeita, vire os pombos; caso contrário, deixe-os como estão. Tanto os
franceses quanto eu preferimos a carne do peito de pombo bastante malpassada, como se fosse carne vermelha. É assim que ela se
torna mais deliciosa, com uma textura maravilhosa. Corte a carne
do peito caso queira conferir — os sucos devem correr num cor-de-
-rosa profundo.

Para servir, esquente quatro pratos. Esquente o *jus* de pombo.
Mexa a lentilha e divida-a pelos pratos, fazendo um círculo de uns
15 centímetros de diâmetro no centro de cada prato. Coloque os
pombos sobre a lentilha. Tempere com sal e pimenta-do-reino moída na hora. Pingue o *jus* de pombo restante num círculo concêntri-
co ao redor da lentilha e decore com um ramo de tomilho. Para 4
pessoas.

setembro de 1996

QUINTA PARTE

A PROVA DO PUDIM

O *fruitcake* da família Smith

Eu tinha dezoito anos quando experimentei meu primeiro *fruitcake*, o que talvez explique por que tenha gostado tanto. Se excetuarmos assistir aos primeiros quinze minutos de *Amahl and the Night Visitors* na TV todos os anos, minha família nunca comemorava o Natal, e nada no repertório de minhas avós me preparara para aquelas primeiras maravilhosas dentadas de *fruitcake* na casa de um amigo da faculdade. Era um bolo de ameixa úmido e alcoólico, cheio de gostos e sabores medievais escuros e saturados — groselha, tâmara, passas, casca de laranja aromática, pimenta-da-jamaica, noz-moscada e macis, conhaque e melado —, envelhecido durante um ano e incendiado no último minuto, cuidadosamente servido como um tesouro, com um surpreendente molho cor de marfim, feito de manteiga, açúcar, conhaque e noz-moscada. Eles chamavam aquilo simplesmente de molho duro. Jamais um nome tão depreciativo foi conferido a tão maciço triunfo culinário.

Hoje em dia, empresas de vendas pelo reembolso postal anunciam *fruitcakes* para pessoas que não suportam *fruitcake*, algo que para mim não faz mais sentido que preparar uma versão inferior de *foie gras* para pessoas que não suportam *foie gras*. Encomendei alguns deles ao longo dos anos; a maioria é feita de blocos de cimento com nozes e frutas secas duras (tudo sem açúcar), quase sem nenhuma massa de bolo; um é assado na forma do estado do Texas. Inexplicavelmente,

O HOMEM QUE CO

livros de receitas oferecem alternativas criativas para o molho duro. Alguns anos atrás, a Hallmark publicou uma série de cartões de Natal anti*fruitcake*. Sou capaz de apostar que a piada culinária mais divulgada da história é a calúnia de Calvin Trillin segundo a qual existe um único *fruitcake* no mundo, jamais comido, mas simplesmente transferido de um ano ao outro.

Muitos costumes de Natal ainda me intrigam. Por exemplo, por que alguém comemoraria um evento alegre como esse matando um pinheiro inocente, revestindo-o com tiras de alumínio e pipoca pintada e, depois de uma semana, jogando-o ao lixo? Mas o *fruitcake* é outra coisa. Nesta altura, já comi tantos *fruitcake* quanto qualquer cristão temente a Deus, e não consigo imaginar do que todo mundo se queixa.

O *fruitcake* entrou permanentemente em minha vida vinte anos atrás, quando a mulher que se tornaria minha esposa se mudou para minha casa e trouxe com ela todos os hábitos alimentares de uma educação mórmon. (Em sua família, abundam integrantes das Daughters of the Utah Pioneers, embora um tio-avô trânsfuga tivesse feito parte do bando de Butch Cassidy em Baggs, Wyoming.) Todos os anos, logo após o dia de Ação de Graças, sua mãe, Marjorie Smith, nos enviava diversos pequenos *fruitcakes* brancos cuidadosamente embrulhados em papel de cera, para ser envelhecidos e amadurecidos na geladeira até o Natal. Seguíamos essa regra com um dos *fruitcakes* e consumíamos os demais, fatiazinha a fatiazinha, muito tempo antes que dezembro chegasse. Duas semanas mais tarde, a tia Vivian, de Salt Lake City, nos mandava um *fruitcake* grande, escuro, picante, suspenso dentro de uma caixa de sapatos e protegido por um isolamento feito de pipoca caramelizada que ela patenteara. Às vezes, a caixa era grande o bastante para abrigar um pacotinho de delicados biscoitos de açúcar, decorados com chuviscos vermelhos e verdes. Conforme as regras religiosas dos mórmons, nenhum dos *fruitcakes* da família levava álcool.

Não tardou que o *fruitcake* branco de Marjorie se tornasse meu favorito. A receita fora criada pela tia Esther, de Twin Falls, mas Esther nunca nos enviou *fruitcakes* e Marjorie nunca deixou de fazê-lo, motivo pelo qual sempre penso no bolo como sendo de Marjorie. No fundo, trata-se de um saboroso pão de ló de limão, não fermentado, assado ligeiramente abaixo do ponto e recheado com um volume de frutas e nozes igual ao da massa do bolo — cerejas e abacaxis cristalizados verdes e vermelhos, nozes e passas amarelas. Depois de mantido na

O FRUITCAKE DA FAMÍLIA SMITH

geladeira por uma ou duas semanas, o *fruitcake* se torna denso e menos semelhante a um bolo; quando é fatiado fininho, o resultado é um mosaico translúcido e alegre de amarelos, vermelhos e verdes, cores essas entre as quais duas, creio, são as natalinas oficiais. Marjorie comprava suas frutas cristalizadas e sua embalagem na altura do Dia do Trabalho, para evitar a correria de fim de ano.

Uns dias atrás, enquanto folheava revistas femininas de Natais passados — procurando conselhos para fazer e remeter presentes comestíveis, e não achando nada melhor que uma receita de pão de pretzel com raspas de chocolate —, encontrei diversas advertências para não usar pipoca ou sucrilho como enchimento de pacotes de Natal. Julga-se que eles atraiam insetos e absorvam vapores nocivos. Mas quero assegurar que a pipoca confeitada que protege o *fruitcake* da tia Vivian nunca atraiu o menor dos insetos, nem uma única molécula de vapores nocivos. As revistas sugerem usar jornal amassado. Isso funciona bem se você remete seu presente de Salt Lake City, usando um exemplar do *Deseret News*, mas, se você mora em Nova York ou Los Angeles, é provável que o infeliz destinatário de seu presente leia "Papai Noel de loja assalta, esfaqueia bebês e a si mesmo" antes de alcançar os acepipes.

Quando minha mulher se mudou lá para casa, tinha 22 tias e tios vivos, de modo que nunca se sabia se tia Melva enviaria uma caixa de suas balas puxa-puxa ou tia Frances um jarro da geleia que fazia com frutinhas que ela mesma catara no verão anterior, próximo à casa dela, na floresta nacional Olympic. Em alguns anos, tia Evelyn, de Salt Lake City, nos mandava uma lata de seus famosos biscoitos amanteigados, um doce delicado e cremoso feito arduamente com açúcar puxado à mão. Recentemente, com a idade de oitenta anos, Evelyn forneceu biscoitos amanteigados aos quatrocentos convidados para o casamento de sua neta (dois por conviva) e, uma vez por ano, ela os prepara para as 28 viúvas que vivem em sua ala e estão sob sua guarda; mas, para nós, nunca envia o suficiente. Evelyn também faz biscoitos, inclusive Date Swirl; *fruitcake*, claro e escuro; e Million-Dollar Fudge. Evelyn é um dos motivos pelos quais Utah é chamado de Estado-Colmeia.

Se detecto um traço competitivo ou compulsivo em relação a comida na área de Salt Lake City — certa vez observei duas mulheres que forçavam freneticamente travessas de chocolate uma à outra, como se contivessem detritos tóxicos —, é uma competição da qual o observador só pode se beneficiar. Mas,

O   HOMEM   QUE   CO

à medida que os anos passam e os Natais vêm e vão como um relógio, uma quantidade menor das parentas de minha mulher consegue assar tanto quanto gostariam, e a maioria dos integrantes das gerações mais novas parece mais qualificada com o abridor de latas que com a jarra de conserva. Marjorie e a tia Vivian mantiveram o fluxo de *fruitcakes* até o fim. Cinco anos atrás, após uma doença, tia Vivian substituiu o *fruitcake* por aquilo que, em Salt Lake City, as pessoas chamam TV Mix, ou TV Crunch: uma mistura de Wheat Chex, Corn Chex, Rice Chex, amendoim e pretzel, temperada com sal, cebola e molho de soja, a qual, presumivelmente, deve ser desfrutada enquanto se assiste à TV. Tentando não parecer ingratos, telefonamos para Vivian para dizer quanto sentíamos falta do *fruitcake* dela. No Natal seguinte, ela abandonou a aposentadoria, à idade de 88 anos.

Agora, Vivian e Marjorie se foram. No ano passado, quando o Natal se aproximava, reconheci finalmente que não importa quantas vezes eu corresse até a caixa do correio, os *fruitcakes* não mais chegariam. A ideia de assá-los eu mesmo não me ocorreu de imediato. Homens de verdade não assam *fruitcake*.

Uma noite, não consegui aguentar mais. Minha cozinha estava bem fornida de farinha, manteiga, ovo, passas e nozes, mas carente de extrato de limão e frutas cristalizadas. À diferença de Salt Lake City, Nova York funciona 24 horas por dia; assim, pulei para dentro de um táxi e viajei de uma bodega-quitanda coreana a outra à procura de cerejas confeitadas vermelhas e abacaxis verdes. À meia-noite eu estava desesperado. Brinquei com a ideia de comprar trinta caixas de Jujyfruits, eliminando as de alcaçuz. Mas, afinal, apareceu miraculosamente um pouco de frutas cristalizadas, na forma de tubos plásticos que continham cerejas confeitadas brilhantes, suficientes para minhas necessidades imediatas, mesmo sem o abacaxi; às duas da madrugada, dois *fruitcakes* estavam prontos. Deixei um deles envelhecer por quase cinco minutos e o abri; o resultado era próximo o suficiente do *fruitcake* branco de Marjorie para que fôssemos aplacados até a abertura do comércio, na manhã seguinte. Desde então, assei o bolo muitas vezes, usando o conselho de tia Esther no sentido de deslindar várias ambiguidades da receita e acrescentar algumas novas. Minha mulher não consegue distinguir meu *fruitcake* do de sua mãe.

O FRUITCAKE DA FAMÍLIA SMITH

FRUITCAKE *BRANCO DA FAMÍLIA SMITH*
Marjorie Smith, tia Esther e tia Vivian

350 g de cerejas cristalizadas (tia Vivian aumenta em 100 g tanto essa quantidade quanto a do abacaxi, abaixo)

450 g de abacaxi cristalizado verde e vermelho

450 g de passas amarelas

450 g de nozes cortadas ao meio

450 g de manteiga sem sal, à temperatura ambiente

450 g (2 $^1/_4$ xícaras) de açúcar granulado

6 ovos grandes

4 xícaras (450 g) de farinha peneirada

50 g (3 colheres (sopa)) de extrato de limão (tia Esther usa o dobro)

Corte as cerejas ao meio e divida o abacaxi em pedaços de 1,5 centímetro. Ponha todas as frutas cristalizadas num coador e lave em água fria. Misture bem com as passas e nozes, numa tigela com capacidade de pelo menos 6 litros.

Bata a manteiga numa batedeira elétrica ou manual, até ficar leve; acrescente o açúcar e bata até afofar. Bata 3 dos ovos, metade da farinha, os outros 3 ovos e, por fim, o resto da farinha. Acrescente o extrato de limão, sempre batendo. Verta a massa de bolo sobre as frutas e misture completamente, usando uma espátula grande.

Unte com manteiga duas fôrmas de pão grandes e forre-as com papel-manteiga ou papel de embrulho marrom. (A família Smith usa papel marrom, para evitar que os bolos escureçam e formem uma casca crocante, o que constitui uma falha fatal.) Unte o papel com manteiga. Verta a massa nas fôrmas, raspando para aproveitar tudo, deixando pelo menos 1 centímetro para o crescimento dos bolos.

Asse os *fruitcakes* por 45 minutos num forno pré-aquecido a 150°C, depois cubra firmemente com papel-alumínio (deixando espaço na parte de cima dos bolos) e asse por 45 minutos. Não passe disso. Esses *fruitcakes* devem ficar ligeiramente abaixo do ponto e muito úmidos; retire-os do forno assim que começarem a resistir à pressão do dedo ou mostrarem o menor sinal de que começarão a se destacar das paredes das fôrmas. Deixe que os *fruitcakes*

O HOMEM QUE CO

esfriem nas fôrmas, depois desforme e retire o papel; embrulhe-os firmemente em plástico e refrigere durante pelo menos alguns dias, chegando a 3 semanas; por fim, corte-os em fatias finas enquanto ainda frios. Esta receita rende 16 xícaras de massa de bolo, o suficiente para duas fôrmas de 8 xícaras. Você também pode fazer 12 pequenos *fruitcakes*, usando forminhas não aderentes; nesse caso, reduza o tempo de permanência no forno.

dezembro de 1991

Fritas

Durante semanas, fiquei preocupado com cavalos. Toda vez que via um cavalo arrastar turistas através da neve do Central Park, ou de pé sob um policial nos paralelepípedos do Soho, eu começava a salivar. Na verdade, o que me entusiasmava era a gordura dos cavalos, a gordura em torno de seus rins.

Tudo começou vários meses antes, quando um amigo de Paris me telefonou para avisar que Alain Passard, chef do afamado restaurante L'Arpège (duas estrelas Michelin) do Septième Arrondissement, só prepara as batatas fritas dele em gordura de cavalo. "Elas têm um sabor equino que não é desagradável", disse a meu amigo Frédérick Grasser, cozinheiro e crítico gastronômico prodigioso, "uma leveza e um crocante verdadeiro, que não se conseguem com outras gorduras e óleos."

Leveza, textura crocante, sabor — essas palavras puseram meu apetite em alerta imediato. Não é um milagre, refleti, o fato de que apreciadores de batatas fritas de todo o mundo — categoria em que se incluem quase todas as pessoas, de todos os lugares — compartilhem dos mesmos padrões de grandeza para batatas fritas? Notei isso de novo quando lia um manual para profissionais de batatas fritas. Firmeza, cor marrom-dourado, maciez (e não rigidez), um bom sabor de fritura, leveza (e não um interior encharcado) e ausência de gordura — esses parecem ser valores culturais universais, como o medo de cobras.

O HOMEM QUE CO

Discussões só se dão quanto à textura. Os norte-americanos almejam um interior granulado, "farinhento", de modo que normalmente escolhem batatas ruças Idaho, que são densas e têm alto teor de amido. Os europeus preferem uma textura mais úmida, mais lisa, que decorre de tubérculos mais "cerosos", com densidade e conteúdo de amido mais baixos — mas não tão cerosos quanto as pequenas e amarelas *rattes*, as batatas-dedinho e as novas variedades de batata que costumam usar para fazer purê. Nos EUA, isso corresponde às batatas Bel-Rus, Centennial Russet, Chieftain, Katahdin, La Rouge, Sangre, Sebago. Todas, menos a Katahdin, são difíceis de encontrar em supermercados norte-americanos; nestes, seis variedades de batata com alto teor de amido controlam 80% do mercado. A menos que a feira mais próxima venda batatas-dedinho amarelas ou outras batatas de butique, e caso você não seja por demais exigente no sabor e deseje se encaminhar na direção do ceroso, terá de se conformar com batatas brancas e redondas de supermercado.

Frédérick prosseguiu para explicar que a batata preferida de Alain Passard é a Charlotte de Bretagne (cuja textura não tive a oportunidade de averiguar). Ele as corta no formato de *pommes Pont-Neuf* — uma configuração clássica, com seção de cerca de 1 centímetro de lado e comprimento de 8 centímetros. Ele usa uma faca, e não um cortador de batatas ou processador de alimentos, porque esses utensílios produzem uma leve irregularidade nas fritas. Passard cozinha as tiras de batata em gordura de cavalo, um líquido claro e dourado, mantido à temperatura relativamente baixa de 130°C, durante 10 a 12 minutos; em seguida, espera 6 minutos; e as submerge novamente na gordura de cavalo, desta vez elevando a temperatura aos 185°C, durante os 2 ou 3 minutos necessários para fazer que elas fiquem crocantes, marrom-dourado e um pouco inchadas.

Frédérick mal desligara o telefone quando meu espírito se animou com uma sensação de propósito e determinação. Tive certeza de que, em algum dia no futuro próximo, eu cozinharia minhas próprias batatinhas fritas em gordura de cavalo. Quando e como isso aconteceria eram perguntas que faziam o futuro parecer vivo com antecipações e possibilidades.

E, então, fui tomar um drinque com Nora Pouillon, cujos dois restaurantes em Washington, D. C. (Nora e Asia Nora), e cujo excelente livro de receitas (*Cooking with Nora*, Park Lane Press), são admirados nacionalmente por sua comida e dedicação à agricultura orgânica. Nora queria conversar sobre agricultura sustentável, mas seu encantador sotaque austríaco tornou impossível para mim focalizar em alguma coisa diferente dos Lipizzaners, aqueles belos e brancos cavalos imperiais austríacos. Nora estava para viajar para Viena para uma visita de Natal. Sutilmente atento ao fato de que, embora cultuem os cavalos, os austríacos também gostam de comê-los, tentei interessá-la por minha missão com as batatas fritas.

Eu soube que a tinha no bolso quando Nora começou a rememorar culpadamente o salame húngaro recheado de carne de jumento que desfrutava quando criança. Administrei o golpe de misericórdia contando-lhe, de maneira totalmente veraz, a demonstração de um antropólogo de que, nos países onde cavalos são usados como alimento, os animais são tratados de forma muito mais humana depois que deixam de ter serventia para o trabalho. Dentro de alguns minutos ela concordara em trazer três quilos de gordura de cavalo — contanto que fosse legal. O presidente Clinton aprecia o restaurante dela, e Nora não se arriscaria a envergonhar o comandante em chefe dela com um escândalo envolvendo gordura contrabandeada.

Eu tinha duas semanas para provar que meu plano obedecia às leis. Mas o problema era o seguinte: maníacos religiosos direitistas republicanos radicais tinham fechado o governo norte-americano! Na melhor das hipóteses, é uma tortura arrancar da Alfândega uma resposta direta sobre comida. Agora, nem sequer havia uma pessoa a quem perguntar.

Aí, como que por intervenção divina, o governo federal voltou a trabalhar durante alguns dias. Mas ninguém em Washington teve coragem de me liberar. A FDA só assumiria a questão se os cavalos fossem selvagens, e me remeteu ao Ministério da Agricultura, o qual opinou que a FDA incorria em erro. Então localizei certo sr. Richard Scott, supervisor dos inspetores de importações agrícolas, e que precisa tomar decisões como essa todos os dias. Ele conferiu num manual de doenças equinas, assegurou-se de que a gordura de Nora não vinha da Argentina ou do Paraguai, executou mais alguns atos de ocultismo e anunciou que, se minha gordura de cavalo já estivesse refinada e corretamente embalada, então ela poderia trazê-la sem ser diretamente encarcerada.

Agora, era só uma questão de tempo até eu ter batatinhas fritas em gordura de cavalo.

O HOMEM QUE CO

Minha dedicação a batatas fritas é tão profunda que, com certeza, tem origens intrauterinas; desde quando consigo me lembrar, meus amigos me telefonam das regiões mais remotas da civilização quando deparam com alguma realização particularmente elevada da arte das batatinhas fritas. Será que já experimentei as batatinhas do pequeno restaurante no canto noroeste da Place des Vosges, em Paris? Do novo McDonald's na praça Pushkin, em Moscou? Do Cafe de Bruxelles, no Greenwich Village? Do Benita's Frites, em Santa Monica, Califórnia? Ou da rotisserie perto da feira de Antibes, na Riviera francesa, onde frangos crocantes e dourados gotejam seus sucos sobre excelentes fritas empilhadas no fundo da rotisserie durante os poucos minutos que decorrem entre ficarem prontas e serem vendidas?

Às vezes, o Destino coloca as melhores batatinhas bem debaixo de meu nariz. Em certo verão, dirigimos durante uma hora até as colinas que bordejam a cidade medieval de Lucca, na Toscana, para visitar uma aldeia minúscula, chamada Pieve Santo Stefano, onde fica o restaurante chamado Vipore, "Víboras", assim batizado há dois séculos por um dono assustador que conseguia impedir os bandidos locais de atacar seus clientes quando estes paravam em sua pousada no longo caminho de Florença até Forte di Marmi, no mar Tirreno. Sentamos diante de mesas de madeira num jardim com flores, ervas e repolhos negros, assistimos às luzes se acenderem em Lucca e as estrelas aparecerem no céu e desfrutamos a cozinha maravilhosa de Cesare Casella, filho dos donos. Entre suas invenções, incluem-se batatas fritas com alho e ramos de alecrim fresco, tomilho, orégano, sálvia e *nepitella*, servidas em guardanapos de papel de palha. As ervas ficam durinhas e perfumam o óleo, o alho se torna suave e jovial, as batatas crocantes assumem todos os seus sabores e são maravilhosas. Os toscanos são famosos por fritarem batatas com um pouco de alecrim (li num artigo científico que o alecrim é um antioxidante que retarda a rancidez do óleo), mas ninguém usa ervas tão expansiva e habilmente quanto Cesare.

De alguma maneira, saí de Pieve Santo Stefano sem a receita. Anos depois, Cesare foi a Nova York. Numa tarde de domingo, saímos para comprar ingredientes, voltamos à minha casa e, dentro de minutos, os cheiros e perfumes da Toscana enchiam a cozinha. Só faltava a *nepitella*, uma erva indispensável na Toscana, onde cresce como erva daninha, mas que é praticamente desconhecida nos EUA, não obstante a praga de restaurantes autodenominados toscanos. No

FRITAS

Vipore, a família de Cesare almoça batatas fritas com uma salada de radicchio e, às vezes, um prato de ovos cozidos com tomates frescos cortados. Em Lucca, as batatas de Cesare são chamadas simplesmente *patate frite*, mas para nós elas se tornam

BATATINHAS FRITAS TOSCANAS COM ERVAS

8 xícaras (aproximadamente) de óleo de amendoim

700 g de batatas comuns de médias a grandes

4 dentes de alho, não descascados e ligeiramente esmagados

4 ramos de alecrim fresco (cada qual com 15 a 20 centímetros de comprimento), cortados ao meio

10 ramos de tomilho fresco

4 ramos de sálvia fresca

2 ramos de orégano fresco

2 colheres (chá) de sal marinho

Pimenta-do-reino num moedor

Equipamento especial:
 Frigideira de cerca de 25 centímetros de diâmetro e 10 centímetros de altura
 Termômetro de fritura (com alcance entre 100°C e 200°C)
 Garfo de cozinha comprido
 Escumadeira redonda, com diâmetro de cerca de 10 centímetros

Encha a frigideira com o óleo de amendoim até pouco abaixo da metade e coloque no fogo mais alto de seu queimador mais forte. (Quem possui um fogão industrial deve reduzir o calor quase à metade depois de se acrescerem as batatas.) Submerja o termômetro no óleo. Lave e descasque as batatas e, com um cortador ou faca de cozinha, corte-as em tiras longas, com uma seção transversal de aproximadamente 1 centímetro de lado. Não lave os pedaços; seque-os cuidadosamente com um pano e os mantenha firmemente embrulhados. Apronte o alho e as ervas.

Quando o óleo atingir entre 180°C e 190°C, acrescente todas as batatas. Não use uma cesta de fritar. Tenha cuidado para não deixar

O HOMEM QUE CO

o óleo espirrar. O óleo borbulhará furiosamente e cairá para cerca de 120°C a 130°C antes que a temperatura se eleve de novo. Mexa continuamente com o garfo até as batatas cozinharem, o que deve consumir de 10 a 12 minutos; enquanto isso, acrescente as ervas e o alho, da seguinte forma:

Cerca de 2 ½ minutos depois de acrescentar as batatas, adicione os dentes de alho.

Com 6 minutos de fritura, as batatas começam a assumir uma cor dourada, e a temperatura deve atingir de 140°C a 150°C. Acrescente o alecrim.

Mais ou menos 1 minuto depois, acrescente o tomilho, a sálvia e o orégano.

Com 9 minutos de fritura, borrife o sal. (Sim, enquanto as batatas ainda estão no óleo.) Agora, as batatas devem ter assumido uma cor dourada profunda e a temperatura de óleo deve ter se elevado para cerca de 160°C.

Um minuto depois, pesque um pedaço de batata com uma pinça ou chopstick, seque numa toalha de papel, espere alguns segundos e dê uma mordida. Ela deve estar crocante e rígida, não mole. O interior precisa estar cremoso, sem nada de gosto cru. Não é provável que você precise de mais que 1 ou 2 minutos adicionais antes que as batatas atinjam esse estado. Se a temperatura chegar a 180°C, reduza o fogo.

Quando as batatas fritas toscanas estiverem quase prontas, dê 6 a 8 voltas no moedor de pimenta sobre elas, mexendo bem. Usando a escumadeira, retire-as do óleo (junto com as ervas e o alho, que são uma delícia).

Coloque as batatas, ervas e alho numa cesta ou prato fundo forrado de papel, seque a parte de cima, transfira para um prato forrado de papel e sirva imediatamente (ou mantenha quente no forno a 120°C, enquanto prepara outra porção). Para 2 toscanos ou 3 ou 4 norte-americanos.

Nota: O óleo pode ser usado para preparar outras porções de batatinhas, mas apenas no espaço de algumas horas — o sal decompõe o óleo. Depois de fritar a primeira porção, use só metade das ervas e do sal (mas não reduza a quantidade de alho), pois o óleo fica saturado com seus sabores. E se assegure de manter constante a altura do óleo na frigideira.

FRITAS

As batatas com ervas de Cesare não são batatas fritas classicamente francesas. Eles rompem com todas as regras. Na verdade, batatinhas fritas à francesa não são classicamente francesas. Foram os belgas que mostraram que as verdadeiras batatas fritas são feitas usando dois banhos de fritura, o primeiro a uma temperatura mais baixa que o segundo, da mesma maneira que Alain Passard as prepara. Os cozinheiros franceses não começaram a fazer batatas com dupla fritura até a chegada do século xx, muito tempo depois que os belgas tivessem descoberto o princípio. As batatinhas fritas só são atribuídas aos franceses pelos norte-americanos. O *Oxford English Dictionary* remonta o nome *French fries* a 1894, quando apareceu em "Tictocq", conto do escritor americano O. Henry publicado em seu semanário humorístico, *Rolling Stone*, pouco tempo antes de ter fugido do país, acusado de desfalque num banco de Austin, Texas. O *OED* deveria contratar minha assistente, Tara Thomas, que encontrou na New York Public Library outra menção feita em 1894, talvez anterior, numa receita para "batatas fritas francesas" constante do livro de receitas do dr. N. T. Oliver, *Treasured Secrets*.

Nenhuma dessas duas fontes trata o nome como se fosse incomum ou exótico, de modo que devia ser usual tanto na fala quanto por escrito, embora ninguém tenha encontrado algum exemplo anterior. Algumas pessoas acreditam que o "francesas" de "batatas fritas francesas" venha do verbo culinário "to french", que significa cortar em tiras delgadas. (Isso não explica por que usamos "frenching" para nos referir à brincadeira de dobrar os lençóis de uma cama de modo a encurtá-los. Os britânicos se referem a isso como cama "torta de maçã", sem nenhum motivo aparente.) O apelido "fritas francesas" apareceu pela primeira vez por escrito em 1918, embora Graham Greene tenha empregado a frase "fritas à francesa" em 1958, em *Nosso homem em Havana*, livro que você deve ler o mais rápido possível — se é que já não leu. Não há registro de quando a palavra "fritas" apareceu sozinha.

A fritura dupla não é usada pelo dr. N. T. Oliver nem na primeira edição do livro de Fannie Farmer, *The Boston Cooking-School Cook Book*, publicado dois anos depois; a técnica apareceu pela primeira vez num livro de receitas americano em 1906. Para entender as virtudes da fritura dupla, corte uma batata em tiras do tamanho de batatinhas fritas, seque com uma toalha de papel e frite-as à temperatura constante de 180°C, até que elas se tornem marrom-douradas. Ou

O HOMEM QUE CO

o exterior ficará duro e escuro, ou o interior parecerá meio cru. O motivo para isso é que as batatas têm uma "inércia térmica" muito alta. Leva muito tempo para o calor penetrar e cozinhar o centro da batata. E, até que faça isso, o exterior passa do ponto. Quando as batatas são fritas duas vezes, o interior é cozido durante cinco ou mais minutos no calor relativamente mais baixo, antes que o exterior fique dourado e selado. Depois disso, ao se mergulhar as batatinhas em óleo muito quente, a superfície é tornada marrom e crocante. A crosta se torna rapidamente impermeável ao óleo, e sua espessura não excede meio milímetro.

Cozinhar o interior da batata significa evaporar boa parte da água (as batatas têm entre 70% e 80% de água) e gelatinizar o amido — fazendo que os microscópicos grânulos duros que revestem as células da batata absorvam água e inchem, formando travesseirinhos tenros e frágeis cheios de amido gosmento, úmido. A gelatinização começa quando os pedaços de batata são aquecidos a cerca de 65°C e se completa quando o coração da batatinha atinge de 75°C a 80°C.

É isso, ao menos em teoria. Apesar disso, todo chef francês parece ter seu próprio método especial. As possibilidades são infindáveis. Qual é o melhor tipo de batatas? Elas devem ser descascadas? E, em caso afirmativo, com faca ou com descascador? Devem ser cortadas irregularmente à mão ou em tiras perfeitas, com uma máquina? As tiras devem ser secas levemente com uma toalha ou lavadas primeiro, ou ainda empapadas em água gelada ou submersas brevemente em água fervente? Quantas frituras são o ideal, em que tipo de gordura, e a que temperaturas? Se duas frituras funcionam, quatro funcionariam ainda melhor? Quanto tempo deve decorrer entre as frituras? Que tipo de sal se deve usar?

O monumental Joël Robuchon, há muito tempo considerado o maior cozinheiro do mundo ocidental, recomenda um tipo de batata chamada Agria, gosta de formas ligeiramente irregulares cortadas à mão, submete suas tiras de batata a *água fervente sem sal* durante 2 minutos, frita-as em óleo de amendoim a 160°C, espera alguns minutos, submerge-as de novo em óleo a 190°C durante 2 minutos, tempera-as "profundamente" com sal refinado e, depois, com sal grosso, para lhes dar mordida. Ele prefere o sal cinzento de Guerande, da Bretanha. É possível que batatas fritas sejam consideradas comida plebeia nos EUA, abaixo da dignidade de um grande chef, mas na França e na Bélgica ninguém compartilha de nossa atitude desrespeitosa. "Ah, les frites!", escreve Robuchon. "Não

FRITAS

conheço ninguém que deixe de enlouquecer ante um prato de batatinhas fritas crocantes."

O grande chef belga Pierre Wynants gosta de batatas bint. Lava as batatas, usa quantidades enormes de óleo e deixa as batatinhas esfriarem durante pelo menos ½ hora entre as duas frituras. Ghislaine Arabian, nascida na Bélgica, criada em Lille e hoje chef do Ledoyen de Paris, apoia uma batata chamada Charlotte de Noirmoulier, e a combinação belga de azeite de dendê com 15% de gordura bovina, uma temperatura bastante baixa para o primeiro banho, nenhum intervalo e, depois, uma temperatura alta para a segunda fritura.

E um amigo de Paris me revelou aquilo que ele jura ser a receita pessoal doméstica simplificada do próprio Joël Robuchon; são duas frituras em uma (ou, na verdade, infinitas em uma), porque as batatinhas começam em óleo frio, que é aquecido gradual mas rapidamente até 190°C. Manuais comerciais de frituras recomendam tipicamente que se usem quantidades grandes de óleo — pelo menos seis vezes o peso da comida a ser cozida —, de modo que a temperatura é retomada depressa, quando as batatas frias são mergulhadas. Mas com o método caseiro de Robuchon, a recuperação do calor não é problema, porque tanto batatas quanto óleo começam frios e são aquecidos juntos. Assim, Robuchon começa com óleo frio suficiente apenas para cobrir as batatas; quanto menos óleo, mais rápido o aquecimento. Essas fritas são muito mais baratas e causam menos sujeira que a versão clássica. Até onde sei, a receita nunca foi publicada em lugar nenhum.

FRITAS FÁCEIS
Atribuídas a Joël Robuchon

700 g de batatas Idaho ou comuns
2 xícaras de óleo de amendoim à temperatura ambiente
Sal

Lave e descasque as batatas; usando um cortador manual ou faca de cozinha, corte-as em tiras longas, com seção transversal de aproximadamente 1 centímetro de lado. Lave-as brevemente em água

O HOMEM QUE CO

fria e seque com um pano. Coloque-as numa frigideira com diâmetro de cerca de 25 centímetros e, ao menos, 10 centímetros de altura. Verta o óleo, suficiente apenas para cobrir as batatinhas.

Coloque a frigideira no fogo mais alto possível. Quando o óleo tiver ultrapassado os 90°C, começará a borbulhar, primeiro suavemente e depois furiosamente; quando atingir 175°C, as batatas terão assumido uma coloração marrom-dourado profunda, e estarão prontas para ser comidas. (Assegure-se de que a temperatura do óleo não ultrapasse os 190°C.)

Prove uma ou duas. Drene e seque com toalhas de papel. Salgue as fritas imediatamente antes de servir. Coma com mostarda de Dijon forte.

Essa estonteante variedade de receitas, a excelência das batatas fritas toscanas de Cesare Casella, a fórmula particular de Joël Robuchon — tudo isso me abalou até o âmago. Parti para uma reavaliação profunda de minha própria capacidade de fazer batatas fritas, e ousei fazer as perguntas mais delicadas que um apreciador de batatinhas é capaz de formular: o que é uma verdadeira batata frita, e como é feita?

Juntei 50 quilos de batatas, 40 litros de óleo de amendoim, 4 frigideiras elétricas por imersão, 1 maço de livros e artigos científicos e me pus a trabalhar, à espera da chegada de minha gordura de cavalo, se é que Nora Pouillon voltaria algum dia da Áustria, terra dos Lipizzaners. Não me estenderei nos detalhes de todas as experiências. Digamos, apenas, que meu trabalho com gordura bovina foi a última gota. Minha mulher fica inexplicavelmente amuada quando nosso *loft* cheira como um Burger King e ela vai trabalhar com os cabelos cheirando a bife. As coisas ficaram tensas entre nós.

Aqui estão meus achados mais tonitruantes:

1. Comparei vários tipos de batata, todas preparadas do mesmo modo. Batatinhas feitas com batatas ruças de Idaho resultaram tipicamente mais firmes, embora com frequência seu interior fosse desagradavelmente granuloso e com um gosto amargo; em comparação, as batatinhas feitas com batatas comuns brancas resultaram mais macias, tanto dentro quanto fora, e com sabor mais doce. (Batatas comuns, de ferver, demandam de 30 segundos a 1 minuto mais para fritar.) Espécimes muito cerosos e amarelos produziram batatinhas escu-

FRITAS

ras, macias e excessivamente doces por dentro, apesar de apresentarem textura muito cremosa.

2. Testei várias frigideiras elétricas automáticas — duas da DeLonghi, uma da T-Fal e minha velha Bosch (que não se encontra mais nos EUA; consertá-la exigiu toda a minha esperteza), mais uma panela comum de seis litros com cesto da Bridge Kitchenware, de Nova York. Nenhuma das frigideiras elétricas tinha termostato preciso, mas tudo funcionou toleravelmente bem quando usei um termômetro de fritura submerso no óleo, mantendo o olho na temperatura. A Roto-Fryer DeLonghi, a mais cara, bonita e sólida, opera segundo o princípio alucinado de que uma cesta motorizada, situada no interior da frigideira, que faça as batatinhas girarem para dentro e para fora da gordura, não apenas economiza óleo, como também produz a superfície mais crocante e a textura mais leve — coisa que, com absoluta certeza, não consegue fazer. O termostato da DeLonghi, mais barato, errava a temperatura por até 5°C. Seu telefone de atendimento ao consumidor permaneceu ocupado o dia inteiro; graças à magia da rediscagem automática, chamei a cada trinta segundos, durante dez horas seguidas. A T-Fal era bem projetada e funcionava, produzindo boas batatinhas fritas, embora lhe faltasse o poder e a capacidade de minha velha Bosch ou de minha panela com cesta, mais termômetro. Se eu precisasse de uma frigideira elétrica, escolheria a T-Fal. Caso contrário, fique com uma panela grande com cesta.

3. Testei todas as marcas de batatinhas para micro-ondas que consegui encontrar em dois supermercados. Nenhuma resultou satisfatória. Quem inventar a batatinha frita de micro-ondas se tornará a pessoa mais rica do mundo. (Os norte-americanos gastam US$ 5 bilhões para consumir 2,5 bilhões de quilos de batatinhas fritas por ano.) Várias empresas foram à falência na tentativa.

4. Testei todas as marcas de "batatinhas de forno" que consegui encontrar. Nenhuma foi além de quase incomível.

5. Existem batatinhas fritas congeladas de diversas formas e tamanhos. Todas são fritas inicialmente na fábrica, e você é instruído a terminá-las em casa, fritando-as por imersão, assando-as, grelhando-as ou submetendo-as ao micro--ondas. Só se obtêm resultados aceitáveis fritando-as por imersão. De todas as marcas, formas e tamanhos, só se obtiveram bons resultados com as Shoestrings, da Ore-Ida (um centímetro de seção quando fritas, como as do McDonald's); sua textura era excelente, o gosto um pouco menos. Nenhuma marca se mostrou

O HOMEM QUE CO

aceitável quando cozinhada no forno, grelhada ou no micro-ondas. Não eram batatinhas fritas.

6. A maioria dos livros de receitas norte-americanos trazem a instrução de ensopar em água gelada as tiras de batatas de Idaho durante pelo menos meia hora, às vezes durante a noite. Tal prática não produziu batatinhas fritas superiores; mas permite preparar suas batatinhas com antecedência.

7. É desnecessário lavar as batatas depois de cortá-las. Isso não resulta em batatinhas mais crocantes, conforme afirmam muitas receitas.

8. Escaldar as tiras de batata — mergulhando-as em água fervente durante 2 minutos ou mais, como muitos bons cozinheiros e livros de receitas franceses recomendam — é desnecessário com as batatas com bastante amido que se usam nos EUA, e mesmo com as batatas comuns usadas para ferver. O objetivo de escaldar as batatas é retirar açúcar da superfície das tiras, o que leva a batatinhas fritas de cor mais clara; interromper a atividade enzimática na superfície, que, em caso contrário, causaria o escurecimento da superfície assim que a batata fosse cortada e a formação de sabores desagradáveis depois; e para gelatinizar e lacrar o amido da superfície, reduzindo a absorção de óleo e produzindo batatinhas mais crocantes, com uma crosta mais espessa. É possível que as batatas cerosas e com pouco amido que se usam na França exijam essa ajuda, mas uma Idaho Burbank não precisa, a menos que tenha sido armazenada impropriamente a temperaturas muito reduzidas, quase no ponto de congelamento, propiciando o desenvolvimento de açúcar em demasia.

9. Tiras cruas de batata absorvem mais gordura se sua superfície estiver úmida. Seque-as com cuidado.

10. Batatinhas fritas se tornam encharcadas mais depressa depois de receberem sal. Só as salgue segundos antes de servir.

11. Os chefs franceses divergem a respeito de quanto tempo se deve esperar entre a primeira e a segunda fritura. Deixar as batatas esfriarem à temperatura ambiente durante 1 ou 2 horas entre frituras parece tornar as batatas de Idaho mais crocantes, mas o efeito é pequeno em batatas mais cerosas.

12. A cor das batatinhas, variando do dourado ao marrom mais escuro, não é bom indicador de que estejam prontas. A causa principal da cor é o nível de açúcar da batata, que varia com o tipo e o modo segundo o qual tenha sido armazenada. Prove suas batatinhas antes de dá-las por feitas.

FRITAS

13. A melhor combinação de tempos e temperaturas é uma fritura longa e a baixa temperatura, seguida de uma fritura curta, a alta temperatura, com pouca espera entre as duas. Isso, bem como muitas de minhas demais descobertas, coaduna-se com as receitas de Ghislaine Arabian e Alain Passard. Embora eles empreguem batatas mais chiques e gorduras animais especiais, seus métodos parecem funcionar melhor mesmo com tubérculo de supermercado e óleo de amendoim. Ambos aprenderam a fazer batatinhas fritas na Bélgica.

BATATINHAS FRITAS ARABIAN-PASSARD

2 a 3 litros de óleo de amendoim (ou substitua de $^1/_3$ à metade por gordura bovina)

700 g a 1 kg de batatas Idaho Russet-Burbank ou batatas comuns grandes

Sal

Verta o óleo de amendoim numa frigideira elétrica ou frigideira funda de 6 litros, dotada de cesto de arame. Use tanto óleo quanto o manual da frigideira elétrica recomendar (ou a metade do volume da frigideira comum, ou seja, 3 litros). Aqueça o óleo a 130°C, vigiando o termômetro.

Enquanto isso, lave e descasque as batatas; com um cortador de batatinhas ou faca de cozinha, corte-as em tiras longas, com seção transversal quadrada, com cerca de 1 centímetro de lado. Descarte os pedaços menores e irregulares. Devem restar entre 500 e 700 g de batatas (3 a 4 xícaras). Para a quantidade menor, use 2 litros de óleo; para a maior, 3 litros. Não lave as batatas e seque-as cuidadosamente com um pano de prato. Mantenha-as embrulhadas com firmeza até o óleo se aquecer.

Coloque as batatas no cesto e mergulhe no óleo. Cozinhe em fogo alto até o óleo se aproximar de novo dos 125°C, e então baixe o fogo, para manter essa temperatura. Mexendo frequentemente com um garfo longo de cozinha, frite durante 9 ou 10 minutos, até que as batatas estejam quase cozidas no interior mas ainda permaneçam brancas e um pouco translúcidas no exterior, ainda sem ganhar cor. Erga o cesto e escoe as batatas, elevando o fogo ao

O HOMEM QUE CO.

máximo até o óleo atingir cerca de 190°C. Não deixe o óleo passar de 195°C.

Mergulhe o cesto de volta no óleo e frite por cerca de 3 minutos, até que as batatas fiquem bem douradas e firmes. Batatas comuns ou para ferver exigem cerca de 30 segundos mais de fritura.

Erga o cesto, escoe as batatas por alguns momentos, inverta o cesto sobre um prato coberto com toalhas de papel, seque o topo da pilha de batatinhas e, logo antes de servir, salgue-as sem restrições.

Bem a tempo, Nora Pouillon voltou da Áustria com 2,7 quilos de gordura de cavalo refinada, que ela trouxe dentro da mala, junto com suas peças mais íntimas. Foi difícil conter meu entusiasmo. Havia sete recipientes brancos de plástico, cada qual com um rótulo que dizia L. GUMPRECHT PFERDEFLEISCHERE. pferde-fett. (Gumprecht deve ser o mais popular entre os açougues de carne de cavalo que restaram em Viena; ocupa as lojas 58 e 59 do Naschmarkt.) Dentro de cada pote, havia uma gordura branca solidificada, semelhante à banha. Nora passara sem sustos pela alfândega. Um mês depois, recebeu o título de Chef do Ano dos EUA de 1996.

Verti a gordura de cavalo numa frigideira elétrica, um pouco de gordura bovina refinada em casa em outra e óleo de amendoim numa terceira. Usando a receita Arabian-Passard, fritei dez porções de batatinhas. A versão no óleo de amendoim resultou boa, mas as de gordura bovina e equina eram excepcionais, em especial depois que diluí a gordura animal com metade do volume de óleo de amendoim. As batatas eram extraordinariamente crocantes e gostosas, e permaneceram nesse estado durante mais tempo que o habitual. É fácil ver por que o McDonald's e as demais cadeias de fast-food costumavam fritar suas famosas batatinhas em gordura bovina — até que a preocupação popular com colesterol os forçou a mudar para óleo vegetal puro (que, entretanto, é parcialmente hidrogenado, o que é perigoso).

Justamente quando eu estava a ponto de comparar e contrastar com o detalhamento apropriado os aromas e sabores precisos da gordura equina e da bovina, a primeira começou a ficar prematuramente rançosa e escura. (Quando a gordura com que se frita começa a assumir um aroma suspeito, ainda não se tornou rançosa, mas está a ponto disso.) Receio que Nora tenha se esquecido dos

402

FRITAS

25 quilos de gelo-seco que eu pedira que ela trouxesse para proteger meu Pferde-Fett em sua odisseia de Viena a Washington e Nova York. Eu me desculpo.

Acabo de saber que Alain Dutournier, o chef parisiense oriundo do Sudoeste da França, frita as batatinhas dele em gordura de ganso. Ele usa uma combinação incomum de temperaturas: após uma primeira fritura a baixa temperatura, ele espera duas horas, inicia a segunda a 140°C e, devagar, aumenta a temperatura até atingir 200°C. A ideia é fascinante, e gostaria de experimentá-la de imediato. Mas minha mulher passou pela cozinha há pouco e deslizou para a cama, deixando-me só e cercado por quatro frigideiras elétricas borbulhantes e pilhas de batatas de Idaho não descascadas. "Sorria e o mundo sorrirá com você", disse ela enquanto desaparecia. "Frite e você fritará sozinho."

abril de 1996

NOTA DO AUTOR

Alain Passard recebeu sua terceira estrela Michelin. Suas batatinhas fritas feitas com gordura de cavalo não podem ter sido irrelevantes nessa decisão.

Quando este artigo foi publicado, uma amazona ávida organizou uma campanha contra a *Vogue*, por crueldade verbal contra os cavalos. A *Vogue* a aplacou publicando, na íntegra, uma carta que xingava o autor.

Respondi: "Os EUA são o maior exportador de carne de cavalo do mundo (400 mil animais são abatidos todos os anos), porque têm a maior população de cavalos para finalidades recreativas. Esses animais se tornam 'excedentes' porque os apreciadores de cavalos cruzam desnecessariamente seus bichos de estimação, proprietários vendem seus cavalos de corridas transcorridos poucos anos e ginetes recreativos trocam suas montarias por animais melhores. O sacrifício e a exportação se tornam inevitáveis quando o excedente faz o preço de revenda cair abaixo de uns US$ 600,00 por animal. O objeto da fúria da sra.... deveriam ser as práticas inumanas de boa parte da indústria da carne de cavalo. E a falta de vontade da maioria dos donos de cavalos quando se trata de cuidar de seus bichos de estimação até que estes morram de morte natural".

Peixe sem fogo

Durante os dois últimos meses, não comi outra coisa senão peixe no micro-ondas. Minhas aventuras culinárias de bistrô se dão no fogão — os frangos assados rechonchudos e crocantes, a salsicha de alho e as batatas douradas em gordura de ganso, o chucrute refogado durante horas com porco, maçã, cebola e zimbro. Já lá se vai a semana que consumi dez quilos de batatas ruças de Idaho e cinco litros de creme de leite pesado, tentando recapturar as batatas gratinadas que comemos no verão passado em Avignon. As batatas perfeitas terão de esperar por outra oportunidade.

Tudo começou alguns meses atrás, quando a mulher mais elegante que conheço me informou que meus hábitos culinários eram irremediavelmente obsoletos. "Nós", anunciou ela, falando como sempre de um mundo elegante, que o resto da humanidade pode imitar, mas nunca penetrar, "temos feito oceanos de peixes no micro-ondas. É leve, é rápido, é fácil, é..." Ela procurou a palavra perfeita. "É peixe."

Como regra geral, não tenho o hábito de pedir conselhos sobre comida a pessoas magras, mas as palavras de minha amiga tinham me tocado. Senti-me como o vestígio de alguma era passada e esquecida. Pior, senti-me como um estranho. Foi então que decidi não comer nada mais senão peixe no micro-ondas, até aprender a gostar disso. Mas por onde começar?

PEIXE SEM FOGO

Passo um: o hardware. A julgar pelas edições dos últimos cinco anos da *Consumer Reports*, o comprador novato de micro-ondas enfrenta uma selva de características e opções: poder de cocção e consumo de energia, mostradores digitais, sondas de temperatura, sensores de umidade, ciclos programados de descongelamento, ciclos programados de cocção, ciclos programados combinados e dispositivos como lâminas reflexivas, guias de ondas e carrosséis para uniformizar o padrão irregular de energia. Tudo isso por US$ 200,00 ou US$ 300,00.

O vendedor de micro-ondas da loja de departamentos estava sentado burocraticamente entre cinquenta fornos arrumados em prateleiras atapetadas. Telefonou a outros vendedores, para negociar a hora do almoço. Não conseguiu explicar todas as características, tamanhos e níveis de potência dos fornos, ou sequer se lembrava de seus nomes. Não sabe ele que faz parte de uma revolução nacional em gosto, textura e gerenciamento do tempo? Confiei na *Consumer Reports* e encomendei os dois fornos de micro-ondas mais bem avaliados, o compacto da GE e o tamanho gigante da Amana.

Nesse admirável mundo novo, é difícil encontrar fatos sólidos. O Toynbee dos micro-ondas ainda está por pousar a caneta sobre o papel. Contudo, parece haver consenso sobre o fato de que, em 1945 ou 1946, um cientista de radar do laboratório da Raytheon em Massachusetts notou que uma barra de chocolate Hershey derretera inexplicavelmente em seu bolso. Caso ele tivesse se lembrado que a manteiga de cacau se liquefaz a 37°C, é possível que ainda estivéssemos morando em cavernas e cozinhando nossas refeições numa fogueira. Mas nosso cientista adivinhou que a causa do emporcalhamento de seu bolso tinham sido ondas de radar. Ele estourou um pouco de milho de pipoca numa lata de lixo galvanizada e solicitou uma patente. Não há registro de como ele removeu a mancha de seu bolso.

Desde então, a lata de lixo se transformou numa caixa de metal, e as autoridades federais de comunicações definiram que os fornos de micro-ondas devem usar frequência de 2450 megahertz, algo entre o radar marinho e o canal 69 do seletor de UHF de seu televisor. Dividindo a velocidade da luz por 2450 megahertz, obtém-se um comprimento de onda de cerca de doze centímetros. Isso explica por que as micro-ondas penetram aproximadamente três centímetros na comida, ao passo que a radiação infravermelha usada na culinária conven-

O HOMEM QUE CO

cional tem comprimento de onda quatro vezes menor, quase todo absorvido na superfície, onde produz o dourado delicioso que falta ao micro-ondas.

TÊNIS NO MICRO-ONDAS

Só porque você finalmente reconheceu que seu micro-ondas serve apenas para fazer pipoca e requentar restos, isso não é motivo para jogá-lo fora. Invente novos usos para ele. Após ter lido que um grande fabricante de eletrodomésticos está desenvolvendo um secador de roupas por micro-ondas, e após pisar numa poça de água na frente de minha casa, decidi experimentar.

TÊNIS SECOS

1 tênis molhado, ¹/₂ kg, Nike ou similar
1 micro-ondas de tamanho normal

Coloque seu tênis no suporte do forno, com a sola voltada para cima. Ajuste a potência em 30%, mantendo-a por 5 minutos. Repita, verificando a cada vez a presença de pontos quentes no tênis. Retire do forno se encontrar algum, ou se o tênis estiver quase seco. Se você tentar deixá-lo completamente seco, as partes de borracha derreterão, e a palmilha fará fumaça.

dezembro de 1988

Em ambos os casos, a energia absorvida agita as moléculas de comida naquilo que denominamos calor; o calor é então transferido por condução para o resto da comida. Ondas infravermelhas agitam quase todos os tipos de molécula. Os livros discordam sobre se as microondas agitam apenas moléculas polares, principalmente as de água, ou se sua energia é mais eficazmente transmitida a sais e gorduras. A diferença é crucial para entender o que acontece a seu jantar no micro-ondas, mas posso dizer com segurança que o Newton das micro-ondas ainda está para publicar suas descobertas. Uns 60% das casas norte-americanas têm fornos de micro-ondas, mais que máquinas de lavar pra-

PEIXE SEM FOGO

tos; metade das pessoas comprou seus fornos a partir de 1984. Pessoas nos estados da costa oeste os compram mais frequentemente que as do leste. Todo mundo no oeste se refere a fornos de micro-ondas como *nukers*, e ao ato de cozinhar neles como *nuking*, como se fosse algo ligado a explosões nucleares. A metáfora é imprecisa, porque as micro-ondas não são radiações ionizantes, o que significa que mantêm inalteradas as camadas de elétrons dos átomos da comida. Caso contrário, sua comida emitiria radiação em seu prato e em seu estômago.

Passo dois: o software. Enquanto meus fornos estavam em trânsito, juntei uma pilha representativa de vinte livros atuais de receitas de micro-ondas, todos os que encontrei com seções significativas sobre peixe. Em sua maioria, não se trata de livros para levar para a cama numa noite de inverno. Não há nenhuma excursão literária àquela perfeita lojinha de microondas perto do mercado de Lyon. As receitas são pequenas e telegráficas, precedidas de desculpas no caso das que exigem muitas explicações. Os livros são unânimes: "Uma vez que você tenha experimentado peixe cozido no micro-ondas, nunca mais conseguirá cozinhá-lo de nenhum outro modo. [...] O peixe permanece úmido e cozinha uniformemente"; "O peixe fresco é tão saboroso quando cozido simplesmente que um molho pode parecer desnecessário".

E assim vai. Muitos desses livros são altos e magros, como pessoas raquíticas que não têm tempo de ler sobre comida. A maioria foi escrita por peritos em economia doméstica com uma especialização em micro-ondas, aparições em programas locais de TV ou um contrato de consultoria com algum fabricante de micro-ondas. Não encontrei em lugar nenhum livro intitulado *Cuisine Électromagnétique*, por Michel Guerard ou Fredy Girardet. O que chega mais próximo disso é o admirável *Microwave Gourmet*, de Barbara Kafka (Morrow), que aborda clássicos difíceis como risoto, *confit de canard* e patê artesanal; no livro, inclui-se um exaustivo dicionário de ingredientes, técnicas, tempos e rendimentos que vale o preço do livro. Num nível mais terreno, mas não menos abrangente, está *Mastering Microwave Cookery*, de Cone e Snyder, com 75 páginas introdutórias com guias, quadros e outras informações às vezes úteis. Os livros da faixa inferior ensinam como criar em sua própria cozinha pratos como *sombrero party dip*, guisados de atum e batata chips, hambúrgueres fiesta e árvore de camarões, essa última "uma atraente decoração de Natal" na qual camarões sem casca

O HOMEM QUE CO

cozidos no micro-ondas são empalados num grande cone de plástico verde. Mal consigo esperar pela chegada de meus fornos.

Passo três: o passeio de amaciamento. No instante em que o modelo compacto GE foi entregue, senti um desejo invencível de lançar tudo em sua cavidade. A linguiça *Bratwurst* se rompeu em 37 segundos e estourou em 58; uma barra Dove foi levada com sucesso à temperatura de ser comida na própria caixa de papelão; o café frio foi requentado de forma menos repulsiva que de costume. Em preparação para a experiência, eu apanhara algumas comidas de conveniência (creio que é assim que se chamam), feitas exatamente para o micro-ondas. Tentei duas marcas concorrentes de pipocas fornecidas em embalagens que vão ao micro-ondas. As Orville Redenbacher Natural Flavor venceram sem disputa, resultando tenras e crocantes, embora por demais salgadas. Uma pilha de panquecas de leite congeladas para se mergulhar no xarope matinal preferido antes de ir ao micro-ondas desintegrou-se no garfo; a lateral da caixa parecia a lista de instruções de um conjunto de química.

Na geladeira, havia 1 quilo de alho-poró e um pouco de caldo de galinha. Que melhor maneira de concluir meu passeio de amaciamento do que promover um concurso entre meus dois livros prediletos de receitas para micro-ondas? Suas receitas para alho-poró cozido são quase idênticas, exceto nos tempos de cocção. A receita de 40 minutos de Barbara Kafka produziu uma travessa deliciosa de alho-poró tenro, que nadava num excesso de líquido, o qual bebi como sopa depois de acrescentar um pouco de creme e de reaquecer no micro-ondas; os concorrentes, que gastavam a metade do tempo, resultaram duros e pegajosos. Comparado com a cozinha convencional, Kafka me poupara 10 ou 15 minutos de cocção desacompanhada e uma panela para limpar.

Isso me levou ao pequeno segredo dos micro-ondas: muitos pratos demoram mais para ficar prontos quando feitos no micro-ondas! Quanto mais comida se coloca no forno, mais tempo demora. O magnetron (a válvula que produz as micro-ondas) emite uma quantidade fixa de energia na cavidade do forno, onde é refletida pelas paredes metálicas e é absorvida pela comida. Uma posta inteira de carne absorve só um pouco mais de energia por segundo que um pedacinho de vitela e, por conseguinte, cozinha mais devagar. Uma batata assada leva 5 minutos no micro-ondas, 2 batatas demoram o dobro e 12 quase 1

PEIXE SEM FOGO

hora. Num forno convencional, no qual o ar quente e seco circula em torno de cada batata, uma batata demora tanto tempo para assar quanto uma dúzia delas — aproximadamente 45 minutos. Um peru de 6 quilos requer 4 $\frac{1}{2}$ horas no micro-ondas, e 12 espigas de milho 14 minutos, em ambos os casos um tempo consideravelmente mais longo que a cocção convencional. É por isso que a maioria das receitas de micro-ondas indica apenas uma ou duas pessoas — o que é perfeito para a família subnuclear de hoje —, e alerta sobre o erro de, ingenuamente, dobrar ou triplicar as quantidades quando se cozinha para grupos mais numerosos.

Passo quatro: peixe new-wave. Imagine o peixe mais delicioso que você já comeu na vida. Eu ainda consigo sentir o gosto das pequenas trutas fritas que comi durante um passeio pela terra dos *cajuns*, as montanhas de minúsculos peixes grelhados — sem nome em inglês — que comemos, com cabeça e tudo, na costa adriática, o pomátomo grelhado no fim de um verão de Long Island, o pequena perca amarela que pescamos no pôr do sol em Vermont e fritamos em alguns momentos. Se essa é a ideia que você tem de algo gostoso, então use seu micro-ondas para preparar sanduíches de queijo derretido. O micro-ondas não frita, grelha ou churrasqueia coisa alguma. Mal assa ou mesmo tosta, e o máximo que faz é elevar massa. No caso de pratos que você espera resultarem dourados, algumas receitas recomendam pincelar a comida com molho de soja e páprica, ou então com fluido Kitchen Bouquet; ou ainda, numa quantidade espantosa de vezes, sopa de cebola desidratada ou molho seco de espaguete. As demais receitas tentam persuadi-lo a não se preocupar com esse tipo de coisa.

O único tipo de cozimento que o micro-ondas faz, e com frequência bastante bem, são as fervuras e seus parentes. A maioria das receitas de peixe de micro-ondas usa essas técnicas. Assim, escolhi o que pareciam as melhores receitas dos melhores livros de receitas de minha biblioteca de micro-ondas e fui ao trabalho.

A *truite au bleu* não ficou azul, resultando aguada e sem graça. O pomátomo com erva-doce fresca funcionou melhor, se é que você gosta de pomátomo cozido em vapor. O filé de linguado amandine se mostrou insípido e decomposto, nadando em caldo; as amêndoas não douraram. O papa-terra *en colère*

409

O HOMEM QUE CO

COMO COMPRAR PEIXE

• O peixe nunca deve ter cheiro suspeito. A pele e as brânquias devem ter cheiro de alga fresca. Com a passagem do tempo, o cheiro de alga desaparece e se desenvolve um odor azedo, seguido pelo fedor da amônia ou do enxofre.

• A pele deve parecer vivaz e iridescente, e o muco, transparente e luminoso. À medida que o tempo passa, o muco e a pele vão se tornando menos lustrosos; por fim, o muco se torna leitoso e opaco e a pigmentação fica apagada e, na pior das hipóteses, variegada.

• Na maioria das espécies, os olhos devem ser convexos e protuberantes, com a córnea transparente e as pupilas pretas. Depois a córnea se torna opalescente e, por fim, leitosa; as pupilas perdem o brilho e depois ficam cinzentas; os olhos se tornam ligeiramente afundados, depois achatados e acabam côncavos no centro.

• As brânquias devem ter colorido brilhante, sem sinal de muco. (Erga a cobertura das brânquias para vê-las.) A passagem do tempo as torna opacas, depois descoradas e amareladas; aparece um muco claro, que depois fica opaco e leitoso.

• O corpo deve ser firme, elástico e liso, voltando à forma normal quando apertado. À medida que a carne vai perdendo a firmeza, as escamas passam a se destacar com mais facilidade da pele, e a superfície se enruga. Dentro, a cor ao longo da coluna vertebral muda de neutro para ligeiramente rosa, depois rosa saturado e finalmente vermelho.

A propósito: a melhor maneira de armazenar um peixe inteiro é mantê-lo sob gelo fundente, e não sobre o gelo (como muitos mercados de peixe respeitáveis fazem, coisa que, contudo, é praticamente inútil). O gelo fundente mantém o peixe inteiro a 0°C e ajuda a lavar as bactérias.

(mordendo a própria cauda) se mostrou delicado e úmido, embora o molho de creme não tivesse espessado e a salsa tivesse passado do ponto. O peixe-espada ficou seco e farelento; faltou-lhe sabor e, embora cozido sem líquido, terminou cercado por uma piscina pungente de caldo; aparentemente, o sabor do peixe passou todo para a travessa. A truta inteira com manteiga de limão resultou bastante boa, mas cozida desigualmente. As *paupiettes* de linguado e salmão

PEIXE SEM FOGO

ficaram cinzentas, borrachentas, secas e quase insípidas, exatamente os defeitos que a receita do micro-ondas dizia prejudicar o preparo convencional e prometia evitar; é possível que eu tivesse errado a cronometragem, mas como não gosto tanto assim de *paupiettes*, não fiz uma segunda tentativa. Os medalhões de salmão eram firmes e saborosos, mas muito do gosto decorria da marinada de mostarda, azeite e limão, que era tão boa que, tendo me cansado de peixe cozido, rompi as regras e grelhei um filé de salmão coberto com a marinada em minha poderosa grelha salamandra. Lamento dizer que o resultado foi maravilhoso, melhor que qualquer coisa que meu micro-ondas tenha produzido.

Passo cinco: como se tornar chef de micro-ondas. Informa o *Wall Street Journal* que, em 1988, 40% dos esforços das maiores companhias de alimentos dos EUA serão dedicados a fazer que comida rápida de micro-ondas tenha gosto de comida. De modo que você pode esperar gastar muito de seu tempo para entender como adaptar suas receitas favoritas. Sal no micro-ondas produz manchas marrons nos legumes, resseca-os e os faz murchar. Molhos devem ser espessados com farinha ou maisena, porque os tempos menores provocam menos evaporação, de modo que a intensidade do sabor não se desenvolve. As quantidades de alho, gengibre, chalotas, ervas frescas, álcool e vinho, coentro e cardamomo precisam ser aumentadas, porque seus sabores essenciais são voláteis. Pimenta, ervas secas, noz-moscada e canela precisam ter suas quantidades reduzidas, porque seu sabor tem menos tempo para suavizar. A comida deve ser cortada em pedaços regulares (idealmente, cubos de 7,5 centímetros) e cozinhada junto com pedaços da mesma densidade; ou, então, você pode misturar pedaços menores de alta densidade com pedaços maiores de baixa densidade. Os pedaços devem ser organizados num anel, ficando separados uns dos outros, e com as partes mais espessas no exterior. A propósito, avisei para não colocar guardanapos e pratos de papel reciclado dentro do micro-ondas? Eles podem conter partículas metálicas, com risco de causar incêndio.

Os tempos de cocção são muito enganadores. Uma receita demandará mais ou menos tempo no forno se a travessa que você usar diferir em tamanho, forma ou composição daquela que o autor da receita empregou, ou então se o padrão de dispersão de energia de seu forno diferir, se sua voltagem sofrer oscilações (o que é comum em áreas urbanas), se você cozinhar a mais de mil

O HOMEM QUE CO

metros acima do nível do mar ou se seu peixeiro só tiver hoje uma garoupa de 1,5 quilo em vez dos 700 g especificados pela receita. Um erro de trinta segundos pode arruinar sua obra-prima.

O tempo de cocção pode representar um problema com os métodos convencionais, mas ao menos estamos em contato mais direto com a comida. Sentimos o calor, vigiamos as mudanças de textura da superfície da comida, a cor e a umidade, podemos tocá-la, cheirá-la. Um ou dois livros de receitas de micro-ondas sugerem que se vigie a comida com cuidado, mas a lâmpada em seu interior é fraca, a porta fica fechada hermeticamente, a janela é pequena e protegida e a comida é coberta com toalhas de papel, ou papel-manteiga, ou um invólucro de plástico que parece derreter sobre o suporte de vidro.

Sem temor, porém, procurei por três bons pratos de peixe que deveriam funcionar bastante bem no micro-ondas.

Às vezes, cozinho uma solha em vapor com um molho doce e picante durante 15 minutos num cesto de bambu de quarenta centímetros de diâmetro, fixado sobre um *wok* grande, cheio de água fervente. Aqueço o espesso molho vermelho-escuro de condimento chinês *hoisin*, pasta de feijão, soja, alho e gengibre num queimador, verto sobre o peixe e decoro com fatias de chalota. Dessa vez, submeti o peixe ao micro-ondas durante 7 minutos num prato firmemente embrulhado, sem líquido algum além de vinho *shao-hsing* esfregado na solha; deixei descansar enquanto passava o molho no micro-ondas. Custou-me três peixes até que eu conseguisse acertar. O resultado foi mais que meramente comestível; no entanto, não importa o quanto eu variasse a cronometragem do micro-ondas, a carne da solha nunca atingiu aquela consistência firme, mas tenra, que adquire quando é cozida no vapor. Quase todo autor de livro de receitas de micro-ondas se maravilha com a piscina de caldo que se forma miraculosamente ao redor de um pedaço de peixe cozido sem líquido. Alguns consideram que isso seria mais uma recompensa gratuita do micro-ondas — mas qualquer criança pode dizer que, quando o sabor deixa o peixe, o peixe perde sabor. As receitas que indicam apenas cobrir o peixe inteiro ou em filé com toalhas de papel ou papel-manteiga produzem resultado mais firme e seco que quando o peixe é embrulhado firmemente em plástico, mas o cozimento é menos uniforme. Por estranho que pareça, o modo pelo qual se cobre o peixe pode ser a chave do resultado.

412

PEIXE SEM FOGO

Consigo ainda me lembrar do *loup en papillote* que comi num restaurante perto de Antibes. Assado inteiro a vapor, e não cozido, o peixe — um tipo de garoupa — era recheado com ervas aromáticas e legumes, embrulhado em papel-pergaminho e assado até que o papel ficasse dourado e estufado, e o peixe infundido com os perfumes da Provença. Em minha versão de micro-ondas, o papel permaneceu de um branco fantasmagórico, mas o peixe resultou bom. Tentei, sem sucesso, preparar um líquido feito de soja e açúcar para dourar o papel, com a desculpa que não chegaria a tocar na comida. A pureza moral se desintegra depressa a 2450 megahertz.

Por fim, uma musse de penteola em forminhas individuais desmoldadas e cercadas por uma *sauce Joinville* feita com camarão e tomate, também no micro-ondas: eu tive a ideia ingênua de que pudins e timbales cozinhariam com perfeição sedosa no micro-ondas, sem ferver ou endurecer. Não é verdade. As ondas se concentram na periferia e deixam o centro frio.

Em minha próxima monografia, intitulada "Micro-ondas: culto ou cultura?", demonstrarei que os fanáticos por micro-ondas compartilham uma cultura — no sentido antropológico de um "complexo de características exibido por uma tribo ou unidade individual do gênero humano" — que se aproxima de um culto. Seus membros se reúnem em torno dos valores do progresso, da velocidade, da saúde e da liberação da tarefa de lavar pratos. São os profetas do século XXI; nós outros somos "cozinheiros de fogão empedernidos", que gozamos o "luxo" da culinária convencional com nossos equipamentos arcaicos. Eles ignoram o fato de que o progresso nos trouxe creme ultrapasteurizado e pasta de queijo processado. Também ignoram descobertas recentes, segundo as quais a fervura convencional retém tanto das vitaminas dos alimentos quanto o micro-ondas; já esse último reduz os teores de fósforo, ferro e riboflavina da carne. Eles têm razão, entretanto, sobre a lavagem de pratos. A maioria das receitas de micro-ondas é misturada, cozida e servida num único prato de vidro, sendo que algumas favorecem pratos ou toalhas de papel.

Meu novo micro-ondas é um utensílio conveniente para ter à mão. Parafraseando o que o grande comilão A. J. Liebling gostava de dizer a respeito do que escrevia, meu micro-ondas cozinha melhor que qualquer coisa que cozinhe mais depressa e mais depressa do que qualquer coisa que cozinhe melhor. No panteão dos equipamentos culinários, ele fica abaixo do processador de alimentos e acima da panela de pressão. Para os fanáticos por micro-ondas, isso pode parecer pouco elogio. Para minha panela de pressão, é um elogio e tanto.

março de 1988

NOTA DO AUTOR

Este foi meu primeiro artigo culinário.

Da embalagem

Passei a semana passada inteira cozinhando com base estritamente no que dizia o verso das embalagens. Tudo começou numa noite fatal, quando minha mulher chegou em casa vinda do trabalho e me encontrou de pé na cozinha, um pedaço de toucinho cru em cada mão e lágrimas salgadas de derrota escorrendo dos olhos. Todas as superfícies da cozinha, minha roupa, as páginas abertas de um novíssimo livro de receitas — tudo estava recoberto de fatias, fragmentos, tiras, pedacinhos e fatiazinhas de toucinho gorduroso.

O livro de receitas era uma nova e opulenta obra com pratos franceses modernos deliciosos e complicados. Eu esperara vários dias por uma noite livre para cozinhar suas receitas. Para começar, escolhera uma torta aparentemente simples, mas de aspecto inebriante, feita de batata, queijo e toucinho, na qual camadas de batatas finamente fatiadas e queijo eram embrulhadas em toucinho e assadas num forno quente, até as batatas ficarem tenras, o queijo, derretido e o toucinho, crocante e crepitante.

Inicia-se fatiando muito finamente 170 g de toucinho. Depois, usa-se o toucinho para revestir uma fôrma de bolo redonda, com diâmetro de 25 centímetros, fazendo-o "em espiral", de modo que as extremidades das fatias se dobrem naturalmente por cima da borda da fôrma; em seguida se acrescentam as cama-

O HOMEM QUE CO

das de queijo e de batatas, e por fim se puxam as extremidades do toucinho para envolver as batatas.

Eu deveria saber que não se deve tentar fatiar toucinho à temperatura ambiente. O toucinho se dobra e tremelica e não mantém a forma; as fatias resultam espessas e irregulares. Mas minha política é seguir exatamente as instruções de outro escritor, ao menos quando da primeira vez. E adoro cumprir ordens. Nada me deixa mais feliz que me enrodilhar com as 97 páginas de um manual de instruções de videocassete ou fazer uma receita complexa, que exige trabalho atento durante vários dias ou semanas.

Por sorte, eu comprara uma peça inteira de toucinho, porque desperdicei 1,5 quilo antes de conseguir extrair 170 g de fatias razoavelmente finas. Meu braço doía, a desordem e a gordura se espalhavam pela cozinha e a hora estimada em que o jantar seria servido foi postergada para as nove. Passei a interpretar o que significaria "em espiral".

Meu dicionário informa que uma espiral começa no centro de um círculo e segue uma trajetória curva até a circunferência. Foi isso o que tentei fazer com meus 170 g de fatias de toucinho, primeiro com as tiras no sentido horizontal, depois no vertical, às vezes a partir do centro e às vezes da beirada. Nada funcionava. Mais uma hora se passou.

Reinterpretei "em espiral" como "radialmente". Depois de introduzir minha calculadora eletrônica num saco plástico, para protegê-la da gordura, verifiquei que uma torta de batata com 25 centímetros de diâmetro exigiria, para ser embrulhada, algo como 1300 centímetros quadrados de toucinho — ao menos 22 fatias, imaginando que não se superpusessem em mais que um milímetro. Voltei a fatiar. Quando, uma hora depois, minha mulher me procurou, faminta, tudo na cozinha brilhava, e eu perdera a faculdade da palavra. Minha mulher leu a receita e deu um muxoxo: "Isso nunca vai funcionar", disse ela. Foi a primeira receita a me deixar perplexo em quinze anos. Eram dez horas da noite.

Enquanto limpávamos a cozinha, minha voz voltou e ficamos rememorando as receitas no verso da embalagem — fórmulas simples e cordiais para preparar a boa e sólida comida norte-americana, à prova de falhas — os molhos e bolos de carne, os bolos rápidos e as coberturas instantâneas, os guisados e cozidos e pudins rápidos de nossa juventude inocente. O predileto de minha mulher era a versão de sua mãe de Caçarola de Talharim com Atum Campbell's. O meu era

DA EMBALAGEM

o Famoso Rocambole de Wafer de Chocolate Refrigerado Nabisco. Em ocasiões especiais, minha mãe espalhava creme batido nos biscoitos largos e delgados, formava as camadas num rolo comprido e o resfriava, até os biscoitos ficarem moles e úmidos, como se fosse um bolo de chocolate escuro. Quando o rolo era fatiado diagonalmente, as listras brancas e marrons formavam um padrão festivo, elegante. Como tive saudades daqueles dias inocentes, em que creme batido e wafers de chocolate traziam a felicidade gastronômica!

É VERDADE

P. Quando a panela de pressão foi inventada?
R. 1680.

Juntos, minha mulher e eu lemos os rótulos de pacotes, garrafas e latas das prateleiras de nossa cozinha, para encontrar algo para cozinhar para o jantar. Não estávamos dispostos a comer o Merengue Clássico de Limão feito com maisena Argo (o qual se tornou a receita norte-americana-padrão), os excelentes Biscoitos de Aveia Quaker, a Pipoca Fácil com Xarope de Caramelo Karo, ou qualquer das cinco tortas de pecã de diversos pacotes. A verdade é que nossa cozinha não é bem fornida de comidas de caixinha, legumes em lata, pedaços de frango congelados ou hambúrgueres pré-formados. Durante anos, fiz minhas compras culinárias quase diariamente, e cozinhei tudo do nada. No processo, posso ter perdido contato com a mesa norte-americana moderna.

Eram onze horas. Mandamos buscar uma porção tamanho-família de comida chinesa na loja da esquina e planejamos o cardápio de uma semana. Para refrescar nossas recordações sobre os clássicos, recorremos às *Best Recipes* de Ceil Dyer (Galahad Books) e a *The Back of the Box Gourmet*, de Michael McLaughlin (Simon & Schuster). O primeiro tem número infinito de receitas; o segundo é mais discriminatório, ampliando suas receitas com fotografias e histórias.

No dia seguinte, percorremos os supermercados locais e voltamos para casa com um táxi cheio de sacolas de compras. Mesmo antes de ter tirado nossos capotes, pescamos um envelope com a receita da Sopa de Cebola da Lipton's, um pacote de meio litro de creme de leite, misturamos os dois e abrimos o saco

O HOMEM QUE CO

de batatinhas fritas Ridgies, recomendado na caixa da Lipton's. Demoramos apenas quinze segundos para preparar um molho, o California Dip da Lipton, supostamente inventado por uma dona de casa da Califórnia que passou a receita para a Lipton's em 1963. Sem bagunça, sem preocupação, sem pratos para lavar (misturamos tudo no recipiente plástico do creme de leite) — e perfeição no paladar.

Passamos a hora seguinte montando um banquete que poderia ter alimentado uma família de dez pessoas, enquanto investigávamos se o veículo ideal para transportar o California Dip do pacote à boca seriam as batatinhas Ridgies ou a versão lisa. Nosso prato principal foi o Bolo de Carne Campeão da Quaker, acompanhado pelo Cozido de Vagens da Campbell's, com cebola frita Durkee. Nossas sobremesas foram várias e numerosas — para começar, Torta Falsa de Maçã Ritz e Quadrados de Marshmallow com Crispies de Arroz da Kellogg's. Enquanto eu enxaguava alegremente a quantidade minúscula de utensílios que essas receitas exigiram, minha mulher preparou sua excelente variante de Biscoitos Originais Toll House da Nestlé.

A maioria dos gastrônomos concordaria em que a receita presente no alegre pacote amarelo de Semi-Sweet Toll House Morsels da Nestlé (seja a receita de Biscoitos Originais Toll House que a Nestlé comprou na década de 1930 de Ruth Wakefield, do Toll House Inn de Whitman, Massachusetts, seja a versão pós-1970, ligeiramente alterada, que também é chamada de Original) torna supérfluas todas as demais receitas de biscoitos de chips de chocolate. Todo mundo altera a Original, mas, francamente, as alterações de minha mulher são as melhores, produzindo docinhos delgados e firmes, embora mastigáveis. Recentemente, recebi permissão de reproduzir a fórmula dela. Só mudei as quantidades.

> 1 ovo extragrande
>
> 1 colher (chá) de essência de baunilha
>
> 1 $^2/_3$ xícara de farinha de trigo comum (medida pelo método "encher e nivelar")
>
> 1 colher (chá) rasa de bicarbonato de sódio
>
> 1 colher (chá) de sal
>
> 1 $^1/_2$ xícara de manteiga amolecida

DA EMBALAGEM

²/₃ de xícara de açúcar granulado branco

³/₄ de xícara de açúcar mascavo claro bem compactado

³/₄ de xícara de açúcar mascavo escuro bem compactado

2 xícaras de chips de chocolate

1 xícara de nozes um pouco picadas

Para fazer os biscoitos, siga as instruções para misturar e assar presentes na embalagem de Semi-Sweet Toll House Morsels, da Nestlé.

Não posso dizer que, em nosso paraíso, não houvesse serpentes. Pode ser que o Bolo de Carne Campeão da Quaker — no qual, previsivelmente, o farelo de pão ou de biscoito é substituído por aveia Quaker — tenha ganhado algum prêmio, em algum lugar, em algum concurso de culinária com aveia, mas não se compara com qualquer dos bolos de carne de nossas mães ou com as variações hipermodernas, como a receita *cajun* de Paul Prudhomme em *Louisiana kitchen* (Morrow). O sabor agressivamente sensaborão da aveia se torna desagradável depois de algumas mordidas. E a Quaker faz que precisemos cortar ¹/₄ de xícara de nossa própria cebola, algo que, em minha opinião, viola o espírito da culinária de conveniência. Eu ainda estava sentindo fobia de tarefas intricadas a faca.

Com a provável exceção dos Biscoitos Toll House da Nestlé, o Cozido de Vagens Campbell's é a receita de embalagem mais popular já criada. Basta submeter ao micro-ondas algumas vagens congeladas, misturá-las numa caçarola com 1 lata de sopa de cogumelos condensada Campbell's, leite, molho de soja, pimenta e 50 g de anéis de cebola fritos. Deixe no forno durante 25 minutos, cubra com as cebolas restantes e deixe mais 5 minutos no forno, para as rodelas de cebola ficarem douradas e crocantes.

Minha mulher não suporta o sabor de prateleira da sopa de lata, mas, para mim, as rodelas de cebola redimem o Cozido de Vagens da Campbell's. Eis aí o problema. A única marca norte-americana de rodelas de cebola fritas enlatadas é a Durkee; pouco tempo após a invenção da receita pela Campbell's, a Durkee

O HOMEM QUE CO

reduziu sua lata para 80 g, um encolhimento de 20%. Suponho que não haja nada que a Campbell's possa fazer sobre a política interna da Durkee, mas me ressenti de ter de comprar 2 latas de Durkee e desperdiçar a maior parte da segunda lata. Para meu gosto, 80 g de rodelas de cebola fritas enlatadas simplesmente não são o bastante para um Cozido de Vagens apropriado. Cem g são perfeitos.

Telefonei para a sede da Campbell's para reclamar. Rapidamente, seu porta-voz exemplar, Kevin Lowery, mesmerizou-me com detalhes das aventuras das receitas de embalagem da empresa. Todas as noites, nos EUA, 1 milhão de latas de sopas Campbell's é usado como ingrediente para algum prato do jantar, mais de um terço de todas as sopas que vendem. A noite de quinta-feira é a mais popular. O creme de cogumelos, lançado em 1934, ainda é o vencedor. Os EUA compram 325 milhões de latas de sopa de cogumelo todos os anos, 80% para serem usadas como molho ou condimento em pratos principais rápidos e pratos secundários. Três das cinco comidas de supermercado que mais vendem são sopas Campbell's. Você é capaz de adivinhar quais são as outras duas?*

Seis anos atrás, a empresa publicou o livro *Campbell's Creative Cooking with Soup*. Vendeu 2 milhões de exemplares (o que o torna um dos livros de receitas mais populares de todos os tempos) e contém 19 mil receitas, cada qual testada três vezes. Certa vez, Marcella Hazan me contou que existem cerca de 60 mil receitas na cozinha italiana. Vejam só quão mais rica e abundante é a culinária norte-americana, com seus 19 mil modos de usar sopa condensada! Isso corresponde a uma receita diferente a cada dia do ano, durante 52 anos, período muito mais longo que a média dos casamentos. E nem sequer lhes contei do *Campbell's 75th Anniversary Cookbook*, publicado no começo de 1991. Vendeu 750 mil exemplares no primeiro mês. Compreensivelmente, a pesquisa da Campbell's demonstra que foram eles que inventaram a Caçarola de Talharim com Atum Clássica, sua segunda receita mais popular de todos os tempos. Minha própria pesquisa nada informa quanto à questão.

O sr. Lowery me contou que as vastas pesquisas de mercado da Campbell's determinaram os atributos da receita ideal. Deve ser feita em trinta minutos ou menos (incluindo preparo de ingredientes). Deve ser prato principal, porque donas de casa são menos propensas a experimentar receitas novas para pratos

---

* Atum Starkist e macarrão e queijo Kraft. (N. A.)

DA EMBALAGEM

secundários ou sobremesas. E precisa conter apenas ingredientes prontamente disponíveis, o que quer dizer que estes não apenas devem ser exibidos amplamente nas gôndolas dos supermercados como, de preferência, já devem estar presentes nas casas das pessoas. Julguei que isso fornece o contraste ideal e irônico para as receitas que escrevo. As minhas demandam de quatro horas a quatro dias para preparar, são sempre pratos secundários ou sobremesas e contêm ingredientes que você tem de encomendar ou precisa trazer de uma viagem a Alba ou Kyoto.

A receita nova mais popular da Campbell's é o Divã de Frango e Brócolis, uma caçarola de brócolis frescos ou congelados, frango ou peru cozido e uma lata de creme de brócolis da Campbell's, com cobertura de cubinhos de pão seco e queijo. "Divã" é um termo culinário que só encontrei em embalagens e livros de receitas norte-americanos tradicionais, como *A Century of Mormon Cooking* e *Joy of Cooking*; a Campbell's não tinha ideia alguma a respeito de sua origem. "Divã" soa vagamente francês, mas meu velho *Larousse Gastronomique* passa de "diuretic" para "dive" sem fazer uma pausa e, entre suas 5012 receitas, Escoffier não liga a mínima. No *Webster's New International Dictionary* (2ª edição), "divã" é uma palavra persa e turca, que designa um livro de muitas folhas, um conselho de Estado, o recinto em que tal conselho se reúne, uma plataforma almofadada elevada na qual os membros do conselho (ou qualquer outra pessoa) podem sentar ou se reclinar e, especialmente hoje em dia, um sofá grande sem laterais ou encosto. Na teoria de que o significado de "divã" tenha se expandido para incluir os acepipes com os quais os integrantes do divã se divertiam de alguma forma enquanto se reclinavam nos divãs ao estilo levantino, perlustrei meus livros de receitas clássicas turcas e persas. Não encontrei sequer uma migalha com o nome "divã".

Por fim, descobri que o Divã é uma criação genuinamente norte-americana. Conforme Craig Claiborne, o prato foi inventado num restaurante de Nova York de antanho chamado Divan Parisien, no qual frango cozido era disposto numa cama de brócolis e coberto com *sauce hollandaise*. Assim, os "brócolis" do título da receita da Campbell's são tão redundantes quanto se espera de sua inclusão no prato. Nunca conseguirei determinar como foi que o Divã de Frango se espalhou como um incêndio pelos livros e embalagens dos EUA. Minha pesquisa etimológica me cansou demais para que eu tentasse fazer o Divã de Frango e Brócolis da Campbell's.

O HOMEM QUE CO

A estrela de nossa primeira refeição de embalagem foi a Torta Falsa de Maçã das bolachas Ritz. Essa receita comparece na embalagem respectiva desde o início dos registros históricos e, provavelmente, sempre aparecerá. A receita sempre me pareceu uma brincadeira, e por isso eu nunca tentara fazê-la. Reveste-se uma fôrma com massa e, em vez de maçãs, colocam-se dentro 36 bolachas Ritz quebradas. Depois, fervem-se 2 xícaras de água com 2 xícaras de açúcar, um pouco de cremor de tártaro, acrescenta-se casca e sumo de limão, deixa-se o xarope esfriar e verte-se sobre as bolachas Ritz. Sobre o conjunto, dispõem-se pedacinhos de manteiga, um pouco de canela em pó, cobre-se com a tampa de massa, leva-se ao forno durante 35 minutos e se deixa esfriar completamente.

O resultado é uma sobremesa gostosa, indistinguível da torta de maçã de verdade! Isso me levou a formular uma hipótese herética e de longo alcance: maçãs *cozidas* têm pouco gosto próprio. Nós a identificamos pela canela, açúcar e sumo de limão com que sempre são aromatizadas na culinária norte-americana, além de sua textura característica. Dei essa torta para uma autodenominada apreciadora de maçãs. Ela não acreditou que a torta não continha uma única molécula de maçã.

Outra questão completamente diferente é por que alguém se daria ao trabalho de fazer Torta Falsa de Maçã Ritz mais que uma vez se não fosse pelo milagre da coisa. A maior parte do trabalho de fazer a torta corresponde à massa. Maçãs custam tanto quanto bolachas Ritz, não engordam, e o Ministério da Saúde ainda não declarou que você pode morrer se comê-las. Em seu *Fannie Farmer Baking Book* (Knopf), Marion Cunningham inclui uma versão baseada em biscoitos cracker que, segundo ela, antecede a Guerra Civil Americana; os pioneiros conseguiam transportar açúcar e bolachas mais facilmente que maçãs.

À medida que nossa semana de cozinha de embalagem transcorria, não tardou para que surgisse uma nova sobremesa predileta: Bolo Redemoinho Milky Way. Essa é a única comida igualmente deliciosa quando se encontra gelada, à temperatura ambiente e, como descobri, a 180°C. O Milky Way foi criado em 1923 e é o doce que mais vende no mundo; em todos os lugares fora dos EUA, é chamado "Barra Mars", mas sempre consiste no mesmo nugá de leite maltado recoberto com uma camada de caramelo, tudo imerso em chocolate ao leite. A companhia Mars é mais bem conhecida por suas receitas de M&M. Quando imprimiu pela primeira vez uma receita para Biscoitos de Festa (na verdade, Bis-

DA EMBALAGEM

coitos Toll House com M&M em lugar das raspas de chocolate meio amargo) no pacote de supermercado de doze onças, as vendas dobraram! A brochura de oito páginas com receitas que a Mars distribuiu em 1986 junto com o pacote de supermercado de seis Milky Ways de tamanho normal é menos renomada. Consegui obter um exemplar.

A principal atração é o Bolo Redemoinho Milky Way, um delicioso pão de ló feito em fôrma de pudim com uma mistura industrializada de dois Milky Ways mesclados e mais dois derretidos por cima, onde magicamente endurecem para formar uma cobertura brilhante. O único problema que encontramos para preparar o Bolo Redemoinho foi outro caso flagrante de redução furtiva de tamanho. A receita pede 4 barras de 63,22 g. Acontece que o Milky Way hoje no mercado pesa 60,95 g, um encolhimento de 3,6%. Seguidores de receitas obsessivos como eu comprarão uma barra extra, cortarão um sétimo dela e comerão o resto congelado, ou à temperatura ambiente.

Sou incapaz de contar o número de caixas de açúcar de confeiteiro Domino que manuseei na semana passada em gôndolas de supermercados à procura de uma receita simples e deliciosa de Sorvete de Nozes e Caramelo. Nenhuma de minhas antologias de embalagem parece ter ouvido falar disso. Um telefonema para a Domino mostrou que minha memória era correta apenas em parte. Uma receita aparecera por breve período, mas, diferentemente de minha adaptação, a original empregava uma bandeja de cubinhos de gelo em vez de um congelador de sorvete, e exigia o emprego aborrecedor de uma panela de fervura dupla. Quando descrevi minha variação à senhora da Domino, ela se ofereceu para reformulá-la e submetê-la a uma das testadoras da empresa. Pensei que isso seria divertido, mas depois introduzi mudanças na versão deles, em parte porque não continha peças em quantidade suficiente. Estou lhes contando tudo isso para que vocês não me responsabilizem se não gostarem. Mas, com certeza, vocês gostarão.

BOLO REDEMOINHO MILKY WAY (ADAPTADO)

4 barras de Milky Way (cada qual com 63,22 g), fatiadas
1 xícara, mais 2 colheres (sopa), mais 2 colheres (chá) de água

O HOMEM QUE CO

1 pacote (524 g) de mistura de pão de ló

$1/_3$ de xícara (5 colheres (sopa)) de manteiga derretida e esfriada

3 ovos, à temperatura ambiente

2 colheres (sopa) de farinha de trigo comum

Açúcar de confeiteiro

2 colheres (sopa) de manteiga, para a cobertura

Misture as fatias correspondentes a dois Milky Ways com 2 colheres (sopa) de água numa caçarola média, em fogo médio, até uniformizar; retire do fogo. Enquanto isso, unte generosamente com manteiga uma fôrma de pudim de 12 xícaras. Com o emprego de uma batedeira elétrica, prepare a massa de bolo com o $1/_3$ de xícara de manteiga derretida (apesar de a embalagem especificar óleo), os 3 ovos e 1 xícara de água. Misture $2/_3$ de xícara de massa de bolo, e mais a farinha, no Milky Way derretido. Verta o resto da mistura para massa de bolo na fôrma de pudim e, com uma colher, distribua a mistura com o Milky Way num anel no centro da massa, evitando tocar as paredes da fôrma. Com uma faca, gire as massas, formando um redemoinho. Asse a 175°C durante 40 minutos e deixe esfriar na fôrma, na grade do forno, durante 25 minutos. Inverta e desenforme o bolo e cubra ligeiramente com açúcar de confeiteiro.

Enquanto o bolo esfria, limpe a caçarola, acrescente as fatias dos dois Milky Ways restantes junto com 2 colheres (sopa) de manteiga e 2 colheres (chá) de água e mexa em fogo médio até uniformizar. Deixe esfriar até que alcance a consistência de cobertura e despeje sobre o bolo.

SORVETE DE NOZES E CARAMELO

2 ovos

1 $1/_2$ xícara bem compacta de açúcar mascavo Domino

2 xícaras de leite

2 xícaras de creme de leite pesado

2 colheres (chá) de essência de baunilha

1 xícara de pecãs descascadas, cortadas em tamanho médio

DA EMBALAGEM

2 colheres (sopa) de manteiga
$^1/_2$ colher (chá) de sal

Bata os ovos ligeiramente numa caçarola de 2 litros e acrescente o açúcar e o leite. Mexa continuamente em fogo médio até que a mistura fique espessa e recubra a parte de trás de uma colher (82°C medidos por um termômetro de doce). Coe para dentro de uma tigela, deixe esfriar à temperatura ambiente, acrescente o creme de leite e a baunilha e deixe para resfriar na geladeira durante a noite.

No dia seguinte, toste os pecãs em manteiga numa caçarola grande durante 5 a 10 minutos em fogo médio, mexendo frequentemente. Misture sal aos pecãs e os espalhe sobre toalhas de papel, para secar e esfriar. Misture os pedaços de pecãs na mistura antes de congelá-la numa máquina de sorvete. Rende 1,5 litro.

Hoje, as embalagens são tão repletas de informações nutricionais, listas de ingredientes, declarações sobre a saúde e sermões ambientais que quase não resta espaço para receitas. E a lista interminável de aditivos químicos na maioria das comidas industrializadas é suficiente para me enviar de volta à tarefa de fatiar toucinho à temperatura ambiente. Apesar disso, os rótulos dos alimentos parecem acompanhar as mudanças no paladar norte-americano: toda abóbora de inverno amarela em minha quitanda traz, colada, uma receita impressa em plástico, em inglês e francês. O público ainda se mostra entusiástico a respeito de receitas de embalagem — sopas "multiuso" são o negócio da Campbell's que mais cresce. Quando os fabricantes eliminam uma fórmula favorita de suas embalagens — como quando a Domino retirou sua receita de cobertura de creme de leite da sua embalagem de açúcar de confeiteiro —, os consumidores inundam as empresas com telefonemas. Quando, inexplicavelmente, a Milky Way alterou o nome de suas barras-miniatura de *fun size* para *snack size* e as donas de casa deixaram de encontrar o produto exato especificado em suas velhas receitas, o clamor foi tão atroador que a Mars se viu forçada a reinstituir o nome *fun size*.

Imediatamente antes de minha mania por receitas de embalagem ter entrado em recessão, resolvi preparar a primeira receita jamais impressa numa embalagem norte-americana. Descobri-la não foi tão simples quanto parece. Até a Guerra Civil, as mercearias vendiam sua comida a granel — montículos de manteiga e

425

O HOMEM QUE CO

queijo, paneladas de açúcar e farinha, barris de bolachas. (Até 1928, só 10% de todo o açúcar vendido a varejo nos EUA se apresentava em pacotes.) De acordo com Waverley Root, as primeiras embalagens de papelão dobráveis feitas à máquina só apareceram em 1879; foram realização de um fabricante de Nova York chamado Robert Gair, que antes produzia sacos de papel (a útil encarnação dos sacos com fundo plano foi inventada em 1870). E eu estava procurando por uma receita muito mais antiga que isso.

Após uma pesquisa longa e sinuosa, por fim tive sucesso. A receita data de 1802, e, como seria de esperar, trata-se de uma panelada de macarrão e queijo.

No final do século XVIII, as classes altas da França e dos EUA atravessavam uma grande febre por macarrão italiano. A maior parte do macarrão era importada da Sicília via Londres, até que Lewis Fresnaye, um *émigré* da Revolução Francesa, contratou alguns fabricantes de macarrão italianos e montou loja em Filadélfia. Contudo, havia escassez de livros de receitas. O primeiro que se originou nos EUA foi *American Cookery... by Amelia Simmons, an American Orphan*, publicado em 1796, quando um livro comum custava o equivalente a noventa dólares. Assim, Fresnaye embrulhou cada pacote de seu vermicelli seco numa larga folha de papel impressa com receitas para seu preparo.

Vários anos atrás, Mary Anne Hines, da Philadelphia Library Company, descobriu um dos folhetos de Fresnaye de 1802 na coleção culinária da biblioteca. O historiador de comida William Woys Weaver reconheceu o significado momentoso da descoberta. Você pode preparar essa receita tão facilmente como se a tivesse encontrado numa embalagem da Kraft.

MACARRÃO COM QUEIJO DE LEWIS FRESNAYE (1802)

Tome 2 quartilhos de água e ferva com uma quantidade suficiente de sal; quando ferver inclua 1 libra de *pasta* [macarrão], deixe ferver [aproximadamente 8 minutos], depois coe muito bem e coloque a pasta num prato grande e misture 6 onças de parmesão ralado ou outro bom queijo; então pegue 4 onças de boa manteiga e derreta bem num pires ou panela pequena, e verta sobre a pasta enquanto ambas estejam quentes. Depois que tudo estiver terminado, consti-

DA EMBALAGEM

tuiria uma melhora manter o prato alguns minutos num forno quente, até que a manteiga e o queijo penetrassem bem na pasta.

O resultado pode ficar ainda mais delicado fervendo a pasta em leite em vez de água e incluindo um pouco de molho de carne ou qualquer outro molho à base de carne.

fevereiro de 1992

Quebra-galhos

Como é que eu poderia jamais me esquecer daquele bolo de coco fresco? Havia ao todo seis camadas, cada qual revestida com xarope de leite de coco e com uma cobertura suntuosa, feita de coco fresco, manteiga e creme. Depois de empilhadas umas sobre as outras, as camadas formavam um bolo mais alto que largo; o exterior era recoberto com baunilha sedosa, na qual se prendiam tiras recurvadas e crocantes de coco. Eu topara com uma generosa fatia daquilo na filial nova-iorquina da K-Paul, o entreposto nortista de Paul Prudhomme; era o bolo sulista mais delicioso que qualquer um de nós já experimentara. As pessoas na sede da K-Paul, em New Orleans, juraram que a receita já fora publicada em *The Prudhomme Family Cookbook* (Morrow). Parecia ser um projeto de seis horas.

O Dia de Ação de Graças chegou, um dia feito para que se realizassem os sonhos culinários de todo mundo; parecia o momento perfeito para recriar o Bolo de Coco Fresco da família Prudhomme e levá-lo em triunfo para a casa de amigos, para um banquete. Faltavam seis horas para o jantar.

Recordando que, certa vez, eu lutara durante dois dias com um coco teimoso antes que ele concedesse sua polpa para um projeto especial de sorvete, consultei minha vasta biblioteca culinária, particularmente meus sessenta centímetros de prateleira de manuais de cozinha. No meio daquilo que, avalio, sejam 20 mil dicas culinárias encadernadas entre as duas extremidades, estariam montes

QUEBRA-GALHOS

de conselhos a respeito da melhor maneira de tirar o leite, abrir, descascar e cortar ou moer o coco. Incluindo meu ralador manual de US$ 10,00 vindo do Sul da Índia, onde o coco é tão comum quanto o sal ou a pimenta, o melhor método é submeter o coco a um forno a 200°C durante 15 minutos, até que ele rache sozinho; depois, descascar a pele marrom e dura com um descascador de legumes, com a ajuda ocasional de uma faquinha de fio aguçado em meu afiador Chef's Choice modelo 110 — isso apesar das advertências de vários manuais culinários de que o calor do forno estragaria a polpa. Tempo decorrido: quase duas horas, para quatro cocos.

Tudo caminhou bem até que cheguei à massa do bolo. Combinei o açúcar e os ovos em minha batedeira elétrica, acrescentei a manteiga amolecida e bati o leite. Foi então que, de repente, comecei a ter dificuldades de respiração — a massa ficara completamente separada! Esferoides amarelos firmes, do tamanho de pequenas ervilhas, flutuavam numa sopa gordurosa, translúcida e rala. As coisas pioraram quando aumentei a velocidade da batedeira e a sopa começou a espirrar na mesa. Agora o jantar estava a três horas de distância, as seis camadas não estavam nem perto de serem assadas e resfriadas, meus ovos tinham acabado, e o comércio estava fechado.

Voltei a minha coleção culinária. Os minutos voavam, enquanto dez dedos desesperados perlustravam manuais, capítulos de livros de receitas e artigos de revistas à procura de "massa de bolo, separada", "bolo, massa de, separada", "separada, massa de bolo" e assim por diante. Um dos mais antigos livros de receitas que existem, *De Re Coquinaria* (atribuído a um ou mais cozinheiros romanos com o nome de Apício), dedica seu primeiro capítulo a quebra-galhos e truques culinários. Você sabia que pode clarear vinho branco turvo misturando-lhe polpa de feijão ou as claras de três ovos? E que pode fazer o azeite espanhol comum assumir o gosto do caro azeite libúrneo acrescentando-lhe alfena, ênula e folhas verdes de louro? Contudo, Apício nada tinha a declarar a respeito de bolo de coco coalhado.

Num livro de receitas inglesas do século XVII, incluem-se truques para "ye boyleing of yellow peese" e um modo especial de "to boyle Spinage green", mas nada sobre massa de bolo desandada.

A hora do jantar se aproximava. Enquanto mirava pensativamente pela janela, considerei a hipótese de seguir o exemplo do grande Vatel. Em abril de

O HOMEM QUE CO

1671, Vatel era chef na cozinha do príncipe de Condé, e lhe fora encomenda-
do que organizasse a visita do rei Luís XIV, com o clímax de um jantar para 3
mil convidados. Madame de Sévigné conta a história numa carta de 26 de abril,
enviada a madame de Grignan: Vatel ficara doze noites sem dormir. O rei chegou na quinta-feira; houve "uma caçada, lanternas, luar, um passeio agradável,
uma ceia servida num espaço atapetado com narcisos. [Mas] em uma ou duas
mesas não havia assados, por causa de vários convidados inesperados". Vatel se
sentiu humilhado. Então, os fogos de artifício que tinham custado 16 mil francos
fracassaram, devido à neblina.

Às quatro da madrugada seguinte, Vatel corria alucinado por todo lado,
tentando juntar o peixe para o jantar da sexta-feira. Quando um fornecedor
informou erroneamente que só conseguiria entregar duas pequenas partidas
de peixe, o grande Vatel "foi para seu quarto, apoiou a espada contra a porta
e traspassou o próprio coração". Pouco depois, começaram a chegar grandes
quantidades de peixe.

Se eu vivesse acima do terceiro andar, é possível que, neste momento, estivesse ao lado do grande Vatel. Mas voltei a mim em tempo, afastei-me da janela
e retornei a meus manuais culinários.

Alguns deles se especializam em limpeza, e não em culinária. Dizem que
você pode lustrar panelas de cobre esfregando-as com uma pasta de farinha, vinagre e sal. (A eficiência é de um terço em comparação com lustrador de cobre.)
Pode-se também tentar usar bicarbonato de sódio, empregado para limpar a camada interior da Estátua da Liberdade. Um livro filipino de sugestões domésticas
recomenda esfregar metade de um *calamansi* na tábua de cortar, para remover a
descoloração. Mas não consegui encontrar *calamansi* em nenhum dicionário. Pasta
de dentes Colgate é ideal para polir prata e ouro, como sugere um livro? Apanhe
pedaços de vidro quebrado com uma fatia de pão de fôrma, outro livro aconselha;
leve suas persianas sujas para lavar num lava-jato. (E depois o quê?) De acordo
com o Censo de Limpeza Wisk 1995, 38% dos norte-americanos que mandam lavar roupa fora pelo menos uma vez por mês são um pouco ou muito preocupados
com a possibilidade de que receber convidados em casa estrague suas coisas. Telefone para (800) ask-wisk para obter conselhos de limpeza. Mas não sobre massa de
bolo de coco fresco horrorosamente desandada. Eu tentei.

QUEBRA-GALHOS

O DAZEY STRIPPER

Em 1972, eu me encontrava perto do Cenote de los Sacrificios, nas ruínas de Chichén Itzá, no Yucatán — um poço ou cisterna sagrada em que virgens vestais eram sacrificadas aos deuses maias —, quando encontrei pela primeira vez um descascador automático de frutas. Depois de uma longa marcha sob o sol impiedoso e de um olhar superficial ao Cenote sem fundo, onde era impossível divisar uma única vestal que fosse, vi ali perto uma velha senhora, sentada numa cadeira de dobrar, junto a um lustroso descascador de aço acionado à mão, montado num alto pedestal de madeira. Por US$ 0,25, ela descascava laranjas e maçãs e as vendia aos turistas sedentos. Por US$ 0,25 extras, deixou que eu brincasse com o descascador.

Anos depois, durante um jantar, descobri o Dazey Stripper na cozinha de minha anfitriã, enquanto ela se ocupava em servir drinques na sala. Inseri uma maçã no aparelho, afastei-me e assisti, maravilhado, a como ele rápida e automaticamente remove a casca da maçã numa faixa contínua. Também descobri, exatamente no instante em que minha anfitriã voltava à cozinha, que o Dazey Stripper, da mesma forma rápida e automática, espirra um pêssego maduro pela parede toda.

Isso acontece porque ele foi projetado para descascar frutas *firmes* e legumes. Trata-se de um instrumento elétrico compacto, de plástico branco, que consiste numa plataforma retangular de onde se eleva uma haste vertical. Fixa-se a fruta ou legume entre dois prendedores de plástico, ergue-se até o topo da haste a parte que contém a lâmina e solta-se. O motor começa a funcionar automaticamente, girando a fruta, enquanto a lâmina é pressionada contra sua superfície; ao descer, a lâmina corta uma espiral de casca. Quando a lâmina chega ao fundo, o motor pára automaticamente. Funciona quase sempre, mesmo quando a fruta é irregular, como uma pera, por exemplo. Em minha casa, assistir ao Dazey Stripper descascar limões, laranjas, batatas ou maçãs para uma torta se tornou fonte de infinito assombro e diversão, não importa quantas vezes o usemos.

O HOMEM QUE CO

SORVETE DE LIMÃO-SICILIANO DAZEY

Um bom amigo meu, dono de um dos melhores restaurantes de Nova York, estava enfrentando dificuldades com seu *sorbet* de limão. Fosse em homenagem a meus atributos na sorveteira, fosse em desespero, ele pediu minha ajuda. Propus fazer cinco sorvetes diferentes e deixá-lo escolher. Meus sorvetes de limão-siciliano prediletos são aromatizados com a casca da fruta — só a capa amarela da casca, sem a parte branca, que é bastante amarga. Eu abominaria a perspectiva de descascar 15 limões com uma ferramenta tradicional — um descascador de legumes ou um ralador comum —, porque costumo chegar próximo à exaustão e as juntas de meus dedos resultam igualmente descascadas. O Dazey Stripper caiu do céu. Eis a receita vencedora:

¼ de xícara de água

¼ de xícara de açúcar

6-7 limões-sicilianos

Sumo de 1 laranja

Misture a água e o açúcar numa caçarola de 2 litros. Mexa com uma colher de madeira em fogo alto até ferver. Verta numa tigela e deixe esfriar. Com o Dazey Stripper, descasque 3 limões, corte a casca em tamanhos médios e infunda no xarope de açúcar frio durante 2 horas. Esprema ¾ de xícara de sumo de limão (6-7 limões) e misture ao xarope de açúcar, junto com o sumo de 1 laranja. Coe para dentro da sorveteira e congele.

dezembro de 1988

Dúzias de livros se concentram em truques de cozinha, dicas, *trucs* e *tours de main*. O mesmo ocorre com as páginas de sugestões úteis em revistas de comida. Ovos frescos afundam imediatamente em água com sal, mas ovos podres flutuam. (Isso parece ser verdade.) Corte cebola sem chorar usando óculos de proteção, gelando a cebola (sucesso parcial) ou acendendo uma vela perto, para queimar os gases sulfurosos (pouco ou nenhum benefício). Para dar cor profunda

QUEBRA-GALHOS

a molho de carne, acrescente-lhe pó de café instantâneo (sem arruinar o sabor?). Faça crescer massa de pão na máquina de lavar pratos (inicie o ciclo de lavagem, deixe 2 centímetros de água no fundo da máquina e passe ao ciclo de secagem durante 1 ou 2 minutos). De modo a conseguir chantilly instantâneo para guarnecer sobremesas, pingue pequenas porções do creme (ou esprema rosetas com o espremedor de cobertura) sobre uma folha de papel-manteiga, congele, transfira para um recipiente hermético, armazene no congelador e retire à medida que precisar, 15 minutos antes de servir (um *truc* maravilhoso, que aparece em muitas fontes). Descasque avelãs fervendo-as em água com 1 colher (chá) de bicarbonato de sódio (não funciona de jeito nenhum). Para retirar todos os temperos sólidos de uma sopa, guisado ou molho, coloque-os antes dentro de um saquinho de chá de malha metálica. Lave alface batendo a parte inferior no balcão, para soltá-la (com isso ela pode ser retirada num só pedaço), invertendo, enchendo o orifício com água, para lavar, e separando as folhas (funciona bem com iceberg).

É VERDADE

P. Antes de as pessoas terem relógios, como as receitas especificavam os tempos?

R. Conforme o artigo "Peculiar pots in medieval France", de Terence Scully, uma receita anglo-normanda do século XIII instruía o leitor a cozinhar o frango durante o tempo necessário para caminhar cinco ou sete léguas (entre 24 e 32 quilômetros). Dado que raramente caminho cinco ou sete léguas sem paradas para o almoço e um cochilo, fico contente de ter nascido na era dos Swatches.

Guarde gemas de ovo no refrigerador durante até três dias cobrindo-as com água (boa ideia). Quando você precisa de uma quantidade pequena de sumo de limão, não corte a fruta pela metade; só perfure com um espeto, aperte um pouco de sumo e depois refrigere a fruta. (Um maravilhoso poupador de limão. Mas uma vez, quando apertei o limão com força excessiva, o umbigo inteiro voou em meu olho.) Para curar vômitos excessivos, tente 2 colheres (chá) de uísque, 1 colher (chá) de água e 1 colher (chá) de canela moída. (Fonte: Charlotte, Michi-

O HOMEM QUE CO

gan, 1909. Mas o que se deve fazer no caso de vômitos moderados?) Para retirar gordura de caldos, coloque cubos de gelo na panela; isso fará a gordura aderir a eles. (Você precisará de muitos cubos de gelo. E lembre-se de retirá-los antes que se derretam.) Quando regar uma planta pendente, cubra o fundo com uma touca de banho. Quando sua massa de pão estiver crescendo, cubra a fôrma com uma touca de banho (não a mesma touca).

Coloque uma folha de louro na farinha para espantar insetos. Coloque um chiclete de menta desembrulhado na farinha para espantar insetos. (Comprei um PlenTPak de Doublemint e um frasco de folhas de louro e aguardo os resultados.) Um cubo de açúcar no azeite impede que este fique rançoso. (Embora me sinta um tanto idiota, estou experimentando.) Quando geladas, as nozes ficam mais fáceis de quebrar e retirar a polpa inteira (sucesso ligeiro, ou nenhum). Não adianta marinar a carne para amaciá-la, porque o molho não penetra muito profundamente. Para inibir a formação de odor quando ferver couve-flor ou repolho, acrescente pão; use pão de centeio no caso dos brócolis. (O efeito parece leve.) A combinação de manteiga e óleo não queima tão prontamente quanto a manteiga sozinha. (Outra fonte: a parte da manteiga queima à temperatura mais baixa, como sempre.) Abra ostras com uma chave de fenda, e não com uma faca de ostras. Abra ostras com um abridor de cerveja em lata, e não com uma chave de fenda. Só abra ostras após congelá-las durante 15 minutos. Não abra ostras esmagando-as com um martelo. Use um secador de cabelo para dar a bolos com cobertura aspecto lustroso, fundido e sedoso.

Apesar de tudo isso, meu próprio bolo de coco ainda se encontrava em seu estágio embrionário de massa desandada. A única coisa que me impedia de recomeçar era que eu não tinha nenhum ovo. Voltei-me para os livros e tabelas especializados no tema das substituições. Use pipoca no lugar de pão torrado. Se você ficar sem morangos congelados, recorra à fruta fresca! No lugar de chantilly, empregue esta sugestão cientificamente fascinante: acrescente devagar bicarbonato de sódio a creme de leite para neutralizar a acidez, e até que o creme atinja a doçura desejada. (Depois que minha crise do bolo terminou, experimentei fazer isso. A combinação efervesceu desagradavelmente em minha boca, depois me fez engasgar e sufocar quando atingiu a garganta.) Preferi muito mais misturar uma banana amassada com clara em neve, mais açúcar a gosto. O resultado foi menos um equivalente ou fac-símile do chantilly que uma cobertura alternativa branca e fofa, razoavelmente gostosa, caso você não se importe com o risco de apanhar salmonela.

Dos milhares de substituições de minha coleção, só quatro diziam respeito a ovo. Se você precisar fazer biscoitos e está com falta de ovo (e também de massa e leite), pode tentar fazer biscoitos com fatias de batata. Caso lhe faltem ovos inteiros, basta usar 2 gemas e mais 1 colher (sopa) de água (muitíssimo obrigado). A cenoura ralada é boa substituta do ovo em bolos fervidos. (Não consigo imaginar o que isso possa significar.) Das quatro, a melhor sugestão era a última: "A neve é uma excelente substituta para ovos; duas colheradas grandes tomam o lugar de um ovo". Assegure-se de recolher a neve de um lugar limpo.

Um pensamento feliz me veio. Por que não transformar meu bolo catastrófico numa inovação triunfante?

Em 26 de agosto de 1837, o rei Luís Filipe da França viajava junto com a rainha Amélia a bordo do primeiro trem a fazer a rota Paris—Saint-Germain. O plano era que, no destino, houvesse um banquete, em cujo cardápio se incluiriam batatas fritas. Mas o trem atrasou e o chef Colinet retirou as fatias de batatas do óleo fervente. As batatas encolheram e enrugaram e Colinet considerou a possibilidade de se reunir ao grande Vatel. Mas, depois, quando ele mergulhou as batatas novamente no óleo quente, as fatias magicamente incharam em balões crocantes e dourados! As *pommes soufflés* se transformaram no maior triunfo de Colinet. Robert Courtine as denominou "a poesia da batata".

Li que a cobertura quente foi criada por engano em Baltimore, em 1886, quando alguém misturou demais e cozinhou de menos uma panela de caramelo.

E que a *tarte Tatin* foi descoberta quando as duas filhas solteiras de Tatin, na cidade de Lamotte-Beuvron, ao sul de Orléans, deixaram que uma torta caísse ao chão. (A mecânica dessa história não faz nenhum sentido; e uma *tarte* semelhante já era popular em todo o Orléanais.) Que Ruth Wakefield inventou os Biscoitos Toll House quando, para economizar tempo quando assava biscoitos de chocolate, acrescentou direto à massa pedacinhos de chocolate Nestlé meio amargo, em vez de derretê-los antes. E que o *beurre blanc* foi inventado ao redor de 1900, quando o assistente do cozinheiro do marquês de Goulaine omitiu as gemas de ovo quando preparava *sauce béarnaise*.

Continuei ali de pé, encarando minha tigela de massa estragada. Cutuquei-a com uma colher. Bati-a com uma batedeira manual. Não resultou em nenhum

O HOMEM QUE CO

minúsculo progresso. Duas horas passageiras estavam entre mim e o jantar de Ação de Graças.

A maioria dos manuais de cozinha está cheia de conselhos sobre o que você deveria ter feito desde o início para evitar fiascos, fracassos e decepções (corra uma faca ao redor da borda do cheesecake assim que sair do forno, para evitar que rache ao esfriar e encolher), em lugar de ensinar o que fazer para repará-los (esconda rachaduras com creme ou fatias de frutas). Algumas estratégias funcionam incrivelmente bem. Verduras murchas se recuperam bem quando submersas durante uma hora ou durante a noite em água gelada, dentro da geladeira. O café fica com gosto um pouco menos amargo quando se incluem duas ou três bolotas de cardamomo enquanto a bebida estiver sendo preparada. Sopa queimada pode ser transferida para uma panela limpa e em seguida fervida em fogo baixo durante uma ou duas horas; muitas vezes, o gosto de queimado desaparece e se transforma num nível mais aprofundado de sabor.

A tragédia culinária mais popular parece ser o excesso de sal em sopas, legumes e molhos. As soluções recaem em duas categorias. Podem-se adicionar e depois descartar coisas com amido (batata crua, feijão, farelo de pão), para absorver o sal. Ou se pode acrescentar açúcar mascavo, salsa ou vinagre para enganar a língua. Testei todos eles, e embora o método de absorção por amido soe maravilhoso, fracassou em todas as tentativas. Por estranho que pareça, a salsa e o açúcar mascavo foram os que melhor funcionaram.

O segundo problema mais popular são os molhos que desandam por coagulação ou separação (acontece com aqueles que empregam manteiga ou ovo, como *hollandaise*, maionese, *béarnaise* e assim por diante). Muitas das soluções propostas funcionam. Ao primeiro sinal de dificuldade, retire a panela do fogo e bata com a mão algumas colheres de sopa de água gelada. Ou transfira o molho imediatamente para o liquidificador ou processador. Se nada disso funcionar, bata uma gema de ovo extra com uma pitada de mostarda seca e, muito devagar, acrescente ao molho coalhado. Ou, então, bata vigorosamente um pouco de sumo de limão e uma colher de sopa da *sauce hollandaise* coalhada numa tigela, e depois junte o resto aos poucos, batendo sempre. Contudo, em nenhum lugar havia uma solução, seja pré, seja pós, para massa de bolo separada. Por um breve instante, fiquei inchado com o orgulho de ser a primeira pessoa, em 100 mil anos de história culinária, a ter experimentado tal desastre.

QUEBRA-GALHOS

Foi então que me ocorreu uma ideia. Por que não tentar consertar minha massa de bolo como se fosse um molho coalhado?! Faltando 75 minutos para o jantar, passei a mistura gordurosa e granulosa no liquidificador em duas porções. O resultado foi maravilhoso — uma pasta dourada, lisa e brilhante, pronta para a adição de farinha e massa de bolo. Lá se foi a massa para dentro das fôrmas untadas e polvilhadas, três de cada vez. Uma hora depois, seis camadas repousavam nas prateleiras de resfriamento, prontas para serem revestidas, recheadas, empilhadas e geladas.

Chegamos ao jantar com uma hora de atraso, a qual atribuímos ao trânsito de feriado. Meu bolo de coco fresco foi saudado com exclamações de espanto. Contudo, quando nosso banquete terminou, eu estava deprimido com o bolo. Tanto em gosto quanto em textura, aquele não poderia ter sido o bolo que comêramos na K-Paul de Nova York. Ninguém pediu para repetir.

Imediatamente antes do Natal, outra massa de bolo se separou em cataclisma. Eu acabara de saber da existência do Dial-a-Chef, telefone (900) 933-chef, para o qual você liga e pede conselhos culinários a US$ 2,95 o minuto. Falando bem depressa, expliquei qual era meu problema. Cinco minutos depois eles me ligaram de volta com a resposta: não se preocupe, acrescente farinha e bicarbonato de sódio e vá em frente. Tudo deverá funcionar bem. E funcionou.

fevereiro de 1996

A grande ave

Meu segundo jantar favorito de Ação de Graças aconteceu dezoito anos atrás, dentro de um carro alugado de cor castanha e tamanho médio. Jamais o sol brilhara tanto como naquela manhã de quinta-feira, quando nós três partimos de Manhattan rumo à fazenda de amigos, no interior do estado de Nova York. No entanto, duas horas depois, em meio a um temporal ofuscante, feito de flocos de neve do tamanho de pratos, nosso carro saiu involuntariamente da estrada e se enfiou dentro de um monte de neve grande o bastante para esconder uma casa suburbana pequena. Procuramos uma pá no carro, mas não encontramos nada além da torta de ameixa, da torta de abóbora, da torta de maçã, dos dois pães e do litro de scotch envelhecido que teriam constituído nossa contribuição ao banquete de Ação de Graças.

Calculando depressa que tínhamos gasolina suficiente para manter o aquecedor do carro ligado durante duas semanas, abandonamos a ambição de atingir o interior de Nova York e, usando o canivete suíço e as canecas Sierra sem os quais hoje em dia nunca damos um passo para fora de nosso apartamento, liquidamos rapidamente com tortas, pães e scotch. Seguiu-se breve cochilo. Despertamos em meio a uma noite tranquila e sem nuvens, cheia de caminhões de reboque, postos de gasolina e instruções detalhadas para retornar à segurança de Manhattan, a tempo de um jantar tardio num de seus excelentes restaurantes.

A GRANDE AVE

Uma característica afortunada de meu segundo jantar favorito de Ação de Graças é que não continha peru. *O Oxford English Dictionary* define peru como "ave galinácea famosa, grande, [...] apreciada hoje como componente alimentar em todas as terras civilizadas". Minha discordância não poderia ser maior. Comemos peru no dia de Ação de Graças porque o peru é um símbolo comestível, não porque seja um componente culinário apreciado. O peru representa a descoberta dos alimentos do Novo Mundo e a fraternidade oferecida pelos índios àqueles que, em pouco tempo, os expulsariam. É raro que símbolos comestíveis sejam gastronomicamente compensadores, embora certa vez eu tenha comido uma soberba torre Eiffel de chocolate escuro e um cisne moldado com fígado de primeira linha. Se o peru não fosse um símbolo, nunca comeríamos tantos deles. Sua carne é quase sempre fibrosa e sem gosto, e a forma é completamente incorreta.

A melhor parte de um peru assado é sua pele. Em resposta a uma demanda aparente por mais carne branca e menos carne escura, os criadores de peru modernos desenvolveram uma ave que consiste sobretudo num peito enorme, quase esférico, e em pernas e coxas pequenas e magricelas. No entanto, o peito da ave é, com certeza, a parte menos saborosa. Sua forma esférica é certamente um equívoco. Lembra-se do que aprendemos no colégio sobre esferas? Entre todas as figuras geométricas, a esfera tem a menor relação entre superfície e volume; logo, um peru esférico tem a menor relação entre pele e carne. Como seria gastronomicamente mais delicioso se os perus modernos fossem criados, digamos, com a forma de uma pizza com sessenta centímetros de diâmetro, com asas e patas saindo da circunferência e duas grandes superfícies de pele deliciosa, crocante, saborosa e dourada, com muito pouca carne por dentro!

Até mesmo como símbolo, o peru deixa a desejar em quatro pontos de vista:

1. É provável que os Peregrinos não tenham comido peru no primeiro jantar de Ação de Graças, em 1621. O único relato em primeira mão do banquete, reimpresso no *Thanksgiving Primer* da Plimoth Plantation, não menciona peru. De acordo com Evan Jones, em *American Food* (Overlook), os Peregrinos jantaram carne de veado, pato assado, ganso assado, moluscos, enguias, milho, feijão, pães de trigo e milho, alho-poró, agrião, ameixas silvestres e vinho caseiro. É até duvidoso que os convivas tivessem em mente dar graças.

2. Os índios não alimentaram os Peregrinos por vontade própria, nem os apresentaram aos maravilhosos comestíveis do Novo Mundo durante aquele pri-

O HOMEM QUE CO

meiro inverno devastador. Conforme Waverley Root e Richard de Rochemont, é verdade que os índios alimentaram os colonos da Virgínia, com isso salvando-lhes as vidas, mas os de Massachusetts eram mais desconfiados. "Era hábito indígena esconder suprimentos duráveis em vários lugares, onde pudessem um dia precisar deles; os Peregrinos tiveram a sorte de topar com um desses esconderijos, que os manteve vivos (alguns deles) durante o primeiro inverno", escrevem eles em *Eating in America*.

3. Mesmo se os Peregrinos tivessem comido peru em seu primeiro "jantar de Ação de Graças" de 1621, é certo que já tinham provado peru muito melhor em casa, na Inglaterra. É claro que o peru [*turkey*, em inglês] não se originou na Turquia, mas no Novo Mundo, onde existiam muitas espécies relacionadas entre si; a versão mexicana já fora domesticada havia muito tempo pelos astecas quando os conquistadores espanhóis descobriram o México, em 1518; eles levaram o peru mexicano para a Europa, onde logo foi criado comercialmente. Num livro de receitas de 1615, *The English Hus-Wife*, o peru comparece quase tão frequentemente quanto o frango; decerto os Peregrinos estavam familiarizados com a ave quando chegaram e encontraram o peru selvagem oriental, uma espécie inferior à mexicana mas, de todo modo, um peru.

Entre a época em que aportara, em dezembro de 1620, e o banquete de quase um ano depois, sem dúvida os Peregrinos comeram peru, mesmo que tivessem renunciado à grande ave galinácea em seu famoso banquete. A caça era tão abundante na América do Norte que alguns escritores atribuem o sucesso da colonização à sua disponibilidade. Outros acreditam que o suprimento inesgotável de caça, perus incluídos, deu lugar à obsessão norte-americana pela carne, a qual, de acordo com Waverley Root, espantou visitantes europeus durante dois séculos.

Assim, o peru na verdade simboliza um comportamento carnívoro desenfreado e os problemas cardíacos acarretados por isso. O verdadeiro significado do cardápio de Ação de Graças repousa nas guarnições, não no prato principal — nos vegetais exclusivos do Novo Mundo, como cranberry, abóbora, batata-doce, milho, feijão e outros tesouros que os europeus encontraram a crescer por aqui. É por isso que considero um dever quase religioso consumir quantidades e variedades generosas de chocolate nesse feriado. Não é possível agradecer sem isso.

A GRANDE AVE

4. O peru conseguiu seu nome inglês idiota por causa de dois ou três equívocos. É possível que você imagine que o nome tenha se originado de uma convicção enganada de que Colombo aportou na Ásia. Você imagina errado. Quando os espanhóis levaram o peru de volta para casa, 26 anos depois da primeira viagem de Colombo, os europeus o confundiram com a galinha-d'angola, uma ave diferente, de origem africana, conhecida por Aristóteles e Plínio; assim, deram-lhe o nome que já usavam para a galinha-d'angola. Para os ingleses, esse nome era *turkey*, porque acreditavam que a ave africana chegara à Europa atravessando terras controladas pelos turcos; com isso, a ave asteca também se transformou em *turkey*. Os alemães chamavam tanto a velha ave africana quanto a nova, mexicana, de *kalekuttisch Huhn*, ou "galinha de Calcutá" (o mesmo quanto ao *kalkoen* holandês), e os franceses de *coq d'inde* ou, simplesmente, *d'inde*, que depois se transformaria no *dinde* moderno — tudo isso querendo dizer "ave da Índia". Para os europeus, Turquia e Índia ficavam mais ou menos na mesma vizinhança.

É claro que tudo isso não passa de um exercício ornitológico fútil. Por mais defeituoso no gosto e na textura, por mais equivocado como símbolo nacional, por mais que seu nome derive de um engano, o peru é gastronomicamente inevitável, se não em todos os jantares de Ação de Graças, ao menos na maioria deles. As guarnições saborosas e educacionais que o acompanham vão bastante bem com uma ave dourada e meio insossa; extraímos um prazer comunal de dividir um objeto gigantesco entre oito ou quinze pessoas e comer a mesma coisa que todo mundo no resto do país; e, quando assado corretamente, a pele crocante e intensamente temperada do peru só perde para a pele de um leitão assado.

E é por isso que meu jantar de Ação de Graças predileto é Peru de Thompson. O problema é que nunca comi um Peru de Thompson preparado corretamente — embora, em diversas ocasiões, eu tivesse seguido as instruções de Thompson com aplicação servil e obsessiva.

Morton Thompson era um jornalista dos anos 30, com colunas no *New York Journal* e no *Hollywood Citizen-News* (embora sua fama venha mais de seu romance best-seller, *Not as a Stranger*, publicado em 1954 e que depois virou filme). Às vezes Thompson dedicava sua coluna à comida. Em meados da década de 1930, num mês de novembro, ele publicou uma complicada receita de peru, a qual foi republicada frequentemente nos anos seguintes e, depois de sua morte, passou

O HOMEM QUE CO

a aparecer em folhetos e na imprensa popular a cada dez ou quinze anos. Seria possível afirmar que os seguidores do Peru de Thompson constituem algo como um culto (um culto pequeno e benigno), cujos integrantes só diferem da população em geral pela ânsia em gastar oito ou dez horas de trabalho extenuante no preparo de um peru excepcional, de sabor singular.

O Peru de Thompson se tornou uma tradição de tal importância num ramo da família de minha mulher que, há doze anos, o jornal *Nashville Banner* publicou uma matéria sobre sua prima Bonnie Lloyd (ex-Miss Utah); o marido dela, Bill; os seis filhos deles, Ivey, Tiffany, Sheffy, Marty, Westy e Merrilee; e o Peru de Thompson deles. Quem primeiro me ofereceu um vislumbre do Peru de Thompson foi Bill, que me mostrou um artigo esfarrapado, tirado de um exemplar de 1957 da revista *Gourmet*, contendo uma citação de Robert Benchley:

> Vários anos atrás, comi um peru preparado e assado por Morton Thompson. Não comi o peru inteiro, mas não por minha culpa. Havia estranhos presentes, que me impediram. [...] Direi apenas que, naquele momento, decidi que Morton Thompson era o maior homem desde [Brillat-]Savarin, e, pelo que sei, Savarin não era tão bom quanto Morton Thompson.

Para fazer um Peru de Thompson, você primeiro mistura o complicado recheio de Thompson, enche e costura com firmeza um peru muito grande e doura a ave brevemente a uma temperatura muito alta. Depois você o pincela com uma pasta de farinha, ovos e suco de cebola, seca no forno, pincela novamente e repete essas operações até que o peru fique hermeticamente fechado sob uma crosta dura. Depois, você assa lentamente o peru durante 5 horas, regando a cada 15 minutos. A ave emerge do forno completamente recoberta por uma superfície enegrecida. Por que alguém desejaria submeter um peru a tudo isso? Deixarei a explicação a Morton Thompson:

> Sob essa concha queimada, inocente, agora inútil, a ave estará dourada e marrom--escura, suculenta, estonteante com aromas selvagens, crocante e crepitante. A carne sob esse panorama enlouquecedor de pele apetitosa estará molhada, e dela o suco jorrará em pequenas fontes, altas como o cabo do garfo que nela for mergulhado; a carne será branca, repleta de sabor zombeteiro, delirante com coisas que

correm pelo paladar, submergem e desaparecem tão depressa quanto você possa tragar; retire um pouco disso com uma colher e a carne se espalhará no pão tão ansiosa e prontamente quanto *Wurst* suave.

Você não precisa ser exímio com a faca de trinchar para comer esse peru; fale com severidade, e ele se desmanchará.

Isso é tudo. Tudo, menos a guarnição. Nenhuma caneta, a menos que esteja cheia com o molho de Thompson, poderia descrever a guarnição de Thompson, e não há no mundo papel suficiente para receber os pensamentos e adjetivos que aquela caneta escreveria, e não haveria no mundo mármore bastante para os monumentos que se ergueriam em sua homenagem.

Na suposição de que, para você, essas palavras não soam menos sedutoras que para mim, eu lhe darei a receita detalhada de Thompson assim que terminar de falar sobre ela; escolhi a versão de 1945, aquela a que obedeci estritamente, ao menos na primeira tentativa.

Como o recheio contém 29 ingredientes, custaram-me três horas para enfiar a ave no forno, e isso não apenas porque minha prateleira de temperos perdera a ordem alfabética; quase todos os temperos que possuo encontram lugar no recheio de Thompson. A mistura completa não é reminiscente de nenhuma culinária identificável; nela se incluem ingredientes como abacaxi esmagado e castanhas-d'água, que donas de casa ousadas de cinquenta anos atrás punham em quase tudo o que faziam. E contém alho, que cinquenta anos atrás era ousado demais para a maioria das donas de casa, numa época em que a cozinha norte-americana ainda se encontrava nas garras das fobias alimentares anglo-alemãs. Feito com ervas frescas em vez das secas de Thompson, e com várias ambiguidades da lista de compras resolvidas a contento, esse recheio é o mais delicioso que já provei.

O peru é a maior criatura que a maioria de nós jamais cozinhará, com nove quilos de músculos e ossos e mais uns três quilos de recheio. O método de Thompson exige um excesso de operações de girar o peru, o qual não tarda em se transformar num obus de doze quilos escaldante e escorregadio. Fiz meu primeiro Thompson no mês de agosto e, embora o ar-condicionado estivesse no máximo, para simular o clima em que os Peregrinos comemoraram seu primeiro dia de Ação de Graças, eu estava usando shorts enquanto lutava para virar

O HOMEM QUE CO

o Peru de Thompson de um lado para o outro na cozinha. O peru deslizou de minhas mãos e se projetou em direção à máquina de lavar pratos, que estava aberta. Lancei-me para a frente, para agarrá-lo. Nisso tive êxito, mas não antes de pressionar firmemente ambas as canelas contra a porta incandescente do forno. Meses depois, ainda tenho as cicatrizes dessa contusão culinária. Todos os livros de receitas deveriam avisar para usarmos calças compridas quando assamos coisas no forno.

É VERDADE

P. Qual deve ser a resistência científica de uma panela?
R. Mil newtons. Se sua panela não for mais forte que mil newtons, ela se deformará quando você derrubá-la. Se for mais forte que mil newtons, deformará seu pé quando você derrubá-la.

Meu Peru de Thompson emergiu do forno como Thompson dissera que o faria, com uma cor negro-acinzentada opaca. Ao ser cortado, o peru não esguichou sumos; e a camada preta não se destacou prontamente, para exibir hectares de pele perfeita. Mas todo o resto que Thompson e Benchley disseram sobre o Peru de Thompson é absolutamente verdadeiro. A carne desse peru é a mais saborosa e úmida que se poderia experimentar, profundamente saturada com as miríades de perfumes do recheio, todos entrosados e combinados, não se conseguindo distinguir uns dos outros. Todas as pessoas que provaram o Peru de Thompson concordam. *É possível que esse seja o único peru que se possa comer por motivos tanto simbólicos quanto gastronômicos.*

E isso quase compensa o fato de que não consegui salvar mais que alguns centímetros quadrados da pele crocante. Mas não compensa totalmente. Se o próprio Thompson estivesse vivo hoje, tenho certeza de que ele poderia expandir suas instruções escritas e consertar tudo. Os primos Bonnie e Bill, que já cozinharam Peru de Thompson dez ou quinze vezes, parecem ter perdido o interesse em conseguir uma produção satisfatória de pele. Mas eu não estou disposto a fazer concessões. Até que alguém me diga como cozinhar um Peru de Thompson com pele perfeita, confiarei num método mais tradicional de assar o peru.

A GRANDE AVE

"A carne não pode ser bem assada senão num espeto girado com manivela frente a um fogo firme — outros métodos não servem", escreveu Mary Randolph em *The Virginia House-Wive* (1824), decerto um dos cinco melhores livros de receitas jamais publicados nos EUA. (Por favor, encomende um exemplar à Editora da Universidade da Carolina do Sul, em Columbia; embora o livro tenha 168 anos, consegue-se cozinhar diretamente dele, e as receitas são maravilhosas.) Tendo desfrutado aves e mamíferos girados no espeto acima e à frente de fogos de madeira em todo o Norte da Itália e em partes da França, sei que a sra. Randolph tinha razão. Assim que eu conseguir uma casa com lareira, passarei a dedicar minha coluna a isso, todos os meses, até que me façam parar.

Um ano atrás, comprei uma nova grelha elétrica Farberware Standard Smokeless Indoor Grill com Rotisserie (isso depois de percorrer em vão as feiras de coisas usadas à procura de um Roto-Broiler; este era uma rotisserie elétrica instalada dentro de um gabinete cromado aerodinâmico, que era encontrada em toda casa suburbana de classe média quando eu era menino) e consegui resultados magníficos com frangos e patos de 1,5 quilo, em particular quando os amarrava compacta e firmemente e os dispunha o mais perto possível das resistências elétricas (e, no caso dos patos, quando perfurava toda sua pele, de modo a permitir que a gordura escoasse). Além do prazer transitório de ter aves suculentas e crocantes para o jantar sempre que queira, entendo que estou em treinamento para o dia em que uma lareira de verdade surgir em minha vida.

O manual do Farberware informa que se podem assar perus de até 7,5 quilos, e esse foi o tamanho que tentei. Mantive a ave sem recheio, firmemente amarrada, e me preparei para assá-la durante cinco horas. Ainda não se passara a primeira das cinco horas quando uma das asas do peru escapou do fio que a amarrava e engastalhou na resistência elétrica, impedindo que a ave girasse. Fixo nessa posição, o peru começou a dourar e, logo, enegrecer ao longo de uma faixa que ia do pescoço ao rabo; o fio que prendia as pernas contra o corpo se queimou e ambas as pernas se enfiaram entre as resistências incandescentes. O que chamou minha atenção e me levou de volta à cozinha foram o cheiro de carne queimada e as nuvens de fumaça que saíam do aparelho; durante a hora seguinte, lutei com 7,5 quilos de carne quente e gordurosa e ossos que se projetavam para os lados, até conseguir amarrar a ave outra vez e reequilibrá-la. Liguei o Farberware outra vez à tomada. Meia hora depois, quando voltei, não

O HOMEM QUE CO

havia progresso visível porque, na verdade, o fio que eu ligara à tomada foi o do liquidificador. Considero minha mulher uma pessoa muitíssimo cíclica, como a lua inconstante, e um de seus ciclos menos agradáveis acontece ao redor da meia-noite, quando o jantar ainda não mostra sinais de ocorrer. Mas resisti a sua intensa pressão no sentido de acelerar o preparo do peru — até que os fios se soltaram novamente com um baque desastroso, ao que transferi a ave para um forno muito quente. O resultado não era bonito nem delicioso, mas sinto que estamos muito mais preparados para a verdadeira culinária de lareira.

Mary Randolph nunca aprovaria as cinco infinitas horas do Farberware, nem o Peru de Thompson. Em *The Virginia House-Wive*, ela recomenda *75 minutos* para terminar uma ave de tamanho médio, presumivelmente ao redor de *5,5* quilos. A menos que ela preferisse peru muitíssimo malpassado, seu fogo devia ser muito quente. O motivo pelo qual ela considera que "outros métodos não servem" é que o fogo alto permite que a ave cozinhe nos vapores de seus próprios sucos.

Até que alguém me diga como salvar a pele de um peru de Thompson, seguirei a recomendação de alta temperatura da sra. Randolph para cozinhar meu símbolo comestível de Ação de Graças. Creio que o modo mais fácil e mais prático de fazer isso é o método incrivelmente simples de Barbara Kafka, publicado um ano atrás em *Gourmet* (e no livro novo dela, *Party Food* [Morrow]). Coloca-se um peru grande no forno a 260°C, mexe-se de vez em quando para evitar que se prenda à assadeira e se retira menos de duas horas depois. É provável que a cozinha se encha de fumaça, e que os sucos tenham queimado na assadeira, mas a carne resulta suculenta (embora sem gosto) e a pele tão crocante, quebradiça e intensamente aromatizada como você jamais tenha sonhado. Darei os detalhes depois da receita do Peru de Thompson.

O PERU DE THOMPSON

[Excetuados os trechos entre colchetes, estas são as próprias palavras de Morton Thompson. Sua receita foi publicada numerosas vezes. Esta versão apareceu num apanhado de suas colunas intitulado *Joe, the Wounded Tennis Player* (Doubleday, Doran and

A GRANDE AVE

Co., 1945). Minhas inestimáveis dicas e alterações aparecem entre colchetes.]

O peru não deve ter menos de 7,5 kg e mais de 10. Caso tenha 8 kg ou mais, compre uma fêmea. Você terá mais peito. [...] [Com as atuais práticas de criação, não é necessário insistir numa fêmea, mesmo se o açougueiro soubesse qual o aspecto de uma.]

[Retire toda gordura solta de dentro da ave e a corte finamente. Coloque numa caçarola pequena junto com $^1/_2$ xícara de água, leve a fervura e deixe em fogo baixo até que toda a água evapore e só reste gordura clara e pedaços sólidos. Reserve a gordura para o recheio e doure as partes sólidas, para petiscar.]

Esfregue a ave por dentro e por fora com sal e pimenta. Coloque o coração, o pescoço e a moela picada numa caçarola e acrescente 1 folha de louro, 1 colher (chá) de páprica, $^1/_2$ colher (chá) de coentro, 1 dente de alho, 4 xícaras de água e sal a gosto. Mantenha em fogo baixo enquanto prossegue com a guarnição. [Se você lubrificar com óleo a pele do peru antes de esfregá-la com sal e pimenta, verificará que a cobertura enegrecida se solta quase tão facilmente quanto Thompson afirma!]

Corte em cubinhos 1 maçã [descascada e descaroçada], 1 laranja [descascada], [ponha-os] numa tigela e acrescente 1 lata bem grande de abacaxi moído, a casca ralada de $^1/_2$ limão, 1 lata de castanhas-d'água escoadas [e] 3 colheres (sopa) de gengibre em conserva cortado. [Tente 300 g de castanhas-d'água escoadas e cortadas em pedaços grandes e 600 g de abacaxi moído.]

Em outra tigela, coloque 2 colheres (chá) da mostarda Colman's, 2 colheres (chá) de sementes de alcaravia, 3 colheres (chá) de sementes de aipo, 2 colheres (chá) de sementes de papoula, 2 $^1/_2$ colheres (chá) de orégano, 1 folha de louro bem dividida, 1 colher (chá) de pimenta-do-reino, $^1/_2$ colher (chá) de macis moído, 4 colheres (sopa) de salsa bem cortada, 4 ou 5 dentes de alho finamente picados, 4 cravos sem cabeças bem cortados, $^1/_2$ colher (chá) de açafrão-da-terra, 4 cebolas grandes bem cortadas, 6 talos de aipo bem cortados, $^1/_2$ colher (chá) de manjerona, $^1/_2$ colher (chá) de segurelha-dos-jardins e $^1/_2$ colher (sopa) de tempero de frango. ["Bem cortado" significa "médio-fino".] Alguns preferem sálvia, outros tomilho. Ao que parece, ninguém objeta a tempero de frango, o qual, ironicamente, contém tanto salsa quanto tomilho. Sal a gosto. [*Eu* objeto a tempero de frango. Para mim, a quantidade de ervas secas moídas é excessi-

O HOMEM QUE CO

va e acre. Em vez do tempero de frango, eu uso 1 colher (sopa) de tomilho fresco e 1 de sálvia fresca. E emprego três vezes a quantidade especificada de orégano fresco finamente cortado, manjerona fresca e segurelha-dos-jardins fresca. 1 colher (chá) de sal deve ser o suficiente.]

Em outra tigela, derrame 3 pacotes de farelo de pão, comprados na padaria. [700 g de farelo fresco de pão parece a quantidade correta.] A estas, acrescente 350 g de carne de vitela moída, 120 g de carne de porco moída, 120 g de manteiga e toda a gordura (derretida) que você conseguir retirar do peru. [Expliquei isso anteriormente.] Em cada tigela, misture seus componentes. Quando cada tigela estiver bem misturada, junte as três. E misture bem. Misture com as mãos. Misture até seus antebraços e pulsos doerem. Então misture um pouco mais.

Recheie o peru, mas não o faça muito completamente. Ele, entretanto, deve ficar bastante cheio. Recheie o pescoço e amarre a extremidade. Espete a ave. Amarre com fios. [Costurar a ave e coser as asas junto ao corpo é melhor que prender com espetos.] Ligue seu forno ao máximo e espere que fique incandescente. [Faça isso 1 hora antes — o recheio não deve ficar aguardando dentro do peru enquanto você espera.] Coloque a ave sobre a bandeja de goteira ou, melhor ainda, sobre uma grade de forno, com o peito para baixo. Numa xícara, faça uma pasta que consiste em gemas de 2 ovos, 1 colher (chá) da mostarda Colman's, 1 dente de alho picado, 1 colher (sopa) de suco de cebola (passe uma cebola pelo cortador e recolha o suco), $1/2$ colher (chá) de sal, 2 pitadas de pimenta-de-caiena, 1 colher (chá) de sumo de limão, mais farinha peneirada suficiente para formar uma pasta firme. Pegue um pincel de massa, ou um pincel grande comum, e fique a postos. [Use o triplo de todas as medidas dessa pasta, pois do contrário ela se esgotará cedo demais. Se você recobrir a grade do forno com papel-alumínio bastante untado, ela não rasgará a pele do peru.]

Ponha sua ave no forno quente. Deixe dourar por todos os lados. Retire o peru. Reduza a temperatura do forno a 160°C. Agora, enquanto o peru chia de tão quente, pinte-o por todos os lados com a pasta. Recoloque no forno. Em alguns minutos, a pasta assenta. Tire de novo. Pinte mais uma vez todas as saliências e reentrâncias. Devolva ao forno. Continue fazendo isso até que a pasta seja toda consumida.

A GRANDE AVE

Acrescente 1 xícara de sidra ao molho de moela, pescoço, fígado e coração que estava no fogo. [É melhor acrescentar 3 xícaras
de sidra e 1 xícara de água.] Não deixe cozinhar mais. Mexa bem.
Mantenha morno sobre o forno. Esse é seu fluido para regar. Regue
a ave a cada 15 minutos! Isso significa que você terá de regar entre
12 e 15 vezes. Após a ave ter cozinhado durante 90 minutos, vire-a
sobre o peito, com as costas para cima, e deixe cozinhar nessa posição até os últimos 15 minutos, quando você deve virá-la novamente
de peito para cima. Quer dizer, a menos que você use a grade do
forno. Caso você a use, não vire o peru de costas até a última meia
hora.

[Para mim, as rotações múltiplas que Thompson recomenda são
desnecessariamente árduas e prejudiciais à ave. Eu modificaria os
três parágrafos anteriores mantendo a ave com o peito para baixo
durante cerca de 15 minutos e o mesmo tempo de costas, num
forno quase totalmente aberto. Então pinte a ave sem virá-la, dei-
xando-a de costas até o fim.]

O peru deve assar durante um período de, no mínimo, 4 $\frac{1}{2}$ a 5 $\frac{1}{2}$
horas. [Use o tempo mais curto para um peru de 8 kg e o mais longo
para um de 10. Comece a cronometrar quando reduzir a temperatura
do forno a 160°C. Um termômetro instantâneo de carne se acionará
entre 82°C e 85°C na coxa, ali entre a perna e corpo; 75°C no peito; e
70°C no recheio.]

Quando você retirá-lo do forno, o peru estará negro. Você vai pensar: "Meu Deus! Estraguei tudo!". Fique tranquilo. Com uma pinça
larga, solte a camada de pasta. Ela sairá prontamente. Por baixo
dessa concha queimada, inofensiva e agora inútil, a ave estará dourada, suculenta, vertiginosa com aromas selvagens, firme, crocante
e quebradiça.

PERU A ALTA TEMPERATURA

[Essas instruções são da coluna de Barbara Kafka, "An opinionated palate", edição de novembro de 1991 da revista *Gourmet*. Seu
método assa milagrosamente um peru grande em menos de duas
horas. Para mim, funcionou com um peru de 7 kg, sem recheio
e sem amarrar, numa assadeira rasa num forno a 260°C. Mas um
amigo da *Gourmet* me disse que o método foi testado com suces-

O HOMEM QUE CO

so com vários tipos e tamanhos de perus. Outra vez, meus próprios conselhos aparecem entre colchetes.]

A coisa mais importante é comprar uma ave não congelada e não tratada. Comece por retirar o pacote com os miúdos do peru [faça um caldo com o pescoço, moela e um pouco de cebola e alho]. Ajuste a grade de seu forno no nível mais baixo e regule a temperatura no máximo. É possível que um pouco de fumaça encha a cozinha, mas você será recompensado pelo peru mais suculento, assado mais depressa — e com a pele mais crocante — que você já tenha feito alguma vez na vida.

Eu não uso a grade do forno junto com a assadeira; não vale a pena se preocupar com a pele das costas. Também não amarro o peru. Quando deixadas soltas, as carnes brancas e escuras resultam no ponto certo ao mesmo tempo.

Traga o peru à temperatura ambiente. Retire todos os fragmentos de gordura. Recheie a cavidade ou se limite a passar sal, pimenta e introduzir um par de cebolas. [...] O ideal são perus de 7 kg. Se sua família é muito grande, eu sugeriria dois perus menores, em vez de um King Kong.

Coloque o peru no forno, com as pernas para trás. Decorridos 15 minutos, mexa o peru com uma espátula de madeira, para evitar que grude na assadeira. Repita o procedimento a cada 20 minutos. Se a ave parece estar ficando escura antes de cozinhar, cubra-a com uma tenda feita de papel-alumínio. Asse até que a articulação da coxa, junto à coluna vertebral, mova-se facilmente. Retire o peru do forno cerca de 10 minutos antes de estar completamente cozido. [O uso de um termômetro instantâneo de carne torna isso mais fácil; uma articulação frouxa às vezes significa carne cozida demais. Mire numa temperatura de 80°C a 82°C na coxa, medida profundamente entre a perna e o corpo; o peito deve estar entre 74°C e 77°C; essas temperaturas são cerca de 3°C inferiores às recomendações habituais.]

Um peru de 4 a 4,5 kg demandará cerca de 75 minutos; uma ave de 5,5 kg, aproximadamente 5 minutos mais; outra de quase 7 kg precisará de 2 horas; e um peru de 9 kg consumirá 3 horas. Se você rechear seu peru, acrescente 30 minutos aos tempos de preparo.

[Verifiquei que o peru assa de modo muito mais uniforme quando não recheado; com uma ave de 6,8 kg, recheada, a carne escura ainda não estava pronta quando o peito já se ressecava. E, à diferença de um Peru de Thompson, a carne desse peru rápido não resulta saturada com os aromas complexos do interior. O melhor é preparar separadamente um pouco do recheio de Thompson, molhá-lo com um pouco de caldo e de sidra e submetê-lo ao forno a 160°C durante 2 a 3 horas, num recipiente firmemente coberto com papel-alumínio.]

novembro de 1992

Tortas do paraíso

Cem tortas atrás, eu estava sentado à mesa de minha cozinha, comendo o recheio da torta de maçã de ontem, prestando atenção no concurso Miss Teen USA que passava na TV e aguardando que a primeira torta do dia saísse do forno.

Essa seria uma torta do paraíso, uma torta de maçã como nenhuma outra — pois a fruta deliciosa estaria encerrada na massa de torta mais ousada e inovadora de toda uma geração, se não de todos os tempos. "Alguns nascem grandes", murmurei, contente, no papel de Malvolio em *Noite de Reis,* "alguns atingem a grandeza, outros a recebem."

Eu gastara semanas para ler toda a literatura científica sobre massa de torta publicada desde 1921, e mais todas as receitas que consegui encontrar, um total de cerca de duzentas. Meu objetivo era reinventar do zero a massa de torta norte-americana, sem dar nada como favas contadas — fossem técnicas populares, fossem velhas histórias familiares, fossem instruções supostamente baseadas na ciência. E, após uma longa série de resultados quase satisfatórios (motivo pelo qual eu estava comendo só o recheio de maçã), essa noite, por fim, concebi um método novo e moderno de fabricação da perfeita massa de torta norte-americana. Ela agora dourava, contente, em meu forno.

Eu me encontrava sob uma pressão colossal. Marion Cunningham, excepcional perita em tortas e minha amiga de muitos anos, estava chegando à cidade!

TORTAS DO PARAÍSO

Belíssima em seus 73 anos, com um rabo de cavalo cinza-dourado e olhos azul-celestes, Marion mora em Walnut Creek, no Norte da Califórnia. Ela é a mentora de, provavelmente, metade dos pasteleiros dos EUA, como autora do *Fannie Farmer Cookbook* (na 13ª edição), do indispensável *Fannie Farmer Baking Book*, do muito popular *The Breakfast Book* (todos publicados pela Knopf) e de incontáveis artigos em revistas e colunas de jornal. Marion é a primeira pessoa que procuro quando tenho perguntas sobre massas norte-americanas. Suas explicações pacientes costumam ser interrompidas por três ou quatro pedidos de socorro pela outra linha.

Marion é uma adepta calmamente fanática da simplicidade, de modo que tinha de manter para mim meu complexo experimento com massa de torta. Quando ela chegasse, eu queria aturdi-la com um método totalmente em conflito com os dela, e demonstrar que a rusticidade de Walnut Creek tem seus limites.

O objetivo é o seguinte: a perfeita massa de torta norte-americana precisa ter sete características ao mesmo tempo — ser flocosa, aerada, leve, macia, firme, bem dourada e de bom sabor. As dificuldades residem em ser flocosa, macia e firme — porque se trata de virtudes independentes. Parece quase impossível fazer que a mesma torta seja flocosa, macia e firme. Apesar disso, no início do século XX, milhões de mulheres e homens norte-americanos conseguiam isso dormindo, e é provável que dezenas de milhares ainda consigam hoje. Marion é uma dessas pessoas.

A massa francesa para torta é tenra, amanteigada e ligeiramente firme, mas possui uma textura compacta e arenosa, em vez de camadas superpostas. Isso é perfeito para os franceses, mas completamente errado para uma boa massa de torta norte-americana. Nisso, penso eu, os norte-americanos formam uma nação sem igual. Quando Jane Austen escreveu que "boas tortas de maçã são uma parte considerável de nossa felicidade doméstica", ela não disse "tortas de maçã flocosas, macias e firmes". Tinha em mente alguma predecessora britânica do flocoso, macio e firme — provavelmente, uma adaptação da massa francesa.

As tortas saborosas foram inventadas pelos antigos gregos, tendo sido imitadas pelos romanos, que levaram as tortas para a Gália. Passaram-se anos. Na Idade Média, os franceses eram grandes apreciadores de tortas — sempre tortas de carne, nunca de frutas frescas; os normandos levaram a torta com eles, quando conquistaram as ilhas britânicas, em 1066. Faziam-se tortas enormes — como

O   HOMEM   QUE   CO

na cantiga "Song of sixpence" —, com uma crosta forte e espessa (nem macia, nem firme, nem flocosa), que eram usadas mais como recipientes para armazenar e cozinhar o conteúdo. Parece incrível que ninguém no mundo tenha pensado em colocar frutas frescas dentro das tortas, até que ingleses e franceses o fizeram, no início do século XVI. A torta de fruta fez sua primeira aparição na literatura inglesa em 1590, neste verso sedutor da *Arcadia*, de Robert Greene: "Thy breath is like the steame of apple-pyes".*

Os Peregrinos levaram consigo no *Mayflower* receitas de torta e rolos de massa, junto com mudas de macieira. Como acontece com a maioria das árvores frutíferas, as macieiras não são nativas dos EUA; nos primeiros dias da colonização, o mais comum eram tortas de frutinhas silvestres (as variedades comestíveis eram mostradas pelos índios). Tanto as tortas quanto as macieiras floresceram nos EUA como em nenhuma outra parte do mundo. Quando questionado a respeito do hábito da Nova Inglaterra de comer torta no café da manhã, Ralph Waldo Emerson respondeu: "E para que [mais] serve a torta?". Por volta de 1900, nas fazendas do Meio-Oeste, a torta era obrigatória ao menos duas vezes por dia. Trinta anos atrás, a torta era a sobremesa de restaurante predileta dos norte--americanos, sendo pedida por 60% dos clientes em todas as refeições.

A maioria das receitas de massa de torta dos primeiros livros de receitas norte-americanos do final do século XVIII e início do XIX se assemelha a fórmulas inglesas para massa de bolo folhado, incluindo com frequência ovos inteiros ou, então, água em lugar das claras; a massa era dobrada e rolada repetidamente, acrescentando-se manteiga a cada vez. Mas, em meados do século XIX, apareceram receitas norte-americanas quase idênticas às que usamos hoje. De alguma maneira, a massa de torta clássica norte-americana nasceu na primeira metade do século XIX e se espalhou depressa pelo país. Não encontrei nada que explicasse como isso aconteceu, devido a quem, ou onde. E rejeito a hipótese de que tenha sido presente de uma civilização alienígena.

O cronômetro de cozinha apitou. Conferi a torta e decidi deixá-la dourar mais alguns minutos. Dei uma olhada na TV. As emoções da competição em roupa de banho haviam terminado. Eu esperava que, naquele momento do Concurso Miss Teen USA, viesse uma Competição de Torta de Cereja, minha única

---

* "Vosso alento é como o vapor de tortas de maçã." (N. T.)

TORTAS DO PARAÍSO

razão para sintonizar aquele ritual antiquado e machista. Assisti em vão. Wichita, Kansas, de onde o Concurso Miss Teen USA estava sendo transmitido, já foi a principal capital mundial da torta caseira. Será que os modelos de comportamento adolescente de hoje em dia não deveriam ser tão exímios no preparo de tortas quanto na exibição concupiscente de seus corpos? Mas, agora, Wichita não parece ser nada além que a capital mundial do Concurso Miss Teen USA. De bom grado eu me disporia a ser professor de torta das concorrentes do ano que vem.

Em teoria, a massa de torta norte-americana é simplérrima. É comum que siga uma fórmula de 3 × 2 × 1 em peso — 3 partes de farinha, 2 partes de gordura e 1 parte de água, mais um pouco de sal e, às vezes, de açúcar.

Quase todo pasteleiro ou cientista que escreve sobre torta parece subscrever o que se poderia chamar Teoria do Prejuízo Trazido pelo Glúten à Massa Norte-Americana Flocosa, Macia e Firme. A farinha de trigo é feita principalmente de amido, mais entre 7% e 15% de proteína e 10% de água. As duas proteínas principais são a glutenina e a gliadina. Quando se acrescenta água à farinha, a glutenina e a gliadina acordam e se conectam com a água e entre si para formar o glúten, uma substância dura e elástica que, quando amassada, sovada ou estirada, forma o reticulado elástico que dá estrutura ao pão, mas que dá a bolos e tortas uma textura rígida e borrachenta.

As receitas de massa de torta nos fazem executar operações complexas, de modo a evitar o desenvolvimento do glúten. Elas acautelam para usar a menor quantidade de água possível (sem água, o glúten não consegue se formar); misturar e manipular a massa com muita suavidade (sem a manipulação, as fibras de glúten não se unem em cadeias); usar farinha de pastelaria com baixo teor de proteínas, ou farinha comum (que tem menos gliadina e glutenina); e deixar a bola de massa descansar antes de esticá-la (o que relaxa o poder de estiramento do glúten, mas que, ao mesmo tempo, também permite que a água alcance partículas de farinha que permaneceram secas e, portanto, ficaram sem glúten).

O ingrediente da massa que combate o glúten é a gordura. Ao recobrir as pequenas partículas de farinha, a gordura faz que as proteínas fiquem impermeabilizadas, evitando que a água alcance a gliadina e a glutenina. E, caso elas venham a se combinar, a gordura mantém afastadas as fibras de glúten, impede-as de formar cadeias e camadas e amacia a massa.

O HOMEM QUE CO

Gorduras puras, como banha e Crisco, têm mais esse poder que manteiga e margarina, as quais contêm 15% de água e, na verdade, podem ativar o glúten. Gorduras leves, mesmo óleos vegetais, recobrem facilmente as partículas de farinha ao fluir a seu redor e protegendo-as da água — mas causam outros problemas. Gorduras que permanecem sólidas à temperatura ambiente são menos eficazes, a menos que você as corte antes em pedaços infinitesimais. Os ácidos atacam e debilitam o glúten elástico, motivo pelo qual muitas pessoas acrescentam vinagre à massa quando fazem tortas.

Tudo isso tem a finalidade de obter uma massa mais macia. Mas, e quanto à descamação da massa flocosa? Quando se estica a massa de torta, as partículas achatadas de gordura separam a massa em camadas. Os pedaços de gordura funcionam como espaçadores. Quanto maiores eles sejam, mais largas e mais compridas serão as camadas que produzirão. Dependendo de como a gordura foi acrescida à farinha, as partículas podem variar do tamanho de um grão de milho ao de uma ervilha ou azeitona pequena.

Quando a massa é assada, as gorduras sólidas derretem e deixam um espaço entre as camadas de massa. A água na massa começa a se transformar em vapor; a expansão faz as camadas de massa se afastarem entre si. E, quando a massa alcança aproximadamente 70°C, ela começa a assentar. A firmeza ocorre quando bastante água foi retirada da massa pelo calor do forno.

A banha, gordura corporal do porco refinada, tem ponto de fusão elevado e, quando solidifica de novo, forma cristais especialmente grandes. É por isso que a banha funciona como excepcional espaçador entre as camadas de massa. No passado, a banha foi considerada a melhor gordura para fazer massa de torta flocosa. A Crisco foi lançada em 1911, como substituta da banha com longo tempo de vida em prateleira. Hoje em dia, a banha perdeu parte de sua popularidade por causa de seu sabor de porco — que, de fato, combina muito bem com maçãs, peras, cerejas e pêssegos — e devido a superstições nutricionais difusas. Isso embora, com 43% de gordura saturada, a banha seja menos saturada que a manteiga (50%) e talvez seja só um pouquinho pior que a Crisco, que contém 21% de gordura saturada e ganha 14% de ácidos transgraxos quando é hidrogenada de modo a se tornar sólida.

O que nos leva de volta a minha cozinha. Meu objetivo era contornar toda essa agonia sobre o glúten e a gordura e eliminar completamente a necessida-

TORTAS DO PARAÍSO

MEDIDAS E MEDIDAS

P. Como distinguir os norte-americanos de outros povos?

R. Por seus copos-medidas, ou xícaras. "Só nos EUA um país inteiro mede habitual e quase exclusivamente seus ingredientes secos com uma xícara", afirma Raymond Sokolov, editor da seção "Leisure and arts" do *Wall Street Journal*, que, durante anos, também publicou uma coluna indispensável sobre comida na revista *Natural History*. Há algumas exceções: Canadá, provavelmente a Austrália e talvez o Iraque — onde, após décadas de administração britânica, alguns livros de receitas especificavam as latas de cigarros Players como unidade universal de medida, pois os empregados não as roubariam e não conseguiriam quebrá-las.

O resto do mundo emprega balanças para pesar seus ingredientes secos, porque balanças são imensamente mais precisas que xícaras para coisas como farinha, maisena e cacau. Dependendo de quão densamente esteja compactado, $^1/_2$ quilo de farinha pode encher desde três até 4 $^1/_2$ xícaras. Isso significa que os norte-americanos quase nunca assam o mesmo bolo duas vezes.

Como foi que os norte-americanos se meteram nessa? Sokolov propõe o "teoria dos carroções" — "os pioneiros e desbravadores que se dirigiam ao oeste não queriam levar consigo balanças e pesos metálicos". Contudo, os primeiros livros de receitas dos EUA especificavam farinha por peso, ao menos parte do tempo. Não foi senão em 1896, com a publicação do *Boston Cooking-School Cook Book* de Fannie Farmer, quando a maioria dos carroções enferrujava em garagens suburbanas, que as xícaras foram adotadas universalmente — acompanhando a noção retrógrada de que isso seria mais científico. Na 12ª edição do livro de Fannie Farmer (1979), Marion Cunningham fornece medidas em xícaras e em gramas.

---

de de ser hábil com as mãos. Eis como preparei a massa que estava prestes a emergir do forno: segui a fórmula clássica três-dois-um, usei Crisco e farinha comum com teor médio de proteína — até aqui, sem novidades. O que logo viria surpreender Marion Cunningham e o mundo da pastelaria era minha técnica. Usando processador de alimentos, acrescentei metade da gordura ao total de farinha e processei isso como louco, durante cinco minutos, até que a gordura desapareceu completamente, recobrindo todas as pequenas partículas de farinha

O HOMEM QUE CO

e imunizando-as contra o que estava por vir — a água e a ameaça do glúten. Essa técnica garantiria a mais macia das massas. Em seguida, entrou toda a água, processada brevemente até que tudo começou a se juntar em aglomerados. Por fim, o resto da gordura, acompanhada de pulsações breves da máquina, para deixá-la em pedaços do tamanho dos M&M. Essa gordura formaria as camadas quando a massa fosse esticada. O resultado antecipado: massa perfeitamente macia, firme e flocosa.

Desliguei o Concurso Miss Teen USA, que estava empacado na competição de vestido de noite, a parte de que menos gosto. E, então, a torta ficou pronta. Permiti que esfriasse durante dez minutos. Para a maioria das tortas, tanto crosta quanto recheio melhoram quando são deixadas descansar durante duas horas, até que fiquem ligeiramente mornos. Mas eu precisava saber já. Cortei uma fatia de crosta, separei-a do recheio de maçã e dei uma mordida.

Horrível: dura, compacta e farelenta, manchada de pontos negros, gosto gorduroso. Não havia nem uma só casquinha de massa na coisa inteira. Nunca estive tão longe de uma massa de torta perfeita.

Quando me recuperei de minha decepção e pânico — faltavam só dois dias para Marion chegar —, entendi o que saíra errado. Ao processar tão completamente a gordura, eu impermeabilizara todas as partículas de farinha, de modo que não houve desenvolvimento de nenhum glúten. Como resultado, não se formaram camadas para a gordura mais corpulenta separar. Nas 48 horas seguintes, ao longo de uma experimentação furiosa, percebi que a Teoria do Prejuízo do Glúten estava errada. Não é possível produzir uma massa flocosa sem glúten! O objetivo verdadeiro não é eliminar o glúten completamente, mas obter a quantidade certa, distribuída exatamente, do jeito certo.

Eu planejara quase tudo, exceto como assar uma massa flocosa, macia e firme. De fato, demonstrara que é teoricamente impossível fazer uma massa de torta perfeita.

Fiquei imaginando se as gigantes da indústria de alimentação norte-americana tinham resolvido o problema. Saí e comprei todos os pacotes de massa para torta que consegui encontrar: misturas de caixinha; fundos de torta congelados; um fundo duplo pré-esticado e refrigerado; e várias tortas congeladas. O único produto quase aceitável foi a mistura Betty Crocker, fácil de esticar, e que produziu uma crosta leve, porém farinhenta, quase sem descamação. No entanto, o

TORTAS DO PARAÍSO

uso de uma mistura economiza apenas os três minutos que se gastariam juntando e medindo os ingredientes — resta a tarefa de misturar e esticar a massa. A crosta refrigerada da Pillsbury era mais ou menos tenra e flocosa, mas também branca e mole, em vez de firme e dourada; também resultou com o gosto repulsivo de queijo barato fermentado, o que talvez tenha sido culpa de um armazenamento malfeito pelo supermercado ou, talvez, culpa da Pillsbury.

Então, às nove horas de uma ensolarada manhã de sábado, Marion Cunningham chegou, a tempo para o café. Sempre uma dama, mesmo quando sob pressão, ela procurou parecer fascinada com tudo o que eu descobrira sobre o glúten e fingiu simpatizar com minha ideia de que todas aquelas forças conflitantes tornavam a torta perfeita teoricamente impossível.

Então ela sorriu e disse: "Assemos uma torta". Caminhamos alguns quarteirões até o mercado da Union Square, compramos 750 g de cerejas vermelhas ácidas para torta, voltamos para casa, tiramos os caroços das cerejas e preparamos um recheio delicioso. Depois, a massa.

Marion mediu 2 ¼ xícaras de farinha refinada comum (Gold Medal ou Pillsbury) e colocou numa tigela grande. Ela usou um copo-medida metálico, com o qual retirou a farinha direto do saco; com a outra mão, apertou ligeiramente a farinha no copo-medida e tirou o excesso. (Por que menciono isso? Porque o peso de um copo-medida de farinha pode variar de 115 a 140 g, dependendo de como se enche o copo-medida. Medindo à maneira de Marion, uma xícara pesa exatamente 142 g, pouco mais que a maioria das xícaras de farinha, mas igual ao que ela informa no *Fannie Farmer Baking Book*. É de pasmar o modo pelo qual tantas pessoas que escrevem sobre tortas avisam para medir os ingredientes com exatidão — dizem elas que uma colher de chá de água a mais ou a menos é capaz de arruinar a massa — e, contudo, não informam como medem suas xícaras de farinha, ou qual peso usar. Nos EUA, as pessoas que fazem torta em casa não pesam a farinha; na Europa isso se faz. É uma ironia estupenda que, doze edições atrás, o Fannie Farmer original — que visava situar a culinária doméstica sobre uma base científica — tenha se tornado famoso por insistir em que as donas de casa norte-americanas medissem sua farinha com copos-medida e colheres calibradas.)

Marion misturou com os dedos ½ colher (chá) de sal, mediu ¾ de xícara de Crisco à temperatura ambiente e colocou sobre a farinha. Em seguida, mexeu a gordura na farinha, dividindo-a em pedaços do tamanho de nozes. Ela conver-

O HOMEM QUE CO

sava, animada, o tempo todo. Nada do silêncio solene que acompanha minhas experiências com massa.

E, então, ela começou um movimento de mãos que se tornou a base de meu preparo de massa de torta. Alcançando o fundo da tigela com ambas as mãos, Marion levantou farinha e gordura acima da beirada da tigela e passou os polegares por cima, cada qual percorrendo desde o dedo mínimo ao indexador. Os pedaços pequenos de gordura e farinha passavam por entre seus dedos e voltavam à tigela; os pedaços grandes caíam por cima dos indicadores. Ela repetiu esses movimentos cerca de 25 vezes, até que as dimensões dos pedaços de gordura e de farinha passaram a se distribuir entre os tamanhos de carne moída grossa, grãos de arroz, ervilhas e azeitonas pequenas. A irregularidade é importante, da mesma forma que a presença de pedaços grandes.

Depois, Marion acrescentou de uma só vez $\frac{1}{2}$ xícara de água gelada e, com um garfo comum, mexeu segundo um padrão espiral, até que começaram a se formar pequenos aglomerados. (Em caso de dúvida, ela recomenda usar mais água que menos.) Ela apertou um pequeno punhado na mão, para verificar se a massa aderia a si própria, o que estava acontecendo, e então pressionou firmemente toda a massa junto a um dos lados da tigela; dividiu-a mais ou menos ao meio com as mãos e passou de imediato a esticá-la. Para isso, usou meu grande e pesado rolo de massa com rolimãs, mas seu toque era leve e rápido.

Marion descumprira quase todas as regras de confecção de massa de torta. Deveria ter usado gordura resfriada, para que não derretesse na farinha. Pelo mesmo motivo, não deveria ter usado os dedos. Deveria ter acrescentado vinagre, para tornar a crosta mais macia, e jamais poderia ter misturado imediatamente toda a água, e sim às colheradas de sopa e, depois, de chá. Por conseguinte, ela usou muito mais água do que era absolutamente necessário e não a distribuiu muito bem. Tampouco resfriou a massa ou mesmo a deixou descansar antes de esticá-la. Ao longo dos anos, Marion tentara todas essas proteções e precauções, mas nenhuma parecia fazer muita diferença. Desse modo, ela simplificara.

E, apesar disso tudo, o que emergiu do forno foi uma perfeita torta de cereja, pelo menos uma crosta de torta perfeita — flocosa, macia e firme. (Algo dera errado com meu recheio, que escorreu por todo lado.) Lá estava a massa que eu precisava dominar e entender — enquanto Marion ainda estivesse em Nova York.

Mas, no dia seguinte, por motivos insondáveis, Marion voltou para o Norte da Califórnia, sem que eu estivesse sequer perto de meu objetivo. As duas semanas seguintes foram repletas de telefonemas e faxes. As mãos dela ficavam precisamente paralelas à mesa? Seus dedos ficavam encurvados ou retos? Ficavam separados uns dos outros ou bem juntos? E, o mais importante, ela passava o dedo polegar de um lado para o outro por sobre os demais dedos ou só numa direção? Essa última pergunta foi tema de três telefonemas.

São os dedos de Marion que fazem a massa, não seu cérebro. Assim, toda vez que eu ligava com outra pergunta, ela desligava, fazia uma ou duas tortas, ou apenas a massa, observava com cuidado o que seus dedos faziam, às vezes tomava notas e telefonava de volta. Eu mantive meus dedos próximos ao receptor do telefone, para que eles também conseguissem ouvir. No total, ela assou uma dúzia de tortas extras. As frutas de verão estavam no auge no Norte da Califórnia, e nada foi desperdiçado — os amigos de Marion costumam passar pela casa dela e, por duas ocasiões, seu jardineiro foi recompensado por trabalhar duro no meio de uma onda de calor. Como diz o provérbio, a boa massa de torta é feita por pessoas com dedos frios e coração quente.

E então, finalmente, meus próprios dedos quentes aprenderam a lição. Tornei-me proficiente e minha massa ficou tenra, flocosa e firme. Depois de algum tempo, preparar e esticar a massa passou a consumir só doze minutos. Eu cronometrei. O processo inteiro é muito mais breve que uma viagem até o supermercado.

Fiquei adepto do método de Marion. Mas fiquei fascinado com a atitude sumamente generosa de Marion em relação à água, e com sua prática de acrescentar tudo de uma vez antes de mexer. Ela julga que, quando seca, a massa quebra nas extremidades ao ser esticada. Essas rachaduras podem ser consertadas, mas Marion considera que a massa não assa bem depois disso.

Não confessarei a ninguém que fiquei aborrecido com a perfeição da massa de torta simples de Marion. Mas eu precisava entender por que funcionava. E, entre os artigos científicos que li, dois ajudaram a desvendar o mistério. Mais que isso: *foram revelações.*

O HOMEM QUE CO

Um, publicado em 1967 no *Bakers Digest*, demonstrava que a crosta flocosa é produzida por um sanduíche triplo entre camadas de: pedaços achatados de gordura que funcionam como espaçadores; farinha não protegida misturada com água, para produzir glúten; e farinha revestida de gordura, para a maciez. A gordura plástica é uma mistura de partes líquidas e sólidas — como é o caso de Crisco à temperatura ambiente e banha ligeiramente resfriada. As partes líquidas revestem a farinha; as sólidas separam as camadas!!

O segundo artigo, publicado em 1943 na revista *Cereal Chemistry*, constituía um corolário do primeiro. Mostrava que, quando se usa gordura resfriada, a quantidade de água que se adiciona e o modo que se faz a mistura são cruciais; mas que, com o tipo de gordura à temperatura ambiente que Marion emprega, tais fatores importam muito pouco!

Isso me levou a formular minha própria receita, que atingi alterando ligeiramente os ingredientes de Marion. As alterações são quatro. Primeiro, aumentei a proporção de gordura, de modo que um pasteleiro amador como eu não tenha que trabalhar obrigado a acertar tudo com exatidão total. Com mais gordura, pode-se ter segurança de que gordura em quantidade suficiente será esfregada na farinha (para a maciez), e que restará o bastante dela para os importantes pedaços grandes e irregulares. E, com a farinha bem impermeabilizada, a quantidade de água que se acrescenta se torna menos crucial. Um artigo técnico publicado em 1970 no *Bakers Digest* mostrou que, elevando-se a proporção de gordura — até 80% do peso da farinha —, a maciez aumentava sem prejudicar em nada sua capacidade de formar flocos!

Conforme zombou um especialista numa conferência proferida em 1952 perante a Sociedade Norte-Americana dos Engenheiros de Pastelaria, essa é uma tática projetada para donas de casa que desejam preparar uma massa macia, mas às quais falta habilidade. O fato de me compararem com uma dona de casa desastrada não me aborrece — recentemente, descobri receitas de tortas muito boas, de autoria de dois pasteleiros que usam muita gordura. Mesmo assim, quando eu melhorar minha torta, poderei reduzir a gordura em duas colheres de sopa, ou coisa assim.

Em segundo lugar, aumentei todas as quantidades da receita de Marion em um terço. A maioria das receitas, em especial aquelas escritas por mulheres ágeis, resultam em massa suficiente para formar uma torta — caso você seja exímio em esticar a massa de modo que ela forme um círculo muito delgado e perfeito. Creio que isso é extremamente machista e discriminador de homens mais desajeitados, cujo gênio culinário reside em outro lugar. O volume maior que eu uso compensa por imperfeições de forma e espessura, e deixa bastante massa nas extremidades, sem necessidade de fazer remendos.

Terceiro, acrescentei um pouco de açúcar, algo que muitas outras receitas também fazem. Marion não tem nenhuma objeção a isso. Minhas experiências mostraram que um pouco de açúcar na massa ajuda a crosta a dourar e contribui com sabor para compensar o gosto neutro ou ligeiramente amargo da Crisco; contudo, excesso de açúcar dá à crosta uma textura arenosa (como massa *sablé* francesa ou massa de biscoito), diminui a flocosidade e o gosto doce aparece demais.

Quarto, mudei para farinha comum *não alvejada*, porque tem mais proteína e, em consequência, produz uma crosta mais dura. A farinha não alvejada tem cor melhor e gosto mais marcante; com toda a gordura que aumentei, as proteínas resultam tão bem revestidas que a maior dureza da farinha não causa problemas.

Minhas aventuras na pesquisa de tortas continuaram no teste de quase todas as técnicas subsidiárias recomendadas por diversos peritos durante os últimos 73 anos. Num piscar de olhos, todas as superfícies num raio de dez metros em torno de meu fogão tinham se transformado em pedestais de torta. Os resultados:

• Pincelar a crosta do fundo com ovos, gemas ou claras, para impermeabilizá-lo contra um recheio líquido, parece não ter efeito algum.

• Pincelar leite na crosta superior antes de ir ao forno é ótimo para dourar a torta.

• Espalhar um pouco de açúcar sobre o leite produz uma mordida doce e crocante.

• Untar a fôrma ajuda a dourar a crosta de baixo e facilita a remoção de fatias.

• Resfriar uma massa feita completamente com Crisco produz uma crosta inferior, com uma estrutura compacta, se comparada à massa feita com Crisco à temperatura ambiente, mas manteiga ou banha não resfriadas (que derretem a temperaturas mais baixas) tornam quase impossível trabalhar.

O HOMEM QUE CO

• Quando nuvens ácidas de vapor se elevam de um recheio de fruta, a massa também fica ácida. Seu pH cai. Quando ácida, a massa tem dificuldade de dourar. No passado, era comum recomendar a adição de bicarbonato de sódio à massa, para elevar o pH e ajudá-la a dourar. No entanto, isso produziu um dourado avermelhado, uma textura arenosa e deixou a massa com um gosto identificável de bicarbonato de sódio.

Por fim, uma receita emergiu. É claro que se trata, essencialmente, da receita de Marion, mas é também minha. Com ela, você conseguirá fazer uma boa massa de torta em qualquer lugar do mundo, usando apenas seus dedos. E, se você se encontrar perdido numa ilha deserta e sem um rolo de massa, Marion diz que você pode usar uma garrafa de vinho que as ondas tenham carregado até a praia.

FLOCOSA, MACIA E FIRME: TORTA AMERICANA FEITA À MÃO

Ingredientes para um recheio de frutas (veja o passo 1 nesta receita e as receitas de recheios que se seguem)

3 xícaras de farinha comum não alvejada (em ordem de preferência: King Arthur, Keckers, Gold Medal, Pillsbury. Meça a farinha como Marion faz: recolha a farinha do saco com o copo-medida, aperte muito ligeiramente e retire o excesso com o lado da mão. Cada xícara de farinha deve pesar 142 g, ou pouco mais)

2 colheres (chá) de açúcar granulado

1 colher (chá) de sal

1 $^1/_2$ xícara de gordura (gordura vegetal, manteiga, banha ou uma combinação dessas. A gordura vegetal funciona bem; se sua cozinha é quente, deixe a gordura vegetal na geladeira durante 15 a 30 minutos. Para obter um sabor melhor, substitua $^1/_2$ xícara de gordura vegetal por 10 colheres (sopa) de manteiga sem sal fria. Bata a manteiga fria com um rolo de massa, até ela se tornar flexível. Banha refinada em casa, resfriada durante 3 dias — período necessário para que se formem cristais grandes — e depois trazida quase à temperatura ambiente resulta maravilhosamente saborosa e produz

TORTAS DO PARAÍSO

*a crosta mais flocosa e escura. A mistura banha-manteiga é untuosa
e doce.)*

*³/₄ de xícara de água muito fria (um pouco menos se você usar man-
teiga como parte da gordura, porque a manteiga contém água)*

1 colher (sopa) de gordura extra, para untar a fôrma

3 colheres (sopa) de manteiga sem sal fria, para o recheio

1 colher (sopa) de leite desnatado ou integral, para pincelar a torta

1 colher (sopa) de açúcar granulado, para borrifar a crosta

1. Prepare um recheio de fruta. Você pode usar uma das receitas
que se seguem a esta, ou sua própria. Todo o preparo preliminar,
como descascar, descaroçar, deixar de molho ou cozinhar, deve ser
realizado antes de começar a fazer a massa. Contudo, deixe os passos finais — por exemplo, misturar açúcar a fatias de maçã ou frutinhas — para o último minuto, pois caso contrário a crosta do fundo
transbordará com sucos antes de a crosta superior ser fixada em
seu lugar. Isso pode render uma torta bagunçada. Caso você utilize uma de minhas receitas de recheio, por favor leia-a agora, para
determinar os tempos envolvidos.

2. Pré-aqueça o forno a 232°C.

3. Numa tigela grande (digamos, com capacidade para 5 ou 6
litros) misture a farinha, 2 colheres (chá) de açúcar e sal, usando
seus dedos.

4. Jogue a gordura sobre a farinha. Lance os pedaços para cima,
de modo a recobri-los com farinha, e divida os mais que depressa
em cerca de 12 partes, cada qual do tamanho de nozes pequenas;
lance novamente com suavidade para recobri-los e organize-os sobre a farinha, formando um círculo distante cerca de 2,5 centímetros das paredes da tigela.

5. Agora "esfregue" a gordura na farinha com seus dedos. Faça
isso em duas fases.

Primeiro, deslize as duas mãos pelas paredes da tigela até o fundo,
sob a farinha, e erga-as acima da borda, de forma a suportar um montículo de farinha e um pedaço grande de gordura em cada mão. Com
os dedos ligeiramente abertos, esfregue os polegares com leveza
por sobre as pontas dos outros dedos; faça isso cerca de três vezes,
para dividir os pedaços grandes de gordura em pedaços menores, do

O HOMEM QUE CO

tamanho de azeitonas pequenas, ao mesmo tempo que os recobre com farinha. Não esprema a gordura, ou misture a farinha com ela; não pressione seus polegares com força; não achate a gordura. Role-a entre as pontas de seus dedos. Deixe a farinha e a gordura caírem de volta para a tigela.

Repita mais 5 vezes, pegando 2 novos pedaços grandes de gordura a cada vez, até que todos eles tenham sido trabalhados.

Na segunda fase, continue a levantar a farinha e a gordura, mas desta vez fazendo *uma única passada* do polegar sobre as pontas dos outros dedos, e numa só direção, do mínimo ao indicador. Não deixe de puxar a farinha do fundo da tigela e de trazê-la acima da borda. À medida que seus polegares se moverem sobre as pontas dos outros dedos, os pedaços menores de gordura deslizarão entre os dedos e os pedaços maiores passarão por sobre o indicador e cairão de volta. Devolva à tigela a farinha e os restos de gordura que tiverem permanecido em suas mãos. Tudo deve cair levemente pelo ar, como se você estivesse esfriando e arejando as partículas de massa. Coisa que você está, de fato, fazendo. Repita esse movimento de vinte a 25 vezes.

Você terá terminado quando o tamanho das partículas de gordura revestidas com farinha variar de carne moída grossa a arroz a ervilhas a azeitonas pequenas. É importante que o tamanho das partículas de gordura seja muito variável. Não tem importância que um pouco de farinha permaneça sem revestimento de gordura.

6. Acrescente $1/2$ xícara da água fria, borrifando uniformemente sobre a superfície da massa. Misture imediatamente a água na farinha, usando para isso um garfo seguro na posição vertical; comece na beirada da tigela e vá mexendo em círculos cada vez menores até o centro, raspando os dentes do garfo no fundo da tigela. Seus movimentos devem ser leves. Depois de alguns movimentos, toda a farinha se umedece e a massa forma pequenos aglomerados. Caso restem muitos fragmentos soltos e secos, acrescente 1 ou 2 colheres (sopa) de água fria e faça de novo o movimento. Não misture demais. Quanto mais a gordura tiver revestido a farinha e quanto mais gordura você usar, menos água precisará. É improvável que você tenha de usar toda a quantidade de $3/4$ de xícara.

7. Junte toda a massa, apertando-a com firmeza contra um dos lados da tigela. Divida aproximadamente ao meio e forme duas bolas. Para isso, use as pontas dos dedos, que são mais frias, e não

TORTAS DO PARAÍSO

as palmas suadas das mãos; achate sobre a superfície de trabalho, formando um disco com 2,5 centímetros de altura. Repita com a outra metade da massa.

8. Unte uma assadeira de vidro (ou metal escuro) com diâmetro de 13 centímetros, usando a colher (sopa) adicional de gordura.

9. Você tanto pode esticar imediatamente ambas as crostas como embrulhar cada disco em plástico e refrigerar durante 15 a 30 minutos. Faça isso se for mais conveniente, se a cozinha estiver quente demais ou se você estiver usando mistura de banha e manteiga. Se você refrigerar a massa, depois precisará de 5 a 10 minutos à temperatura ambiente para que ela se torne maleável; a massa não deve quebrar nas extremidades ao ser esticada.

Para esticar: Polvilhe bem uma superfície plana e use um rolo de massa pesado, também bem polvilhado. Estique o maior dos dois discos numa fôrma mais ou menos circular com 33 centímetros de diâmetro e 3 milímetros ou pouco mais de espessura. Faça isso com um toque leve do rolo de massa; comece dispondo-o entre o centro e a extremidade mais próxima da massa e rolando para longe de você até a extremidade oposta, tomando cuidado para erguer o rolo quando estiver chegando a essa extremidade. Agora puxe o rolo em sua direção, agindo da mesma maneira. Faça uma rotação de $1/4$ ou $1/8$ de círculo na massa e repita a operação. A massa não deve ser comprimida contra a mesa, mas esticada para fora. Se a massa aderir à superfície de trabalho (o primeiro sinal disso é que não estica livremente sob a ação do rolo, ou não sai facilmente quando você tenta girá-la), passe uma espátula de metal delgada sob a massa e polvilhe a superfície novamente. Essa massa deve ser fácil de trabalhar, exigindo apenas entre dez a doze passadas do rolo. Nas primeiras dez ou doze vezes que você fizer tudo isso, seu círculo de massa poderá assumir a forma de uma ameba; assegure-se, apenas, de que quando você terminar o menor diâmetro seja de 33 centímetros, de modo a se ajustar à assadeira sem precisar de grandes remendos.

10. Escove qualquer excesso de farinha que restar no círculo de massa (a farinha pode endurecer a superfície da crosta), dobre-o com suavidade em quartos, leve à travessa e pouse-o sobre o fundo, com os vértices alinhados com o centro. Desdobre a massa novamente, recompondo o círculo. Ajuste na assadeira, erguendo as extremidades da massa com suavidade e pressionando-a de leve (sem

O HOMEM QUE CO

esticar) contra o fundo e laterais da assadeira. Apare as sobras com uma tesoura, de forma que a massa se eleve um pouquinho além da beirada. Caso falte massa em alguns lugares, faça emendas com pedaços que sobrem de outras áreas, umedecendo-os primeiro com água. Esta receita é mais generosa que a maioria; você terá muitas sobras. Se aparecer qualquer buraco no fundo ou dos lados, conserte-o também, apertando firmemente sobre ele uma sobra ampla de massa umedecida. Se o recheio vazar pela crosta do fundo, no mínimo provocará adesão da torta à assadeira, que se queimará. Na pior das hipóteses, o recheio pode ferver no fundo, levando consigo um pouco de massa; aconteceu-me certa vez. Outras receitas de torta não lhe dizem isso, por temerem que suas mãos tremam incontrolavelmente quando você tentar consertar a massa.

Cubra a crosta inferior com plástico.

Estique o outro disco de massa num círculo de 33 centímetros e disponha-o com suavidade sobre a envoltura de plástico. A menos que a cozinha esteja fresca e a massa esteja firme, cubra com mais plástico e ponha na geladeira por 10 a 15 minutos.

11. Enquanto isso, termine de preparar o recheio de fruta, caso ainda reste algo a fazer. Então retire a assadeira da geladeira e deixe a massa voltar à temperatura ambiente, o que deve demorar uns 5 minutos. Retire o plástico; com suavidade, dobre a crosta superior em quartos e ponha de lado.

Com uma colher, espalhe o recheio dentro da massa, mantendo-o afastado da borda da assadeira. Corte a manteiga fria em fatias estreitas e as espalhe sobre o recheio.

12. Alinhe os vértices da crosta superior dobrada ao centro do recheio e, com suavidade, desdobre-a, recobrindo o recheio e a beirada da assadeira. Usando tesoura ou faca, apare as extremidades da massa de forma que ela avance 1,5 centímetro além da borda; faça emendas onde for necessário.

Trabalhando depressa, dobre a margem de 1 centímetro da crosta superior de modo que ela envolva a borda da crosta inferior e a beirada da assadeira. Com uma mão, aperte ligeiramente para lacrar e use a outra mão para manter a massa nivelada com a borda da assadeira.

13. Aplique um padrão decorativo à borda. Aqui estão dois fáceis, que você poderá usar quando não lhe ocorrer outra coisa.

TORTAS DO PARAÍSO

a. Pressione a borda com os dentes de um garfo mantido paralelo à beirada, formando sulcos profundos que apontem para o centro da torta. Evite que a massa macia se agarre ao garfo quando você o erguer; para isso, primeiro incline para cima o cabo do garfo e só depois erga as pontas dos dentes.

b. Eleve e afile a borda de massa; isso ajudará a criar uma rampa que evitará o transbordamento do recheio, quando este ferver. Pressione a massa ao longo da beirada da assadeira, de modo a formar uma elevação com cerca de 1,5 centímetro de altura por 0,7 centímetro de espessura. Tenha cuidado para não pressionar a massa contra as paredes laterais da assadeira, pois isso pode torná-la mais delgada, propiciando vazamento do recheio.

Em seguida, disponha as pontas de seu polegar e seu indicador esquerdos dentro da elevação formada antes, mantendo-os afastados. Repouse a ponta de seu dedo indicador direito do lado de fora da elevação, entre as pontas dos dedos que estão do lado de dentro. Pressionando as pontas dos dedos contra a massa, você formará um V. Faça isso ao redor da torta, repetindo o mesmo movimento, até que toda a beirada da massa tenha sido transformada. Repita mais uma vez, procurando fazer que o padrão fique uniforme.

14. Agora a torta deve ser assada sem demora; caso contrário, os sucos das frutas poderão encharcar o fundo da massa. Pincele ligeiramente a crosta superior com o leite. É provável que você não precise usar a totalidade da colher de sopa. Não permita que o leite forme poças nas reentrâncias da crosta; caso isso ocorra, enxugue com o canto de uma toalha de papel dobrada.

15. Borrife a crosta com o açúcar granulado.

16. Com uma faca pequena e afiada, corte aberturas decorativas na crosta (por exemplo, três formas em V que apontem para o centro, cortados ao longo de três ou quatro raios). Use a faca para abrir ligeiramente os cortes, de modo que eles não se fechem de novo dentro do forno. Você também pode fazer um círculo, triângulo ou quadrado pequeno bem no centro da torta. Essas aberturas permitem que o vapor escape, o que ajuda a evitar que a massa fique encharcada e aliviar a pressão quando os sucos começarem a ferver. Marion Cunningham não acredita em aberturas.

17. Coloque a torta dentro de um suporte de assadeira com bordas elevadas e asse imediatamente, no forno pré-aquecido a 232°C, até que os pontos mais escuros da crosta se tornem de um marrom mui-

O HOMEM QUE CO

to escuro; isso deve levar entre 25 e 40 minutos. Reduza o calor para 190°C e continue a assar até que a torna tenha permanecido no forno por um total de cerca de 1 hora, ou até que a crosta tenha adquirido um tom dourado profundo. Gire a torta algumas vezes, para que doure por igual. Teste as frutas (em especial maçãs ou pêssegos) com uma faca pequena, para verificar que estejam completamente cozidas, mas não tão moles quanto xarope de maçã ou geleia de pêssego. Espie pelos lados da assadeira de vidro para se assegurar de que a crosta do fundo dourou. (Caso o recheio não tenha ainda ficado pronto mas a massa já tenha dourado, cubra a crosta inteira ou apenas as bordas com papel-alumínio, para evitar que passe do ponto.)

A torta de fruta não precisa transbordar para sinalizar que ficou pronta. A maisena e a farinha cozinham completamente a cerca de 87°C, bem abaixo do ponto de ebulição da água. Se a massa é mantida àquela temperatura por, digamos, 20 minutos, isso pode destruir seu poder espessante. Assar a torta a uma temperatura demasiadamente baixa propicia o transbordamento antes que a crosta fique pronta. Contudo, um pouco de transbordamento dá à torta um ar doméstico agradável.

18. Deixe a torta esfriar em sua assadeira durante pelo menos 2 horas. Se você permitir que a torta esfrie até a temperatura ambiente, reaqueça ligeiramente no forno a 160°C durante 15 a 20 minutos. Não refrigere ou cubra hermeticamente. No dia seguinte, restos de torta podem ser reaquecidos a 190°C entre 20 e 25 minutos, depois deixados para esfriar durante 5 minutos. No entanto, dois reaquecimentos podem fazer que a crosta se torne gordurosa.

19. Sirva com um bom sorvete de creme.

20. Quando sua torta tiver sido quase toda consumida, volte ao passo 1 e comece de novo.

QUATRO RECHEIOS DE FRUTA

A torta de maçã é perfeita para o outono [do hemisfério norte], após a colheita, quando a fruta está em seu ápice. Nos meses seguintes, prove as maçãs com cuidado antes de usá-las para fazer tortas, para se assegurar de ainda estejam firmes e plenas de sabor. Na plenitude do verão, você poderá assar suntuosas tortas de fruta

TORTAS DO PARAÍSO

recheadas com mirtilo, pêssego ou cerejas ácidas frescas, todas colhidas no melhor de sua forma.

RECHEIO DE TORTA DE MAÇÃ

O que menos aprecio na torta de maçã comum é a canela. Esse recheio não contém canela. Os únicos condimentos são baunilha e sumo de limão. O único gosto deve ser de pura maçã. Você também pode substituir parte do açúcar refinado por açúcar mascavo bem compactado, para acentuar o sabor ligeiramente caramelizado das maçãs assadas.

Antigas receitas inglesas e norte-americanas usam cravo, macis, noz-moscada, água de flor de laranjeira, água de rosa, sabor de limão ou açúcar mascavo, mas só às vezes canela. Os franceses raramente usam canela junto com maçãs. Receitas norte-americanas mais recentes sempre levam canela, como se seu sabor áspero, arenoso e opressivo fosse inseparável do sabor da maçã. Tente fazer uma torta falsa de maçã (uma estranha ideia norte-americana do início do século XIX), usando a receita da embalagem das bolachas Ritz. Fiz isso (ver página 422); em vez de maçãs, você enche uma crosta de torta com bolachas Ritz empapadas em xarope de açúcar, sumo de limão e muita canela. Servi isso a minha mulher e três amigos, e ninguém percebeu que não havia maçã na torta! O uso indiscriminado de canela fez que nos esquecêssemos do verdadeiro gosto da maçã. Agora você se lembrará.

1,6 kg de maçãs para assar (7 ou 8) (no início da estação, quando ainda estão menos açucaradas, use maçãs Gravenstein; ou Pippin; ou Granny Smith)

1 limão, cortado pela metade

1 ¼ xícara de açúcar granulado branco (ajustado para maçãs extra-azedas ou extradoces)

3 colheres (sopa) de farinha comum

1 colher (chá) rasa de essência pura de baunilha

O HOMEM QUE CO

$^1/_4$ *de colher (chá) de sal (peritos de torta, especialmente do Sul, insistem que um pouco de sal ajuda a realçar o sabor essencial da fruta; eu concordo)*

1. Antes de fazer a massa, descasque e descaroce as maçãs e coloque-as numa tigela grande de água fria, misturada com o sumo de $^1/_2$ limão.
2. Faça a massa da torta até o passo 10, páginas 465-8. Refrigere os círculos de massa.
3. Retire imediatamente as maçãs de seu banho de limão e seque-as. Corte cada uma em quartos e depois corte cada quarto em quatro pedaços, nos sentidos longitudinal e transversal (rendendo, assim, entre 8 e 9 xícaras); são 16 pedaços para cada maçã.
4. Misture os pedaços de maçã e os demais ingredientes numa tigela grande e deixe descansar durante 10 a 15 minutos. As maçãs soltarão um pouco de seu suco, encolhendo e amaciando um pouco. Se você deixar as maçãs durante muito mais tempo nesse estado, elas poderão perder suco demais, tornando-se enrugadas e borrachentas.
5. Retome a receita principal no passo 11.

RECHEIO DE CEREJAS ÁCIDAS

Esse recheio produz torta de cerejas norte-americana clássica. Cerejas ácidas são também conhecidas como cerejas de torta; sua estação transcorre de aproximadamente 1º de julho até meados de agosto em boa parte dos EUA, menos no Oeste. Elas são melhores no início da estação, quando se apresentam firmes, muito ácidas e de um vermelho luminoso. Compre só aquelas cujos talos estiverem intactos. Cerejas ácidas fermentam depressa depois que os talos são removidos; isso deixa uma abertura para a entrada de bactérias e oxigênio. Cerejas ácidas congeladas individualmente podem render boas tortas durante o ano inteiro, mas a maioria das cerejas congeladas só é transportada para os supermercados em estados do Meio-Oeste norte-americano, onde a torta de cereja reina soberana.

TORTAS DO PARAÍSO

9 xícaras de cerejas ácidas frescas, com talos e caroços intactos

4 $^1/_2$ colheres (sopa) de tapioca instantânea, passada no liquidificador até virar pó

2 $^1/_4$ xícaras de açúcar (menos $^1/_4$ a $^1/_2$ xícara caso as cerejas estejam particularmente doces para cerejas ácidas, no fim da estação)

1 colher (sopa) de sumo de limão, ou mais, se as cerejas estiverem doces

$^1/_2$ colher (chá) de sal

$^1/_4$ de colher (chá) rasa de extrato de amêndoa "puro" ou "natural"

1. Prepare o recheio pelo menos 2 $^1/_2$ horas antes de começar a assar a torta. Lave as cerejas e tire seus talos e caroços (você deve ficar com 6 xícaras); coloque-as numa caçarola antiaderente de 4 litros. (A Williams-Sonoma e o catálogo Back to Basics anunciam um pequeno e barato descaroçador de cerejas de plástico que encurta o trabalho pelo menos à metade. Eles estimulam que você faça tortas de cereja.)

2. Misture todos os outros ingredientes com as cerejas e deixe a mistura descansar durante 30 minutos.

3. Leve a mistura de cereja a fervura baixa e cozinhe durante cerca de 5 minutos, até que se torne espessa.

4. Deixe o recheio esfriar durante 1$^1/_2$ hora ou mais, mantendo na geladeira durante os últimos 30 minutos. Recheios quentes derretem as crostas.

5. Não mais de 20 minutos antes de a mistura de cereja esfriar, faça a crosta da receita principal até o passo 10, páginas 465-8. Se você estiver usando gordura vegetal e o tempo estiver fresco, não há necessidade de resfriar os círculos de massa. Verta as cerejas e seu suco na crosta do fundo, no passo 11.

RECHEIO DE PÊSSEGO

1,8 kg de pêssegos (9 grandes ou 16 médios)

1 limão, cortado pela metade

$^1/_2$ xícara de açúcar mascavo claro bem denso

$^1/_2$ xícara de açúcar granulado

O HOMEM QUE CO

¹/₂ colher (chá) de sal

1 pitada de noz-moscada

1 pitada de casca de noz-moscada

¹/₄ de colher (chá) rasa de extrato de amêndoa "puro" ou "natural"

3 colheres (sopa) de maisena

1 colher (sopa) de araruta

1. Antes de fazer a massa, descasque os pêssegos. Se você imergir cada um deles em água fervente por 15 segundos, as cascas se soltarão com a ajuda de uma faquinha. Coloque-os numa tigela grande. Adicione o sumo de ¹/₂ limão, para evitar que os pêssegos escureçam.

Corte os pêssegos pela metade, retire os caroços e corte cada um deles em cunhas de cerca de 2,5 centímetros; devolva as cunhas à tigela e misture com o restante do sumo de limão. Você deve restar com cerca de 8 xícaras de cunhas de pêssegos.

2. Prepare a massa da receita principal até o passo 10, páginas 465-8.

3. Enquanto a massa volta à temperatura ambiente, misture todos os ingredientes restantes do recheio numa tigela pequena. Imediatamente antes passar os pêssegos para a crosta do fundo, lance-os com essa mistura. Caso os pêssegos estejam doces ou azedos demais, ajuste a quantidade de ambos os tipos de açúcar, acrescentando 2 ou 3 colheres (sopa) de cada.

RECHEIO DE MIRTILO SILVESTRE

O mirtilo silvestre é menor e mais frágil que o cultivado; seu sabor é muito melhor, e a textura, mais interessante. Alguns verões atrás, no Nordeste dos EUA a estação transcorria de 1º de agosto a 28 de agosto. Num aperto, você pode usar mirtilo cultivado fresco, ou mesmo congelado. A receita funciona bem com framboesas, amoras-pretas e a maioria das demais frutinhas desse tipo, mas os morangos requerem tratamento especial. Acrescenta-se araruta à maisena para fazer que o suco se torne brilhante e transparente.

6 xícaras de mirtilo silvestre

2 xícaras de açúcar

TORTAS DO PARAÍSO

5 colheres (sopa) de maisena

$^1/_2$ colher (chá) de sal

2 colheres (sopa) de sumo de limão fresco

1. Faça a massa da receita principal até o passo 10, páginas 465-8.

2. Enquanto a massa estiver na geladeira, escolha os mirtilos e remova os talos que existirem. Lave a fruta com cuidado e escoe. Numa tigela pequena, misture os outros ingredientes do recheio, exceto o sumo de limão. A casca do mirtilo contém ácido oxálico, que ataca quase todos os espessantes de amido. Ninguém jamais descasca o mirtilo, algo que, de todo modo, destruiria seu sabor e forma. Assim, não se pode esperar mais do que um sucesso relativo no processo de espessamento.

3. Retome a receita principal, no passo 11. Quando a massa estiver pronta para receber as frutas, borrife o mirtilo com o sumo de limão, misture com os outros ingredientes do recheio e verta no fundo da massa.

novembro de 1995

Licenças

Os seguintes agradecimentos são devidos pela autorização de reproduzir materiais publicados anteriormente:

Doubleday: receita "Trader Vic's Mai Tai", de Victor J. Bergeron: *Frankly Speaking: Trader Vic's Own Story*, copyright © 1973 by Victor J. Bergeron. Reproduzido sob licença da Doubleday, divisão da Bantam Doubleday Dell Publishing Group, Inc.

Barbara Kafka: receita de peru, da coluna "An Opinionated Palate", Barbara Kafka (*Gourmet*, novembro de 1991), copyright © 1991 by Barbara Kafka. Reproduzido sob licença de Barbara Kafka.

Leiber & Stoller Music Publishing: trecho de "Love Potion #9", de Jerry Leiber e Mike Stoller, copyright © 1959 (renovado) by Jerry Leiber Music / Mike Stoller Music. Todos os direitos reservados. Reproduzido sob licença de Leiber & Stoller Music Publishing.

Mage Publishers: receita "Perfumed rice with lamb and lentils", de Najmieh Batmanglij: *New Food of Life: Ancient Persian and Modern Iranian Cooking and Ceremonies*, copyright © 1992 by Mage Publishers. Reproduzido sob licença de Mage Publishers.

O HOMEM QUE

New Directions Publishing Corp. and Carcanet Press Limited: William Carlos Williams: "This is just to say", *Collected poems: 1909-1939*, Volume 1, © 1938 by New Directions Publishing Corp. Direitos no Reino Unido administrados por Carcanet Press Limited, Manchester. Reproduzido sob licença de New Directions Publishing Corp and Carcanet Press Limited.

Random House, Inc.: receita "Swiss chard and bean soup with ricotta toasts", de Daniel Boulud: *Cooking with Daniel Boulud*, copyright © 1993 by Daniel Boulud. Reproduzido sob licença de Random House, Inc.

Índice remissivo

Os números em *itálico* remetem a receitas.

@Café (Nova York), 347
500 fat-free recipes (Schlesinger), 209
60 Minutes, 55

A&P Tomato Ketchup, 104
abacate, 76, 83, 205, 209, 323
abacaxi, 39, 75, 78, 82, 204, 350, 384, 386-7, 443, 447
abobrinha, 76-7, 182-3, 225-6, 284; fervura, 290
abscisão, zona de, 79-80
Ação de Graças, jantar de, 37, 384, 428, 436, 438-41, 444, 446
Acelga e Feijão com Torradas de Ricota, Sopa de, *48-9*
Acme Bread Company, 24-5, 115-6
açúcar, 12, 14, 23, 45, 53, 75, 77, 112, 116, 122, 138, 145, 216-20, 222, 353, 383, 400, 422, 423, 426; acidez e, 361; apetite e, 148, 150; hiperatividade e, 14; no sangue, 113, 119, 121, 206
adoçantes artificiais, 115, 119, 148, 219; *ver* aspartame
Adribbers, 306
aflatoxina, 182

Agassi, Andre, 343
água, 23, 28, 30, 60, 66-74, 75, 79, 406, 455, 458, 461; açúcar e retençao de, 212; contaminada com chumbo, 70; da Tunísia, 329; de bica, 196; de poço do Vale do Silício, 182; de torneira, 66, 68, 70, de torneira de Nova York, 29, 129; destilada, 29, 71-2, 74, 196; em restaurantes, 129, 131; mineral, 29, 67, 73-4; na criação de gado, 141; ozonização, 69; propriedades diuréticas, 252
Al's Tasty Burger Inn (Memphis), 301
álcool, 138, 184-92, 196, 209, 345, 384, 411; pressão sanguínea e, 197-8
alergias alimentares, 12, 14-6, 20, 376
alface, 44, 77, 224, 265, 318, 345; reidratação de, 87
alfalinoleico, ácido, 207
Alfândega dos EUA, 391, 402
alho-poró, 242, 318, 333, 439; no micro-ondas, 408
All-Star Café (Nova York), 343
Alpine Lace, queijo sem gordura, 204
Amana, micro-ondas, 405
Ambassadeurs, Les (Paris), 370

O HOMEM QUE

ameixa, 12, 77-8, 80, 84, 89-90, 277, 363, 383, 438-9

Amélia, rainha da França, 435

amêndoas, 117, 328, 362-3, 409; assadas, 355, 357, 364; granita de, 355, 362-4; pasta de, 354-5

amendoim, 179, 205, 223, 226-7, 272, 386, 393, 396-8, 401-2; manteiga de, 36-7, 42, 44, 305; toxinas na manteiga de, 182

American Cancer Society, 186

American cookery... by Amelia Simmons, an American orphan (livro de receitas), 426

American Diabetes Association, 206

American food (Jones), 439

American Heart Association, 210, 213, 217

Ames, Bruce, 182

Amicis, Edmondo de, 9

amilase, inibidores de, 179

Amir's Falafel (Nova York), 39

amoras-pretas, 82, 319, 324, 357; granita de, 365-6

anchovas, 11, 16-7, 99, 257, 260-1, 283, 286, 290-1, 294

Anderson, Laurie, 324

androstenol, 157-8

antepastos, 16-9, 201, 210, 247, 265, 274, 277

antioxidantes, 56, 392

apetite, 114, 225, 278-9, 282, 315, 389; fome e, 143-53; pesquisas sobre, 146-51

Apfelbaum, Marian, 124-5

Apício, 429

Apicius (Paris), 377

apolipoproteínas, 189

Apple City BBQ, 312-4

Aqua West Filtration System, 69

árabes, 73, 255, 331, 336-7, 352, 358

Arábia Saudita, 73

Arabian, Ghislaine, 397, 401

arauaques, índios, 302

Arcadia (Greene), 454

Archer Daniels Midland Harvest Burgers, 134-5, 140

Argentina, 197, 256, 391

Aristóteles, 15, 441

Arnold, Susan, 202

Aronne, Louis, 123-4, 126

Arpège, L' (Paris), 389

Arquimedes, 355

arroz, 39, 43-4, 47, 52, 106, 112, 114, 116, 120, 123, 138-9, 195, 202, 254, 264, 296, 298,-9, 337, 460, 466; cultivo em Piemonte, 256; no Japão, 267, 270-6, 279-80; ver também basmati, arroz

Art of Charcuterie, The (Grigson), 241

Arte da cozinha, A (Miteco), 356

Asia Nora (Washington, D. C.), 390

aspartame, 148, 217-8

aspirina, 57, 189-90, 283

Assenza, irmãos, 357

Associação Norte-Americana para o Estudo de Obesidade, 119

astecas, 10, 440-1

Asti (Nova York), 346

Atkinson, Boyd, 303

Auburn Farms, massas sem gordura, 204

Aurora (Nova York), 128

Austen, Jane, 453

Austrália, 144, 328, 457

aveia, 27, 53, 114; ver também Quaker (aveia)

avelãs, 11, 117, 246, 248, 254, 256, 433

avidina, 177

azeite de oliva, 16, 120, 126, 171, 204, 206-9, 214, 267, 296, 328; em molho de macarrão, 285, 290; obtenção de, 336-7

azeitonas, 82, 116, 118, 184, 205, 209, 255, 296, 321, 336, 339, 456, 460, 465-6

azul, comida, 12

Back of the Box Gourmet, The (McLaughlin), 417

Back to Basics, 361, 473

Backwoods Boys BBQ, 312

Bacon (Cap d'Antibes), 213

bagna cauda, 16, 257, 260, 260-1

Bakers Digest, 462

Bakhtawayhi, Ibn, 359

Balducci, mercado (Nova York), 34, 89, 104, 263, 266

Bamboche, Le (Paris), 375, 377

banana, 44, 60, 82, 85-6, 114, 116, 171, 181, 197, 305, 434

ÍNDICE REMISSIVO

banha, 11, 18-9, 53, 185, 239, 353; em massa de torta, 223, 456, 462, 464-5, 467
banneton, 30-2
Bar-ba-rosa's (Millington, Tennessee), 302
Barbicani (Veneza), 291
Bar-B-Q Shop Restaurant (Memphis), 302
barbecue, 300-15
Bartoshuk, Linda, 72
basmati, arroz, 42-3; com Cordeiro e Lentilhas, *49-51*; integral, 120
batatas, 44, 53, 77, 112, 114, 116-7, 120, 126, 139, 146, 151, 199, 217, 228, 238-9, 242, 247, 250, 265, 304, 324, 374, 390, 392, 398, 404, 409, 415-6, 431, 435-6; fritas, 389-403; inibidores de protease, 152-3; *pommes souf-flés*, 435; purê de, 58-65; verdes, 181
batatas fritas, 38, 59, 103-4, 178, 196, 199, 215, 223-6, 228-9, 273, 376, 389-403, 407, 418, 435; Arabian-Passard, *401-2*; com ervas toscanas, *393-5*; do McDonald's, 97-8; fáceis, *397-8*; ketchup com, 95, 97, 103-5, 140; palha, 178
Batmanglij, Najmieh, 49
Bauer, Michael, 194
Baumann, *brasseries* (Paris), 234
Bayer, William, 329
Beard, James, 248, 338
bebidas, como servir, 113, 128-9
Beckley, Karl, 320
Bellini, Gentile, 282
Benchley, Robert, 442, 444
Benita's Frites (Santa Monica), 392
berberes, 331, 336, 339
Bergese, Nino, 248, 249
Berliner, David, 158, 160-1, 163, 165
Best recipes (Dyer), 417
beta-3, 119
betacaroteno, 177, 229
Better'N Eggs, 203
Betty Crocker, mistura para cobertura, 459
beurre blanc, 120, 324, 435
Beyond Catsup, 104
Big Dawg Hawg, 306
Big Pig Jig, 310
Bingham, fluidos de, 98
biotina, 177

Biscoitos Originais Toll House da Nestlé, *418-9*
bistrots modernes, 369-77
Bitter almonds (Simeti), 354
bkaila, 337-8
Blanc, Georges, 64
Blanchard & Blanchard New England Chunky Ketchup, 104
bociógenos, 180
Bocuse, Paul, 269
bolo: de coco, 428-30, 434, 437; misturas Pillsbury Lovin' Lites, 203-4; Redemoinho Milky Way, 422-3, *423-4*
Borden, queijo sem gordura, 204
Bosch, frigideira elétrica, 399
Boston Cooking-School Cook Book, The (Farmer), 395, 457
Boulangerie moderne, La (Calvel), 24
Boulud, Daniel, 47-8, 121
Bourassa, água mineral, 74
Bourne, Malcolm, 98
Bozo's (Mason, Tennessee), 302
Brasserie Flo (Paris), 234
Bread Bakers Guild of America, 115
Breakfast Book, The (Cunningham), 453
Breton, Thierry, 376
Bridge Kitchenware (Nova York), 399
Brooklyn Diner, USA (Nova York), 342
brotos: de bambu, 180, 273; toxinas nos, 177
Brown's Barbecue (Memphis), 301
brownies com baixo teor de gordura, 204, 212-3, 226-7
budismo, 138-9, 276
Buerehiesel (Estrasburgo), 239
Bush, George, 90
Busha Browne's Spicy Tomato Love-Apple Sauce, 104
Butter Buds, 203-5
Butter busters (Mycoskie), 202-3, 210-2

cacau, 82
cachorro-quente, 134; falso, 139
Cafarate, irmãos, 255
Cafe de Bruxelles (Nova York), 392
Cafe Sport (Seattle), 321
café, granita de, 352, 357-8, *366-7*

O HOMEM QUE

cafeína, 112, 114-5, 117, 170
Caffè Finocchiaro (Avola), 363
Caffè Sicilia (Noto), 357, 365-6
cálcio, 54, 66-9, 73, 177
California Dip, 418
California Tree Fruit Agreement, 89
Calvel, Raymond, 24, 115-6
camarões, 116, 275, 282-3, 287-9, 292, 318, 323, 328, 407-8, 413; com sal e pimenta, 200-1; em Veneza, 284; Grelhado Misto de Enguia, Sardinhas e, 292-3; grelhados como cannochie, 293
Camdeborde, Yves, 370, 373, 375, 377
Camelot, Le (Paris), 376-7
Campbell's, sopas, 419-20, 425; Caçarola de Talharim com Atum, 417, 420; Cozido de Vagens, 418-20; Divã de Frango e Brócolis, 421-2
Campbell's 75th Anniversary Cookbook, 420
Campbell's Creative Cooking with Soup, 420
Campiche, David, 324
cana-de-açúcar, 352
câncer, 56, 93, 185; de cólon, 207; de mama, 191, 207; de próstata, 207; gordura e, 14, 125, 205, 207, 209, 219, 221, 223, 230
cannochie, 293, 294
Cannon, Mike, 305
canola, óleo de, 171, 206
Canyon Ranch, 166-72
Cape, Danny, 310-1
Capon, Robert Farrar, 194
Capone, Al, 132
caqui, 84
Caracciolo, marquês Domenico, 94-5
carambola, 323
carboidratos, 23, 36, 125, 146, 148-9, 217-9, 222; como substitutos da gordura, 206; diabetes e, 206; na dieta de Montignac, 113-7, 120-2, 124; na dieta do Canyon Ranch, 170-1; nutribloqueadores, 179
carcinógenos, 177, 182
cardíacas, doenças, 53-6, 181; açúcar e, 216-7; álcool e, 54-5, 184-9, 191; carne e, 136, 206; gordura e, 14, 54, 56-7, 120, 185, 205-6, 209, 221, 223, 230

carne, 134-9, 141-2, 146, 175, 178, 194, 196, 200, 205-9, 214-5, 222-3, 234, 236, 239-42, 248, 256; artificial, 139; bolo de, 418-9; caldo de, 247-8, 256-61; Caldo de, Piemontês, 261; japonesa, 263-8; Molho de Sálvia para Macarrão e, 257-60; preparo de, 140; produção de, 140-2, 262
carotenoides, 229-30
carotenotoxina, 183
Carpaccio, Vittore, 282
Carpigiani, máquina de sorvete, 358
Carrier, Robert, 214
Casella, Cesare, 392-3, 395, 398
Cathey, Bessie Louise, 306
Caviezel, Luca, 367
CCK-8 (octopeptídio de colecistocinina), 151-3
Ceia na casa do fariseu (Veronese), 282
celulase, 79
cenouras, 40, 68, 183, 239, 243, 319, 374, 379; halva, 19
Censo de Limpeza Wisk, 430
Censo dos EUA, 41
Centers for Disease Control (CDC), 54, 92, 185-6
cerejas, 77, 80-3, 87, 254, 319, 348, 363, 384, 386-7, 459; recheio de torta, 454, 461, 472-3
Cervantes, Miguel de, 95
cerveja, 29, 113-4, 184, 190, 263, 265, 267, 311, 434
César, Júlio, 68
Cesare, 245-62
chakhchoukha, 336
Champfleury, Pierre de, 162
Charlie Vergo's Rendezvous (Memphis), 301
Chef's Choice modelo 110, afiador de faca, 429
Chemistry, cereal, 462
cherimólia, 84
Cherry, Ron, 318
Chez Jenny (Paris), 234
Chez Michel (Paris), 370, 375, 377
Chez Panisse (Berkeley), 116
Chez Panisse Cooking, 24
Chez Panisse Pasta, Pizza & Calzone Cookbook, 17
Chichén Itzá, 431
Chihana (Tóquio), 277
Child, Julia, 9-10, 234, 320

ÍNDICE REMISSIVO

China, 139

chinesa, comida, 417; dieta, 124; em Nova York, 344; para viagem, 269

chocolate, 15, 44, 68, 112-4, 117, 169, 175, 177, 204, 206, 239, 269, 376, 385, 405, 417-9, 422-3, 435, 439, 441; baixo teor de gordura, 210-3, 223, 227; granita de, 356-8, 360, 367-8; sobremesas, 211, 213

Chocolate and the Art of Low-fat Desserts (Medrich), 210-1

choucroute garnie à l'Alsacienne, 233-5, 238-9, 242-4

chumbo, água contaminada com, 70

cianógenos, 180

Cirque, Le (Nova York), 47

Claiborne, Craig, 34, 421

Clairval, água mineral, 74

Clarence & Sons Prime Meats (Nova York), 241

Clark, Mike, 312

Classic Italian Cookbook (Hazan), 282

Clinton, Bill, 391

cloro, 29, 68-9, 71, 73

cobre, 73, 177, 267, 430

Coca-Cola, 97, 354; Diet Coke, 38, 66, 97, 140; loja da, 343

coco, bolo de, 428-30, 434, 437

Cocolat (Berkeley), 211

Cocolat (livro de receitas), 211

Cofea, *gelateria* (Palermo), 352-3

cogumelos, 42-3, 48, 128, 169, 171, 182, 246, 249, 254-5, 275, 278, 318, 320, 324, 369, 374-6, 419-20

Cohen, George, 337-8

Cohen, Lola, 337-8

colesterol, 52-7, 124, 140, 142, 167, 170, 189, 206, 208, 216, 221, 258, 263, 267, 402; álcool e, 190; dieta de Montignac e, 119, 121, 125; dieta vegetariana e, 136, 140

coliformes fecais (bactérias), 92

Colin, Jean-Jacques, 236

Colinet, chef, 435

Collins, Alf, 321

Colombo, Cristóvão, 441

Comess, Noel, 33

comida sem gordura, 202-5

Comissary (Memphis), 301

Condé, príncipe de, 429

confit de porc, 18

confortável, comida, 11

congelamento artificial, 352, 358-9, 361

Congresso dos EUA, 92

Connoisseur, água mineral, 74

Conselho de Competitividade, 90

Constant, Christian, 370, 375-6

Consumer Reports, 70, 92, 118, 405

conveniência, comidas de (micro-ondas), 408, 419

Cook, Byron, 318

Cook's, 194

Cooking of South-West France, The (Wolfert), 18, 68, 328

Cooking with Nora (Pouillon), 390

Cordeiro com Arroz Perfumado e Lentilhas, 49-51

Corky's (Memphis), 301

Cornell, Universidade, 98, 123, 190

Correia, Barry, 170

Corriher, Shirley, 59

Corte Sconta (Veneza), 292

Costanzo, Corrado, 356, 361-2, 364

coup de milieu, 161

Courtine, Robert, 435

Couscous and Other Good Food from Morocco (Wolfert), 68, 332

Cozy Corner (Memphis), 302, 305

crème anglaise, 95

crème brûlée, 11

Criação dos animais, A (Tintoretto), 282

Crisco, 223, 226-7, 456-7, 460, 462-3

Crispy Critters, 306

cromo, 73

crustáceos crus, 91-2

Cunningham, Marion, 194, 422, 452-3, 457, 459, 469

Cupcake Café (Nova York), 39

cuscuz marroquino, 326, 331-2, 335-6; com Folhas de Erva-doce, 333-4

Cyber Café (Nova York), 347

O HOMEM QUE

Da Fiore (Veneza), 284-5, 295
Dahlia Lounge (Seattle), 321
Daimaru, loja de departamentos (Kyoto), 269
damasco, 77, 84, 277, 297, 328, 362-4
Daniel (Nova York), 47, 121
dashi, 276-7, 279
David, Elizabeth, 32, 352
Davidson, Alan, 286
Dawson, Rebecca, 323
Dazey Stripper, 431
De re coquinaria (Apício), 429
Dean & DeLuca (Nova York), 105, 126, 249
Dei Cacciatori (Albaretto, Itália), 246-7, 261
Del Monte Ketchup, 95, 97, 104
delicatessen, 239, 269, 344
Deliziosa, água mineral, 67
DeLonghi, frigideira elétrica, 399
Delta Smokers, 312
Departamento de Estatísticas de Emprego, 37
Devon Steak (Osaka), 265-7
dexfenfluramina, 151
diabetes, 206, 216, 219, 223
Dial-a-Chef, 437
Diet and Health (National Research Council), 208, 219
Diet for a Small Planet (Lappé), 134, 137-8
dietas: de lanchonete, 149; de subsistência, 39, 43, 45-8; do Canyon Ranch, 166-72; do Método Montignac, 111-26
Dionísio, 356
Disney, 343, 345
Dive! (Nova York), 343
Doerper, John, 321
Doglio, Sandro, 249
Dolnick, Edward, 53-5
Domino, açúcar, 423-5
dopamina, antagonistas da, 146
Douglas, Tom, 321
Dracurita, 349, *350*
Dreamland Bar-B-Q Drive Inn (Jerusalem Heights, Alabama), 302
drogas, 15, 208; iniciatórias, 184; para emagrecimento, 119, 124, 145, 151; psicodélicas, 199; redutoras do colesterol, 121
Duc d'Enghien (Paris), 376

Durkee, cebolas fritas, 418-20
Durston, Diane, 275
Dutournier, Alain, 403
Dyer, Ceil, 417

Earl, Robert, 343
Eat More, Weigh Less (Ornish), 208
Eating in America (Root e Richemont), 440
Eating in Italy (Willinger), 249
Eating Well (Doerper), 321
Egg Beaters, 203, 204
Egito antigo, 24
Eliot, T. S., 157
Elliott's (Seattle), 322
Emerson, Ralph Waldo, 454
Emmett Watson's (Seattle), 322
endotérmico, efeito, 359-60
endro, 10, 333, 337
Ener-G, sucedâneo de ovo, 203
enfisema pulmonar, gado com, 182
English Bread and Yeast Cookery (David), 32
enguia, 275, 283-4, 286-7, 292, 439; grelhada, 283, 285, *294*; Grelhado Misto de Camarões, Sardinhas e, *292-3*
Environment Protection Agency (EPA), 70-1
Épi Dupin, L' (Paris), 369, 376
Erox Corporation, 155, 157-65
erva-doce, 17, 117, 257, 328, 331, 332, 376, 409; com Cuscuz Marroquino, *333-4*
Escoffier, Georges Auguste, 95, 421
Ésquilo, 356
esquimós, 125, 164
estanho, 73
estragolo, 182
estrogênicos, fatores, 181
etileno, 79-80, 83, 85-6
Evian, água mineral, 67-8, 73, 129
exercícios, 112, 172, 196; apetite e, 148-9; doenças cardíacas e, 186, 188, 208; em spas, 172
expresso, café, 345, 352, 356; granita de, *366-7*

Faire son pain (Poilâne), 26-7
Fannie Farmer Baking Book (Cunningham), 422, 453, 457, 459
Fannie Farmer Cookbook (Cunningham), 453

484

ÍNDICE REMISSIVO

Farberware Standard Smokeless Indoor Grill com Rotisserie, 445

farinha, 23, 204, 245, 251, 259, 284, 291, 332, 353, 386-7, 411, 418, 426, 430, 434, 437, 442, 448, 455-9, 462, 465-7, 470-1; branca, 29, 31, 46, 114, 138, 170-1, 258; como medir, 457, 459-60; de grão-de-bico, 181; de semolina, 332; integral, 24-30, 33-5, 171; não alvejada, 258, 463-4

Farmer, Fannie, 395, 457

Fashion Café (Nova York), 343-4

Faucher, Thierry, 375

Faugeron (Paris), 376

favismo, 181

Fawcett, Farrah, 67

Fearing, Dean, 132

Featherweight Catsup Reduced Caloric, 104

feijão, 12, 37, 39, 45, 77, 114, 117, 120, 138-9, 171, 217, 298, 412, 429, 436, 439-40; branco, 17, 46-7, 114, 214, 298, 338; e Acelga com Torradas de Ricota, Sopa de, 48-9; enlatado, 140; lunar, 296, 298; nutribloqueadores, 177, 179; preto, 323; refritados sem gordura Old El Paso, 203; toxinas do, 180-1

fenfluramina, 119, 151

fenícios, 331, 335

fentermina, 119

Ferme Auberge Deybach (Alsácia), 237

fermento, 23, 171, 321, 324; industrial, 30; natural, 24-7, 31, 34

feromônios, 154-65; sincronismo menstrual, 157

ferro, 69-70, 137, 177, 200, 413

fibras, 36, 119, 121, 145, 147, 170-1, 217, 455

figo, 77, 84, 328, 338; granitas de, 358

Figueroa, Barbara, 322

Filadelphia, queijo cremoso sem gordura, 204

Financial Times, 125

Firmenich Company, 163

Fish Works!, 320

Fisher, M. F. K., 9-10, 39-40, 42, 279

fitenatos, 177

Fiuggi, água mineral, 67, 74

flavonóis, 230

fluoxetina, 151

fobias alimentares, 10-1, 13-4, 18, 376, 443; contra gordura, 205; fim das, 15-7

fólico, ácido, 57, 137

fondo bruno, 256-7, 261-2

Food (Powter), 203

Food and Agriculture Organization (FAO), 53

Food and Drug Administration (FDA), 67, 92, 99, 101, 182, 208, 214, 221-30, 363, 391

Food Emporium Fancy Tomato Catsup, 104

Foodtown Catsup, 105

Fortune, 94, 96

Foster, Aubrey, 241

Four Seasons (Nova York), 68, 128

Foytik, Jerry, 47

fragoline, granita de, 356-7, *366*

framboesa, 12, 77, 80, 82, 474

francesa, comida, 116-8, 125, 277, 322, 370, 415, 453, 471; barata, 47; doenças cardíacas e, 52-7, 120, 185, 206; em bistrôs de Paris, 369-77; medieval, 433, 453; preços, 38; saladas, 180

frango, 39, 47-8, 92, 113-7, 120, 134-5, 138-9, 146, 171, 178, 194, 225-6, 272, 277, 279, 284, 296-8, 304, 336, 341, 347-8, 392, 404, 417, 433, 440, 445, 447-8; caipira, 42; em sopas Campbell's, 421-2; Texas B-B-Q Seasoned, 203

Frank Pepe (New Haven), 17

Fréchon, Eric, 375, 377

Freddie's (Little Rock, Arkansas), 302

Freddie's B-B-Q (Stuttgart, Arkansas), 302

French Baking Machines, 30

Fresnaye, Lewis, 426-7

Fricker, Jacques, 124

Frozen Mango Mambo, 343, 349, *350*

fruitcake, 383-8, *387-8*

frutas, 27, 53, 55, 75-90, 112, 114, 128, 183, 190, 194, 217, 222, 276, 319, 322, 324, 328, 349, 351, 352-3, 358, 365-6, 436, 453-4, 461; carotenoides em, 229-30; cítricas, 59, 82-3, 328, 330, 352; com caroços, 89-90, 363-4, 473-4; como descascar, 431; conservas de, 102; em dietas, 122, 136; secas, 182, 209; tortas de, 383-8, 464-75; *ver também frutas específicas*

frutinhas, 246, 318, 320, 385, 454, 465, 474

frutos do mar, 53, 91-3, 196, 222, 292-3, 330; da costa noroeste dos EUA, 317, 323; japoneses, 272; venezianos, 281-4, 286-90, 292; *ver também* peixes, crustáceos crus, 53

frutose, 12

fumo, doenças cardíacas e, 185-7, 208

G6PD, deficiência de, 181

Gagliardo, Charlie, 263

Gagnaire, Chantal, 373

Gagnaire, Pierre, 372-3

Gair, Robert, 426

galanina, 120

Gália, 453

Gandhi, Mohandas K., 195

garçons, 19, 127-33, 137, 141, 170, 281, 291, 321, 346

Gateway to Japan (Kinoshita e Palevsky), 270

Gault-Millau, guia, 239

GE, micro-ondas, 405, 408

gelo, 161, 349-50, 358-61, 366, 403, 410, 423, 434

Girardet, Fredy, 407

Giusto's Specialty Foods, 25-6, 30, 33, 35

Givaudan-Roure Company, 163

Glasse, Hannah, 100

glicêmico, índice, 113-4, 117, 121, 124

glicose, 12, 79, 82, 87, 113-4, 121, 150, 217, 219

glúten, 12, 20, 28, 30-1, 139, 194, 258, 455-9, 462

gordura, 18, 23, 36, 48, 202-15; apetite e, 143-4, 146; baixo teor de, dieta de, 117-8, 141, 206; baixo teor de, receitas de, 202-3, 211, 213; doenças cardíacas e, 14, 54, 56-7, 120, 185, 205-6, 209, 221, 223, 230; em massa de torta, 455-8, 460, 462; inabsorvível, 222-3; medo de comer, 14; na comida francesa, 52-7; na dieta de Canyon Ranch, 170-1; na dieta de lanchonete, 149; na dieta de Montignac, 112, 114, 116-25; na dieta de subsistência, 36; no purê de batatas, 58, 60; saturada, 14, 45, 52-3, 56-7, 120-1, 124, 136, 140, 142, 185, 205-6, 208, 211, 213, 223, 226, 444, 456

Göring, Hermann, 143

Gotham Bar and Grill (Nova York), 178

Gottlieb, Ann, 162

Goulaine, marquês de, 435

Gourmet, 442, 446, 449

Gourmet Garage (Nova York), 42-3

Graceland, 305

Graeter's, sorvete, 225

Grammatico, Maria, 354, 358-9, 362

Grand Central Bakery (Seattle), 322

granitas, 351-60; como fazer, 352-6, 360-1, *361-8*

grapefruit, 44, 82, 251, 323

Grasser, Frédérick, 389

gravidez, consumo de álcool durante a, 191

Gray, Steve, 305

Gray's Papaya (Nova York), 39

Great Boars of Fire, 306

Grécia, 12, 18, 207, 255, 351; antiga, 453

Green Lake Grill (Seattle), 320

Greene, Graham, 395

Greene, Robert, 454

grega, comida, 11-2, 18

Grelhado Misto de Camarões, Enguia e Sardinhas, *292-3*

grelhados, 10, 18, 68, 116, 140, 178, 222, 264, 266, 270, 272, 274, 279, 290, 409; de frutos do mar, 169, *292-3*; legumes, 171, 178, *338-9*

Gretzky, Wayne, 343

Gridley's (Memphis), 302

Grigson, Jane, 241, 255, 314

guanabano, 84

Guerard, Michel, 64, 407

gulab jamun, 19

Gussow, Joan, 142

H_2O (von Wiesenberger), 71

Hain Natural Catsup, 105

halva, cenoura, 19

hambúrguer, 47, 68, 140, 178, 273, 304, 341, 407, 417; ketchup com, 95, 97-8, 140; vegetariano, 134-5, 139

Hannachi, Lynn, 335-6

Hannachi, Salah, 335-6

Hard Rock Cafe, 341-5

Harley Davidson Cafe (Nova York), 343-5

Harris, Jessica, 330

Harris, Marilyn, 224-5

Harvard, Universidade, 57, 153, 156-7, 186, 198; School of Public Health, 187

ÍNDICE REMISSIVO

Harvest of the Cold Months (David), 352
Hawaiice Ice Scraper, 361
Hawkins Grill (Memphis), 301
Hayden, Sterling, 344
Hazan, Marcella, 226, 282-95, 420
Hazan, Victor, 282-3, 285-6, 291-3, 295
Hazardous Waist, 306
HBO, 343
Health and Diet Pro, programa de computador, 46
Healthy Choice, queijo sem gordura, 204
Heffron, Robert, 172
Heinz, Henry J., 100-1
Heinz, ketchup, 95-7, 99-100, 102, 104-6, 321
hemaglutininas, 181
Hennieze, água mineral, 67
Henry, O., 395
Herbfarm (Seattle), 323-4
Heroic Sandwich (Nova York), 347
Hess, Karen, 100
hidrazinas, 182
Higgins, Millicent, 55
hindus antigos, 181
Hines, Mary Anne, 426
hiperatividade, 14, 216
hipertensão, 193, 196-8
Hipócrates, 181
hipoglicemia reativa, 218
Hippocrates, 53
Hollywood, 345
Homero, 329, 357
homocisteína, 56-7
Horn & Hardart Automat (Nova York), 343
Hostellerie du Cerf (Estrasburgo), 239
Hôtel Crillon (Paris), 370-1, 375-7
Hôtel Ritz (Paris), 370, 377
Hôtel-Restaurant au Boeuf (Estrasburgo), 234-5
How to Cook a Wolf (Fisher), 39
Hugh, Henry, 200
Hunt Club (Seattle), 322
Hunt's Tomato Ketchup, 105
Hunter, Alexander, 101-2, 104
Husser, Michel, 239
Hyotei (Kyoto), 274

ianomâmis, índios, 193, 196-200
Ices (Weir e Liddell), 352
Idone, Christopher, 264
In the Kitchen with Rosie (livro de receitas), 202
Index Medicus, 205
Índia, 139, 195, 429, 441
indiana, comida, 9, 42, 181; sobremesas, 9, 11, 19; vegetariana, 139
índios norte-americanos, 303
Ingle, Schuyler, 321
Inserm, 190
insetos, 10, 134, 176, 193, 385, 434
Instituto Médico-Legal de Los Angeles, 342
insulina, 113-4, 117, 125, 150, 206, 218; resistência à, 123-4, 126, 206
Internet Café (Nova York), 347
Intersalt, pesquisa, 197-8
Ionics Company, 73
italiana, comida, 17, 178, 248-9, 322, 420, 426; barata, 47; piemontesa, 247-62; saladas, 180; toscana, 392; veneziana, 282-95
Ito, Kimio, 265-6

Jaffrey, Madhur, 42, 227
Jasmin (Paris), 58
Japanese Cooking: a Simple Art (Tsuji), 277-8
Japão, 139, 328; lojas de departamentos, 269
japonesa, comida, 52, 116, 269-80; bife, 263-8; gordura na, 206; preços, 38; proteínas na, 146; vegetariana, 139
Jardine's Jalapeño Texas Ketchup, 105
Jefferson, Thomas, 100
Jekyll & Hyde Club (Nova York), 342-4, 349-50
Jennings-White, Clive, 161-3
Jim Neely's Interstate (Memphis), 301
Joe, the Wounded Tennis Player (Thompson), 447
Jones, Evan, 439
Journal of Fermentation Technology, 73
Journal of the American Medical Association, 206
Jovan Company, 158
J-R Enterprises, 302

Kafka, Barbara, 407-8, 446, 449
kaiseki ryori (*haute cuisine* japonesa), 272, 274, 276-7

Kaiser Permanente, seguradora, 186
Kakifune Kanawa (Hiroshima), 272
Kalahari, bosquímanos do, 10
Karo, Pipoca Fácil com Xarope de Caramelo, 417
Kellogg's, sucrilhos, 418; Quadrados de Marshmallow com Crispies de Arroz, 418
Kemin Industries, 152-3
ketchup, 94-107, *101-2*; avaliação de, 103-7
kimchi, 10, 15-6
kinome (erva japonesa), 273, 278-9
Kinoshita, June, 270
Kinsuitei (Kyoto), 273
Kischner, Ann, 324
Kischner, Tony, 324
KitchenAid K5A, batedeira, 30
kiwi, 84-5; granita de, *358*
Kobe, carne de *ver* Wagyu
Kondo, Kazuki, 277
Kouki, Mohamed, 338
K-Paul (Nova York), 428, 437
Kraft, queijo sem gordura, 204, 420, 426
Krasdale Fancy Tomato Catsup, 105
kulfi, 19

L. C. Murry's BBQ (De Valls Bluff, Arkansas), 302
La Marqueta (Nova York), 241
La Reynière, Grimod, 161
lactose, 12, 202, 217; intolerância à, 14, 376
Lake, Max, 165, 299
Lancet, 185
lanches de baixa caloria, 147, 150
Lappé, Frances, 134, 137-8
laranja, 42-3, 47, 66, 80, 82-3, 219, 247, 256, 323, 330, 356, 368, 383, 431-2, 447
latirismo, 176, 181
Laurel's Kitchen Bread Book, The, 26-7, 32
Lavin (Nova York), 128
Lawrence, D. H., 351, 360
Le Bar Bat (Nova York), 342, 345
Ledoyen (Paris), 397
legumes e verduras, 23, 40-1, 68, 76, 81, 136, 138, 194, 240, 254, 256, 276, 324, 328, 334,

413; carotenoides em, 2229-30; como descascar, 290, 429, 431-2; crus, 179-80, 183, 257, 260; enlatados, 417; grelhados, 171, 178, 338; na dieta de Montignac, 112, 114; no vapor, 171; produtos químicos em, 182; Salada Tunisina de, *338-9*
lentilhas, 114, 122, 138-9, 324; Arroz Perfumado com Cordeiro e, *49-51*; Pombo Grelhado com, *378-80*
Leonard's (Memphis), 301
Levy, Paul, 297
Levy, Penny, 297
lichia, 82
licopeno, 229-30
Liebling, A. J., 413
lima, 82
limão, 17, 18, 80, 82, 116, 133, 273, 284-5, 310, 319, 321, 80, 349-50, 353, 356, 365, 375, 384, 386, 410-1, 422, 433, 436, 447-8, 471-2, 474-5; casca de, 273, 290; como descascar, 290; granita de, 353, 358, *361-2*; Merengue Clássico de, 417; Meyer, 361-2; sorvete de, *432*; -siciliano, 350, 432
Lincoln, Abraham, 176
lipídios, 53, 56, 113-5, 117, 121, 124, 139, 145-6, 149, 170, 206-8, 211, 215
lipoproteínas: de alta densidade (LAD), 189; de baixa densidade (LBD), 189; lipase de, 124;
Lipton's, sopa de cebola, 418
Lithia Spring, água mineral, 67
Lloyd, família, 442
Loiseau, Bernard, 372
London, Michael, 34
London, Sophie, 34
London, Wendy, 34
Lora, água mineral, 74
Lowery, Kevin, 420
LTD Company, 89
Luís Filipe, rei da França, 435
Luís XIV, rei da França, 430
lula, 283, 285-7, 289, 291
Lulu (San Francisco), 116
Lunch (Long Island), 17
Lunt, David, 267

M&M Cooker, 312, 458; Biscoitos de Festa, 423

ÍNDICE REMISSIVO

M. G. Voda, água mineral, 67
Ma cuisine pour vous (Robuchon), 58
maçã, 60, 79-80, 82, 84-6, 100, 118, 171, 219, 225-6, 239, 256, 314, 376, 404, 422, 431, 456, 465, 470; recheio de torta, 165, 227, 237, 395, 422, 438, 452-4, 458, 470, *471-2*; Torta Falsa Ritz, 418, 422
macarrão, 112, 114, 116, 138, 171, 178, 199, 217, 272, 330, 336, 420, 426; caseiro, 242, 245-6, 282, *257-60*; com Queijo de Lewis Fresnaye, *426-7*; talharim com atum (Campbell's), 417; história do, 255, 426; molho para, 17, *257-60*, 283, 285, 290, 292; piemontês, 257
MacNeil, Karen, 128, 130
macrobiótica, dieta, 138-9
Madonna, 33, 343
magnésio, 67-9, 73, 177
Mahjoub, Salah, 336-7
Mai Tai, 349, *349-50*
mamão, 84
manga, 84-5, 237, 323, 350, 375
manganês, 69
Manhattan Ocean Club, 128
Mansfield, Ron, 88-9
Mansion on Turtle Creek (Dallas), 132-3
manteiga, 16, 23, 32, 34, 42, 47-52, 54, 68, 120, 134, 136, 143, 185, 210, 213, 223, 226, 239, 249, 251, 257-8, 260-1, 265, 290, 332, 353, 374, 376-9, 383, 386-7, 422, 424-6, 428-9, 434, 436, 456; colesterol, 53; em massa de torta, 464-70; em purê de batatas, 58, 64
Mantle, Mickey, 346
Mao Tsé-tung, 195
maoris, 164
maracujá, 84
Marcella's Italian Kitchen (Hazan), 282
March, Lourdes, 296
mariscos, 12, 17, 123, 283, 320; crus, 92
marmelo, 84, 323
Marrocos, 9, 329, 332
marroquina, comida, 326, 331-2, 335-6
Mars Company, 423, 425
Marvel Mania (Nova York), 343
Marzo, Piero, 353, 355

Mastering Microwave Cookery (Cone e Snyder), 407
McClintock, Martha K., 157
McDonald's, 38, 97-8, 103, 392, 399, 402
McGee, Harold, 81
McGregor Research Center (Universidade Texas A&M), 267
McIlhenny Farms Spicy Ketchup, 105
McLaughlin, Michael, 417
Mease, James, 100
mechouia, 338-40, *338-9*
Médici, Catarina de, 359
Medieval Times (Nova Jersey), 347
Mediterranean Seafood (Davidson), 286
Medline, 121, 205
Medrich, Alice, 210-3
melancia, 78, 82-3
melão, 81, 83, 86-7, 265, 275, 328, 375; cantalupo, 84, 86, 275; *casaba*, 84; *crenshaw*, 84, 86; granita de, 358; -paulista, 84, 86-7, 275; persa, 86
Memphis in May!, campeonato mundial de churrasco, 301-15
Merengue Clássico de Limão com maisena Argo, 417
mesa, arranjo da, 127-9
metabolismo, 112, 145, 172; desequilíbrio, 124
Metro (Nova York), 128
Meyer, limões, 361-2
Michelangelo, 67
Michelin, guia, 239, 248; classificação, 95, 370, 372-3, 376, 389, 403
micro-ondas, 140, 171, 204, 314, 404-14, 419; batatas fritas no, 399-400; como secar tênis no, 406; peixe no, 404, 406-7, 409, 411-3;
Microwave Gourmet (Kafka), 407
Milk, Harvey, 216
Milky Way, 177, 273, 423, 425; Bolo Redemoinho, 422-3, *423-4*
Mills, Mike, 313-4
minerais, 59, 62, 75, 81, 217; na água, 29, 67-9, 72-4; nutribloqueadores e, 177, 179
Ministério da Agricultura dos EUA, 36-7, 41, 59, 90, 391; Plano de Alimentação Econômica, 43, 45, 47

O HOMEM QUE

Ministério do Comércio dos EUA, 40
Minnesota, Universidade de, 207
mirtilo, 84, 248, 470; recheio de torta silvestre, 474-5
Miteco, 356
Mitterrand, François, 377
molhos coagulados, 436
Monica, projeto, 56
monoinsaturados, óleos, 121, 171, 209
Monti-Bloch, Luis, 159-60
Montignac, método, 111-26
morango, 77, 80-2, 89, 251, 353, 356, 358, 434, 474; granita de, 365-6
More Classic Italian Cooking (Hazan), 282, 292-3
mórmons, 384
Moscone, George, 216
mostarda francesa, 311
Motown Cafe (Nova York), 343
Moulins Mahjoub, Les, 336
Mrs. London's Bake Shop (Saratoga Springs), 34
MTV, 343
muçulmanos, 327, 359
Museu Nacional Bardo (Túnis), 334
Mushroom Man (Los Angeles), 366
mutagênicos, 177, 182
Mycoskie, Pam, 202-5, 210-2

Nabisco, 14; Famoso Rocambole de Wafer de Chocolate Refrigerado, 417
Nabucodonosor, 330
Nagata, sr., 270, 277-9
Nakamura, Kazuo, 277
naloxona, 146
Napa Valley Mustard Co. Country Catsup, 105
Nashville Banner, 442
National Cancer Institute, 56
National Heart, Lung and Blood Institute, 55
National Institute of Mental Health, 218
National Institutes of Health, 54, 190
National Research Council, 208, 217, 219
National Turkey Federation, 37
Natural History, 457
Naya, água mineral, 74
nazistas, 165
nectarina, 77, 80, 84, 88-90
Nelson, Christopher, 153

Nervous Nellie's Jams & Jellies Hot Tomato Sweet Sauce, 106
neurotransmissores, 217
New England Journal of Medicine, 187
New Food for Life, (Batmanglij), 49
New Haven, pesquisa, 14
New York Deli, 343
New York Professional Service School, 127-33
New York Public Library, 100, 395
New York Times, 55, 119
Newton, Isaac, 98
Nike (Nova York), 343
Nishikikoji, mercado de (Kyoto), 270
Nora (Washington, D. C.), 390
Normand, Joël, 377
Northwest Bounty (Ingle), 321
Nosso homem em Havana (Greene), 395
Not as a Stranger (Thompson), 441
Not Ready for Swine Time, 306
Notes on the State of Virginia (Jefferson), 100
numerologia, 125
NutraSweet, 117, 148
nutribloqueadores, 177, 179

O'Mahony, Michael, 72
O'Neil, Shaquille, 343
obesidade, 14, 122-3, 144, 150; açúcar e, 216; estudo da, 119, 146; ingestão de gordura e, 120, 207, 223; pressão sanguínea e, 196, 198; tratamento da, 124
Observer de Londres, 255, 297
Ol' Hawg's Breath, 312
Old Kyoto (Durston), 275
Oldways Preservation & Exchange Trust, 328, 330, 335
Olestra, 221-30
Oliver, N. T., 395
Oliveri, Alfredo, 358
Olney, Richard, 214
ômega-3, ácidos graxos, 206
Ore-Ida Shoestrings Potatoes, 399
Organização Mundial da Saúde (OMS), 56, 197
Original California Taqueria (Brooklyn), 38-9
Ornish, Dean, 20, 208-10
Ortiz, Yvonne, 343

ÍNDICE REMISSIVO

Os à Moëlle, L' (Paris), 370, 374-5
Osteria al Ponte del Diavolo (Torcello), 292
ostras, 92-3, 122, 225, 288, 319-20, 322, 324, 375; como abrir, 434; contaminadas, 93; cruas, 91-2, 171; do Golfo, 92; do Pacífico, 316, 318, 320; em conserva, 99; no Japão, 272-3
Other Side, 312
ouro, 73
Out to Lunch (Levy), 297
ovos, sucedâneos dos, 203
oxálico, ácido, 177, 475
Oxford Book of Food Plants, 298
Oxford Food Symposium, 296

Pacific Northwest, 321
Pacino, Al, 344
Paddlewheel Porkers, 306, 312
paella, 296-9
pain au levain naturel, 23-34
Palevsky, Nicholas, 270
Pan Pan Coffee House (Nova York), 241
panela de pressão, 414; invenção da, 417
pão, 20, 23-35, 326, 329; em resenhas de restaurante, 28; fermentado naturalmente, 23-34; na costa noroeste dos EUA, 321-2
Papaya King (Nova York), 39
Parton, Dolly, 343
Party Food (Kafka), 446
Party Pigs, 306
Passard, Alain, 389-90, 395, 401, 403
Pasteau, François, 376
Payne's (Memphis), 302, 305
peixes, 19, 52, 54, 99, 120, 123, 133, 282-4, 286-7, 289, 291-3, 295, 310, 314, 317-8, 320, 323, 328, 330, 346, 376; como comprar, 410; no Japão, 52, 270, 273-8, 280; no micro-ondas, 404, 406-7, 409, 411-3; recomendações da FDA para cozinhar, 92
peixe-espada, 10-1, 288, 323, 410
Pepsi-Cola, 72
peptídios, 151
pera, 84-5, 89, 248, 319, 324, 376, 431, 456
Peregrinos, 439-40, 444, 454
Perrier, água mineral, 69, 129
Perry, Charles, 255

peru, 37, 44-5, 135, 344, 409, 421, 439, 438-51, 449-51; de Thompson, 441-2, 444, 446-50, 446-9
Pescheria (Veneza), 283-4
pêssego, 75, 77, 80-2, 84, 87-90, 319, 362-4, 431, 456, 470; recheio de torta, 473-4
Pherin Corporation, 158
Philadelphia Library Company, 426
Philip, Fredrica, 317-9, 323
Philip, Sinclair, 317-9, 323
Pike Place, mercado (Seattle), 319
Pillsbury: massa de torta resfriada, 459; mistura de bolo e coberturas Lovin' Lites, 203-4
Píndaro, 356
Pitts Gin Company, 310
pizza, 11, 16-7, 39, 126, 133, 170, 175, 178, 344, 348-9, 439
Planet Hollywood, 341-5
Platão, 356
platina, 73
Plínio, 441
Pocket Guide to Bottled Water, The (von Wiesenberger), 71
Poderoso chefão, O (filme), 344
Poilâne, Lionel, 23-4, 26-30, 33, 376
Polando Spring, água mineral, 74
poliéster de sacarose *ver* Olestra
polifenóis, 230
poligalacturonase, 79, 87
poli-insaturados, óleos, 121, 170-1, 209
Polly-O, queijo sem gordura, 204
Polo, Marco, 255, 352, 359
polvo, 277, 283, 285, 287-9, 317
Pombo Assado com Lentilhas Verdes, *378-80*
Pondimin, 151
porco, 18, 47, 52, 116, 122, 139, 154, 157, 164, 272, 276, 345, 375-6, 404, 448; à mineira, 44; assado com molho, 44; chucrute, 233-44, 242-4; churrasco de, 248, 300-15; gordura refinada de, 456; sopa de repolho e, 44
Portobello (Salina), 357
Post House (Nova York), 128
Pouillon, Nora, 390-1, 398, 402
Powter, Susan, 203, 208
Pozzolini, Eugenio, 249
pralina, 11

491

O HOMEM QUE

prata, 73
Presley, Elvis, 305, 307, 344
pressão sanguínea alta *ver* hipertensão
Price Waterhouse, 308
PrimeTime Live (programa de TV), 123
Pritikin, dieta, 170
Procter & Gamble, 223-30
Promise Ultra Fat-Free, margarina sem gordura, 202, 204
protease, 152, 153, 179
proteínas, 23, 36, 59, 114, 142, 170, 179, 455, 463; animais, 37, 139; apetite e, 146, 149; como substitutos de gordura, 222; em dietas vegetarianas, 136-40; na dieta Montignac, 114-5, 117, 124-5; nutribloqueadores, 177, 179; vegetais, 139-41, 152
Provençal Light (Shulman), 210, 213
Prozac, 151
Prudhomme Family Cookbook, The, 428
Prudhomme, Paul, 419, 428
psoraleínas, 182
pubs esportivos, 346
Puente, Tito, 343, 349-50
purê de batatas, 58-65, 214, 371, 375; instantâneo, 59, 114

Quaker (aveia): biscoitos de aveia, 417, 419; Bolo de Carne Campeão, 418-9
Quayle, Dan, 90
queijos, 11, 18, 54, 76, 112-3, 115-7, 120, 124, 126, 134, 136, 143, 170, 185, 194, 196, 206, 212, 214, 238, 247, 251, 256, 258, 261, 275, 320, 374, 376, 409, 413, 415-6, 421, 425-6, 459; intolerância à, 14; na dieta francesa, 52-4; sem gordura, 204, 420, 426; Sopa de Acelga e Feijão com Torradas de Ricota, 48-9
quercetina, 190
Quibell, água mineral, 70, 74
Quilted Giraffe (Nova York), 33
quimiotripsina, 152-3

Raines Haven Rib House (Memphis), 301
Raintree (Vancouver), 323-4
Randolph, Mary, 445-6
rasmalai, 19

Ratner (Nova York), 137
Ray's Boathouse (Seattle), 321-2
receitas, livros de, 9, 24, 64, 225, 257; alsacianas, 238; de baixo teor de gordura, 202-3, 205, 208-10, 212-3; de baixo teor salino, 194; japonesas, 264; para micro-ondas, 407-13; *ver também pelos títulos*
Reed, Barbara, 218
refrigerantes, 38, 66, 72, 97, 140, 347, 354
Régalade, La (Paris), 369-72, 374
Relais Louis XIII (Paris), 370
Remi (Nova York), 128
Renaud, Serge, 55, 190
reologia, 98
Republicano, Partido, 37, 90, 391
Restaurant National Association, 178
restaurantes: bistrots modernes parisienses, 369-77; dispositivos de tratamento de água usados por, 69; mais baratos de Nova York, 38-40; temáticos, 341-9; vegetarianos, 134-5, 138; *ver também pelos nomes dos estabelecimentos*
resveratrol, 190
Revolução Francesa, 195, 426
Richard, J. L., 55
Richemont, Richard de, 440
ricota, torradas de, com Sopa de Acelga e Feijão, 48-9
Ríos, Alicia, 296
Roach, Jerry (J-R), 302
Robuchon, Joël, 58, 61, 64-5, 169, 396-8
Rock Hill Bakehouse (Greenwich), 34
Rockefeller Center, 343
Rockefeller, Universidade, 207
romanos, 99, 298, 331, 334-5, 351, 354, 358, 429, 453
Root, Waverley, 303, 426, 440
Rosbife Peter Eckrich Deli "Lite", 203
Roto-Broiler, 445
Rotondin, 151
Rowley, Jon, 320
Rozin, Elisabeth, 95
Rundell, Maria, 101

sacarose, 12

ÍNDICE REMISSIVO

saciedade sensório-específica, 149

Safo, 356

safrol, 182

sal, 12, 14, 193-201, 359, 396, 411; excesso de, 436; na dieta americana, 194; na saliva, 72-3; no pão, 24, 31, 170; pressão sanguínea e, 194

salada, 13, 19, 44, 113, 116, 118, 130, 133, 175-83, 199, 210, 265, 290, 304, 308, 318-9, 330, 371, 376, 393; tunisiana grelhada, *338-9*

Salishan Lodge (Gleneden Beach, Oregon), 323

saliva, 72-3, 150, 165, 322, 389

salmão, 95, 318, 320-1, 324-5, 410-1

Salomão, habitantes das ilhas, 196

Salomão, rei, 330

salsa, 48, 68, 94-6, 104, 333, 337, 379, 410, 436

San Francisco Chronicle, 194

San Mateo, água mineral, 67

sardinhas, 272, 283, 289-90; como limpar, 290-1; grelhadas, *294*; Grelhado Misto de Camarões, Enguia e, *292-3*

sashimi, 93, 116, 171, 264, 270, 272-4, 278

Sassafras Enterprises, 31

Saturday Night Live, rede de restaurantes temáticos, 343

Scented Ape, The (Stoddart), 165

Schering-Plough, 312

Schlesinger, Sarah, 209, 210

School of Southern Barbecue, 302

Schwarzenegger, Arnold, 172

Science, 205

Scott, Richard, 391

Scully, Terence, 433

Sea Pak, caranguejo artificial, 203-4

Seattle Times, 321

Seattle Weekly, 321

Secretaria da Saúde da Califórnia, 182

Senado dos EUA, 218

sépia, 123, 281, 283, 289; risoto de, 285

serotonina, 151, 181, 217

Seventh Street Bar and Grill (Murphysboro, Illinois), 313

Sévigné, madame de, 430

Shakespeare, William, 357

Shelburne Inn (Washington), 324

Shoalwater (Washington), 324

shojin ryori, 139

Shulman, Martha Rose, 210, 213-5

siciliana, comida, 351-68

Sidi Zitouni, museu (Jerba), 331

Siebenberg, Stanley, 67

Simeti, Mary Taylor, 352, 354

Simple Cooking, 26

Simplesse, 222

Skaife, Bill, 89

Skaife, Margaret, 89

Smith & Wollensky (Nova York), 128

Smith, Andrew F., 100

Smith, Marjorie, 383-8

SnackWell's Fat-Free Cinnamon Snacks, 204

sobremesas, 28, 116, 128, 131, 219, 335, 374-5, 418, 421, 433; de chocolate com baixo teor de gordura, 211-3; em restaurantes indianos, 9, 11, 19; pralina, 11; *ver também* bolo, granitas e tortas

Sociedade Norte-Americana dos Engenheiros de Pastelaria, 462

Sofi (Nova York), 128

soja, 99, 138, 140, 142, 386, 409, 412-3, 419; brotos e caules, 181; no Japão, 139, 266, 272, 274-7, 279; nutribloqueadores, 177; óleo de, 171, 224, 226

Sokolov, Raymond, 457

solanina, 181

Sooke Harbour House (Vancouver), 317-8, 323-4

sopa, 18, 27, 36, 44, 48, 72, 101, 123, 149, 152, 175, 213-5, 238, 257, 283, 287-9, 318, 323-4, 330, 348, 374-5, 408-9; como servir, 127-8; de Acelga e Feijão com Torradas de Ricota, *48-9*; japonesa, 15, 270-9; *ver também* Campbell's, sopas

Sorvete de Nozes e Caramelo, 423, *424-5*

South Street Seaport, 344

spas, 166-72

Spielberg, Steven, 343

Sporty Porkers, 310-2

Square Cafe (Nova York), 128

St. Jean, água mineral, 74

St. Michel, água mineral, 74

O HOMEM QUE

Stanford, Universidade, 170
Starkist, atum, 420
Staub, Rusty, 346
Stensaas, Larry, 158-9
Stigler, George J., 46-7
Stoddart, Michael, 165
Stop & Shop, rede de supermercados, 89
substituições, 213-4, 229, 434-5
sugo d'arrosto, 248, 257, 261, *261*
sukiyaki, 264, 276
Sullivan, Steve, 24
Sullivan's Restaurant and Broadway Lounge (Nova York), 343
Super Swine Sizzlers, 306
Superstone, assadeira, 31
sushi, 83, 93, 116, 270, 276, 279, 286
Swine Lake Ballet, 306

tai, 273
tainos, índios, 302-3
tajarin, 247, 251, 257, 261, *257-60*
Takashimaya, loja de departamentos (Kyoto), 269
takenoko, 273
talharim, 199, 242, 247, 251, *257-60*, 261, 420
tâmara, 49-51, 82, 328, 330, 336, 340, 383
Tanfous, Aziza Ben, 331-3
tangerina, 82, 330, 358, 362; granita de, 356-7, *364-5*
tarte Tatin, 435
Tassa Scotch Bonnet Catsup, 106
Taste of Puerto Rico, A (Ortiz), 343
Tea and Coffee Trade Journal, 69
Television City (Nova York), 343
tempurá, 270, 272, 274, 276
tênis no micro-ondas, 406
Texas A&M, Universidade, 267
T-Fal, frigideira elétrica, 399
Thomas, Tara, 395
Thorne, John, 26-7
Thrifty Meals for Two: Making Food Dollars Count, 43-4
tiamina, 177
Tintoretto, 282
tireoide, doenças da, 180

Toll House, biscoitos, *418-9*, 423, 435
Tom Cat Bakery, 33
Tom Jones (filme), 344
tomate, 39, 41-2, 60, 76, 81, 89, 95-6, 98-103, 105-6, 139-40, 230, 255, 262, 284, 286, 290, 298, 304, 328, 330, 333-4, 336, 338-9, 376, 393, 413
toranja, 357
Toronto, Universidade de, 218
Torradas de Ricota, Sopa de Acelga e Feijão com, *48-9*
Torrefazione (Seattle), 324
tortas, 44; massas de, *452-75*, *464-70*; recheios de frutas, *470-5*; Torta Falsa de Maçã Ritz, 418, 422, 471
Totonno Pizzeria Napolitano (Brooklyn), 39
Tour d'Argent (Paris), 370-1, 377
toxinas, 177, 179-81, 182
Trader Vic's, 341, 348-9
Treasured Secrets (Oliver), 395
Tree of Life Ketchup, 106
Trillin, Calvin, 384
tripsina, 152-3
triptofano, 217
trombose, 56
trufas, 44, 46, 117, 122, 246-54, 374; *tajarin* com, 251, *257-60*, *261-2*
Tsuji, Shizuo, 270, 277-9
tunisiana, comida, 326-40
turcos, 331, 335, 441
Turquia, 329, 359, 440-1
Twinkie, defesa, 216-7

umami, 278
Uncle Dave's Ketchup, 106
Union Square, mercado de frutas e verduras (Nova York), 25, 459
US Porkmasters, 306
Usaybi'a, Ibn Abu, 359
uvas, 77, 82, 106-7, 138, 184, 190, 246, 252; fermento de massa de pão ativado por, 18, 25-6, 34

Van Laer, David, 377
vândalos, 331

ÍNDICE REMISSIVO

Vatel, 429-30, 435
vegetarianismo, 14, 134-42, 208, 215, 255; sal e, 196
Veronelli, Luigi, 248-9
Veronese, Paolo, 282
Verrière, La (Paris), 369, 374-5, 378
Vibrio vulnificus, 92-3
Vichy, água mineral, 68
Vieille Fontaine, La (Paris), 376
Vigo, Francis, 100
vinho, 11-2, 18, 26, 52, 95-6, 101, 103, 107, 159, 184, 192, 233, 236, 238-9, 242, 246-7, 249, 256, 282, 285, 290-1, 297, 311, 346, 351, 354, 357-8, 369-70, 373, 411-2, 429, 439, 464; doenças cardíacas e, 54-5, 120, 185-6, 189-91; em restaurantes, 127-8, 131-3; na dieta de Montignac, 112-3, 116, 122, 125
Vipore (Pieve Santo Stefano), 392-3
Virginia House-Wive, The (Randolph), 445-6
visigodos, 331
vitaminas, 36, 42, 62, 143, 177, 179, 217, 413; A, 177, 229; B, 177; B_1, 177; B_{12}, 137, 177; C, 59, 63; D, 137, 177, 229; E, 56, 177, 229; K, 229; solúveis em gordura, 229
Vogue, 9, 25, 117, 126, 166, 226, 403
Volvic, água mineral, 67-8, 73-4
vomeronasal, órgão, 157, 159
von Wiesenberger, Arthur, 71

Wagyu, 263-8
Wakefield, Ruth, 418, 435
Waldenbooks, 202
Wall Street Journal, 155, 411, 457
Warner Books, 203, 210-1
Warner Brothers, 342-3

wasabi, 279
Washington, 321
Water Centre (Edison, Nova Jersey), 67
Weaver, Merle, 59
Weaver, William Woys, 426
Weight Watchers Tomato Ketchup, 105, 106
Weinstuben (tavernas de vinho), 236
Westbrae Natural Catsup, 106
Westermann, Antoine, 239
Westermann, Cécile, 239-40
White Rose Tomato Ketchup, 106
White, Dan, 216
Willett, Walter, 187, 205
Williams, William Carlos, 78
Williams-Sonoma, 473
Willinger, Faith, 249
Wilson, E., 156
Wine Country Zinfandel Catsup, 107
Wisconsin, Universidade de, 218
Wolf Delicatessen (Nova York), 343
Wolfert, Paula, 18, 68, 328-33, 335, 337-9
Woolf, Leonard, 297
World of Food (Wolfert), 68
Wynants, Pierre, 397

Yankelovich Clancy Shulman, 135
Young, Cindy, 226
Yun Luk Rice Shoppe (Nova York), 200

zabaione, 256
Zabar, Eli, 12
Zagat New York City Restaurant Survey, 38
Zimara, 359
Zimbábue, 197
zinco, 39, 66, 177

1ª EDIÇÃO [2000] 8 reimpressões

ESTA OBRA FOI COMPOSTA PELA HELVÉTICA EDITORIAL EM DANTE E IMPRESSA
PELA GEOGRÁFICA EM OFSETE SOBRE PAPEL PÓLEN SOFT DA SUZANO PAPEL
E CELULOSE PARA A EDITORA SCHWARCZ EM OUTUBRO DE 2016

A marca FSC® é a garantia de que a madeira utilizada na fabricação do papel deste livro provém de florestas que foram gerenciadas de maneira ambientalmente correta, socialmente justa e economicamente viável, além de outras fontes de origem controlada.